1000년

세계가 처음
연결되었을 때
1000년

발레리 한센
Valerie Hansen

이순호 옮김

민음사

The Year 1000

**When Explorers
Connected the World—
and Globalization Began**

THE YEAR 1000:

When Explorers Connected the World – and Globalization Began
by Valerie Hansen

이 책에 쏟아진 찬사

"전 세계를 넘나드는 모험으로 독자들을 이끈다. …… 노르드인과 마야인, 아프리카인, 중국인, 아랍인 등의 만남을 조명하는 이 책은 그들이 전쟁과 평화, 상업과 문화에서 어떻게 함께 모였는지, 다가올 심오한 세상을 어떻게 만들었는지 보여 준다. 놀라움과 생생한 읽을거리로 가득 찬 『1000년』은 세계화된 우리의 현재를 주목할 가치가 있는 방식으로 이야기한다."

— 조앤 프리먼Joanne B. Freeman, 『명예로운 업무*Affairs of Honor*』와 『피의 들판*The Field of Blood*』의 저자

"세상은 교과서에 적힌 것보다 훨씬 오래전부터, 적어도 1000년 이상은 금과 향신료, 용과 노예와 믿음으로 연결되어 있

었다. 발레리 한센은 중국의 시장, 바그다드의 부, 마야 신전 벽화 속 금발의 사람들, 러시아의 강을 가로지르는 바이킹 사이에 존재하는 낯선 연결 고리를 통해 조심스러우면서도 접근하기 쉬운 방법으로 진정한 세계사를 보여 준다.”

— 마이클 파이Michael Pye, 『북유럽 세계사 *The Edge of the World*』의 저자

“뱃사람, 무역상, 순례자, 여성 및 남성과 함께 약 1000년 전의 세계를 횡단하는 장대한 여행. 대담하고 재미있는 이야기, 그리고 궁극적으로 낯선 것들을 대하는 의견의 차이와 수용에 보내는 찬사.”

— 아레주 아자드Arezou Azad, 옥스퍼드 대학 선임 연구원 겸 베를린 자유 대학 훔볼트 연구원

“정말 놀랍다. …… 발레리 한센은 아프리카 제국과 메소아메리카의 교류 현장을 가로지르고, 실크로드를 따라 유럽으로 향하며, 인도양의 다민족 선원들과 함께, 볼가강을 따라 비잔티움 제국으로 간 바이킹과 함께 배에 올라 우리를 안내한다. 이 책은 단순한 세계무역의 역사가 아니다. 하나로 연결된 중세 행성의 구석구석에서 나오는 삽화와 목소리로 생생하게 살아난 인간의 만남에 관한 이야기다.”

— 닐 그린Nile Green, 『수피즘: 세계사 *Sufism: A Global History*』의 저자

"발레리 한센은 아메리카와 아프리카, 아시아, 유럽의 최첨단 고고학 연구를 바탕으로 크리스토퍼 콜럼버스 이전부터 구축되어 있던 세계적 연결을 매우 읽기 쉽게 설명한다. 소통의 가속화와 강화는 항상 기회뿐만이 아니라 도전을 불러왔다는 한센의 주장은 오늘날 세계화에 담긴 함의와 씨름하는 상황에서 특히 가치가 있다."

— 캐서린 홈스Catherine Holmes와 나오미 스탠던Naomi Standen,
「글로벌 중세*The Global Middle Ages*」의 편집자

"전 세계에 대한 직접적인 현장 조사와 멀리 떨어진 도서관, 기록 보관소, 박물관에 대한 집중적인 연구의 독특한 융합. 게다가 이 정력적이고 학술적인 모든 활동은 우리 시대와는 거의 관련 없는 주제인 세계화의 기원에 관한 새로운 가설에 연관된 설득력 있는 주장과 결합된다."

— 빅터 메어Victor H. Mair, 『그림과 공연*Painting and Perform- ance*』의 저자

"1000년을 전후해 일어난 민족, 상품, 종교, 사상의 이동을 다룬 한센의 이야기는 세계화가 새로운 것이 아님을, 낯선 이들의 도전에 열려 있는 문명이 번성했음을 분명히 한다. 이 이야기를 이보다 더 잘할 사람은 없다."

— 스튜어트 슈워츠Stuart B. Schwartz, 『모두 구원받을 수 있다*All Can Be Saved*』의 저자

"세계화에는 시작점과 오랜 역사가 있다는 것을 보여 주는 시의적절한 증거. 세계화는 그때나 지금이나 교환, 경쟁, 착취에 관한 것이다. …… 한센은 300페이지의 종이로 한 시대를 생생하게 되살려 낸다."

— 폴 프리드먼Paul Freedman, 『미각의 역사Food : The History of Taste』의 저자

"풍부하고 매혹적이다. …… 한센은 여섯 개의 대륙에 걸쳐 바다와 육지를 아우르며 흥미롭고 예상치 못한 연결 고리를 찾아 나섬으로써 세계화가 우리 시대에 결코 새로운 것이 아님을 보여 준다."

— 데이비드 아불라피아David Abulafia, 『위대한 바다The Great Sea』의 저자

"세계가 다시 연결되는 순간, 다양한 인간 사회를 누비는 짜릿한 여행 …… 남성과 여성이 폭풍우 치는 대서양을 가로질러 서쪽으로 건너가 아메리카 대륙에서 상대를 만났던 인류 역사의 두드러진 순간을 통해 세계 문화의 변곡점을 살펴본다. 그 결과 연결, 통신, 무역, 적응을 위한 인간의 역량에 관해 매혹적인 이야기가 탄생했다."

— 윌리엄 괴츠만William N. Goetzmann, 『금융의 역사Money Changes Everything』의 저자

"머나먼 세상을 가까이에 있는 것처럼 느끼게 하는 흡입력

있는 글."

　　— 프란체스카 트리발레토Francesca Trivellato, 프린스턴 고등연구소의 앤드루 멜런Andrew W. Mellon 역사 교수이자 『낯선 이들의 친숙함*The Familiarity of Strangers*』의 저자

모든 곳을 다니고 모든 것을 읽은
짐에게 이 책을 바친다.

차례

일러두기

1 이 책의 외래어 표기는 국립국어원 외래어 표기법을 최대한 따르되, 관습적으로
  굳어진 표기는 예외로 두었다.
2 저자의 의도를 존중해 국명과 지명 등은 현대의 명칭으로 표기했다.
3 각주는 독자의 이해를 돕기 위한 것으로, 모두 옮긴이 주다.

저자의 말

이 책은 될 수 있는 한 많은 독자층에 다가가기 위해 몇 가지 규칙에 따라 집필되었다. 첫째, 외국어 명칭과 외래어는 최소한으로 썼다. 둘째, 대중에게 가장 친숙한 철자법을 따르고 글자 위아래에 찍는 부호도 거의 다 생략했다. 셋째, 더는 사용되지 않는 명칭으로 독자들을 혼란에 빠뜨리지 않기 위해 나라와 지역의 이름은 현대적 명칭으로 바꾸어 썼다. 넷째, 역사상의 도량형 단위는 영국식 도량형과 미터법 단위로 바꾸어 썼다. 다섯째, 책 말미에 주석을 달아 충분한 전거를 제공하고자 했다.

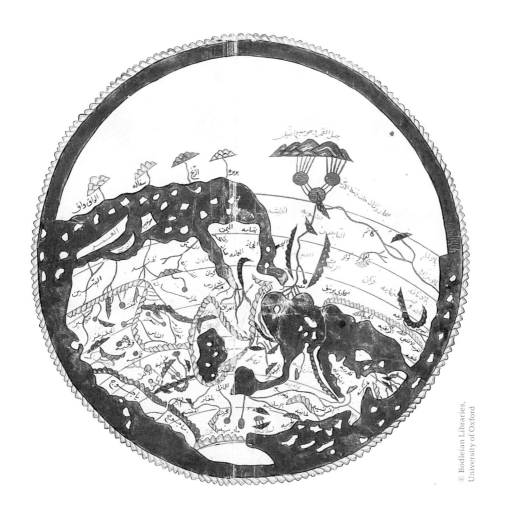

—— 1154년에 아랍의 지리학자 알이드리시가 그린 세계지도.
이슬람권의 표준 관례대로 남쪽 지역을 맨 위에 두었다. 산에 연결된 세 점이
나일강의 수원으로 표시되어 있고, 아프리카는 지중해 위쪽에 나타나 있다.
지도의 위아래를 뒤집어 보면 유럽이 왼쪽에 있고, 아시아가 오른쪽에 있다는
것도 알게 된다. 이슬람 지리학자들은 1000년의 세계에 관해 그 시대의 그
누구보다도 많은 것을 알고 있었다.

─── 외투에 꽂는 핀. 1000년에 랑스 오 메도즈에 정착한 사람들이
캐나다 북동부의 토착민이 아니라 바이킹이었음을 입증해 주는 핀이다.
바이킹이 랑스 오 메도즈에 머문 기간은 고작 10년이었다.

─── 메인주에서 발견된
노르웨이제 은화 페니. 노르웨이
국왕 올라프 3세Olaf III가 새겨진 이
바이킹 화폐는 1065년에서 1080년
사이에 주조된 진품 은화인데,
랑스 오 메도즈의 정착지를 버리고
갔던 바이킹이 목재를 구하기 위해
아메리카로 돌아왔음을 말해 주는
물건이다.

——— 노르드인이 결혼식을 올렸던 그린란드의 교회. 이 교회에서 결혼식을 올린 지 2년 후에 노르드인들은 툴레족에 밀려 그린란드를 떠났다. 1000년에 새로운 길을 개척한 다수의 비유럽인 가운데 한 종족으로 이누이트족의 조상이기도 한 툴레족이 그린란드에서 바이킹을 몰아낼 수 있었던 것은 기각류를 잡는 뛰어난 사냥 기술 덕이었다.

——— 대영박물관에서 가장 인기 높은 소장품 중의 하나인 루이스 체스맨Lewis chessmen. 1150년에 바다코끼리 상아로 만든 것이다. 질 좋은 아프리카코끼리 상아는 대부분 아시아의 부자 고객들 손에 들어갔기 때문에 유럽인들은 질 낮은 바다코끼리 상아로 만족해야 했다.

—— 전사의 신전에 나오는 전형적인 전투 장면. 마야 화가들은 색깔로 공격자와 방어자를 구분했다. 이 그림에서는 잿빛 피부인 사람들이 공격자, 흰 피부에 검은색 가로 줄무늬가 쳐진 사람들이 방어자로 표시되어 있다. 그림 윗부분은 양측이 마을을 차지하기 위해 싸우는 장면이고, 아랫부분은 잿빛 피부를 가진 전사들이 포로들을 앞세우고 걸어가는 장면이다.

—— 전사의 신전에 묘사된 인물. 포로로 잡힌 바이킹이 아니었을까? 포로 한 명은 팔이 묶인 채 물에 떠 있고, 또 다른 한 명은 공격자에게 머리채를 부여잡힌 모습인데, 두 사람 다 금발, 밝은색 눈, 흰 피부를 갖고 있다. 그 점에서 이 그림은 1000년 무렵에 몇몇 노르드인 배가 항로를 이탈해 유카탄반도까지 흘러갔음을 나타내는 강력한 증거가 될 수 있다.

———— 오늘날 우리가 바이킹 배의 모양과 건조된 방식을 알 수 있는 것은
노르드인들이 곡스타드의 고분에서 나온 이 배처럼 온전한 배를 죽은 자를
묻는 무덤으로 사용했기 때문이다.

———— 치첸이트사의 라스 몽하스 건물에 그려진 마야 벽화. 곡스타드호의 판재와
똑같은 판재들의 윤곽이 그림 속 배의 선체에 나 있는 것을 볼 수 있다.

────── 치첸이트사의 차크물 조각상. 이 조각상의 평평한 배는 적출된 심장 같은 제물을 바치는 접시로 사용되었다. 이런 조각상의 등장이야말로 950년 이후에 그 지역에서 새로운 국제적 건축양식이 등장했음을 알려 주는 징표다.

────── 뉴멕시코의 차코 캐니언에서 나온 저장용 도기 항아리들. 고고학자들은 이 항아리 속의 잔여물을 분석해 마야인을 상대로 원거리 초콜릿 거래가 있었던 증거를 찾아냈다. 항아리 속에서 카카오 콩의 화학 표지인 테오브로민 성분이 나온 것인데, 이는 선대 푸에블로인들이 4000킬로미터 밖에서 초콜릿을 수입했음을 나타낸다.

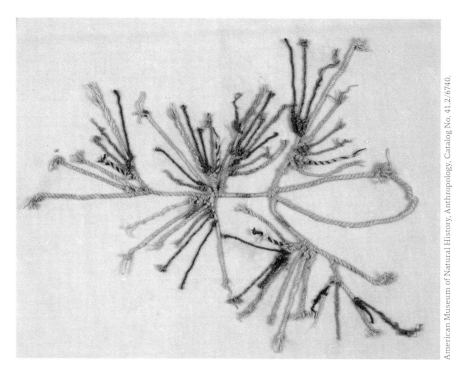

——— 와리 제국의 지배자들이 사용한 매듭글자. 지금의 페루에 존재했던 이 제국은 채색된 실로 꼰 끈에 매듭을 지어, 그것의 모양과 수로 변화하는 물건의 양을 기록했다. 십중팔구 세금 납부를 기록하는 데 쓰였을 것이다. 그로부터 500년 뒤에 잉카인들도 그와 유사한 매듭글자를 사용해 복잡한 경제를 관리했다.

——— 스칸디나비아반도와 동유럽 일대(루스인 지역)에 묻혀 있던 은화 40만여 개 중의 일부. 아랍어 압인이 새겨진 것이 대부분인 이 은화 무더기는 중동의 이슬람권 사람들이 유럽의 전사 지도자들에게서 슬라브인 노예와 스칸디나비아인 노예를 사들였음을 보여 주는 강력한 증거물이다. 전사 지도자들은 노예를 판 대가를 주화나 주화를 녹여 만든 팔찌의 형태로 받아, 그 일부를 부하들에게 나누어 주었다.

Natalia Kolesnikova/AFP/Getty Images

──── 블라디미르 1세의 동상. 블라디미르 1세가 988년 또는 989년에
동방정교회를 키예프 루스의 국교로 삼은 일은 1000년 무렵에 세계종교들이
부상하는 데 중요한 역할을 했다. 그로부터 1000년도 더 지난 2016년에 그와
이름이 같은 블라디미르 푸틴Vladimir Putin은 모스크바에 새로 세워진 높이
17미터의 블라디미르 1세 동상 옆에서 연설을 했다.

─── 말리의 무역도시 타드메카에서 발견된 1011년의 비문. 한 바윗돌에는 "알라 외에 다른 신은 없다."라는 문구가 새겨져 있고 또 다른 바윗돌에는 도시 이름이 왜 메카에서 따와 지어졌는지에 관한 내력이 적혀 있다. 1000년에는 아프로-유라시아 일대의 모든 사람이 지역 신들을 버리고 이슬람교, 기독교, 불교, 힌두교로 개종했다.

─── 지금의 짐바브웨와
남아프리카 접경지에 위치한
마푼구베에서 발견된 길이
6인치(15센티미터)의 황금
코뿔소상. 이 우연한 발견으로
중요한 금 수출 사회가 존재했음이
밝혀졌다. 1000년과 그에 뒤이은
수 세기 동안 아프리카인들은
채광, 장거리 운송, 금 판매를
관리했다.

———— 카탈루냐 지도에 묘사된 만사 무사의 모습. 말리의 왕이었던 그는 카이로를 거쳐
메카로 성지순례를 갈 때 오늘날의 가치로 환산하면 8억 달러어치에 상당하는 금을 낙타
100마리가 포함된 카라반에 싣고 갔다. 그가 부자라는 소문은 스페인까지 퍼져 나가
그곳의 한 지도 제작자는 그의 초상화를 서아프리카를 나타내는 상징으로 지도에 그려
넣었다. 이것이 지금까지 전해지는 만사 무사의 유일한 초상화다.

───── 아프가니스탄 서남부의 도시 보스트Bost(라슈카르가Lashkargah)에 있는 가즈나 왕조의 겨울 궁전을 장식했던 아름다운 아치 형태의 문. 1027년에 이 왕조의 왕 마흐무드는 불교 국가인 북중국의 요나라 특사를 맞아들이는 외교적 움직임을 보였다. 하지만 그러고도 결국에는 그 외교 제안에 퇴짜를 놓고 불교권과 무슬림권 사이에 경계선을 그었다.

───── 999년에 아바스 왕조의 칼리파가 '이슬람교의 신뢰할 만한 지지자'로 부르며 선사한 예복을 입고 왕좌 위에 선 마흐무드. 가즈나 왕조의 군주 마흐무드는 정복과 기민한 동맹 관계를 통해 중앙아시아에서 이슬람교의 힘을 강화했다.

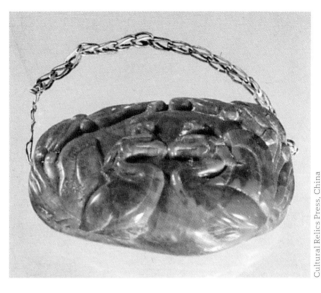

Cultural Relics Press, China

───── 불사조 두 마리가 마주 보는 형상의 호박 손잡이. 1018년에
죽은 요나라 공주의 무덤에 부장품으로 묻힌 것인데, 공주의 손에
쥐어져 있었다. 황궁의 장인들은 왕왕 6400킬로미터나 떨어진
스칸디나비아반도 주변의 발트해 지역에서 나는 호박으로 조각을 했다.

Edward Elliott Family Collection, Purchase, The Dil-
lon Fund Gift, 1982, Metropolitan Museum of Art

───── 활에 화살을 막 재장전하려 하는 중앙아시아 기마 전사의 모습을 절묘하게 포착한 중국
그림. 많은 군주가 그 시대의 최종 병기인 노련한 궁수를 사들임에 따라 1000년에는 중앙아시아가
군인 노예의 주요 공급지 중 하나가 되었다. 군주들이 구매한 궁수는 수천 명에 달했다.

── 인도네시아 자바섬에 있는 세계 최대의 불교 사원 보로부두르. 동남아시아
전역에서 관광객을 끌어모으는 곳으로, 많은 사람이 배를 타고 이 유적을 보러 왔다.
순례객들은 9층으로 된 단들을 밟아 올라가고 3마일(4.8킬로미터)를 걸어 불탑
일흔두 개가 세워진 맨 위의 기단에 도달했다.

──── 보로부두르 사원의 저부조低浮彫 작품에 묘사된 선박. 아우트리거 하나가 장착된 쌍돛대
배로 800년 이후에 사용되었다. 동남아시아 조선공들은 대개 못을 박지 않고 은못dowel과 밧줄들로
판재들을 고정해 이런 배를 만들었다. 이 배들은 많게는 도기 그릇을 60만 개까지 실어 나를 수 있었다.

────── 예전의 폴리네시아인들은 도구를 사용하지 않고 파도, 새의 비행 패턴,
별들의 움직임을 보고 태평양을 횡단했다. 카누 두 척을 목재 틀에 단단히 동여매
쌍동선 카누도 만들었다.

────── 페르시아의 같은 도시에서 출토된 도기 용기들. 은은한 흰색 기운이
도는 왼쪽 그릇이 그 시대의 최첨단 기술로 만들어진 중국산 도기이고,
옆의 것이 중국산 도기에 시장을 뺏기지 않으려고 페르시아 도공들이 만든
짝퉁 도기다. 페르시아 도공들은 그릇의 주둥이는 그럭저럭 흉내를 냈으나,
반짝이는 광택만은 중국 것을 따라잡지 못했다.

———— 11세기 초에 무라사키 시키부가 쓴 소설 『겐지 이야기』에 나오는 한 장면.
겐지 왕자가 두 항아리와 함께 향 만들기 시합에 제출된 편지를 배다른 형제와 같이
앉아 읽고 있다. 향이 광범위하게 이용할 수 있는 소비재가 된 데는 일본과 중국의
궁정인들이 수입 향목을 사용한 요인이 컸다.

Geoff Steven: Our Place World Heritage Collection

——— 해인사의 팔만대장경. 한 승려가 1200년대에 완성된 대장경판 8만 1000개 중의 하나를 꺼내 살펴보고 있다. 고려는 중국, 일본, 거란의 구매자들이 목판으로 인쇄된 찾기 어려운 경전을 구하기 위해 찾아오는 국제적으로 중요한 출판 중심지였다.

Alamy

——— 교토 인근의 우지에 있는 뵤도인 불교 사원. 소년 천황의 섭정이었던 고위 관리가 1052년에 세상의 종말이 왔음을 알고 그것에 대비하기 위해 사저를 사찰로 개조한 것이다. 10엔짜리 일본 동전에도 새겨져 있을 만큼 경탄을 자아내는 곳이다.

거리는 스리랑카산 진주 목걸이, 아프리카산 상아 장신구, 티베트산 안정제와 소말리아산 안정제가 들어간 향료, 발트해 호박을 가공해 만든 병, 상상할 수 있는 모든 향목으로 만들어진 가구를 구매하는 손님으로 북적인다. 주변의 공기는 이국적 향내로 충만하다. 길모퉁이의 한 상점에서는 현지 소비자들의 구미에 맞게 변형한 물건과 고가의 하이테크 상품들을 나란히 진열해 놓고 판다. 거리의 인파는 휴일이 언제인지에 따라 힌두교도들일 수도, 이슬람교도들일 수도, 불교도들일 수도 있다. 나중에 친구 집에 들르면 녹특한 향이 나는 시원한 음료도 제공받을 것이다. 정교히게 조각된 코뿔소 뿔이 드러나 있는 자바산 백단향 탁자를 최근에 구매했다는, 그 집 식구들의 자랑도 듣게 될 것이다. 집안의 장식물 중에 수입품이 많은 것으로 보아 그 친구는 국제적 취향을 가졌음을 알 수 있다.

이렇게 먼 지역과 연결되어 있으니 현대의 어느 대도시처럼 보이겠지만, 기실 이 글은 기원후 1000년 중국의 도시 취안저우(천주)를 묘사한 것이다. 중국 해안 지대의 도시인 상하이와 홍콩의 중간에 위치해 있으면서 타이완(대만)과 마주하고 있기도 한 취안저우는 당시 세계에서 가장 크고 가장 부유한 항구도시 중 하나였다.

취안저우에서 판매되던 상품들은 모두 그 당시에 일상적으로 거래되던 물건들이었다. 수 세기 동안 중국인들은 자바와 인도에서는 백단향과 같은 향목을, 아라비아반도에서는 몰약과 유향을 비롯한 향기로운 수지樹脂를 수입해 왔다. 수입한 향은 태워 향내를 피우거나 옷에 증기를 쐬어 기분 좋은 향기를 풍기는 데 쓰고, 향신료는 약과 음료, 탕에 풍미를 더하는 데 사용했다.

물품을 수입하는 데 들어가는 돈은 상품을 수출해 나온 자금으로 충당했으며, 수출품 가운데 기술적으로 가장 세련된 중국 제품은 고온에서 구운 도기였다. 중동의 도공들도 갖가지 유약을 섞어 중국 도기의 광택을 모방한 저가의 짝퉁 도기들을 만듦으로써 중국 도공들과 경쟁을 벌였으나, 그들이 만든 도기는 고온 소성燒成으로 광택을 낸 중국 도기와는 달랐다. 새로운 통로가 열리면서, 자국민들에게만 제품을 공급하면 그만이었던 도공들이 돌연 지구 반대편의 도공들과 시장 점유 경쟁을 벌이게 된 것이다.

1000년은 세계화가 시작된 해였다. 전 세계에 무역로가 뚫려 상품, 기술, 종교, 사람들이 본고장을 떠나 새로운 지역으로 갈 수 있게 된 것이 그때였다. 그리고 그 결과로 나타난 변화는 보통 사람들에게까지 영향이 미칠 정도로 컸다.

바이킹 탐험가들도 1000년에(아니면 고고학자들이 그에 가깝다고 본 시기에) 고향 땅 스칸디나비아반도를 뒤로하고 북대서양을 넘어 유럽인으로서는 처음으로 캐나다 북동해안에 있는 뉴펀들랜드섬에 도착했다.(그보다 1만 년도 더 전에 시베리아에서 아메리카 서해안으로 이주의 물결이 들이닥쳤던 이후로는 아메리카에 들어온 사람이 없었다.) 바이킹의 이 탐험은 기존의 무역로들을 (앞으로 우리가 아프로-유라시아로 부르게 될 대륙인) 유럽, 아시아, 아프리카와 연결한 탐험이었다. 역사상 처음으로 물건 혹은 메시지가 전 세계를 돌아다닐 수 있게 된 것이다.

1000년 무렵에 활동한 다른 주요 탐험가들은 노르드인 Norse과 같은 유럽인이 아니었다. 그들은 중국인, 인도인, 아랍인이었다. 당시에 정기적으로 이용되던 세계 최장의 해상로도 페르시아만에 위치한 오만의 도시들을, 바그다드와 가장 가까운 도시 바스라를 중국과 이어 준 통로였다. 그 페르시아만-중국 해로는 두 성지 순례길(하나는 중국에서 메카로 가는 무슬림들이 이용하는 길이고, 다른 하나는 동아프리카인들이 성지를 순례할 때 이용하는 길이었다.)도 결합해 주었다. 교역품은 대부분 아라비아반도에서 중국 남동해안의 항구들까지 가는 것이었지만, 일부 물건은 동아프리카 해안의 항구들까지도 이동했다.

1000년의 세계화를 이끈 주역에는 아메리카, 아프리카, 중국, 중동의 사람들뿐만 아니라 북유럽의 바이킹도 포함되었다.

이 탐험가들 모두 자신들이 갖고 있던 물건과 난생 처음 보는 현지인들의 물품을 맞바꾸는 물물교환을 하면서 육로와 해로를 개척했고, 이로써 진정한 세계화가 시작되었다. 그 상인과 탐험가들이 개척한 길들로는 물건만 이동한 것이 아니었다. 다수의 왕국과 제국들도 새로 개척한 길들을 통해 접촉했고, 이를 통해 상품, 사람, 세균, 생각들도 새로운 지역들로 옮겨 갔다. 역사상 처음으로 세계 각지에서 접촉이 일어난 것이고, 그 접촉이 가져온 궁극적 결과가 지금의 세계화인 것이다.

물론 1000년 이전에도 로마, 인도, 중국과 같은 몇몇 지역의 사람들은 자신들이 사는 지역들 바깥에 다른 사회가 존재한다는 것을 알고 있었다. 로마 제국과 남인도 서해안을 연결하는 기원후 1세기 때의 해로가 기록으로 잘 정리되어 있었던 것도 그것을 말해 주는 증거다. 하지만 그 교역은 결국 소멸되었다. 반면에 기원후 500년 무렵에 형성된 육상 실크로드와 해상 실크로드는 인도, 중국, 동남아시아 국가들 간에 영속적인 문화와 교역의 관계를 만들어 냈고, 1000년에도 그 길들은 계속 사용되고 있었다. 하지만 그 길들은 복잡했던 것만큼이나 세계의 한 부분에만 영향을 미쳤다. 전 세계적 영향을 끼친 것은 1000년에 일어난 지역들의 팽창이었다.

물론 그것은 현재 통용되는 한 가지 의미로서의 세계화는 아니었다. 평범한 사람들이 어디든 자유롭게 여행할 수도 없었고, 상점에 걸어 들어갈 수도 없었으며, 거의 모든 나라의 상품들을 살 수도 없었으니 말이다.

그럼에도 1000년 무렵에 일어난 변화들은 가장 본질적인 면에서 세계화의 구성 요소가 될 수 있다. 한 지역에서 벌어진 일이 멀리 떨어진 다른 지역들에까지 심대한 영향을 미쳤으니 말이다. 새로운 통로들은 세계 각지를 하나로 묶어 주었고 물건, 사람, 종교의 모든 것이 그 길들을 따라 이동했다. 콘스탄티노플(지금의 이스탄불), 바그다드, 카이로, 그 밖의 도시들에서 노예가 지속적으로 필요했던 것도 대서양 횡단 노예무역이 시작되기 수백 년 전에 이미 아프리카, 동유럽, 중앙아시아에서 수백만 명이 강제로 이동하게 하는 결과를 가져왔다.

세계화는 고향 땅을 한 번도 떠나 본 적 없는 사람들에게까지 막대한 영향을 끼쳤다. 지배자가 개종하면,(1000년 무렵에는 그런 일이 빈번하게 일어났다.) 대다수 백성도 그 새로운 종교를 받아들여야 했다. 동남아시아의 대륙과 섬들에서는 주민들이 전통적으로 해 오던 본업을 팽개치고, 중국의 부자와 가난한 사람 모두가 원한 향신료와 향목을 공급하는 일에 전일제로 뛰어들었다. 지역민을 희생해 외국 상인들의 배를 불리는 일이 늘어나면서 카이로, 콘스탄티노플, 광저우(광주) 같은 도시들에서는 신흥 부자들을 공격하는 세계 최초의 반反세계화 폭동이 일어나기도 했다.

지금껏 전해지는 1000년의 자료에는 그 무렵에 전 세계를 돌아다닌 상품과 사람의 정확한 수가 나타나지 않는다. 이 책에서 다른 종류의 증거에 많은 주의를 기울이려 하는 것도 그 때문이다. 다른 통로들을 따라 이동한 물건들을 추적해, 어떤 부류의 사람과 정보가 그 물건들과 함께 움직였는지를 살펴보려는 것이다. 실제의 여행담에도 주의를 기울이고, 다른 사람에게서 들은 이야기를 기록한 사람들에게도 주의를 기울일 것이다. 그들이야말로 1000년 이후에 일어난 거대한 변화의 주요 증인들이기 때문이다.

1000년에 일어난 그러한 교류들은 크리스토퍼 콜럼버스Christopher Columbus가 대서양 한복판을 횡단한 후에도 물건과 사람들이 지속적으로 이동할 수 있게 해 주었다. 그러나 1000년의 세계는 몇 가지 중요한 점에서 콜럼버스가 제1차 항해를 시작한 1492년의 세계와 달랐다. 첫 번째로 다른 점은, 1492년의 유럽인들이 화기와 대포를 소지해 그들과 마주치는 사람 거의 모두를 무력화할 수 있었던 반면에, 1000년의 여행자들은 과학기술적 수준이 비슷해 그럴 수 없었다는 것이다.

1000년에는 교역의 주체도 1492년과 달랐다. 호황을 누린 곳은 중국이나 중동과 같은 세계의 일부 지역이었을 뿐 다른 지역, 특히 유럽은 뒤처져 있었다. 사실 1000년 무렵의 세계는 중국, 아랍, 아메리카 모두가 유럽의 진정한 라이벌이 되어 있는 오늘날의 세계와 흡사한 면이 많다.

1000년에 일어난 일들은 인류 진화의 면에서도 의미심장한 전환점이었고, 좋은 결과와 나쁜 결과를 동시에 만들어 냈다. 전 세계를 잇는 통로들global pathways의 개척은 풍요와 감염, 지적 풍부함과 문화적 분열, 신기술의 확산과 전통 공예의 소멸을 동시에 불러왔다. 새로운 통로들은 친교뿐 아니라 갈등도 조장했다. 일부 사람들을 전에는 꿈도 꿀 수 없었던 가능성에 눈뜨게 해 주었는가 하면, 힘이 강한 사람들의 지배를 피하지 못한 사람들의 예속을 촉진하기도 했다.

『1000년』은 그런 일들을 '세계화globalization'로 인식한 첫 번째 작품이다.[1] 예나 지금이나 세계화는 승자와 패자를 함께 만들어 내기 마련인데, 세계가 근본적으로 바뀐 1000년에도 그 점은 다르지 않았다. 그 영향은 지금도 감지되고 있으며, 1000년이 남긴 장기적 유산을 이해할 필요가 있는 것도 그 때문이다.

그 이야기는 소름 끼치도록 익숙해 보일 수 있지만, 1000년으로 되돌아가 보면 배경이 확연히 다르다는 것을 깨달을 것이다. 가장 현저하게 다른 점은 당시에는 산업화가 이루어지지 않았다는 것이다. 1000년 무렵에는 증기력도 없고 전기도 없었다. 사람, 동물, 물, 바람이 에너지원의 전부였다.

1000년 무렵에는 정치적 구성단위도 지금과 달랐다. 전사단, 부족, 왕국, 제국이 당시의 정치적 구성단위였다. 그중 어느 것도 전 국민에게 군 복무와 세금 납부를 강요할 수 있는 국민국가가 아니었다.(국민국가의 형태가 갖추어진 것은 19세기였다.)

이 책은 세계의 주요 지역들을 잇는 네트워크를 개발한 주체가 누구인지와 그 네트워크들이 연결된 방식을 알려 줄 것이다. 1000년 무렵에 각지의 사람들은 서로 간의 관계망을 수립했고 그것이 세계화의 다음 단계에 필요한 무대가 되어, 1500년대에 유럽인들은 기존의 네트워크를 자신들의 이해관계에 맞게 개조할 수 있었다. 따라서 세계화는 유럽인이 만들어 낸 것이 아니었다. 그들은 그저 기존에 있던 것을 바꾸고 증대시킨 것뿐이었다. 세계화는 그전에 이미 시작되어 있었고, 그런 바탕이 있었기에 유럽인들은 그 많은 지역에 그토록 빨리 침투할 수 있었던 것이다.

늘 그렇듯 세계화에는 위험이 뒤따랐다. 사람들은 지구상에는 그들만 사는 것이 아니라는 것을 깨닫기 무섭게 새로운 위험에 맞닥뜨렸다. 역사상 처음으로 세계화를 경험한 사람들은 전략을 세워야 했는데, 그들은 각기 다른 관점에서 그 일을 수행했다.

1000년 무렵의 사람들은 전 세계를 이동하면서 낯선 사람들과 마주칠 때마다 위험이 어느 정도인지를 가늠해야 했다. 낯선 사람들이 자신들을 죽일지, 산 채로 붙잡을지를 판단해야 했던 것이다. 낯선 사람들과 비교해 자신들이 처한 입장도 고려해야 했다. 만에 하나 싸울 경우 이길지 질지도 계산해야 했다. 기술은 누가 나은지, 낯선 이들이 읽기와 쓰기를 할 수 있다면 어떻게 할 것인지도 생각해야 했다. 세계화를 처음 겪는 사람들은 이렇게 무엇을 할지에 관한 합리적 결정을 내려야 했으며, 그들이 내린 결정은 우리에게도 많은 것을 가르쳐 준다.

그들이 보인 몇몇 반응은 성급하고 분별이 없었다. 예를 들어 바이킹만 해도 말을 섞어 보지도 않고 잠자는 토착민들을 죽인 적이 있었다.

즉흥적이다 못해 솔직히 말하면 괴상한 반응을 보인 때도 있었다. 바이킹들의 정주지가 아메리카 원주민들의 공격을 받았을 때가 그런 경우였다. 아메리카 원주민들의 공격을 받은 노르드인 지도자들이 퇴각하라고 명령하자, 프레위디스Freydis라는 이름의 바이킹 여성은 성깔은 있어도 임신한 몸인지라 남자 동료들을 따라갈 수 없었다. 그리하여 단신으로 원주민 전사 집단을 상대하게 되자 그녀는 옷 속에서 자기 젖가슴을 꺼내 칼로 "철썩 때렸"[2]고, 그 모습을 본 원주민들이 혼비백산해 줄행랑을 쳤다는 것이다. 믿거나 말거나 북유럽 신화에는 그렇게 기록되어 있다.

1000년에 다른 모험가들이 보인 반응은 그보다는 교훈적이었다. 일부 용감한 사람들이 두려움을 억누르고 난생 처음 보는 사람들에게 선뜻 다가간 것인데, 그로써 교역 관계가 수립되었다.

천연자원이 귀한 지역들에서는 왕왕 모험가와 원주민의 조우가 원주민의 노예 수출로 귀결되었다. 그렇다고 한 지역이 전 세계의 노예 대부분을 조달해 준 것은 아니다. 인간의 노동 외에는 달리 수출할 것이 없던 서아프리카와 동아프리카, 중앙아시아, 북유럽과 동유럽 같은 가난한 지역 모두가 부유한 도시 중심지들에 노예를 팔았다.(영어 단어 '노예slave'의 어원이 '슬라브Slav'인 것도 수많은 노예가 동유럽 출신인 것에 기인한다.)

사고팔 것이 없었던 사람들은 성공한 중개상인이 되기도 했다. 새로운 통상로 개척에는 이들이 중요한 역할을 했다. 기술이 낙후된 지역의 사람들이 새로운 방식을 남보다 빨리 수용해 기술이 앞선 지역 사람들을 눌러 이기는 놀라운 경우도 더러 있었다.

자신의 종교적 신념과 맞지 않더라도 선진국의 종교로 개종하는 것 또한 사회를 진보시키는 첩경의 하나였다. 지금의 우크라이나에 살던 한 지배자(키예프 루스의 대공 블라디미르 1세 Vladimir I)도 이웃한 나라를 본보기 삼아 왕국을 강화할 열망을 품고 있었다. 다수의 다른 군주가 하듯 권력을 공고히 하고 힘센 이웃 국가들과 제휴할 기회가 높은 종교를 국교로 택한 것이다. 그의 주 정보원은 다른 나라 지배자들에게 파견한 사절이 가져온 보고서였다. 사절이 스파이가 되어 이웃 나라들의 정보를 빼 온 것이다.

블라디미르 1세가 최종 후보 목록에서 개종할 종교로 선택한 것은 비잔티움 제국의 국교인 동방정교회였다. 그는 유대교,

이슬람교, 로마 교회의 장단점을 저울질해 보았다. 그런 다음에 유대교는 유대인들이 예루살렘을 잃었다는 이유로 탈락시켰다. 이슬람교는 음주를 금지한다는 이유로 제외했다. 로마 교회를 왜 거부했는지는 밝히지 않았다. 그가 정교회를 택했던 것은 현대의 최신식 마천루 못지않게 당대에 인상적이었던, 비잔티움 제국의 수도 콘스탄티노플에 세워진 웅대한 하기아 소피아(아야 소피아) 대성당이 기술적 경이를 나타내는 건축물이었기 때문이다.

다른 지배자들도 1000년을 전후해 그들 왕국의 국교를 결정했고, 그에 따라 전 세계의 종교 수도 감소했다. 선과 악의 끝없는 투쟁을 강조하고 지금의 이란에서 매우 번성했던 마니교만 해도 새로운 국교의 경쟁 상대가 되지 못하거나 그와 같은 정도의 보호를 받지 못해 완전히 자취를 감추었다.

1000년 이후에는 시크교, 바하이교, 모르몬교, 그리고 몇몇 다른 종교를 제외하고는 주요 종교가 창시되지 않았다. 새로 창시된 종교들도, 1000년 무렵에는 기반이 확고해진 기존 종교들의 요소를 뒤섞어 다시 배열한 것에 지나지 않았다.

다른 나라 지배자들도 동방정교회를 택한 블라디미르 1세와 유사한 방식으로 국교를 정했다. 그 결과 1000년 무렵에는 주요 종교들에 신종信從을 고백하는 예배자의 수가 극적으로 증가했다. 북동부 유럽은 기독교 판이 되었고, 이슬람교의 영역도 동쪽으로는 중앙아시아로, 남쪽으로는 북인도로 확대되었으며, 불교와 힌두교도 동남아시아로 전파되었다. 알고 보면 지금 우리도 1000년에 이루어진 상호작용으로 형성된 세계에 살고 있다. 오늘날 종교 신자의 92퍼센트[3]가 그 당시에 널리 받아들여진 4대 종교

중의 하나에 속해 있으니 말이다.

실제로 1000년에 일어난 일들로 형성된 세계에 사는 우리 역시 그 당시 사람들이 처음으로 맞닥뜨렸던 도전과 씨름하고 있다. 이웃 나라와 협력하고, 그들과 교역하며, 그들이 우리 지역에 정착하도록 허용하고, 그들이 우리 지역에 살게 되었을 때 종교의 자유를 허용해야 될지 등의 문제에 직면해 있는 것이다. 교역으로 부유해진 사람들에게 보복해야 할지, 보유하지 못한 남의 기술을 베껴 신제품을 만들어야 할지도 고민거리다. 끝으로, 세계화로 우리는 우리의 정체성을 더 잘 알게 될지, 아니면 우리의 정체성을 파괴하게 될지도 관심거리다.

1장

1000년의 세계

묘하게도 기원후 1000년 무렵에 폭발적으로 일어난 지역 간 이동은 새로운 기술 때문에 일어나지 않았다. 그전 시기의 사람들이 그랬듯 1000년 무렵의 사람들도 육로를 다닐 때는 주로 걷거나 동물 혹은 수레를 탔고, 물을 건널 때는 카누, 범선, 나무배를 이용했다. 1000년에 각 지역의 교역이 늘어난 것도 잉여농산물이 생김에 따라 인구가 불어 일부 사람들이 전일제로 종사하던 농업에서 손을 떼고 시장에 내다 팔 상품을 만드는 상인으로 변모했기 때문이다.

1000년의 세계에서 가장 인구가 많았던 곳은 지금과 마찬가지로 중국이었다. 그 무렵 중국의 인구는 1억 명에 달했다. 중국 인구는 역사기 내내 지구상에 사는 사람들의 3분의 1 혹은 4분의

1을 차지했다.[1] 중국의 경제는 송나라(960년~1276년) 때 중국의 상인과 배들이 쌀농사를 지으며 급증하는 인구를 먹여 살리고 있던 동남아시아 및 남인도와 무역을 하면서 호황을 누렸다.

중국에는 미치지 못했지만, 중동과 유럽의 곡물 재배 지역에도 인구가 제법 많았다. 아바스 제국만 해도 751년에서 900년 무렵까지 서쪽의 북아프리카에서 동쪽의 중앙아시아에 이르는 광대한 영역을 지배하고 있었으니 말이다.

아바스 왕조 시대에 진행된 아랍 제국의 통일로 제국 전역에는 각종 농작물의 이동이 촉진되었다. 수수처럼 서아프리카가 원산지인 몇몇 작물도 들어오고 쌀과 같은 인도산 작물들도 제국 전역으로 퍼져 나갔다. 이란과 인도의 열대식물도 재배할 수 있게 되면서 농한기라 손을 놓고 있던 여름에도 농부들은 농사를 지을 수 있게 되었고, 그것이 아바스 칼리파조 전체의 삶을 바꾸어 놓았다. 아바스 칼리파조의 초기 이슬람 중심지에 지속적으로 번영을 가져다준 것이 바로 이 변화였다.[2]

그러나 아바스 제국도 900년 이후에는 각 지역의 군사 지도자들이 실권을 쥔 지역 왕조로 분열되어 세력이 약화되었다. 바그다드의 칼리파가 이슬람 세계의 명목상 수장으로 남아 있었지만,(아바스 왕조의 영토에 사는 무슬림들은 이후에도 금요 기도회 때 칼리파의 이름을 계속 언급했다.) 통일된 제국으로서의 아바스 왕조는 더는 존재하지 않았다. 그래도 이전에 아바스 왕조에 속했던 지역의 인구는 계속 불어나 1000년 무렵에는 3500만 명에서 4000만 명을 헤아리게 되었다.[3]

서유럽도 그곳 사람들이 영국의 역사가 로버트 이언 무어R.

I. Moore(1941~)가 '곡물화cerealization'로 부른,[4] 농업 분야에 일어난 광범위한 변화를 받아들인 결과로 인구가 증가했다. 밀과 보리를 심는 땅이 점점 많아진 것이다. 프랑스 북부와 잉글랜드에서는 경작자들이 처음으로 같은 땅에 매년 같은 작물을 재배하면 수확량이 낮아진다는 사실을 알아채고, 토지의 3분의 1 혹은 절반을 휴경지로 남겨 두었다.

1000년 이후부터는 농부들이 작물의 돌려짓기도 시작했다. 토양의 영양물질이 빠져나가는 것을 막아 지력을 유지하기 위해 그들이 즐겨 쓴 방식은 순무, 토끼풀, 곡물을 순서대로 돌려 심는 것이었다. 수확량 증가에 지극히 중요했던 이 농법은 느리게 퍼져나갔다.(중국에서는 이미 잘 알려진 농법이었다.) 이 농법과 함께 말이 끄는 쟁기로 논밭을 가는 기술, 물레방아, 풍차, 그리고 목제 도구보다 땅을 더 깊이 팔 수 있는 철제 도구 등 농업상의 다른 기술혁신도 일어나 생산량이 증대되었다. 곡물화 이전의 서유럽에서는 대부분의 토지에서 규칙적 재배가 이루어지지 않았다. 하지만 이후에는 많은 토지에서 규칙적 재배가 이루어졌다.

농업 분야에 일어난 이런 변화들은 인구 증가뿐 아니라 유럽에 정주지들이 늘어나는 데도 기여했다. 곡물 재배가 확산되기 전에는 서유럽의 많은 농부가 이곳저곳 옮겨 다니며 농사짓고 가축을 치는 떠돌이 생활을 했다. 스칸디나비아와 동유럽의 농부들은 돼지, 염소, 양, 소, 말의 무리를 따라다니며 그런 생활을 계속했다. 하지만 프랑스, 잉글랜드, 독일, 그리고 니 중에 동유럽과 북유럽의 농부들은 돌려짓기 및 농업 분야에 일어난 다른 진보 덕분에 처음으로 집을 짓고 마을에 정착하게 되었다.

1000년 무렵에 4000만 명도 안 되었던 유럽의 인구는 (1347년의 흑사병이 덮치기 이전이었던) 1340년에는 거의 곱절로 불어났다. 이 같은 인구 증가는 1000년에 시작되어 1100년에 정점에 달하고 1400년에 끝난 중세 온난기Medieval Warm Period와 우연히 겹쳐 일어났다.[5] 이것이 전 세계적으로 나타난 현상이었는지를 알 수 없다는 이유에서 기후 역사가들은 이 온난기를 중세 기후 이상기Medieval Climate Anomaly로 부른다.[6] 현재 진행 중인 연구에는 유럽과 같은 몇몇 지역에서는 기온 상승이 일어난 반면에 다른 지역에서는 기온 하강이 있었던 것으로 나타난다.[7]

인구 증가와 더불어 유럽 일대의 인구 분포도 바뀌었다. 이탈리아, 스페인, 발칸 지역과 같은 남동부 유럽의 인구는 50퍼센트가 증가했다. 그런데 현대의 프랑스와 독일에 해당하는 서북부 유럽은 농업기술의 발달로 그보다 더 많이 늘어났다. 인구가 세 배로 폭증해 1340년 무렵에는 유럽인 절반 가까이가 북서부 유럽에 살게 된 것이다.

중국의 인구도 유럽과 유사하게 변했으나, 단 변화의 방향이 유럽과는 정반대였다. 유럽인들이 지중해 유역을 떠나 북해 지역으로 향했던 바로 그 시점에 중국 사람들은 양쯔강(장강) 남쪽의 벼 재배 지역으로 이동한 것이다. 742년만 해도 인구 6000만 명 중 60퍼센트는 중국 북부 지역에 살며 밀 농사와 기장 농사를 짓고 있었다.[8] 그랬던 것이 980년 무렵에는 인구의 62퍼센트가 중국 남부에 거주하며 북부 지역에서 재배하는 곡류보다 생산성이 한층 높은 쌀농사를 짓고 있었다.

1000년 무렵에는 황제 단독으로 나라를 통치한 중국과 달리 유럽은 단일 군주가 지배하지 않은 것도 두 지역의 차이점이었다. 동유럽에서는 비잔티움 제국의 힘이 가장 강력했다.[9] 하지만 군사적 힘은 급속히 약화되고 있었다. 심화되는 자국 군대의 약체화로 비잔티움 황제는 용병이나 외국 군대에 의존해야 했다. 그래도 콘스탄티노플은 유럽에서 가장 발전된 도시였다. 그곳을 찾은 서유럽인들은 도시의 산책길이나 건물, 특히 하기아 소피아 대성당의 아름다운 위용에 입을 다물지 못했다.

서유럽도 카롤루스 대제Charlemagne(샤를마뉴)가 지금의 프랑스 지역과 독일 지역을 통합한 것도 잠시, 814년에 그가 죽은 뒤에는 왕국이 다시 셋으로 분열되었다. 900년대에는 독일왕 오토 1세Otto I, 그의 아들 오토 2세Otto II, 그의 손자 오토 3세Otto III가 서유럽에서 가장 막강한 군주들(오토 왕조로 불린다.)이었다. 하지만 오토 1세의 지배력도 독일과 로마에만 미쳤을 뿐 이탈리아반도 전역에는 미치지 못했다. 이탈리아반도의 많은 지역이 비잔티움 제국에 속해 있었기 때문이다. 그래도 그에게는 교황을 지명할 수 있을 정도의 힘이 있었고, 962년에는 교황이 그 답례로 오토 1세에게 신성 로마 제국 황제의 관을 씌워 주었다. 그의 아들과 손자에게까지 계승될 지위였다.

오토 1세의 손자인 오토 3세가 로마 교회의 수장으로 택한 인물은 실베스테르 2세Sylvester II 교황(재위: 999년~1003년)이었다. 실베스테르 2세는 유럽인들이 이슬람권에서 배운 대수학代數學 실력도 웬만큼 갖추었던, 당대 최고이 지시인 가운데 한 사람이었다.(대수학을 뜻하는 'algebra'도 이차방정식을 푸는 데 사용된 두 연산법 중 하나인 아랍어 '알자브르al-jabr'에서 나온 것이다.)[10]

1000년의 변화는 바로 이 실베스테르 2세의 치세 때 일어났다. 그렇다고 1000년이 유럽인들에게만 많은 의미를 가졌던 것은 아니다. 당시에는 극소수 사람만 예수Jesus 탄생을 기원으로 하는 달력을 사용했기 때문이다. 이 기년법은 500년대부터 존재해 왔지만, 자리를 잡는 데 시간이 걸려, 교회의 공식 승인을 받은 것은 1500년 무렵이었다. 대다수 사람은 국왕이나 교황의 치세로 연도를 헤아렸다.[11] 1000년을 교황 실베스테르 2세 치세 2년으로 부르는 식이었다.

　　당시에는 그리스도Christ가 1000년에 재림하리라고 믿는 기독교도도 거의 없었다. 이런저런 순회 설교자와 교회 개혁가들이 자기를 메시아라고 주장하면서 봉기를 주도했지만,[12] 그들의 운동은 다른 세기들에 일어났고 1000년 무렵에는 한 건도 일어나지 않았다.

　　1000년 무렵 전 세계에 존재한 농업 제국들 가운데 학계에 가장 덜 알려진 것은 메소아메리카(중앙아메리카)의 마야 문명 지역에 관한 것이다. 마야인들은 600년 이전의 어느 시기부터 이미 관개시설을 광범위하게 이용해 현대의 멕시코, 벨리즈,[1] 과테말라, 엘살바도르, 온두라스의 본래 중심지에 있던 충적 대지에서 옥수수를 재배하기 시작했다. 마야 문명이 정점에 달한 시기는 전체 인구가 수백만 명을 헤아렸던 700년 무렵이었다.(2018년 기준으로 환산하면 대략 1000만 명에서 1500만 명에 해당하는 수치다.)[13] 지금의 과테말라에 속하는 마야 도시 티칼만 해도 600년

1　　중앙아메리카의 유카탄반도 남쪽에 있는 국가다.

에서 800년 사이에 6만 명가량의 인구를 가진 최대 도시 중 하나였다.[14] 그랬던 것이 700년대 말에는 다수의 도시가 붕괴해 버려졌다. 어쩌면 과다 농업 때문에 그렇게 된 것일 수도 있고, 환경의 변화 때문에 일어난 일일 수도 있다. 830년 이후에는 새로운 건축 활동이 거의 일어나지 않았다. 1000년에서 1100년 사이에는 장기간 이어진 가뭄으로 인구가 급감했고, 유카탄반도 북부에 새로 지어진 도시 치첸이트사Chichén Itzá로의 대량 이주도 그와 동시에 일어났다.

상형문자의 일종인 마야 문자의 기록도 1000년 무렵에 중단되었다.(비석에 새겨진 글도 910년도 것이 마지막이었다.) 하지만 그런 가운데서도 치첸이트사의 마야 문명은 북쪽의 미시시피 계곡과 (콜로라도주, 뉴멕시코주, 애리조나주, 유타주가 만나는) 포 코너스Four Corners, 남쪽의 파나마와 콜롬비아까지 교역 범위를 확대하며 회생을 경험했다. 치첸이트사 메트로폴리스는 정교한 천문대와 거대한 구기장도 보유하고 있었다. 1000년 무렵에는 치첸이트사의 광경이 얼마나 인상적이었는지 다수의 주변 국가가 선물 꾸러미를 들린 사절을 마야 통치자에게 파견할 정도였다.

그럼 1000년의 세계 인구는 어느 정도였을까? 얼추 2억 5000만 명이었다. 인구조사를 시행한 지역들(중국을 생각해 보라.)에 관한 정보가 그에 관한 기록이 없는 지역들보다 풍부하고, 유목 사회보다는 농업 사회에 인구가 더 많았던 점을 고려하면 그 정도 수치가 나온다 주요 쌀 생산국이었던 중국, 일본, 인도, 인도네시아가 속한 아시아가 세계 인구의 태반을 차지했으며,(수치로는 1억 5000만 명, 비율로는 50퍼센트 이상을 차지했다.)[15] 그다음이 20퍼센트 정도를 점유한 유럽이었다. 또 다른 20퍼센트는 아프리카가 차지했을 테고, 나머지 10퍼센트 혹은 그 이하를 아메리카가 차지했을 것이다.(오세아니아의 인구는 세계 인구의 1퍼센트도 점유한 적이 없었다.)

세계 인구가 2억 5000만 명에 달한 것은 역사의 전환점이었다. 본국을 떠나 이웃 나라 영토로 간 탐험가들이 인구가 적었던 이전 시기보다는 아무래도 사람들과 마주칠 개연성이 높았을 것이기 때문이다. 농업 생산의 폭증으로 인구가 늘어난 세계의 다른 지역들에서는 일부 사람들이 농업에서 손을 떼고 도시에 가서 살 수도 있었다. 1000년에서 1348년 사이의 세계 최대 도시들은 유럽에 있지 않았다. 파리 인구가 2만 명 내지 3만 명이었고[16] 이슬람 도시였던 스페인의 코르도바 인구가 45만 명이었던 데 비해, 중국 송나라의 수도들이었던 카이펑(개봉)과 항저우(항주)의 인구는 최소 100만 명이었다.

도시들이 성장하자 진취적인 상인의 수도 늘어났다. 낯선 곳들에서 진기한 물건들을 획득하면 더 많은 욕구가 일어났다. 교역 품목은 대개 깃털, 모피, 고운 직물, 약물과 같은 경량의 물건들이 차지했다. 귀금속은 중요한 예외 품목이어서 사람들은 엄청나게 먼 거리도 마다하지 않고 기꺼이 운반하려고 했다.

그런 지역들의 잉여농산물은 읽고 쓰는 능력을 가진 대규모 관료제를 지탱하는 힘이기도 했다. 그 지역들은 모두 고유의 문자를 지니고 있었다. 1000년의 세계에 관한 내용이 담긴 사료들 가운데 가장 많은 부분을 차지하는 것이 라틴어, 고대 아이슬란드어, 그리스어, 아랍어, 페르시아어, 산스크리트어, 중국어로 된 사료다. 문자가 없는 지역들보다 그런 핵심지역들과 그 이웃에 살았던 사람들에 관한 내용이 후대에 더 많이 알려진 것도 그런 서면 기록이 있기 때문이다.

이 책은 기록이 없거나 주변 지역과 교역을 하지 않은 고립된 지역들은 다루지 않는다. 오스트레일리아, 사하라 사막 이남의 일부 지역, 아메리카의 여러 지역이 그런 곳들이다. 그곳들의 일부 지역에서는 주민들이 간헐적으로만 농업에 종사하고, 수렵과 채집을 주업으로 하며 살았다. 농사는 봄에 씨를 뿌려 가을에 수확하는 데 그쳤고, 여름에는 작물을 재배하지 않았다. 들판에서 농작물을 재배한 농부보다는 오히려 수렵·채집인의 삶이 훨씬 풍족했다는 주장이 최근에는 몇몇 학자 사이에서 나오기도 했다. 그 말이 맞을 수도 있다. 하지만 수렵·채집인들은 빠르게 늘어나는 인구를 먹여 살릴 만큼 충분한 양의 잉여농산물을 수확하지 못했다. 수렵·채집인 사회에서는 문자도 발명되지 않아, 고고학적 증거 외에는 알 수 있는 것이 없다. 많은 사람은 대규모 농업 제국에서 문자가 창안된 이유를 지배자가 백성의 움직임을 면밀하게 추적하여 세금 내역을 기록할 필요가 있었던 것에서 찾기도 한다.

그렇다고 외부인과 별 접촉이 없었던 지역들의 상황이 모두 똑같았던 것은 아니다. 서아프리카의 도시 젠네제노Jenne-jeno만 해도 정주 농업 사회만이 도시로 성장할 수 있었다는 학자들의 기존 가설을 재고하게 만들었다.[17] 그곳 지역민들은 연중 대부분의 기간을 가축 떼와 함께 옮겨 다니며 사는 유목민이었지만, 우기에는 인구가 2만 명에 달한 젠네제노에서 지냈다. 젠네제노에는 주

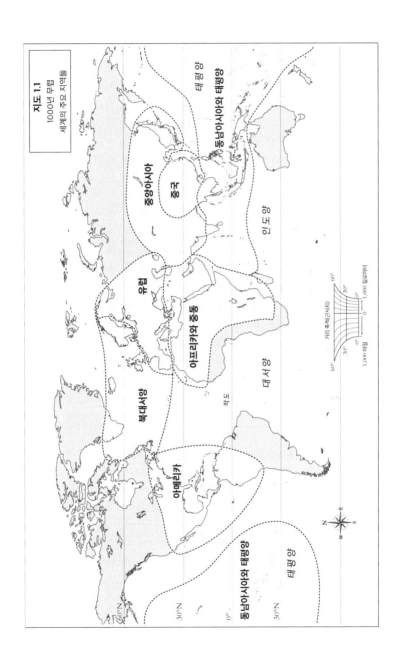

지도 1.1
1000년 무렵
세계의 주요 지역들

중앙아시아

중국

유럽

동남아시아와 태평양

태평양

인도양

아프리카와 중동

대서양

적도

북대서양

아메리카

동남아시아와 태평양

태평양

거리 축척(그니치)

1,000 마일

0   1,000 킬로미터

60°
30°
0°
30°
60°

N
W   E
S

요 정주지가 이미 존재했던 기원전 300년 무렵으로 거슬러 올라가는, 깨진 도기가 묻힌 26피트(8미터) 깊이의 대형 도기 매장지도 있었다. 하지만 흥미롭게도 젠네제노에 관한 기록은, 1000년 무렵에 외부인들이 그 도시에 관해 기록한 것이 유일하다.

세계의 다른 곳들에도 관련 기록이 별로 없어 고고학 발굴로만 알 수 있을 뿐이지만, 그와 유사한 대규모 정주지들은 분명히 존재했다. 아메리카와 사하라 사막 이남 아프리카의 많은 지역만 해도 고고학 증거물이 사료의 전부다.

1000년 무렵에 유라시아 전역의 작가들은, 지구 곳곳이 남김없이 탐험되어 지도에 표시가 되어 있는 지금의 세계와는 매우 다른 세계에 살았다. 그들은 먼 지역들에 흥미를 가졌고, 알려진 세계의 가장자리에 관해 자신들이 아는 것을 기록했다. 중국어, 그리스어, 라틴어로 글을 쓴 고전 작가들 모두가 그 땅에 거주하는 유사 인간체들을 묘사했다. 나중에는 다수의 사람이 머리 또는 사지가 없거나, 여타 괴상한 특징을 지닌 생물체들을 기록하기도 했다. 1000년 무렵에 세계를 탐험한 초기 여행자들은 이웃 나라에 관해 최소한의 지식만을 지니고 있었고, 그것이 그들을 한없이 대담무쌍하게 만들었던 것 같다.

문자가 사용되기 이전 시기에 아프로-유라시아에 살았던 사람들, 교역 물품, 통상로, 관습에 관해 가장 상세한 정보를 제공해 주는 자료는 아랍어 기록물이다. 아바스 왕조 때 우편 및 정보 업무를 맡은 이븐 후르다드베Ibn Khurradadhbih(820년~911년)만 해도 특정 교역로 변에 놓인 상이한 나라들과 상품들을 묘사한 최초의 지리책을 썼다. 책의 내용에 걸맞게 제목도『도로 및 왕국 총람*The Book of Routes and Realms*』이었다. 이후 아랍어와 페르시아어로 글을 쓴 지리학자들도 다른 지역들에 관해 자신들이 관찰한 기록물에,[18] 즉 1000년의 세계를 이해하는 데 결정적 중요성을 지닌 저작물에 같은 제목을 붙였다. 중국인들 또한 딴 나라들에 관해 글을 쓰는 오랜 전통이 있었는데, 그들이 쓴 책도 아랍어와 페르시아어로 저술된 여행기 못지않게 우리에게 중요한 정보를 제공해 준다.

그런 서술을 신뢰할 수 있는지를 알 수 있는 가장 좋은 방법은 글 하나를 고른 다음에 이용할 수 있는 다른 출처의 자료와 비교함으로써 진위에 관한 나름의 판단력을 갖추는 것이다.

크리스토퍼 콜럼버스 이전에 아메리카에 닿았다고 주장하는 다른 이론들도 그 접근법으로 알아볼 수 있다. 그런 이론들 중에는 전적으로 믿을 만해 학계의 폭넓은 지지를 받은 것도 몇 건 있기는 하다. 하지만 다른 이론들은 사실무근으로 밝혀져 많은 의혹만 불러일으켰다. 바이킹 탐험가들이 뉴펀들랜드에 도착한 증거는 확실하게 나타난 반면에, 중국인들이 콜럼버스보다 먼저 아메리카에 닿았다는 주장은 근거가 불확실한 것으로 드러난 것이 좋은 예다.

일부 사람들은 신대륙에 처음 발을 디딘 사람들이 중국인이라는 생각을 매력적이고 흥미롭다고 여겼다. 중국인들이라고 그 일을 못하라는 법이라도 있다는 것인가? 명나라 제독 정화鄭和가 이끈 중국 함대만 해도 1400년대에 동남아시아, 인도, 아라비아반도, 동아프리카 해안까지 갔던 것이 확실하지 않은가 말이다. 하지만 개빈 멘지스Gavin Menzies가 그의 작품『1421: 중국,

세계를 발견하다1421: The Year China Discovered America』[19]에서 주장한 내용을, 다시 말해 정화의 함대가 희망봉을 넘어 아메리카와 오스트레일리아까지 갔다거나 북극과 남극까지 갔다는 것을 보여 주는 신빙성 있는 증거는 없다.『1421』은 기존의 다른 모든 중국 관련 역사서의 판매 부수를 훌쩍 뛰어넘어 상업적으로 큰 성공을 거두었다. 하지만 중국을 연구하는 진지한 역사가치고 멘지스의 견해를 받아들이는 사람은 없는 것 같다. 책 내용에 문제가 얼마나 많았는지, 명나라 역사의 권위자인 한 명망 있는 학자는『1421』을 논픽션으로 홍보한 출판사에 불만을 제기하기까지 했다.

무슬림 탐험가들도 콜럼버스 이전에 아메리카에 도착했다. 아니, 레제프 타이이프 에르도안Recep Tayyip Erdogan 터키 대통령은 2014년에 행한 연설에서 그렇게 주장했다. 그렇다면 그가 내세운 증거는? 콜럼버스가 쿠바에서 모스크를 봤다고 기록한 것이었다. 하지만 콜럼버스가 그와 관련해 일기에 적은 실제 내용은 다음과 같았다. "그것들 중 하나(현지의 산맥)의 꼭대기에는 또 하나의 구릉이 마치 우아한 모스크처럼 얹어져 있다."[20] 콜럼버스가 묘사한 것은 진짜 모스크가 아니라 모스크 모양의 구릉이었던 것이다.

한 전문 역사가도 973년에 태어나 1040년 이후의 어느 무렵에 사망한 중앙아시아의 뛰어난 박식가 알비루니al-Biruni에 관해 그아 유사한 주장을 펼쳤다. 알비루니는 역법, 천문학, 지리학, 인도를 깊숙이 연구한 인물로 유명하다. 그런데 스티븐 프레더릭 스타S. Frederick Starr가 "알비루니가 아메리카를 발견했다."라고 하면서, 그가 아프로-유라시아 반대편에 대륙이 하나 있었던 것을 알았다고 주장한 것이다.[21] 그것은 사실이 아니었다.

알비루니는 아메리카의 존재를 몰랐다. 그가 알았던 것은 고대 그리스인들에게서 아랍어로 글을 쓴 학자들에게로 전해진, 지구가 구형이라는 사실이었다.[22] 알비루니는 사람들이 지구 표면의 극히 일부분에만 살고 있을 뿐이라는 것 또한 이해하고 있었다. 북극은 너무 추워 인간이 살기에 부적합하다고, 적도 이남 지역은 너무 더워 살 수 없다고 믿었다. 그는 아프로-유라시아 거주민들에게는 전혀 알려지지 않았던, 그 지역 반대편이 물로 가득 차 있을 것이라고도 여겼다.[23] 하지만 충실한 종교 사상가답게 인간이 거주하는 몇몇 섬도 존재하리라는 가능성 또한 배제하지 않았다. 그래도 알비루니가 대륙을 발견하지 않았던 것은 분명하니, 하물며 아메리카라는 대륙을 발견하지 않았던 것은 두말할 나위가 없다.

알비루니와 이슬람 세계의 다른 주요 학자들을 제외하면, 1000년에 살았던 사람들 중 지구를 전체적으로 생각한 사람은 거의 없었다. 가장 완벽한 세계지도(아프로-유라시아 지역은 대부분 포함되었으나, 아메리카 대륙은 완전히 빠진 지도)도 유럽으로 들어가는 이슬람 관문들 중 하나였던 시칠리아섬을 근거지로 활동한 지도학자 알이드리시al-Idrisi가 작성했다. 세우타 출신이었던 알이드리시는 시칠리아의 노르만인 왕 루제루 2세Roger II의 궁정에서 일하면서 직경 2야드(2미터)의 은 원반 위에 정교한 세계지도를 그렸고, 표시된 모든 지역에 대한 위도 좌표와 경도 좌표의 완벽한 목록도 곁들여 놓았다. 물론 은 원반 위에 그린 본래의 지도는 소멸되었다.(은의 값어치 때문에 녹였을 것이다.) 하지만 각각의 장소와 함께 알이드리시가 작성한 지역들의 목록은 손상되지 않고 현재까지 남아 있으며, 수집한 정보를 토대로 그린 지도들 또한 본래의 모습을 유지하고 있다. 이 책 표지를 장식하고 있는 것도 그 지도들 가운데 하나다.[2]

유럽인들이 아랍어를 배우고 아랍어 원전들을 번역하게 되면서 1000년부터는 이슬람권으로부터 더 많은 지식이 유럽으로 유입되었다. 유클리드Euclid(에우클레이데스)의 기하학도 그리스어 원본이 아랍어로 번역되고 그것이 다시 라틴어로 번역되었으며, 12~13세기에 활동한 이탈리아의 수학자 레오나르도 피보나치Leonardo Fibonacci는 로마 숫자보다 한층 간편한 아라비아 숫자 체계를 유럽에 소개했다.

지식의 이동은 비단 지적 분야에만 국한되지 않았다. 유럽인들은 지식뿐 아니라 새로운 게임을 즐기는 법도 배웠다. 600년 무렵에 인도에서 처음 고안된 체스만 해도 이슬람권 전역으로 퍼져 나갔다가 1000년 무렵에는 유럽으로도 확산되었다. 체스 게임에는 군사전략의 기본도 깔려 있어, 경기자들은 폰 한 개로 움직이기보다는 여러 개로 움직이는 것이 현명하다는 것도 배웠다. 체스가 유럽에 보급되면서 몇몇 기물은 새로운 정체성을 부여받기도 했다. 기물을 만드는 기공들이 코끼리의 두 엄니를 주교 모자의 두 꼭지로 오해해 코끼리가 비숍(주교)으로 바뀐 것이 좋은 예다.[24] 또한 체스의 몇몇 기물은 육지 코끼리의 상아로 만들어지기

---

2   원서의 표지를 가리키는 것으로, 화보의 맨 앞에 실린 지도다.

도 했지만 바다코끼리의 상아로 만들어진 것이 더 많았고,[25] 그것들은 바이킹이 북대서양에서 가장 활발한 활동을 벌일 때 유럽에 대량으로 유입되었다.

비행기 여행, 열차 여행, 자동차 여행, 선박 여행에 익숙한 현대인들은 먼 옛날 사람들이 겪은 여행의 경험에 긴가민가하는 경향이 있다. 수천 마일이나 되는 거리를 도보로 이동할 수 있었다는 사실에 놀라며, 예전에는 대다수 사람의 하루 이동 거리가 고작 20마일(32킬로미터)에 지나지 않았으니 이동 기간도 매우 길었을 것이라는 사실을 잊고는 한다. 1000년 무렵의 사람들은 그러한 여행에 익숙했다. 한 사절은 1024년에서 1026년 사이에 무려 2500마일(4000킬로미터)이 넘는 거리를 걸어서 이동한 적도 있다.

그 사실을 기록한 역사가는 물론 그 사절이 어떻게 그 긴 여행을 수행할 수 있었는지에 관해서는 말해 주지 않는다. 하지만 그 사절이나 이 책에 언급된 대다수 탐험가 모두에게 해당되는 이야기이지만, 지형이 아무리 험난해도 현지 안내인의 도움을 받으면 그런 여행도 충분히 가능했으리라는 것 정도는 쉽게 짐작할 수 있다. 지난 1990년대에도 히말라야 탐사에 나선 한 무리의 연구원들이 마을 사람들의 도움을 받아 어려운 구간을 무난히 넘은 적이 있었다. 마을 사람들이 지도에도 나와 있지 않은 몇몇 통로를 그들에게 알려 준 덕분이었다. 연중 어느 때인지, 적설량이 어느 정도인지에 따라 그 통로들이 제기하는 난이도는 다양했다. 개중에는 경사가 완만하고 평평해 임신부도 충분히 다닐 만한 길도 있었으니 말이다.

걸어 다닌 사람들의 이동 속도는 여러 지역과 시대의 자료가 지금껏 남아 있어 파악할 수 있다. 1500년대 초에 스페인인들이 잉카족에 관해 적어 놓은 기록에 따르면, 급한 용무를 가진 사자들은 해당 구간을 뜀박질해 이동하고 휴대할 짐도 없다면 하루에 150마일(240킬로미터)를 주파하는 엄청난 속도를 낼 수 있었다.[26]

물론 군인들은 식량과 무기를 휴대해야 했으니 일반인보다는 이동 속도가 느렸을 것이다. 페르시아의 지배자 크세르크세스 1세Xerxes I, 마케도니아의 알렉산드로스 대왕Alexander the Great, 카르타고의 장군 한니발Hannibal의 군대를 포함해 고대의 군대가 (심지어 근세 잉글랜드의 왕 엘리자베스 1세Elizabeth I의 군대조차도) 이동한 속도는 하루에 10마일(16킬로미터)에서 20마일(32킬로미터) 사이였다.[27] 지금도 미국 육군이 지침으로 정한 하루 행군 거리는 20마일이다.[28] 이보다 더 빠르면 강행군으로 간주된다.

말을 타면 속도가 훨씬 빨라진다. 현대의 몽골인도 말만 수시로 교체할 수 있다면 하루에 300마일을 갈 수 있고, 예전에도 몽골 병사들은 격전이 치러지는 와중에 하루 60마일(100킬로미터)의 속도를 며칠간 계속 유지할 수 있었다.[29]

평탄한 길도 이동 속도를 크게 높여 주었다. 중국과 같은 발전된 사회들은 비포장도로가 있고 강 위에 다리가 놓여 있기 마련이어서 이동하기가 수월했다. 하지만 다른 곳들에는 도로가 거의 없다시피 해서 탐험가들이 스스로 길을 내며 다녀야 했다.

대용량 물품을 얼마나 멀리 운반할 수 있는지는 육로의 조건에 따라 달라졌다. 뉴멕시코주의 차코 캐니언 주민들이 1000년 무렵에 곡류를 운반한 거리는 90마일(150킬로미터) 정도였고, 가

끔은 170마일(275킬로미터) 밖에서 상당량의 목재를 운반해 오기도 했다.(차코 캐니언에는 나무가 없었다.) 금강앵무macaw의 깃털과 같은 사치품을 얻기 위해서는 그보다 더 멀리 갔다.[30]

선박 여행도 강이나 바다냐에 따라 속도가 달라졌다. 이동 속도는 다양했으며 놀랍게도 범선이나 노 젓는 배 모두 육로 여행보다 속도가 빠르지 않았다. 물론 배에 앉아 있으면 땅에서 걷는 것보다 몸은 편했을 것이다.

선박들 중에서는 바이킹의 배가 유연함, 가벼운 구조, 빠른 속도에다 수심이 낮은 곳에도 배를 댈 수 있는 장점을 갖춘 것으로 유명했다. 현대에 동일한 모형을 만들어 시험해 본 결과 최고 시속이 17마일(27킬로미터)까지 나왔으나,[31] 그 속도를 지속적으로 오랜 시간 유지하기는 어려웠다. 삼각돛을 갖춘 폴리네시아의 쌍동선 카누는 속도가 상당히 느려 바람이 보통으로 불 때는 바이킹의 배가 내는 속도의 절반밖에 나지 않았다.[32] 지금도 잘 건조된 전통적인 배는 평균 시속이 10마일(16킬로미터)밖에 나오지 않는 반면에, 전미 요트 경주에서 사용하는 요트는 그보다 다섯 배나 되는 속도를 낼 수 있다.

노 젓는 배나 카누는 평균 시속이 7마일(11킬로미터)에 지나지 않아 상당히 느리다. 순간 속도를 낼 때를 제외하고는 노를 빨리 젓기가 힘들기 때문인데, 그래도 바람이 앞에서 불면 나아가지 못하는 범선과 달리 방향을 자유자재로 움직일 수는 있다.[33] 바이킹 항해의 성공에는 노 젓기가 필수적이었다. 해안 가까이에 다가갈 수도 있었고, 물가에 바짝 붙여 배를 댈 수도 있었으며, 그러다가 여차하면 풍향에 관계없이 재빨리 도망칠 수도 있었다.

오늘날에도 그렇듯 1000년에도 선원들의 항해에서 난이도와 속도를 결정하는 것은 해류였다. 만일 지속적으로 순환하는 해류 시스템, 즉 환류還流를 탈 수 있었다면 배의 진행 속도는 빨랐을 것이다. 환류는 바람의 형태, 중력, 태양열, 지구의 자전 속도에 따라 결정되는데, 북반구 환류(북대서양 환류와 북태평양 환류)는 시계 방향으로 돌고 남반구 환류는 시계 반대 방향으로 돈다.

북대서양을 넘어 캐나다로 가는 항해는 환류가 시계 방향으로 돌기 때문에 귀환할 때보다 엄청나게 힘이 들었다. 바이킹들은 해안 가까이에서 움직이며 차갑고 유속이 느린 그린란드 해류를 타고 아이슬란드와 그린란드까지 갔다가,[34] 그곳에서 다시 래브라도 해류를 타고 캐나다까지 갔다. 그것은 위태로운 항해였다. 그린란드 해류가 그보다 훨씬 따뜻한 멕시코 만류를 그린란드 남단의 케이프 페어웰Cape farewell에서 만난 결과로 생기는 안개와 바람으로 말미암아 배들이 항로를 자주 벗어났기 때문이다.

그것이 아마 아이슬란드의 바이킹 탐험가 뱌르니 헤룔프손Bjarni Herjólfsson에게 985년 혹은 986년에 일어난 일이었을 것이다. 그는 붉은 에이리크Erik the Red(에이리크 힌 라우디Eiríkr hinn rauði)가 개척한 새로운 노르드인 식민지로 이주했던 아버지를 찾을 요량으로 그린란드를 향해 항해하기 시작했다.

아이슬란드를 떠난 뱌르니와 선원들은 그린란드를 향해 사흘간 항해했다. 사가saga에는 그다음에 벌어진 일이 이렇게 적혀 있다. 사흘이 지나자 "바람이 약해지면서 북풍과 안개가 엄습해 그들은 며칠간 어디를 항해하는지도 몰랐다."[35] 그렇게 바다 위에서 표류하다가 날이 개어 조금 더 항해하니 육지가 보였다. 하지만 그린란드의 모습에 관한 이야기를 자주 들어 왔던 뱌르니가 보기에 그곳은 그린란드가 아니었다. 뱌르니는 다른 두 곳도 가 보았다. 그런 다음에 항로를 바꾸어 그린란드로 무사히 귀환했다. 뱌르니와 선원들은 그들이 본 육지에 발을 딛지 않았다. 하지만 아이슬란드 태생의 탐험가 레이프 에이릭손Leif Erikson이 그들의 보고에 영감을 받아, 1000년 무렵에 그들의 족적을 좇아 아메리카를 최초로 발견한 사람이 되었다. 레이프가 도착한 곳은 캐나다의 북동부 지역이었다.

　　스칸디나비아반도로 돌아가는 길에는 바이킹들이 북대서양 환류의 일부인 멕시코 만류를 만날 수 있었다. 멕시코 만류를 타고 항해하는 것은 마치 완만한 바다 위에서 빠르게 움직이는 강을 탄 것과 흡사하다. 멕시코 만류는 아메리카의 동부 해안을 따라 북상하다가 뉴펀들랜드 해역 주변의 대서양으로 방향을 틀고, 브리튼 제도(영국제도)에 도착해서는 북부 유럽 해역으로 흘러가는 해류다. 해류의 하루 이동 거리는 100마일(160킬로미터) 이상,[36] 너비(물의 색이 주변 해류와 달라 식별할 수 있다.)는 40마일(70킬로미터) 정도 된다.

　　태평양의 횡단 거리는 대서양의 횡단 거리보다도 훨씬 길다. 태평양에서도 폭이 가장 넓은, 인도네시아와 콜롬비아 사이의 거리는 1만 2000마일(2만 킬로미터)나 된다. 그에 비해 대서양은 가장 넓은 구간이라고 해 봐야 4000마일(6400킬로미터)에 지나지 않는다. 태평양은 구간이 가장 짧은 일본과 캘리포니아 사이의 거리도 5500마일(8800킬로미터)나 된다. 초기 항해자들은 북태평양 환류의 이점을 누려 돛이 장착된 쌍동선 카누를 타고 태평양을 횡단하는 모험을 계속했다. 바이킹과 마찬가지로 그들도 항해 기구는 사용하지 않았다. 사모아섬을 출발한 폴리네시아인들이 소시에테 제도에 도착한 것은 1025년 무렵이었다. 그랬던 그들이 하와이, 이스터섬, 뉴질랜드에는 그로부터 2세기 반이 더 지난 뒤에야 도착했다.

불운한 일본인 선원 열네 명도 알게 되었듯이, 사실 조건만 맞으면 돛 없이 해류에 몸을 맡기기만 해도 태평양을 건널 수 있다. 1832년 12월 2일, 길이 50피트(15미터)쯤 되는 목재 어선을 타고 일본 동해안의 나고야를 출발해 도쿄(에도)로 항해를 시작한 그들은 강력한 폭풍을 만나 항로를 이탈했다. 그리하여 바다에서 표류하던 끝에 처음에는 구로시오 해류, 그다음에는 북태평양 해류(둘 다 북태평양 환류의 일부다.)에 떠밀려 갔다.

일본인들이 탄 어선은 그로부터 약 14개월 후인 1834년 1월에 미국 워싱턴주의 오젯Ozette 마을에 가 닿았다. 열네 명 가운데 빗물을 모으고 낚시질을 하며 이따금 새를 잡기도 해서 살아남은 사람은 세 명뿐이었다. 나머지 열한 명은 비타민 C 결핍에 따른 괴혈병으로 죽었다.[37]

탁월풍은 경우에 따라 항해를 용이하게도 하고 어렵게 하기도 한다. 노련한 선원이라면 누구나 알겠지만, 배는 뒤에서 바람을 받으면 속도가 무척 빨라진다.[38] 특정 지역에서는 계절별 기후 변화가 항해에 상당한 영향을 미치기도 한다. 공기 흐름의 움직임 때문에 발생하는 몬순(계절풍)이 대표적인 예다. 봄이 가까워 오면서 유라시아 대륙이 더워지면 공기의 흐름이 대양 쪽으로 움직이고, 반년 뒤에는 공기의 흐름이 다시 반대 방향으로 움직이는 것이다. 1000년 무렵에는 항해자들도 기후변화를 체감할 수 있게 되었고, 그들을 인도양과 태평양 사이로 데려다줄 수 있는 바람의 타이밍도 정확히 알게 되었다.

아랍의 항해에 정통했던 위대한 역사가 조지 후라니George F. Hourani(1913년~1984년)도 "페르시아만에서 캔턴Canton(광저우)으로 이어지는 그 해로는 16세기에 유럽의 팽창이 일어나기 전, 인류가 정례적으로 이용한 가장 긴 해로였고, 따라서 놀라운 업적으로 주목할 가치가 충분하다."[39]라고 말했다. 페르시아만-중국 해로를 오간 배들은 콜럼버스가 항해한 해로의 거의 두 배에 달하는 바닷길을 항해했다. 거기에 이라크의 바스라와 모잠비크의 소팔라까지 가는 구간을 더하면 길이는 세 배에 달한다.

1000년 무렵에 인도양과 대서양은 아랍, 인도, 동남아시아, 동아프리카, 중국의 항구들 사이에 교역이 강화되는 것을 목격했다. 필리핀 동쪽으로 간 사람은 아무도 없었다. 그곳에는 모든 바닷물이 한데로 모여들어 배가 빠져나올 수 없는 위험한 소용돌이 지점[3]이 있다는 중국인들의 믿음 때문이었다.

그 믿음에는 일리가 있었다. 인도양에는 인도네시아 통류Indonesian Throughflow에 실려 태평양의 따뜻한 물이 흘러든다. 이 따뜻한 물은 주로 남쪽의 인도네시아 제도를 거쳐 서쪽의 인도양으로 흘러든다.[40] 그렇게 흘러들어 동남아시아의 섬들 주변의 모든 방향에서 충돌하고 움직이며 해수면을 1.5피트(46센티미터)나 끌어올리는데, 이는 지구상의 그 어느 곳보다 높은 수치다. 게

---

3   이 책의 8장에 언급되는 '미려'를 가리킨다.

다가 이 해류는 움직이는 속도가 빠르고 크기도 커서 과학자들이 초당 100만 세제곱미터의 유동량을 표시하는, 스베르드루프 sverdrup: Sv라는 측정 단위를 새로 고안했을 정도다. 물체든 선박이든 이 해류를 타면 남서쪽의 인도양으로 가기는 쉽지만, 북쪽으로 가기는 엄청나게 어렵다.

인간이 약 5만 년 전에 배를 타고 오스트레일리아로 갔던 것도 남쪽으로 가는 길이 이용하기가 수월했기 때문이다. 하지만 북쪽으로 향한 사람은 거의 없었다. 그에 이어지는 후속 교류가 적어도 1300년이나 1400년 무렵까지는 오스트레일리아와 인도네시아 또는 동남아시아 대륙 사이에 없었던 것도 그 때문이다. 실제로 오스트레일리아에 처음 갔던 사람들은 해삼으로도 알려진 바다 민달팽이를 찾으러 간 중국인들이었다. 중국 소비자들의 해삼 사랑이 워낙 각별하다 보니 광저우 주변 해역에서 남획을 일삼던 어부들이 동남아시아 해안을 따라 남쪽의 베트남으로 이동하고, 그곳에서 다시 인도네시아로 갔다가 1400년 무렵에는 오스트레일리아 북쪽 해안에까지 다다른 것이었다.[41]

1000년에는 대다수 선원이 추측항법으로 항해했다. 육안과 태양, 달, 별들의 움직임에 관해 알고 있던 나름의 지식에 의존해 항로를 결정했다. 육분의를 이용한 무슬림 항해자는, 그리고 정확히 1000년 무렵에 선상용 자기나침반을 만들고 있던 중국인들은 중요한 예외였다.[42]

뱃일에 숙련된 폴리네시아인과 비이킹 항해자들은 파도, 해초, 새의 비행 패턴, 땅의 윤곽을 주의 깊게 관찰해 항로를 정했다. 1980년대에는, 당시에 열정적인 항해자였고 나중에는 TV 프로그램 「오래된 집*This Old House*」의 진행을 맡기도 한 스티브 토머스 Steve Thomas가 폴리네시아의 전통 항해법을 연구한 미크로네시아인 마우 피아일라그Mau Piailug에게서 전통 항해법을 배워 시험 항해를 했다.[43] 마우가 가르쳐 준 대로 맑은 날에는 별을 길잡이 삼고,[44] 흐린 날에는 파도의 모양을 보고 항로를 정한 것이다.

　　바이킹들도 폴리네시아인 탐험가들과 마찬가지로 도구를 사용하지 않았다. 그러면 그들이 1000년에 굳이 새로운 지역들을 탐험한 까닭은 무엇일까? 그들의 탐험에 중요한 역할을 한 것은 다름 아닌 사회구조였다. 특히 전사 집단의 역동성이었다. 야심 찬 지도자들이 새로운 영토를 찾아 나섰기 때문이다. 고대 영어로 쓰인 유명한 영웅 서사시 『베오울프*Beowulf*』에도 그런 전사 집단들의 행동 방식이 나타나 있다.(1000년 무렵에 작성된 필사본이 유일하게 전해지는데, 이야기의 배경은 그보다 몇백 년 전으로 되어 있다.) 스웨덴의 젊은 왕족 베오울프가 괴물 그렌델Grendel의 위협을 받는 왕을 돕기 위해 이웃 나라 덴마크로 간다. 스무 명가량 되는 젊은이도 베오울프와 동행해 그의 곁에서 함께 싸우고, 진귀한 보물을 찾기 위해 먼 지역으로도 함께 항해한다. 베오울프도 그런 부하들에게 종종 은팔찌 같은 선물로 답례를 한다. 베오울프의 전사단이 항상 전쟁만 벌이는 것은 아니다.[45] 그들은 이따금씩 어울려 놀며 즐기기도 한다.

　　전사단의 구성원이 전부 남자였던 것도 아니다. 그중에는 여자도 섞여 있었으며, 지도자의 부인도 전사단에 자주 포함되었다. 여자들이 전사단을 이끄는 경우도 있었다. 젖가슴을 내보인 바이킹 여성 프레위디스도 그녀의 자손들이 전한 이야기에 따르면 종국에는 자기 배를 지휘해 아메리카로 갔다. 전사단이 같은 지역 사람들로만 구성된 것도 아니었다. 타 지역 사람 혹은 다양한 언어를 쓰는 사람들도 종종 전사단에 합류했다. 전사단은 규모가 작을 때는 구성원이 스무 명 남짓 되었지만,[46] 100명에서 200명 정도까지 세력을 불릴 수도 있었다. 추종자를 많이 거느리는 데 성공한 전사단의 지도자는 군주나 왕이 될 수도 있었다.[47]

전사단의 지도자가 본고장의 부하들을 새로운 영토로 이끈 방식은 붉은 에이리크의 실제 경험을 통해 알아볼 수 있다. 에이리크는 980년에 살인 사건으로 유죄 판결을 받아 3년 동안 아이슬란드에서 추방되었다. 출생지인 노르웨이에서는 이미 내쫓긴 처지였기 때문에 새로운 영토를 찾아 나선 그는 900년의 어느 무렵에 발견된 그린란드로 갔다.[48] 그리하여 3년 동안 그곳에서 지낸 뒤 추방 기간이 끝나자 아이슬란드로 돌아온 그는 추종자를 모아 배 스물다섯 척을 몰고 다시 그린란드로 향했다. 하지만 스물다섯 척 가운데 열한 척은 항로를 이탈한 뒤 끝내 돌아오지 않았고, 열네 척만 그린란드에 도착해 에위스트리뷔그드 Eystribyggð(동쪽 정착지)라는 정착지를 건설했다. 북대서양을 넘어 캐나다를 탐험한 에이리크의의 아들 레이프 에이릭손과 여타 바이킹들도 전사단을 이끌었다.

지금부터는 우리의 세계 여행을 1492년 이전에 유럽과 아메리카 사이에 일어난 특정한 접촉의 한 순간에서 시작하려고 한다. 바이킹이 뉴펀들랜드에 도착한 1000년이 비로 특정한 접촉의 순간이다. 그곳을 기점으로 사료에 묘사된 길들을 따라가며 고고학적 발견을 토대로 다른 길들을 재구성해 보려고 한다.

1000년에 세계의 순환 고리를 연결한 것은 바이킹 탐험가들이었다. 그들이 역사상 처음으로 물건이나 메시지가 전 세계를 돌 수 있게 만들었으니 말이다. 물론 우리는 (아직은!) 전 세계를 돌았던 품목의 세부 사항에 관해 알지 못한다. 그래도 1000년에 전 세계를 잇는 통로들의 네트워크가 형성된 것이 가정이 아닌 사실인 것은 분명하다.[49] 그해에 바이킹이 캐나다를 탐험함으로써 유럽에서 아메리카로 가는 길이 열린 것이다. 1000년을 세계화에 관한 이 책의 출발점으로 삼으려는 것도 그 때문이다.

2장　가자 서쪽으로, 젊은 바이킹들이여

　　사가에 따르면 바이킹들은 아메리카를 세 차례 탐험했다. 첫 번째 탐험은 레이프 에이릭손이 기원후 1000년에 뱌르니 헤륄프손이 목격한 땅으로 그의 전사단을 이끈 것이었다. 뱌르니가 묘사하기로, 항로를 이탈한 그가 레이프의 아버지 붉은 에이리크가 건설한 그린란드 정착지로 돌아오기 전에 목격한 육지는 세 곳이었다. 비록 이 땅들 가운데 그 어느 곳에도 발을 딛지는 못했지만 말이다. 그런데 그로부터 약 15년 뒤에 레이프가 뱌르니의 선박을 사들여 전사단을 이끌고 그린란드에서 출발해 새로운 영토를 찾아 나선 것이었다.

　　레이프와 그의 부하들이 처음 발을 디딘 곳은 "빙하에서 바다 쪽으로 삐져나온 하나의 평평한 바위처럼 생긴" 땅이었다. 그들은 그곳을 '평평한 돌의 땅'을 뜻하는 헬룰란드로 불렀다. 아마도 그곳은 캐나다 북동부와 그린란드 사이에 위치한 배핀섬이었을 것이다. 그들은 그곳에서 멈추지 않고 "흰 모래사장이 있는 해변이 여럿" 있고 "바다 쪽으로 경사가 완만하게 진 평평하고 숲이 우거진 땅"으로 계속 나아갔다. 레이프는 그곳을 '숲의 땅'을 뜻하는 마르클란드로 불렀다. 그곳은 십중팔구 지금도 눈부신 백색 해변으로 유명한 캐나다 북동부의 래브라도 해안이었을 것이다. 두 곳 모두 너무 춥고 황량해 인간의 거주지로는 부적합했다.

그들이 세 번째로 발견한 땅은 앞의 두 땅보다는 훨씬 우호적이었다. 간조 때라 물이 빠져 레이프와 전사단을 태운 배가 좌초되었는데도 "육지를 보고 싶은 호기심을 참지 못해 그들은 물이 차기를 기다리려고도 하지 않고," 배에서 뛰어내려 그 지역을 탐사했다. 그들은 그곳에서 목초가 많은 비옥한 땅을 발견했다. 그래서 밤에 잠을 자려는 목적으로 그곳에다 나무 구조물 위에 천을 씌운 간단한 형태의 오두막들을 세웠다. 그러고는 그 첫 정착지를 '레이프의 오두막들'을 뜻하는 '레이프스뷔디르Leifsbudir'로 부르고, 정착지가 세워진 땅을 빈란드Vinland 혹은 비넬란드Vineland로 불렀다. 그들이 상륙한 곳에 관해서는 아직도 학자들의 의견이 분분하다.[1] 레이프와 그의 전사단은 빈란드에서 겨울을 난 뒤 토착민과 그 어떤 조우도 하는 일 없이 그린란드로 돌아왔다.

그로부터 몇 년 뒤 이번에는 레이프의 형제 토르발드 에이릭손Thorvald Erikson이 빈란드를 향한 두 번째 탐험을 하기로 결심했다. 레이프는 토르발드의 탐험에 동행하지 않았다. 그 대신에

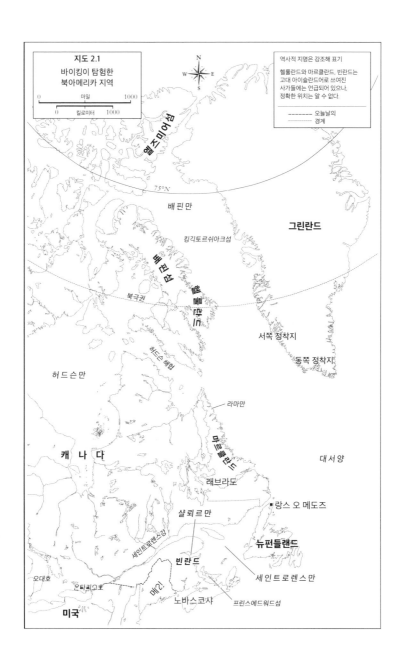

지도 2.1
바이킹이 탐험한
북아메리카 지역

0   마일   1000

0   킬로미터   1000

역사적 지명은 강조해 표기

헬룰란드와 마르클란드, 빈란드는
고대 아이슬란드어로 쓰여진
사가들에는 언급되어 있으나,
정확한 위치는 알 수 없다.

-------- 오늘날의
--------- 경계

헬루미어랜드

75°N

배핀 만

그린란드

킹긱토르쉬아크섬

배핀섬

북극권

북극권

허드슨 해협

허드슨 만

서쪽 정착지

동쪽 정착지

라마만

마르클란드

캐 나 다

대 서 양

래브라도

랑스 오 메도즈

샬뢰르만

뉴펀들랜드

세인트로렌스강

빈 란 드

세인트 로렌스 만

오대호

온타리오호

메인

노바스코샤

프린스에드워드섬

미국

자신의 배와 그가 전사단과 함께 세웠던 정착지의 오두막들을 이용하라고 토르발드에게 권했다. 그런데 레이프와 달리 토르발드는 새로운 대륙에서 토착 원주민을 만났고, 이 만남이 그에게는 치명적이었다. 그와 부하들은 '높은 덮개가 달린 보트' 세 척을 얼핏 본 것 같았다. 덮개 밑에는 남자 아홉 명이 숨어 있었다.

사가에 등장하는 토착민들은 모두 '높은 덮개가 달린 보트' 혹은 카누를 젓는 모습으로 나온다. 지금의 캐나다와 미국의 북동부 지역에서는 자작나무껍질 카누birchbark canoe가 일반적이었지만, 메인주와 노바스코샤주에 살았던 사람들은 카누의 목재틀을 덮는 데 무스 가죽을 사용하기도 한 것이다.

토르발드의 부하들은 뚜렷한 이유 없이 보트 아래에 있던 남자 여덟 명을 죽였다. 아마도 그들의 용기를 시험하거나 살아 있는 인간인지를 확인하기 위해서였을 것이다. 철제 무기는 인간을 죽일 수는 있지만,[2] 용기를 죽이지는 못한다. 아니나 다를까 아홉 번째 남자는 탈출해 구원군을 데리고 왔다. 그들이 활과 화살로 바이킹들을 쏘았는데, 그중 한 화살이 토르발드의 가슴을 꿰뚫으며 그를 죽였다. 한 사가에는 토르발드를 죽인 토착민이 먼 지역에 거주하는 것으로 믿어진, 발이 하나뿐인 피조물로 나와 있다. 이리하여 토르발드의 부하들은 지도자 없이 그린란드로 돌아왔다.

빈란드를 향한 세 번째 바이킹 탐험은 혼인으로 레이프 에이릭손과도 연결된 아이슬란드인 토르핀 카를세프니Thorfinn Karlsefni가 이끌었다. 카를세프니와 그의 부하들이 (파놓은 구덩이에서) 밖을 내다보니 요상한 남자들이 '가죽으로 덮인 배 아홉 척'을 저어 그들 쪽으로 다가오며 막대기를 흔들고 있었다. "막대기를 왼쪽에서 오른쪽으로, 즉 시계 방향으로 돌리는데 그때마다 획획 소리가 났다." 그러니 토르발드가 살해된 것을 알고 있던 그들로서는 충분히 두려워할 만했다.

카를세프니는 막대기가 평화적 의도를 나타내는 것인지도 모른다고 생각해 부하들에게 흰 차폐물을 들어 올리고 낯선 이들을 받아들이라고 명령했다. 그들이 가까이 다가오기에 보니 "단신에 인상이 험악하고 헝클어진 머리털을 갖고 있었다. 눈은 크고 볼은 넓었다." 양측의 만남은 짧았다. 서로를 관찰만 하고 그대로 헤어졌다.

토착민 집단은 봄에 다시 왔다. 이번에는 지난번보다 집단의 규모가 컸다. (수효가 많아) "그 모습이 마치 물 위에서 석탄 조각들이 흔들리는 것 같았고, 보트들에서는 장대가 흔들렸다." 이번에는 두 집단이 물품을 교환했다. 토착민은 검은 펠트를 내놓고 바이킹은 붉게 물들인 양털 천을 그들에게 제시했다. 토착민들은 칼과 창을 원했으나, 카를세프니와 전사 집단의 이인자 스노리 Snorri가 무기 거래는 안 된다고 거절했다.

천과 모피가 교환되기 시작하자 토착민들은 한 뼘 길이만큼의 붉은 양털 천을 제각기 챙겨 머리에 동여맸다. 천이 바닥을 보이기 시작하자, 바이킹이 자르는 천의 크기가 점점 작아지더니 급기야 그중 몇몇은 "손가락 하나 너비밖에 안 되었다." 그런데도 토착민들은 본래 크기의 펠트를 다 주고 지스러기 천 조각을 가져갔다. 그때 갑자기 소음이 들려 거래가 중단되었다. "카를세프니와 동료들이 소유한 황소 한 마리가 숲에서 뛰쳐나와 큰 소리로 운 것이었다." 소 울음소리에 놀란 토착민들은 보트로 뛰어들어 남쪽으로 가 버렸다.

앞에서 인용한 붉은 천과 모피 펠트의 거래는, 사가에도 가족력이 상세히 소개된 그 가문의 영예로운 조상 에이리크를 기려 고대 아이슬란드어로 구성된 구전 서사시『붉은 에이리크의 사가 *Erik the Red's Saga*』에 나오는 내용이다. 구전된 것인 만큼 무명작가 여러 명이 완성한 이 사가에는 새로운 대륙에 있었던 노르드인의 수가 140명으로 나와 있다. 사가는 여름에는 카를세프니와 스노리가 부하 40명을 데리고 타 지역으로 탐험을 떠나, 레이프의 베이스캠프(레이프스뷔디르)에는 100여 명 정도만 남아 있었다고도 주장한다.

두 번째 사가인『그린란드 사람들의 사가*Greenlanders' Saga*』역시 이름 있는 작가는 구성에 참여하지 않았으며,『붉은 에이리크의 사가』와 유사한 사건들이 순서만 다르게 기록되어 있다. 황소의 울음소리가 양측의 거래가 일어나기 전에 들렸고, 바이킹 집단이 토착민에게 준 것이 붉은 천이 아닌 생우유와 낙농 제품이었다는 것이 그런 사례들이다.『그린란드 사람들의 사가』에는 토르핀 카를세프니가 이끈 집단의 규모가『붉은 에이리크의 사가』에 나오는 수의 절반에도 못 미치는 남자 예순 명과 여자 다섯 명이었던 것으로도 묘사된다. 또한 사가에는 스칸디나비아인뿐 아니라, 특이하게 독일 출신이나 프랑스 출신의 전쟁 포로 혹은 팔려 온 노예들도 전사 집단에 포함되어 있었었던 것으로 나온다.[3]

그런 사가들은 단순히 재미를 위해서뿐 아니라, 자손들에게 가문의 옛 이야기를 들려줌으로써 조상이 이룬 업적을 찬양하기 위해서도 만들어졌다.『붉은 에이리크의 사가』에도 에이리크와 그의 아들들인 레이프, 토르발드, 토르스테인Thorstein과 더불어 에이리크의 딸인 프레위디스에 관한 이야기가 포함되어 있다. 사가 속에서 남자들은 영웅이지만, 프레위디스는 공격적이고 화도 잘 낸다. 북유럽 신화에 나오는 노르드인 여신 프레이야Freya의 이름을 따 명명된 프레위디스는 관습을 무시하고 제멋대로 구는 여자다. 현대인들이 좋아하지 않을 수 없는 캐릭터다. 거짓말을 하고 때로는 살인도 저지르지만, 원주민들의 공격에 맞서 자기 젖가슴을 드러내 때리는 용맹을 지닌 여자였으니 말이다.

또한 『그린란드 사람들의 사가』는 『붉은 에이리크의 사가』와 달리 이야기의 초점을 토르핀 카를세프니와 그의 아내 구드리드Gudrid에게 맞춘다. 두 사람이 사가가 기리는 아이슬란드 주교 비외르든 길손Björn Gilsson(1100년~1162년)의 조상이었기 때문이다. 카를세프니의 아내 구드리드(그녀의 이름은 '신God'과 어원이 같다.)가 제멋대로 구는 프레위디스와 달리 정숙한 여자인 것도 두 사가의 차이점이다.[4]

빈란드 사가들로 알려진 두 사가는, 스칸디나비아인들이 기독교화하기 전에 일어난 사건들을 기록한 것이다. 스칸디나비아 반도의 기독교화는 900년대에 덴마크 지배자를 시작으로 노르웨이와 아이슬란드의 지배자들이 한 세기에 걸쳐 차례차례 공식적으로 개종한 기나긴 과정으로 진행되었다.[5] 기독교가 도래하기 전에 노르드인들은 하늘을 지배하고 천둥과 바람, 비, 추수를 관징한 도르Thor를 우두머리로 하는 수많은 신을 숭배했다. 그 밖에 다산의 여신 프레이야와 전쟁의 신 오딘Odin도 노르드인의 주요 신들이었다.

이 신들을 숭배하고 있을 때는 노르드인들이 이미 스칸디나비아반도의 핵심지인 지금의 노르웨이, 스웨덴, 덴마크의 외곽으로 팽창을 시작한 뒤였다. 사용한 언어는 라틴어 혹은 고대 아이슬란드어(현대 아이슬란드어, 노르웨이어, 스웨덴어, 덴마크어는 모두 고대 아이슬란드어에서 발전되어 나온 것이다.)였다. 로마 시대 이후에는 스칸디나비아인들이 모가 난 글자 형태를 가진 룬 문자를 사용했다. 그러다가 1100년대에 들어, 일부에서는 룬 문자 몇을 추가해 로마 알파벳을 사용했고, 여타 사람들은 돌에 새기기 쉽다는 이유로 특히 묘석에 룬 문자를 계속 사용했다.

스칸디나비아반도의 일부 사람들이 위험을 무릅쓰고 새로운 영토를 찾아 나선 것에는, 농지가 주로 덴마크 남부와 스웨덴에 몰려 있었던 이유도 있었다. 주민들은 이 농지에서 보리, 호밀, 귀리와 같은 곡식을, 그리고 완두콩과 양배추 같은 채소를 주로 재배했다. 농지가 이렇게 한정되어 있다 보니 대다수 사람은 농사를 지으며 암소, 수소, 돼지, 양, 염소와 같은 가축들을 함께 쳤다. (라플란드에 사는 현대의 사미인들의 조상을 포함해) 북극권 가까이에 살았던 사람들은 고기잡이를 하고 순록도 치며 바다코끼리 사냥도 했다.

노르드인들은 작은 농지를 가지고 근근이 생계를 꾸려 갔다. 그러다 보니 자기 땅을 소유할 수 있을 정도의 재산을 모은 뒤 늦은 결혼을 하는 사람이 많았다. 재산을 모으기 전까지는 정착한 지주를 위해 일했다. 이렇게 만성적 농지 부족에 시달리고 사회적 지위를 향상할 기회가 적었던 것이 일부 노르드인들에게 약탈을 하게 했다. 한 번의 약탈로 끝나지 않는 경우도 있었지만, 단한 번의 약탈로 농지를 살 수 있을 정도의 수확물을 챙기는 사람도 있었다. 약탈을 평생의 업으로 삼는 또 다른 사람들도 있었다.

그것이 '바이킹'의 본뜻이다. 다시 말해 '약탈하다' 또는 '해적질하다'라는 뜻의 말이며, 명사형으로 하면 '약탈자' 혹은 '해적'을 뜻하는 말인 것이다. 사실 1000년 무렵에 작성된 사료에는 노르드인을 바이킹으로 언급한 것이 거의 없다. 이 책도 그런 이유로 지금의 덴마크, 노르웨이, 스웨덴을 출신으로 하는 사람들은 스칸디나비아인이나 노르드인으로 부르고, '바이킹'이라는 말은 실제로 약탈 행위를 한 사람들에게만 쓰려고 한다.

대부분의 책은 바이킹 시대를 영국 동부 해안의 노섬벌랜드주에 있는 린디스판의 수도원이 바이킹의 공격을 받았던 793년에 시작된 것으로 본다. 그런데 최근에 에스토니아의 살메Salme에서 바이킹의 한 무덤이 발굴됨으로써,[6] 바이킹이 살메를 약탈한 것이 그보다 이른 시기인 700년에서 750년 사이였던 것으로 밝혀졌다.

최초의 바이킹 배에는 돛이 없었다. 배를 만드는 사람이 도끼로 떡갈나무와 소나무의 몸통을 베어 판재(외판)를 만들고, 그 판재들을 서로 겹쳐 클링커clinker라 불린 자잘한 쇠못을 박아 늑골에 고정하는 방식으로 만들었다. 이렇게 판재들을 겹쳐 만들면 선체가 바위에 부딪힐 때 충격을 적게 받았다. 또한 이런 배는 노를 저어 장거리를 항해할 수 있고 수심이 얕은 곳에 배를 댈 수도 있었기 때문에 스칸디나비아인도 해역을 항해하기에는 안성맞춤이었다. 750년 무렵에는 가로돛(사각형의 돛)이 도입되어 더 먼 거리도 항해할 수 있게 되었다.[7] (지중해 사람들은 수천 년 동안이나 알고 있던 가로돛 제작 기술이 스칸디나비아반도에는 이렇게 늦게 도입되었다.)

바이킹은 모직으로 된 천이나 아마포로 가로돛을 짜, 그것들을 교대로 사용했다. 하지만 가로돛은 오늘날의 삼각돛만큼 바람의 방향에 따라 움직일 수가 없었다. 그래도 현대에 바이킹 배의 모형을 만들어 시험해 보니,[8] 바람이 직통으로 불어오는 쪽으로의 진행이 기존에 알려진 것보다는 제법 원활했다.

무덤 속 유물은 바이킹이 얼마나 멀리까지 갔는지에 관해서도 말해 준다. 스톡홀름에서 서쪽으로 20마일(32킬로미터) 정도 떨어진 스웨덴의 헬리에Helgö섬에서 발굴된 일군의 유물에도 아일랜드 주교 지팡이의 머리 부분, 이집트산 국자, 카롤링거 왕조 시대의 칼자루 끝, 지중해풍의 은접시가 들어 있었다. 그중에서도 가장 놀라웠던 것은 500년 무렵에 파키스탄 북부에서 만들어진 4인치(10센티미터) 높이의 작은 불상이 유물에 포함된 것이었다.[9] 이 물품들이 스웨덴에 도착한 것은 돛이 도입되고 난 뒤 몇 세기가 지나서였다.

또한 노르드인들은 기독교가 도래하기 전에는 본래의 용도와 맞지 않게 배를 죽은 자를 묻는 묘실로도 사용했다. 부장품도 넉넉하게 묻었다. 이런 매장도 바이킹 배의 건조 방식에 관해 많은 것을 알려 준다. 특히 노르웨이 부근에서 거의 모든 부장품과 함께 온전한 형태로 발견된 두 척의 배는 배의 건조 기술에 관해 풍부한 정보를 제공해 준다. 늘 그렇지는 않지만 나무는 땅에 묻으면 분해되는 것이 보통이다. 하지만 진흙 속처럼 산소와 접촉하는 것이 차단된 곳에서는 나무도 거의 부패하지 않고 몇 세기 동안

원형 그대로 보존된다.

두 척의 배는 현재 오슬로 항구에서 페리를 타면 금방 닿을 수 있는 아름다운 교외 지역 뷔그되위Bygdøy에 있는 바이킹 선박 박물관에 보관되어 있다. 두 배 가운데 하나인 오세부르Oseburg 호는 떡갈나무로 만들어졌고 834년에 묻혔는데,[10] 복잡한 문양이 조각되어 있었고, 안에는 외국산 비단을 비롯해 직물들이 들어 있었으며, 나무 수레도 부장품으로 묻혀 있었다. 아마도 고위급 지휘관이 내해에서 유람선으로 쓰다가 묻은 것 같았다.

890년에 묻힌 또 다른 배 곡스타드Gokstad호 안에는 공작 두 마리와 사냥에 이용되는 (꼬리가 긴) 참매goshawks 두 마리의 해골이 들어 있었다. 죽은 사람에게는 소중한 존재였던 듯 말 열두 마리와 개 여섯 마리의 사체도 배 가까이에 묻혀 있었다. 배의 바닥을 따라 80피트가 넘는 떡갈나무 용골이 중심축으로 놓인 곡스타드호는 선체 길이가 76피트(23.24미터)로, 71피트(21.58미터)인 오세부르호보다 조금 더 길어 대양을 항해하기에 적합한 배였다. 또한 곡스타드호는 키에만 장식용 조각이 되어 있는 전형적인 선박이었다. 선측에 접합된 판재의 수는 열여섯 개였다.

바이킹의 배는 용도에 따라 형태가 달랐다. 전함은 선체의 폭이 좁고 길었으며,[11] 화물 운반용 배는 길이가 짧고 폭이 넓었다. 한 강에서 다른 강으로 운반해야 하는 점을 감안해 무게를 가장 가볍게 만든 내륙 하천용 배도 있었다.

1000년 무렵에는 노르드인의 베기 그중 길이가 가장 긴 것은 100피트(약30미터)가 넘을 만큼 선체의 크기가 커졌다. 그에 따라 더 먼 바다를 항해할 수 있게 되었다. 그 무렵에 원양항해가 보편적이었음은 당시의 스칸디나비아 마을들에 쌓인 쓰레기 더미에 아이슬란드에서 수입된 대구 뼈의 양이 점점 많아진 것으로도 알 수 있다.[12]

노르드인들은 그 배로 870년대에는 아이슬란드로 항해하고,[13] 900년 무렵에는 그린란드로 항해했다. 붉은 에이리크가 그의 추방 기간이 끝난 뒤 부하들을 이끌었던 980년대에는 그린란드에 노르드인들의 최초 영구 정착지가 건설되었다. 노르드인들이 그린란드에 세운 정착지는 두 곳이었다. 서쪽 정착지와 그보다 규모가 큰 동쪽 정착지(에위스트리뷔그드)가 그것이다. 북아메리카에 진출한 사람들 모두 이 두 정착지 중 한 곳에서 출발했다.

두 사가에도 1000년 무렵에 진행된 이 탐험에 관한 이야기가 묘사되어 있다. 하지만 그 사가들은 그 지역이 기독교화한 뒤에 기록되었다. 기독교 시대의 저자들은 당연히 그들의 조상이 기독교도라고 믿었을 것이다. 그러나 그들이 구전으로 전해 온 이야기를 듣고 기록한 것은 기독교 이전 시대 사람들이었다. 이야기꾼들은 명백한 이교도적 행위에 훗날의 것인 기독교적 색채를 입힌 것이었다. 심지어 카를세프니의 정숙한 아내 구드리드까지도 이 범주에 넣어, 사가의 어느 부분에는 그녀가 기독교 이전 시대의 마법적 노래를 부르지 않겠다고 거부하다가, 특별한 힘을 지닌 어느 '현명한 여인'의 독려를 받은 뒤에야 노래한 것으로 묘사되어 있다. 이러한 류의 노래를 부르는 것은 기독교 이전 시대에는 흔한 일이었는데도, 기독교도 저자는 필요에 따라 구드리드가 노래를 부르기 전에 항의한 것처럼 고쳐 쓴 것이었다.

역사가들에게는 매우 실망스럽게도 사가들에 등장하는 자

료는 작성 시기가 명확하지 않다. 사가를 노래한 음유시인도, 나중에 그것을 필경한 사람도 모두 새로운 자료를 꼭 끼워 넣었다.

『그린란드 사람들의 사가』와 『붉은 에이리크의 사가』에 나오는 내용은 겹치는 부분도 있고 상충하는 부분도 있다. 따라서 새로운 증거 자료를 찾지 못하는 한 어느 것이 더 오래된 것인지도 알 수 없다. 확실한 것은 지금껏 남아 있는 최초의 원고가 작성된 시기뿐이다. 『붉은 에이리크의 사가』는 1264년 직후에 기록되었고, 『그린란드 사람들의 사가』는 1387년에 증보된 개략서로 필경되었다. 두 사가는 아마 사가들에 묘사된 사건들이 일어난 지 약 200년 뒤인 1200년에 처음 지어졌을 것이다.[14]

몇몇 역사가는 실제 사건이 일어난 때와 근접한 시기에 작성된 사료가 더 정확할 수 있다는 이유에서, 사가에 나오는 정보는 모두 일축해 버린다. 그것들이 기록된 시기가 너무 늦어 믿을 수 없다는 것이다. 그들은 그 사가들에 기록된 것이 이전 시대에 일어난 일이기보다는 1200년과 1300년 사이의 아이슬란드 사회를 반영한 것일 개연성이 더 높다고 본다. 프레위디스가 자기 젖가슴을 칼로 친 것만 해도 그들은 사실이 아니라고 본다. 글을 쓴 시대와 그 사건 간에 모종의 연관 관계가 있기 때문에 음유시인이나 필경사가 그것을 사가에 포함했을 것으로 추측한다. 아니면 프레위디스의 자손들이 그녀의 업적을 내세우고 싶어 했기 때문일 수도 있다고 여겼다.

아이슬란드 문학을 연구하는 일부 학자들은 시기들에 나오는 사건들이 실제로 일어났다는 것 자체를 부정한다. 실제 사건을 작품화하면 문학적 가치가 떨어지기 때문이라는 것이 이유였다. 학자들은 실제 사건의 진위보다는 사가를 지은 사람들의 창의성을 강조하려고 한다.[15] 그렇게 창작하면 사가가 진정한 세계 문학작품이 될 것으로 생각했을 것이라는 말이었다.

빈란드 사가들이 북아메리카에 관해 알려 주는 것은 아무 것도 없다며, 그보다 더 극단적으로 두 사가를 부정하는 또 다른 학자 집단도 있다. 그들은 그 사가들에는 역사적 가치가 전무하 다고 주장한다. 생소한 민족에 관해 끝없이 되풀이되는 문학적 표 현들을 반복적으로 늘어놓은 것에 지나지 않는다는 것이다. 그런 학자들은 사가의 저자들이 빈란드가 어디에 붙었는지도 몰랐을 것으로 확신한다.[16] 그러면서 빈란드는 아프리카였을 가능성이 가장 높다고 하는데, 다른 노르드인 사료에 따르면 발이 하나뿐 인 창조물이 살았던 곳이 바로 아프리카이기 때문이라고 했다.

그러나 일화 수프 이론[1]을 받아들이면 이런 반론들도 문제 될 것이 없다.[17] 이 이론은 구전된 이야기들로 구성된 한 세트의 일 화에서, 다시 말해 수프에서 음유시인들이 색다른 일화들을 추 려 가장 흥미로운 방식으로 나열해 사가를 지어냈다고 주장한다. 나아가 이 이론은 사가들이 카를세프니의 전사 집단과 토착민이 만나는 주요 사건은 그대로 쓰되,[18] 그것을 제시하는 순서만 조금 다르게 한 것에 관한 설명도 된다.

빈란드 사가들에 이의를 제기하는 사람들은 두 가지 중요한 사실을 잊고 있다. 그중 하나는 북아메리카에서 유일한 바이킹 정 착지로 확인된 랑스 오 메도즈L'Anse aux Meadows에 관한 길잡이

---

1   과학계에서 쓰는 '원시 수프' 가설에 빗대어 말한 것이다.

로서 기능할 수 있는 정확한 정보가 그 사가들에 담겨 있다는 것이다. 다음 글에도 나오듯 사가들에 기록된 토착민에 관한 묘사와 그들의 거래 욕구를 나타내는 방식이 1530년대에 프랑스 탐험가 자크 카르티에Jacques Cartier가 그 지역을 처음 탐험했을 때 경험했던 것과 거의 완벽하게 들어맞는 것도 그런 학자들이 간과하는 사실이다. 사가들을 면밀히 살펴보면 1000년의 북아메리카에 관한 다량의 정보가 담겼다는 것도 알게 된다.

사가들은 노르드인들이 조우한 사람들을 지칭하는 용어로 '비열한 사람'을 뜻하는 경멸적 용어 '스크렐링Skraeling(스크렐링기)'을 사용했다. 오늘날의 학자들은 아메리카에 살던 토착민을 아메리디언Amerindian으로 통칭해 부르기를 좋아하지만 말이다. 미국에서는 그들이 아메리카 원주민으로 불리고, 캐나다에서는 퍼스트 네이션First Nations(선주 종족)으로 불린다.

노르드인들이 탐험을 한 1000년 무렵에 북아메리카의 북동부 방면에는 세 종류의 종족이 살고 있었다. 기원전 2000년 무렵부터 그린란드 북부 지역과 동부 캐나다의 북극권에 살았던 도싯족Dorset이 그중 하나였다. 그런데 바이킹 유적지로 확인된 랑스오 메도즈에서 도싯족의 물건 하나가 발견되었다. 꼭대기 부분이 살짝 함몰된 동석凍石 재질로 된 둥근 물건이 그것이다. 1960년대에 처음 발굴한 학자들은 그것을 아이슬란드인의 문에 쓰는 중추석으로 생각했으나, 그보다 최근의 연구자들은 그 물건에서 도싯족의 특징을 찾아냈다. 그렇다면 그것은 노르드인과 도싯족 간에 접촉이나 소규모 거래가 있었음을 나타내는 것이고,[19] 더 나아가 그것은 한 집단이 그들의 이웃과 거래하고 그 이웃이 다시 그들의 이웃과 거래하는 등의 일로 이어지다가 종국에는 랑스 오 메도즈까지 도달한 것을 의미한다. 아니면 버려진 도싯족 주거지에서 노르드인들이 주운 것일 수도 있다.

1000년의 어느 무렵에는 툴레족Thule이라는 새로운 종족이 나타나 도싯족을 대체했다. 그들이 도싯족보다 북극권의 조건에 더 잘 적응했기 때문이다. 알래스카에서 발원해 동진을 계속하던 그들이 몇백 년 뒤 그린란드에 닿기 전에, 북부 캐나다 영토를 가로지르는 과정에서 도싯족을 대체하게 된 것이었다. '날고기를 먹는 사람들'을 뜻하는 에스키모에 멸시의 뜻이 담겨 있다는 이유로 그렇게 불리기를 거부하며 '사람들'을 뜻하는 이누이트로 자칭하는 현재의 토착 그린란드인들이 바로 툴레족의 자손들이다.

노르드인들이 정착하기 전에 랑스 오 메도즈 유적지 주변에는 각기 다른 토착민 집단이 거주하고 있었다. 하지만 그곳에서는 여전히 1000년 무렵에 아메리카 원주민이 점유했음을 나타내는 고고학 증거가 발견되지 않았다. 노르드인들이 만났을 만한 토착민 집단을 고고학자들이 확정하지 못하는 것도 그 때문이다. 노르드인들이 만난 토착민 집단은 십중팔구 세 번째 토착민 집단인 베오투크족Beothuk의 조상 또는 이누족Innu의 조상이었을 것이다.[20] 베오투크족은 뉴펀들랜드섬에 살았지만, 1800년대 초에 소멸해 지금은 남아 있지 않다. 이누족은 래브라도 해안 지역에 지금도 살고 있다. 랑스 오 메도즈에서 나온 12세기와 13세기의 몇몇 가공품도 이들 토착민 집단이 남긴 것이다.[21]

1500년 이후에는 그 지역 사람들이 와바나키Wabanaki 연합을 결성했다. 연합에는 미크맥족Mi'kmaq, 페놉스콧족Penobscot,

맬러싯족Maliseet, 패서매쿼디족Passamaquoddy 등이 참여했다. 와바나키는 해가 떠오르는 최동단 지역을, 즉 '새벽의 나라 사람들'을 뜻하는 동부 알곤킨어Eastern Algonquian군에 속하는 단어다. 와바나키 사람들은 서로 다른 알곤킨 언어들을 사용했으며, 1500년대에는 그들의 교역망이 북부의 래브라도 지역에서 남쪽의 메인주를 거쳐 서쪽의 오대호 지역까지 뻗어 나갔다. 그들이 생업으로 삼은 것은 바다 동물 사냥으로, 특히 매년 캐나다 본토에서 뉴펀들랜드섬으로 이동하는 기각류[2]를 사냥했다. 그 외에 래브라도 북부의 라마만Ramah Bay에서 오는 반투명한 규산질 각암을 재료로 하는 물건과 같은 특정 상품도 거래했다.

와바나키 사람들에 관해 우리가 아는 것의 많은 부분은 후대 사람들이 남긴 것으로, 특히 1534년 7월에 퀘벡에 도착한 프랑스 탐험가 자크 카르티에(1491년~1557년)가 기록한 것이다. 카르티에는 세인트로렌스강에서 샬뢰르만까지는 해안을 따라 선박으로 이동하고,[22] 강들의 수심이 얕은 곳은 카누를 육상으로 운반해 이동하면 된다는 것을 알았다. 그는 그 지역의 비옥함에 놀랐다. "그것(샬뢰르만)의 남쪽 면으로 이어진 땅은, 경작할 수 있고 아름답기도 한 들판과 목초지로 가득한, 우리가 보았던 그 어느 것 못지않게 멋진 옥토다. 표면도 호수의 수면처럼 고르다."

카르티에는 샬뢰르만으로 가는 첫 탐험 때 "마흔 척 혹은 쉰 척 정도 되는 카누에 탄" 미크맥족 아메리카 원주민 두 집단을 만났다. 그들이 미크맥족이었냐고 확언하는 것은 카르티에가 기록

---

2   물범과 물개, 바다코끼리 등이 속한 계통의 생물군이다.

한 글에 그들이 말했다고 적어 놓은 몇몇 어구가 미크맥어로 확인되었기 때문이다. 카르티에는 미크맥족의 첫 집단이 물가에 도착했을 때를 이렇게 기록했다. "다수의 사람이 (카누에서) 벌떡 일어서 땅으로 올라왔다. 그러고는 와글와글 떠들어 대면서 막대기에 걸어 놓은 가죽을 내보이고는 우리에게 연신 뭍으로 올라오라는 신호를 보냈다." 카르티에와 그의 부하들은 그들이 우호적이라는 인상을 받았다. 하지만 보트에서 내려 뭍으로 올라가는 것은 거부했다. 그래도 미크맥족이 자꾸 귀찮게 굴자 대포를 두 방 쏘았다. 그래도 미크맥족은 계속 따라붙었고, 그러자 이번에는 프랑스인들이 머스킷 총을 두 번 발사했다. 그제야 미크맥족은 그곳을 떠났다.

미크맥족은 이튿날에도 나타나 "물물교환을 하러 왔다는 신호를 보냈다. 그들은 자신들의 의복 재료로 쓰는 변변찮은 가죽을 쳐들어 보였다. 우리도 그들에게 해칠 의도가 없다는 신호를 보내고, 대원 두 명을 육지로 올려 보내 칼 몇 자루와 쇠로 만든 다른 물건들을 줬다. 족장용으로 붉은 모자도 줬다." 500여 년 전에 노르드인과 조우했던 스크렐링들처럼 미크맥족도 붉은 천을 원했다. 무기 거래를 거부한 노르드인과 달리 프랑스인들이 이번에 그들과 철제 칼을 거래했던 것은 그보다 더 강력한 다른 무기가 있었기 때문이었다.

그다음의 일을 카르티에는 이렇게 기록했다. 프랑스인들이 선물을 주자 미크맥족은 "카누에 탄 사람들 중 일부를 가죽과 함께 뭍으로 올려 보냈고,[23] 그렇게 양측은 함께 모여 거래했다. 미크맥족은 철제품과 다른 물건들을 소유하고 얻게 된 것에 극도의 기쁨을 나타냈다. 춤을 추고 여러 차례 의식을 행하는 것으로도 모자라 머리에 소금물을 들이붓기까지 했다. 거래를 마친 그들은 몸에 실오라기 하나 걸친 것 없이 그곳을 떠났다. 소지하고 있던 모든 것을 다 팔아 치운 것이었다. 그러고는 내일 더 많은 가죽을 가지고 돌아오겠다는 신호를 보냈다." 카르티에가 기록한 이 글에는 소음, 막대기, 가죽, 이튿날 돌아오겠다는 약속 등 『붉은 에이리크의 사가』에 나오는 내용과 중복되는 부분이 많다. 그 점에서 빈란드 사가들의 신빙성을 확인해 주는 드문 사례가 될 수 있다. 겹치는 부분이 많다는 것은 1000년 무렵의 스크렐링과 1534년의 미크맥족 사이에 강력한 연속성이 있었음을 보여 주는 것이기도 하다.

애리조나 대학에서 미국의 문학과 문화를 가르쳤던 애닛 콜로드니Annette Kolodny 교수가 캐나다 북동부 지역에 사는 현대의 아메리카 원주민들을 상대로 노르드인을 기억하는지에 관한 조사를 벌였을 때는 그들에게서 기억하지 못한다는 말을 들었다. 그런데 피면접자들 중 한 명으로, 현재 미국 메인주의 인디언 타운십Indian Township 보호구역에 사는 패서매쿼디족의 원로 웨인 뉴얼Wayne Newell이 이런 이야기를 했다. 그의 종족에게도 "붉은 색은 영적인 색"이고, 스크렐링들의 소음 유발 도구 이야기를 들으니 그도 어릴 때 공중에서 끈을 돌리면 윙윙 소리가 나는 피리 또는 수제 휘슬을 그도 만들어 본 생각이 난다는 것이었다.

빈란드 시기 들에는 노르드인과 토착민의 모피 서래 상년이 평화로웠던 것으로 기록되어 있다. 그러나 카를세프니는 스크렐링들에게서 위협을 느껴 그의 아내 구드리드를 보호하기 위해, 그리고 아메리카에서 태어난 첫 유럽인 아기로 전사 집단의 공동 지도자였던 스노리의 이름을 따 명명된 부부의 젖먹이 아들 스노리를 보호하기 위해 주거 주변에 목책을 둘러쳤다. 두 번째 겨울이 시작되자 스크렐링들이 거래를 하기 위해 다시 왔다. 구드리드가 안쪽의 자리에 아들을 데리고 앉으니 "문간에 그림자가 드리워지면서 키가 작달막한 여자 한 명이 들어왔다. (……) 낯빛이 창백하고 인간의 얼굴에서는 본 적이 없는 큰 눈을 가진 여자였다."

그녀가 구드리드에게 묻는다. "이름이 뭔가요?"

구드리드가 대답한다. "내 이름은 구드리드예요. 당신의 이름은 뭐죠?"

그녀가 대답한다. "내 이름은 구드리드예요."

두 사람의 대화는 공통어가 없을 때 상대방의 말을 그대로 따라하게 되는 상황을 생각하면 이해할 수 있다. 그 말을 한 뒤 방문자는 감쪽같이 사라졌다.

아니나 다를까 그로부터 3주 뒤에 스크렐링들은 무더기로 돌아와 노르드인들을 공격했다. "흐름이 끊어지지 않을 정도로 수가 많았던" 그들이 이번에는 소리를 지르고 시계 반대 방향으로 장대를 휘두르며 물건들을 던졌다. 노르드인의 두 지도자 카를세프니와 스노리가 보니 "원주민들의 장대에는 양의 내장만 한 크기에 색깔이 검고 둥근 커다란 물체가 매달려 있었는데, 그것이 육지로 날아들면서 엄청난 굉음을 냈다." 나무 구조물, 즉 투석기를 이용해 날린 그것은 돌이 가득 찬 가죽 주머니였다. 19세기 기록물에는 알곤킨족의 투석기가 배나 카누도 침몰시킬 수 있었던 것으로 나와 있다. 그 투석기에서 쏜 가죽 주머니가 "배에 타고 있던 사람들 사이에 떨어져, 그들을 혼비백산하게 만들며 죽음을 유발했다."[24]라는 것이다.

카를세프니와 그의 부하들도 돌덩이가 날아든 뒤에는 야영지를 버리고 강 상류로 올라가기로 했다. 그 결정에 성질 급한, 레이프의 누이 프레위디스가 마음속에 있는 말을 그대로 뱉어 냈다. "그런 보잘것없는 적들이 무서워 도망친다는 거예요? 당신들 정도면 그런 인간들 양 죽이듯 간단히 처리할 수 있을 것으로 믿었는데 말이죠. 무기만 있으면 당신들보다는 차라리 내가 더 잘 싸우겠네요." 프레위디스는 그렇게 말하더니 임신해 둔해진 몸으로 느릿느릿 마지못해 정착지를 나와 카를세프니를 뒤따랐다. 하지만 결국에는 죽은 노르드인의 시체에서 칼을 뽑아 스크렐링들과 싸우겠다며 왔던 길을 되돌아갔다.

그것이 바로 그녀가 칼로 자기 가슴을 쳤을 때의 상황이었다. 이것은 실제로 일어난 일이었을까? 아니면 재능 있는 음유시인이 자기 조상들의 영광을 드높이기 위해 지어낸 이야기였을까? 내가 보기에 이것은 충분히 일어났을 법한 일이다. 매우 특이한 경우에 속하기 때문이다. 하지만 실제 상황이었음을 입증할 방법은 없다.

혼란의 와중에 토착민 한 명이 노르드인의 시체에서 도끼를 주워 들어, 그의 동료들이 하듯 그것으로 나무를 찍으려고 했다. 사가에는 토착민들이 도끼를 '엄청난 보물'로 여긴다고 기록되어 있다. 그런데 그 토착민의 동료가 금속 도구에 관한 무지함을 드러내며, 돌을 자르려고 도끼를 내려쳤다. 그리하여 도끼가 두 동강이 나자 실망한 나머지 부러진 도끼를 내던져 버렸다.

백병전을 벌일 때는 철과 강철로 된 무기를 쓰는 노르드인들이 토착민들보다 약간 우세했다. 하지만 그 사실이 승리를 보장해 주지는 않았다. 수적으로 열세일 때는 특히 그랬다. 물론 싸움이 끝났을 때는 노르드인 사망자가 두 명밖에 나오지 않아 '많은' 사상자를 낸 현지인들보다 피해가 적었지만, 그래도 그 정도면 카를세프니를 주저하게 하기에 충분했다. 『붉은 에이리크의 사가』에는 그 정황이 이렇게 간결하게 적혀 있다. 카를세프니의 "전사 집단은 그 땅이 제공해 주는 그 모든 것에도 불구하고 결국 선주민들이 그들에게 지속적으로 위협이 될 것임을 깨닫고, 본국으로 떠날 채비를 했다."

앞에도 언급했듯 두 빈란드 사가는 13세기와 14세기에 기록되었다. 하지만 작성 시기도 두 사가보다 빠르고 빈란드의 존재도 언급한 다른 사료들도 있다. 독일의 기독교 역사가 브레멘의 아담Adam von Bremen이 1076년에 라틴어로 쓴 『함부르크 주교들의 사적History of The Archbishopric of Hamburg』이 그런 책이다. 독일 북부의 한 주교구를 다룬 이 역사서는 노르드인의 탐험에 관한 이야기가 가장 상세하게 나오는 초기 저작물로, 이 책에는 스칸디나비아반도, 아이슬란드, 그린란드에서 기독교화가 진행된 과정이 기록되어 있다. 아담이 솔직하게 쓴 글에는 그린란드의 땅딸막한 인간들에 관해 이렇게 쓴 것도 포함되어 있다. "그곳 사람들은 소금물 때문에 녹색을 띠는데, 그린란드라는 명칭도 그래서 붙은 것이다."[25] 그렇다면 이것도 개척자들을 끌어모으려고 그린란드를 녹색의 땅이라고 주장한 붉은 에이리크의 말처럼, 당시에 떠돌던 낭설의 한 사례일 수 있다.

아담은 그 책에 덴마크의 왕 스베인 아스트리다르손Svein Estrithson(재위: 1046년~1074년)과 나눈 대화도 기록해 놓았다. 그는 덴마크 왕이 "그 대양에서 발견한 여러 곳 중 또 다른 섬에 관해서도 이야기했다.[26] 빈란드로 불리는 곳인데, 맛 좋은 와인이 만들어지는 포도나무가 야생으로 자라 그런 이름이 붙여졌다고 했다."라고 말했다고 했다. 이것도 레이프의 첫 탐험이 있고 난 뒤 한 세기가 채 지나기 전에 기록된 것에서 나온 증거가 될 수 있다. 다시 말해 바이킹의 탐험이 실제로 일어났음을 보여 주는 또 다른 증거가 될 수 있다. 덴마크 왕의 말은 이렇게 계속된다. "그 대양에서는 인간이 거주할 수 있는 땅이 발견되지 않았다. 그 너머의 땅도 얼음으로 덮인 암흑천지일 뿐이다." 덴마크인들에게는 결국 빈란드가 세상의 끝이었던 것이다.

그렇다면 빈란드는 정확히 어디에 있었을까?

브레멘의 아담이 쓴 책과 두 빈란드 사가를 읽은 사람들은 수 세기 동안 노르드인의 탐험이 실제로 일어났는지에 관해, 그리고 일어났다면 레이프와 카를세프니가 갔던 곳이 정확히 어딘지에 관해 알고 싶어 했다. 분석가들도『그린란드 사람들의 사가』에 레이프가 헬룰란드, 마르클란드, 빈란드에 상륙했다고 나오는 부분에 관해 철저한 조사를 벌였다.

빈란드의 위치를 말해 주는 중요한 단서 하나는 그 신비한 땅의 낮 시간이 그린란드보다 현저히 길었다는 것이다.『그린란드 사람들의 사가』에는 그것이 이렇게 표현되어 있다. "태양은 한 겨울에도 오전 중반 무렵까지 높이 떠 있더니, 오후 중반까지도 눈에 보였다." 이 정보에 따르면 빈란드는 뉴저지와 세인트로렌스만

사이의 어딘가에 있었던 것이 된다.

　1960년에는 노르웨이 외교관 헬게 잉스타드Helge Ingstad와 고고학자인 그의 아내 안네 스티네 잉스타드Anne Stine Ingstad가 레이프 에이릭손이 탐험했던 곳을 찾을 수 있지 않을까 하는 생각으로 캐나다 해안 탐사에 나서기로 했다. 그리하여 캐나다 동해안을 따라 항해하던 그들은 마르클란드에 관해『그린란드 사람들의 사가』에 기록된 것과 래브라도의 해변들 사이에 흡사한 점이 있는 것을 발견했다.『그린란드 사람들의 사가』에는 그 장면이 이렇게 기록되어 있다. "그 땅은 바다 쪽으로 완만하게 경사진, 평평하고 숲이 우거진 곳이었고, 그들(레이프와 그의 부하들)은 그곳에서 흰 모래사장이 펼쳐진 여러 해변을 보았다."

　잉스타드 부부는 마르클란드와 래브라도의 남쪽을 항해한 사람이면 누구든 뉴펀들랜드섬에 도달했을 것으로 추론했다. 그런 가정하에 섬의 최북단에 있는 랑스 오 메도즈의 마을에 내려 현지인들에게 바이킹이 정착했을 만한 곳에 관해 물어보자, 한 주민이 해변의 풀이 무성한 언덕으로 두 사람을 안내했다. 그 언덕은 나중에 나무 뼈대에 떼를 쌓아 올려 지은 가옥들의 잔해로 밝혀졌다. 마을 사람들은 그 가옥들을 아메리카 원주민의 버려진 주거로 믿었다.

　그 뗏장집에 살았던 사람들이 누구인지 알 수 있는 방법은 하나뿐이었다. 발굴을 하는 것. 그곳이 노르드인의 정착지였음을 발견한 공로는 당연히 잉스타드 부부가 차지하는 것이 맞는다. 다만 그전에도 두 빈란드 사가를 읽은 독자들 중에는 랑스 오 메도즈를 바이킹의 정착지로 추정한 사람들이 있었다는 점은 밝혀 두

고자 한다. 하지만 그들은 추정만 했을 뿐 그곳을 발굴해 자기들 이론의 신빙성을 따져 보려고는 하지 않았다.[27] 잉스타드 부부는 1961년에서 1968년까지 여덟 해의 여름을 보내며 그곳에서 여덟 구조물을 발굴했다. 하지만 처음에는 그 구조물들이 유럽인의 것인지 아메리카 원주민의 것인지에 관한 확신이 없었다.

랑스 오 메도즈에 노르드인들이 있었음을 말해 주는 가장 뚜렷한 증거는 물건 하나뿐이 아니었다.(토착민들도 원거리를 오가며 띄엄띄엄 특정 물건을 거래했을 수 있는 것이다.) 용재, 모루, 큰 돌, 철 조각 등 커다란 집에 딸린 작업장 속의 모든 물건이 노르드인의 존재를 알려 주는 증거였다. 그것들 모두 대장간이 활발히 운영되었음을 보여 주기 때문이다. 작업장에는 배 목수들이 판재를 선체에 접합하기 전, 물을 끓여 그곳에서 나오는 증기로 판재의 모양을 반듯하게 하기 위해 사용한 대형 난로도 있었다. 고고학자들은 일종의 달개집이라고 할 수 있는 또 다른 방에서도 다수의 쇠못 조각들을 발견했다.

1000년에는 북아메리카에서도 금속을 가공하는 작업을 했다. 하지만 랑스 오 메도즈를 제외하면 북아메리카 대륙의 다른 그 어느 곳에서도 제련 작업을 한 사례는 없었다. 고고학자들이 랑스 오 메도즈에서 제련 작업이 진행된 것을 확인하고, 그것을 외부인의 행동으로 이해한 것도 그래서였다.

고고학자들은 랑스 오 메도즈에서 나무 구조물의 잔해도 발굴했다. 벽체에 연결된 것이 아닌 것으로 볼 때, 누르웨이 서쪽 지방에서 지금도 사용하는 것과 같은, 건조 중인 선박의 뼈대였을 가능성이 가장 높았다. 건조 중인 배의 치수는 25피트(8미터) 정도 길이로 내륙 수로에서 사용된 노르드인의 전형적인 배 길이였다. 노르드인들에게는 뉴펀들랜드섬의 끝자락에 위치한 랑스 오 메도즈가 북대서양을 넘어 그린란드로 돌아가는 배들을 수리하기에는 최적의 장소였던 것이다.

고고학자들은 여덟 가옥의 주민이 명백히 노르드인이었음을 말해 주는, 스칸디나비아 고유의 특징을 지닌 물건도 하나 찾아냈다. 끝에 고리가 달린 일자형 청동 핀이 그것이다. 흔히 있는 일이듯 고고학자들은 1968년 마지막 발굴 시즌의 마지막 날에 그것을 찾아냈다. 안네 스티네 잉스타드는 그녀의 회고록에, 핀을 발견했을 때를 이렇게 적었다. "우리는 환호성을 질렀다. 그것을 보는 순간 누구도 부정할 수 없는 증거물임을 알았기 때문이다. 끝에 고리가 달린 그 청동 핀은 노르드인 바이킹 시대의 것과 정확히 일치했다."[28] 외투의 목 부분을 채울 때 사용된 그 핀은 아일랜드와 스코틀랜드의 유적지에서 발견된, 920년과 1050년 사이에 만들어진 것과도 모양이 같았다. 랑스 오 메도즈에서 발견된 다른 물건들도 그곳에 스칸디나비아인들이 있었음을 암시했다.[29] 바늘 끝을 뾰족하게 가는 데 사용된 규암 재질의 도구, 양털실을 뽑을 때 방추의 막대를 고정해 주는 데 사용된 가락바퀴라 불린 물건이 그것들이었다. 하지만 비전문가에게는 그것들이, 청동 핀과 같은 정도로는 노르드인의 것이라는 확신이 들지 않았다.

바늘 끝을 가는 데 사용된 도구와 가락바퀴는 여자들도 랑스 오 메도즈에 있었음을 말해 주는 증거다. 다만 여자의 수는 남자보다 적었다. 노르드인의 가옥 본채에는 전사 집단의 지도자와 그의 배우자가 쓰는 작은 침실이 하나 있었다. 그렇다면 그 배우자는 집안일을 도와줄 여자들이 필요했을 것이다. 부부 침실 곁에도 지도자의 수행원들이 쓰는 더 큰 침실이 있었다. 하지만 그들에게는 배우자의 동행이 허락되지 않았다. 노르드인의 성별 균형이 맞지 않았던 것도 그래서였다.

잉스타드 부부는 랑스 오 메도즈가 레이프의 전사 집단이 뭍에 올라와 처음으로 집을 지은 장소, 곧 레이프스뷔디르가 있던 곳이 틀림없다고 확신했다. 하지만 그들의 확신에는 중대한 문제점이 있었다. 뉴펀들랜드섬에는 야생 포도가 자라지 않기 때문이다.

두 사가에서는 레이프가 그곳을 빈란드로 명명한 이유에 관한 의혹이 전혀 묻어나지 않는다. 사가에는 이런 내용이 나온다. 어느 때인가 레이프의 부하들 가운데 한 명인, 남부인 티르키르 Tyrkir the Southerner로 알려진 독일인이 혼자서 탐험하다가 중요한 것을 발견했다고 주장했다. 그런데 그는 레이프에게 말할 때면 꼭 "얼굴을 찡그린 채 사방으로 눈을 돌리며 독일어로 이야기했다. 그래서 다른 사람들은 그의 말을 알아들을 수가 없었다." 무슨 일이 있었던 것일까? 그는 취했던 것일까? 티르키르가 마침내 스칸디나비아어로 말을 바꾸어 그들에게 전해 준 내용은 '포도나무와 포도'를 발견했다는 것이었다. 어린 시절 독일에 살 때 보았던 것이라 금방 알아볼 수 있었다고 했다. 레이프가 새로운 땅을 빈란드로 명명한 것은 장사에 뛰어났던 아버지에게 물려받은 감각 덕택이었나.

흥미로운 것은 사가에는 티르키르가 아마도 어릴 때부터 레이프를 알던 노예로, 즉 레이프의 연장자로 나온다는 것이다. 실제로 노예가 아이를 기르는 것은 흔한 일이었다. 따라서 티르키르도 붉은 에이리크가 그의 자녀를 보살필 사람으로 그린란드에 데려온 노예일 수 있다.

랑스 오 메도즈를 레이프스뷔디르가 있던 곳으로 확신하는 잉스타드 부부의 주장을 위태롭게 하는 것이 바로 사가에 나오는 티르키르의 그 이야기다. 뉴펀들랜드섬과 같은 먼 북쪽에서는 야생 포도가 자라지 않기 때문이다. 야생 포도가 자생할 수 있는 북방 한계지는 세인트로렌스만의 남쪽 연안이다. 설령 1000년 무렵의 기온이 지금보다 1도나 2도 정도 높았다고 해도 뉴펀들랜드섬은 야생 포도가 번성할 수 있는 곳이 아니었다. 그러자 잉스타드 부부는 다른 이론을 제시했다. 빈란드Vinland의 빈vin에 쓰인 'i'가 단모음이므로, '포도'(여기서는 'i'가 장모음으로 쓰인 vin이다.)를 뜻하는 것이 아니라, '밀'을 의미하는 단어일 것이라고 하면서, 포도를 발견했다는 티르키르의 주장을 무시하고 빈란드를 '초원의 땅the land of meadows'으로 규정하려고 했다.

그러자 이번에는 캘리포니아 대학 로스앤젤레스UCLA에서 스칸디나비아 문학을 가르친 에리크 발그렌Eric Wahlgren 교수(1911년~1990년)가 잉스타드 부부의 주장을 세게 맞받아치며 설득력 있는 공격을 펼쳤다. '포도의 땅'은 미래의 개척자들을 유혹하는 말이 될 수 있지만, '초원의 땅'은 포괄적 명칭이어서 그럴 소지가 없다는 것이었다.[30] 그러면서 그는 빈란드에는 포도가 있었으니 랑스 오 메도즈는 빈란드가 될 수 없다고 결론지었다.

그렇다면 그와 관련해 이렇게 질문해 볼 수도 있겠다. 노르드인들은 북아메리카의 어디를 갔던 것일까?『붉은 에이리크의 사가』에는 그들이 갔던 곳이 레이프스뷔디르가 위치해 있고 카를세프니가 첫 겨울을 났던 스트라움섬Straum Island('물이 흐르는 섬Stream Island' 또는 '물살이 강한 섬Strong Current Island')으로, 그리고 그보다 훨씬 우호적이었던 남쪽의 호프Hope 또는 조수 웅덩이Tidal Lake라고 부르는 곳으로 언급되어 있다.

노르드인들이 먼 남쪽까지 갔다는 사실은, 랑스 오 메도즈에서 백호두butternut 세 개와 백호두나무 몸통에서 나온 뒤틀린 목재 조각 하나가 발견됨으로써 확인되었다.[31] 당시에도 지금과 마찬가지로 뉴펀들랜드섬 북단에서 남쪽으로 600마일(1000킬로미터) 떨어진 메인주 북쪽 지역이 백호두나무가 자랄 수 있는 북방 한계지였기 때문이다. 고고학자들이 발견한 백호두는 빈란드 사가들에 나오는 야생 포도와도 맞아떨어졌다. 요컨대 두 열매의 나무 모두 뉴펀들랜드섬에서는 자라지 않고 그보다 훨씬 남쪽 지역에서 더 잘 자란다는 이야기다. 결국 이것이 말해 주는 것은 노르드인들이 랑스 오 메도즈에 정착지를 세웠고, 그보다 더 남쪽으로도 진출했다는 것이다.

두 빈란드 사가에 빈란드의 지역 이름들이 거의 등장하지 않는 이유는 그 누구도 알 수 없다. 노르드인들이 캐나다 동해안을 따라 더 많은 지역을 탐험했고, 어쩌면 미국 북동부 지역까지 진출한 것이 확실한데도 말이다. 구술 역사에서는 흔히 일어나는 일이듯 어쩌면 입에서 입으로 전해지는 과정에서 사가에 나오는 일부 지명이 사라졌을 수도 있다.

랑스 오 메도즈가 노르드인의 정착지였던 것은 외투에 꽂는 핀과 그 밖의 논박할 수 없는 고고학 증거로 확인되었다. 하지만 두 사가에는 선박 수리소에 관한 언급이 없다. 랑스 오 메도즈가 노르드인들이 선박 수리소가 있던 곳이 거의 확실한데도 말이다.

랑스 오 메도즈가 아메리카에서 노르드인들의 메인 캠프가 아니었다고 믿을 만한 이유도 충분하다. 랑스 오 메도즈는 아이슬란드와 그린란드에 있던 전형적인 노르드인 정착지와 달리 주변에 농지가 없어 주민들에게 식량을 제공해 줄 수 없었다. 유적지에서도 돼지 뼈는 거의 나오지 않고 기각류와 고래의 뼈만 잔뜩 나왔다. 게다가 근처에는 가축을 방목할 곳도 없어, 노르드인들은 대규모 가축 떼를 데리고 늘 이동하는 생활을 했다. 노르드인들이 소유한 황소의 울음소리에 스크렐링들이 놀라 도망쳤다는, 사가에 나오는 이야기를 기억해 보아도 알 수 있는 일이다.

랑스 오 메도즈의 규모가 작았고, 그곳에서 백호두가 발견되었으며, 두 빈란드 사가에 야생 포도가 언급되었다는 것은 바이킹의 주 정착지가 남쪽 어딘가에 있었음을 시사한다. 발그렌 교수는 모든 증거물과 해안 지세를 면밀히 살펴본 뒤, 그랜드마난섬에 면한 패서매쿼디만에 있는, 미국 메인주와 캐나다 뉴브런즈윅주가 접한 미국 쪽 지역이 레이프의 첫 정착지인 레이프스뷔디르일 것으로 추정했다.[32] 하지만 랑스 오 메도즈에서 다년간 발굴 팀을 이끌었던 고고학자 비르기타 린데로트 월리스Birgitta L. Wallace는 『붉은 에이리크의 사가』와 카르티에의 일기 사이에 놀랄 정도의 유사성이 있다는 이유를 얼마간 내세우며 패서매쿼디만 북쪽의 샬뢰르만을 레이프스뷔디르가 있던 곳으로 지목했다. 다른 학자들은 위치를 확정하지는 않고, 증거로 볼 때 빈란드는 메인주나 노바스코샤의 어디쯤이었을 것 같다고 추정했다.

지도 2.2

빈란드의 위치로
추정되는 지역

------- 오늘날의
.... 경계

랑스 오 메도즈

뉴펀들랜드

캐 나 다

살뢰르만

세인트로렌스만

세인트로렌스강

메인

인디언 타운십

패서매쿼디만

버몬트

브루클린고다드 포인트

그랜드마난섬

뉴햄프셔

페높스콧만

미 국

대 서 양

그러면 노르드인들이 빈란드를 버리고 떠난 이유는 무엇이었을까? 두 사가는 공격에 대한 두려움을 원인으로 꼽는다. 또한 노르드인들이 목재 말고는 진정으로 가치 있는 물자를 발견하지 못했다고 넌지시 운을 띄웠다.

노르드인들은 값나가는 물건들만 몽땅 챙겨 질서정연하게 랑스 오 메도즈의 정착지를 떠났다. 아마도 실수로 떨어뜨렸을 외투에 꽂는 핀 하나를, 그리고 너무 무거워 휴대할 수 없었던 동석으로 된 도싯족 물건이 포함된 소수의 물품만을 남겼을 뿐이다.

귀향길에는 노르드인이 토착민과 여러 차례 적대적 접촉을 했다. 어느 때인가는 상대 집단의 규모가 작은 것을 보고 필시 '무법자'일 것으로 지레짐작한 노르드인들이 해안 근처에서 잠들어 있던 남자 다섯 명을 죽였다. 래브라도 해안의 마르클란드에서는 함께 있던, 남자 한 명과 여자 두 명이었던 어른들이 도망치자 어린 소년 두 명을 사로잡았다.

양자로 삼는 것과 노예로 삼는 것의 경계는 불분명하다. 카를세프니도 어쩌면 두 소년을 양자로 삼으려고 생각했을 수 있다. 그와 그의 부하들이 두 소년에게 스칸디나비아어를 가르쳐 준 것을 보면 말이다. 하지만 그 어느 것도 카를세프니가 그린란드로 돌아가는 길에 소년들을 상품으로 취급해 팔아넘기는 것을 막지는 못했다. 스칸디나비아에서는 노예가 주요 수출품이었다. 그러니 카를세프니도 노예 거래로 얻을 수 있는 수익을 알았으리라고 짐작할 수 있다. 하지만 우리가 아는 한 노르드인들은 유럽에서 아메리카 원주민 노예를 팔지 않았다.

노르드인들이 북아메리카 식민지를 버리고 그린란드로 돌

아온 뒤에도 스칸디나비아와 아메리카 사이의 교역은 제한적으로 지속되었다. 그린란드와 아이슬란드가 만성적인 목재 부족에 시달리다 보니 스칸디나비아인들이 래브라도 지방을 주기적으로 찾은 것이었다. 본래는 아이슬란드에도 나무가 있었다. 그곳에 처음 정착한 사람들이 가옥을 짓기 위해 나무를 벤 뒤로 자라지 않았을 뿐이다. 오늘날에도 아이슬란드에서는 나무들이 거의 자라지 않는다.

빈란드에서 첫 겨울을 난 뒤 귀향길에 오른 레이프는, 배가 좌초되어 암초에서 오도 가도 못하던 노르웨이인 열다섯 명을 항해 도중에 그린란드 부근에서 발견했다. 폭풍우 속에 배가 항로를 이탈해 벌어진 일일 가능성이 가장 높았다. 레이프는 아메리카 대륙에서 그린란드로 운반하던 목재를 내려 두고 그들을 태울 자리를 마련했다. 그리고 그들을 안전하게 데려다준 뒤에 암초로 돌아와 목재를 실어 갔다. 노르드인들이 목재를 얼마나 귀하게 여겼는지 확인할 수 있는 대목이다.

노르드인들이 아메리카를 떠난 뒤에도 토착민과 계속 거래했음을 나타내는 고고학 증거는, 노르웨이제 페니라는 주목할 만한 물건 하나를 제외하면 전무하다. 메인주의 페놉스콧만과 마주한 마을 브루클린Brooklin에 있는 대규모 여름 정주지인 고다드Goddard 유적에서 발견된 그 페니는 구리와 납이 약간 섞인 은화다. 노르드인들이 캐나다를 떠난 뒤인 1065년에서 1080년 사이에 주조된 것이다.[33]

그 페니는 어떻게 메인주의 고다드까지 가게 되었을까? 아마도 노르드인들이 배핀섬이나 래브라도 지방 또는 뉴펀들랜드의 어딘가에 나무를 베려고 왔을 때 가져온 것일 가능성이 가장 컸다. 그다음에는 현지인들이 이 장소에서 저 장소로 옮겼을 테고, 그러다가 마침내 현재로서는 노르드인의 고고학 증거가 발견된 최남단 지역인 고다드 포인트까지 가게 되었을 것이다.(미네소타주에서 발견되었다는 그 유명한 켄싱턴 '바이킹' 룬석runestone은 명백한 위조물이다.)

제한적이나마 그린란드에서 고고학 증거가 나온다는 것은 1000년 이후에도 그린란드와 아메리카 간에 지속적으로 접촉이 있었음을 나타내는 것이다. 그린란드에서 발견된 두 화살촉도 아메리카에서 제작된 것이었다. 둘 중 래브라도 북부의 라마만에서 나는 반투명 각암으로 만들어진 것은 노르드인의 서쪽 정착지에 있는 산드네스Sandnes의 노르드인 묘지에서 나왔고, 석영 재질의 또 다른 화살촉은 토르핀 카를세프니가 1000년대에 아메리카로 출발했던 사유지에서, 즉 그린란드의 동쪽 정착지(에위스트리뷔그드)에 있는 브라타흘리드Brattahlið(붉은 에이리크의 집)에서 출토되었다. 모피는 땅속에 묻히면, 1000년의 세월이 흐른 뒤에는 특히, 좀처럼 남아 있기 어렵다. 하지만 직물은 그린란드 서쪽 정착지 남쪽에 있는, 모래에 묻힌 농장Farm Beneath the Sand터의 얼음 속에 보존되어 있었고,[34] 그 안에는 북아메리카를 원산지로 하는 동물들인 갈색곰과 들소의 털도 들어 있었다. 이는 아메리카의 모피가 그린란드로 수출되었음을 나타내는 것이다.

노르드인들이 북아메리카의 정착지를 버리기로 한 것은 현대적인 문제, 즉 무역 불균형 때문이었다. 물론 빈란드에도 목재와 희귀 모피처럼 노르드인들에게 유용한 물품이 있었다. 그리고 화살촉처럼 노르드인들이 신기해할 만한 물건도 있었다. 하지만 그보다는 유럽 본토가 빈란드에 제공해 줄 수 있는 물품의 가치가 더 높았다. 요컨대 노르드인이 토착민에게 제시한 상품은 사람들에게 늘 필요한 밀가루와 소금 외에 특히 검과 단검, 여타 금속 제품과 같은 제조품들이었던 것이다. 그리고 그런 물품을 원하는 토착민들의 지속적 요구가 결국 노르드인들이 아메리카 정착지를 버리고 그린란드로 돌아가 400년 동안 그곳에 계속 머물러 있게 한 요인이었다.

노르드인들은 새로운 곳에 도착하면 주변 환경을 둘러보는 버릇이 있었다. 그린란드도 예외가 아니었다. 그 점에서 그들이 그린란드의 남쪽 해안에 위치한 본래의 두 정착지에, 즉 동쪽 정착지와 서쪽 정착지에 살고 있으면서도 탐험에 대한 충동을 느껴 또다시 섬의 북쪽을 탐험하러 나섰던 것은 당연한 일이었다.

그린란드 북쪽 지역 탐사에 나선 노르드인 탐험대는 최소한 두 팀이었다. 그중 한 팀은 1266년에 작성되었으나 지금은 사라지고 없는 편지의 사본에 따르면, 북극권의 북위 75도선 지점까지 도달한 뒤에 그곳을 지나 다시 사흘을 더 여행했던 것으로 기록되어 있다.[35]

1330년대에 탐험에 나선 세 명으로 구성된 또 다른 팀은 북위 72도선에 위치한 그린란드 서쪽 해안의 배핀만 입구에 있는 킹긱토르쉬아크섬에 도달했다. 그들은 그곳에서 돌[3]에 룬 문자를

---

3   킹긱토르쉬아크 룬석Kingiktorsuuaq Runestone으로 불린다.

새겨, 세 개의 케언cairn⁴ 돌무더기가 있는 곳에 놓았다. 이것들은 1800년 초에 덴마크 탐험가들이 발견했다. 북극권의 캐나다령 배핀섬에서도 가슴에 십자가를 건, 같은 시기에 만들어진 상아 재질의 노르드인 소상이 발견되었다.³⁶ 해마 상아로 조각된 것인데, 길이 2인치(5센티미터)가 채 안 되는 입상이었다. 이것도 노르드인들이 그린란드 북쪽 지역을 탐험했음을 나타내는 것이다.

노르드인들이 그린란드의 정착지를 버리기 시작한 것은 1300년대였다.³⁷ 그들이 그곳을 떠났던 것은 중세 온난기가 끝나고 소빙기가 시작되어 기후가 추워진 탓도 일부 있었다. 하지만 그보다 더 중요했던 것은 그린란드의 토착민이 된 툴레족이 추운 기후에 더 잘 적응했기 때문이었다. 툴레족에게는 노르드인들이 갖지 못한 여러 가지 기술이 있었다.

툴레족이 두툼한 털옷을 입고 밧줄 달린 작살을 이용해 기각류와 고래를 사냥할 줄 알았던 것도 그런 기술의 하나였다. 또한 이누이트족⁵은 겨울이면 얼음에 구멍을 뚫어 고리무늬물범을 잡을 줄도 알았다. 노르드인들은 감히 넘볼 수 없는 뛰어난 기술이었다. 개들은, 그리고 깃털 또는 뼈로 만든 가벼운 핀 같은 도구들은 이누이트족이 얼음 밑에서 숨 쉬는 물범을 탐지하는 데 도움을 주었다. 고리무늬물범은 이동하지 않는 바다 동물이어서, 이누이트족에게는 1년 내내 끊어지지 않는 식량원이었다. 이누이트족에게는 고래처럼 거대한 바다 포유동물을 잡을 때 이용하는 도

---

4   이정표로 삼거나 기념으로 삼고자 쌓아 올린 돌무더기를 가리킨다.
5   앞선 내용에서 살펴보았듯이 툴레족의 자손이다.

희귀한 목재 조각상을 스케치한 것. 콜럼버스보다 먼저 아메리카에 왔던 유럽인 선교사를 묘사한 것인데, 1300년에 무렵 이누이트족이 손으로 직접 조각한 입상으로 여겨진다. (삽화: 어밀리아 사전트Amelia Sargent)

구인, 물범 가죽을 꿰매어 부풀린 가죽배도 있었다. 가죽배는 줄로 작살과 연결되어 있었으므로, 고래가 죽을 때까지 계속 추적할 수 있었다. 이 모든 기술이 900년과 1200년 사이에 이누이트족이 발원지인 알래스카를 떠나 북극권의 캐나다를 거쳐 그린란드에 오기까지 북쪽의 통로를 따라 이동하는 데 도움을 주었다.[38]

그린란드의 노르드인 인구는 1300년 무렵에 2000명을 넘어서며 성섬에 올랐다가 툴레족이 그린란드 북부에 있던 그들의 정주지에서 남하하면서 급감하기 시작했다.[39] 아이슬란드 역사를 연대순으로 정리한 『아이슬란드 연대기Icelandic Annals』에는 1379년 부분이 이렇게 기록되어 있다. "스크렐링들이 그린란드인들을 공격해 여덟 명을 죽이고 소년 두 명은 사로잡아 끌고 갔다." 연대기에 나오는 이 '스크렐링들'이 바로 툴레족이고, '그린란드인들'은 노르드인을 가리킨다. 발세위Hvalsey 교회에서 나온 스칸디나비아인 남녀의 결혼 증명서로 보면 노르드인들은 1408년에도 그린란드에 살고 있었던 것 같다. 그 2년 뒤에는 한 아이슬란드인이 그린란드에서 홀로 돌아온 내용이 『아이슬란드 연대기』에 기록되어 있다. 그린란드의 노르드인 주민에 대한 이야기가 연대기에서 자취를 감춘 것은 1410년 이후부터였다.

노르드인들이 그린란드를 떠났다고 해서 빈란드에 관해 보고 들은 내용까지 완전히 사라지지는 않았다. 브레멘의 아담이 덴마크 왕과 나눈 대화만 해도, 지금의 형태로 서서히 자리를 잡아 가던 빈란드 사가들과 마찬가지로, 1200년대와 1300년대에는 몇몇 라틴어 사본으로 유통되었다. 그의 책은 지금까지도 다양한 사본으로 남아 있다. 아담의 증언은 먼 곳에 사는 사람들에 관한 정보가 수 세기에 걸쳐 어떤 경로로 전달되는지를 엿볼 수 있게 해 준다. 아담은 덴마크 왕에게서 들은 빈란드 이야기를 책에 수록했다. 그런데도 그 책은 이후 몇백 년 동안 거의 주목받지 못했다. 그 책도 중세의 다른 수많은 이야기처럼 세계의 가장자리에 붙은 위험한 장소에 관한 또 하나의 이야기일 뿐이었던 것이다.[40]

1000년 무렵에 일어난 다른 만남들과 비교할 때 노르드인과 아메리카 원주민 간의 조우가 장기적으로 끼친 영향은 제한적이었다. 약간의 대화, 이따금 진행된 물물교환, 아마도 사고로 일어났을 몇 차례의 육탄전. 노르드인과 아메리카 원주민 간에 일어난 접촉은 이 정도였다.

1492년 이후에 아메리카 원주민들은 유럽의 병균에 노출되어 떼죽음을 당했다. 그것을 염두에 두면 1000년 무렵의 아메리카 원주민들도 비슷한 운명을 당하지 않았는지에 관한 의문이 자연스럽게 들 수 있다. 두 빈란드 사가에는 노르드인을 만난 것 때문에 토착민들이 병에 걸렸다는 언급이 없다. 반면에 노르드인들은 원인 불명의 병에 한 번 걸린 적이 있었다. 아마도 부패한 고래 고기를 섭취했기 때문일 것이다.

사실 1492년 이후에 죽은 아메리카 원주민들도 콜럼버스의 탐험 바로 직후에 질병으로 말미암은 고통을 당하지는 않았다. 그들이 대량으로 사망하기 시작한 것은 그로부터 몇 십 년이 지난 1520년대부터였다. 노르드인들이 랑스 오 메도즈에 살았던 기간은 고작 10년이있다. 따라서 노르드인의 병균이 북아메리카 도칙민들에게 전파되지 않았던 것도 어쩌면 접촉의 순간이 짧았기 때문일 수 있다.

1492년 무렵에는 이미 그린란드와 빈란드에 관한 유럽인의 지식이 희미해지고 있었다. 그해에 작성된 교황청의 한 문서에는 그린란드가 다음과 같이 묘사되어 있다. 그린란드는 "세계의 가장자리에 있는 섬이다. (……) 얼음에 둘러싸여 있어 배가 항해하는 일도 드물다. 그곳은 8월이 되어야 얼음이 물러나면서 땅이 드러난다. 지난 80년 동안에는 그곳을 항해한 배도 없었다. 주교나 사제가 가지 못했던 것도 그 때문으로 여겨진다."

하지만 그런 가운데서도 브레멘의 아담이 쓴 책은 라틴어를 읽을 줄 아는 소수의 학자 사이에 퍼져 나갔다. 크리스토퍼 콜럼버스의 첫 항해가 있은 지 거의 한 세기가 지난 1590년에는 시귀르뒤르 스테파운손Sigurður Stefánsson이라는 아이슬란드 교사가 콜럼버스 이전에 아메리카를 발견했다는 아이슬란드의 주장을 뒷받침하는 지도를 그렸다.[41]

그의 지도를 보면 동쪽 가장자리에는 노르웨이, 영국, 아일랜드가 독립적으로 표시되어 있고, 북쪽과 서쪽의 가장자리를 따라 그린란드, 헬렐란드Helleland,(헬룰란드의 오기였을 것이다.) 마르클란드, 그리고 좁고 기다란 빈란드곶과 연결된 스트랄링에란드Stralinge Land(스테파운손이 만들어 낸 새로운 지명이다.)가 묘사되어 있는 것을 알 수 있다. 빈란드가 끝이 뾰족한 곳으로 그려진 것은 잉스타드 부부가 뉴펀들랜드의 최북단 부근에서 노르드인 정착지를 찾는 데도 중요한 단서가 되었다.

스테파운손의 지도는 1000년에 노르드인이 아메리카를 탐험한 것에 관한 기억을 되살려 냈다. 그렇다면 이참에 현대의 세계화가 제기하는 여러 문제도 함께 생각해 볼 수 있겠다. 이런 문제

1590년에 아이슬란드인 교사가 그린 지도로, 1000년 무렵에 바이킹이 아메리카를 어떻게 이해했는지 잘 드러나 있다. 노르드인이 그린 북아메리카 지도로는 가장 오래된 것이기도 하다.

들이다. 조우하는 양측의 무기 기술이 균등하지 않으면 전쟁이 일어날까? 무역 불균형의 결과는 무엇일까? 한쪽의 인구가 많으면 다른 한쪽은 그것의 보완책으로 무엇을 할 수 있을까? 끝으로 쓸모 있는 기술에 통달한 다른 쪽에게서 쉽게 배우지 못하는 까닭은 무엇일까?

아메리카에서 아메리카 원주민을 만났을 때 노르드인들에게는 금속 도구를 가진 이점이 있었다. 그런데도 그들이 철수하기로 결심한 것은 아메리카 원주민들이 사나웠기 때문일 수도 있고, 생존에 필요한 식량을 손쉽게 얻을 수 없었기 때문일 수도 있다. 같은 맥락에서 노르드인들은 알래스카에 있던 툴레족이 그린란드로 이주하자, 그린란드에서 점진적으로 철수했다. 이렇게 노르드인이 아메리카에서 아메리카 원주민과 조우하고 그린란드에서 툴레족과 조우하는, 실력이 엇비슷한 사람들끼리의 조우가 바로 1000년에 일어난 전형적 만남이었다. 성능 좋은 화기와 대포로 유럽인들이 거의 언제나 토착민을 제압할 수 있었던 1500년 이후의 만남과는 천양지차로 달랐던 것이다.

대서양을 넘어가는 스칸디나비아인들의 탐험은 서쪽으로 가는 새로운 통로를 열었다는 점에서 중요했다. 그 무렵에 노르드인들이 새로운 길을 개척하면서 활동한 영역은 서쪽의 랑스 오 메도즈로부터 동쪽의 카스피해에 이르렀을 만큼 광대했다. 노르드인들은 그린란드의 먼 북쪽으로 가는 통로를 개척했으며, 어쩌면 그보다 더 먼 남쪽의 다른 지역들로도 이동했을 개연성이 있다.

노르드인의 아메리카 탐험은 세계화와 관련된 그 밖의 다른 정보도 제공해 준다. 아메리카 대륙의 교역이 그들의 탐험과 더불어 시작된 것이 아니라는 것이다. 다음 장에서 말하겠지만, 아메리카 원주민은 노르드인을 만나기 전부터 이미 장거리 교역을 하고 있었다. 하지만 궁극적으로는 노르드인의 탐험이 가장 중요했다. 이미 존재했던 대서양 양쪽의 교역망이 그 탐험으로 연결되어 세계화가 시작되었기 때문이다.

3장

1000년의 팬아메리칸 하이웨이

기원후 1000년, 아메리카에서 가장 큰 도시는 아마도 인구 4만 명을 헤아리던 마야 정주지 치첸이트사였을 것이다.[1] 치첸이트사는 바다에서 50마일(80킬로미터) 정도 떨어진, 멕시코의 유카탄반도 북쪽 해안 가까이에 있다. 1000년에 세워진 도시 중에서는 아마 세계에서 가장 잘 보존되었다고 해도 틀림없을 이곳에는 하루에도 수천 명의 관광객이 몰려든다. 가장 인기 있는 관광명소는 사면에 완벽하게 균형 잡힌 계단이 있는, 100피트(30미터) 높이의 계단식 피라미드인 카스티요Castillo[1]다. 매년 3월 21일과 9월 21일 사이에는 공학 기술이 민들이 내는 놀라운 광경을 꼭

---

1   쿠쿨칸의 신전으로도 불린다.

격하려고 이곳으로 엄청난 인파가 몰린다. 오후 3시 무렵이 되면 햇볕의 조화로 피라미드 북면에 조각된 뱀 모양의 그림자 패턴이 만들어지기 때문이다. 약 한 시간에 걸쳐 뱀의 몸통이 계단 발치에 있는 뱀의 머리 조각들로 구불구불 이어지는 완벽한 빛의 안무 쇼가 펼쳐지는 것인데, 이런 건축물이 지금으로부터 1000년 전에 건설된 것이다.

가로 500피트(150미터), 세로 200피트(60미터) 크기의 구기장도 인상적이다. 1000년 무렵에 조성되었으며 축구장보다도 훨씬 큰 이 경기장은 멕시코 중남부, 벨리즈, 과테말라, 엘살바도르, 온두라스, 니카라과, 코스타리카, 파나마가 포함되는 메소아메리카를 통틀어 규모가 가장 큰 마야의 구기장이다.[2] 현대의 탐방객은 보통은 입구 바로 곁에 붙은 이 구기장에서 관광을 시작한다.

공놀이 선수들은 두 팀으로 나뉘어 엉덩이, 팔꿈치, 무릎으로 고무공을 튀기는 방식으로 시합을 진행했다. 경기장 양쪽에 설치된 돌로 된 골대 안으로 공을 집어넣는 것이 선수들의 목표였다. 20센티미터 크기의 공은 고무나무에서 나오는 액상 라텍스를 모아 응고시켜 둥글게 모양을 잡은 것이었다. 튀기는 효과를 높이기 위해 나팔꽃의 수액도 첨가했다.[3] 고무와 같은 물질을 본 적이 없던 스페인인들은 그곳에서 빠르고 예측 불허로 움직이는 공의 움직임을 보고 혀를 내둘렀다.

마야 조각가가 공을 그 안에 두개골이 든 모습으로 묘사한 것도 어쩌면 공이 독립적으로 움직이는 것을 나타내기 위해서였을 수 있다. 치첸이트사에 있는 구기장의 벽면 부조에도 그런 공이 하나 새겨져 있다. 그 부조에는 경기에서 패한 팀의 선수 한 명

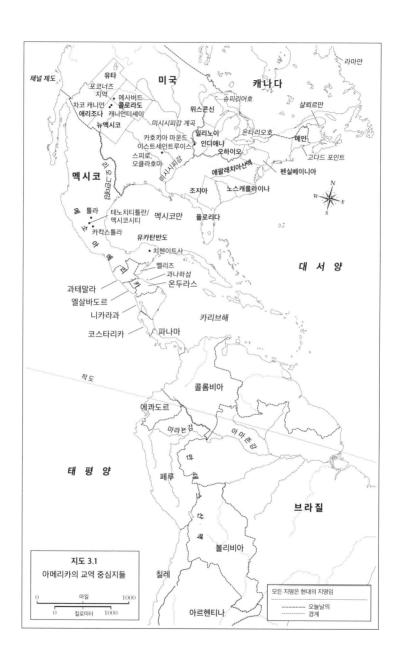

유타

채널 제도

포코너즈
지역

차코 캐니언

애리조나 캐니언티세이

뉴멕시코

미국

메사버드

콜로라도

미시시피강 계곡

슈피리어호

위스콘신

캐나다

라마만

샬뢰르만

카호키아 마운드

이스트세인트루이스

스피로,
오클라호마

일리노이

인디애나

오하이오

온타리오호

메인

고다드 포인트

멕시코

테노티티틀란/
멕시코시티

카칵스틀라

애팔래치아산맥

펜실베이니아

조지아

노스캐롤라이나

멕시코만

플로리다

대 서 양

유카탄반도

치첸이트사

벨리즈

과나하섬

온두라스

과테말라

엘살바도르

니카라과

코스타리카

파나마

카리브해

적도

콜롬비아

에콰도르

마라뇬강

아마존강

태 평 양

페루

브라질

볼리비아

칠레

아르헨티나

지도 3.1
아메리카의 교역 중심지들

0   마일   1000

0   킬로미터   1000

모든 지명은 현대의 지명임

오늘날의

경계

의 잘린 머리가 지면에 놓인 모습이 묘사되어 있는데, 목의 상처에서 뿜어져 나오는 피는 여섯 마리 뱀의 형상이다. 마야의 신들은 빈번히, 그리고 대량으로 피를 요구했다. 심지어 지배자들마저도 신들의 요구를 충족시키기 위해 노랑가오리의 꼬리등뼈를 성기에 밀어 넣어야 했다.

치첸이트사에는 계단식 피라미드와 구기장 외에 전사의 신전도 있다. 바깥쪽에 기둥 200개가 서 있는 그 신전은 구기장에서 조금만 걸어가면 볼 수 있다. 전사의 신전은 1925년에서 1934년까지 워싱턴 D.C.의 카네기 재단에서 온 고고학자들이 신전의 발굴 작업을 할 때 기둥들의 전면에 선물 전달자와 전사들이 조각되어 있어 붙여진 명칭이다. 고고학자들은 상태가 급속히 나빠지고 있던 다수의 벽화도 신전의 잡석과 나무들을 치울 때 바닥에 흩어져 있던 조각들로 복원해 냈다.[4] 하지만 오늘날 우리가 볼 수 있는 것은 카네기 재단의 발굴 팀이 모사한 흑백 드로잉이나 수채화뿐이다. 치첸이트사의 구조물에는 관광객의 입장이 허용되지 않아 벽화가 그려져 있던 본래의 벽을 볼 수 없기 때문이다.

전사의 신전에 그려진 여러 벽화가 묘사하는 것은 정복 장면이다.[5] 카네기 재단의 학자들은 아흔 개나 되는 조각을 끼워 맞추어 하나의 군대가 하나의 마을을 침입하는 대형 벽화를 복원해 냈다. 벽화 속 침입자들은 잿빛 피부로, 마을의 방어자들은 하얀 피부에 가로로 된 검은색 줄무늬가 쳐진 모습으로 그려져 있다.[6] 보는 사람이 양측을 확실히 구분할 수 있도록 도와주려는 듯, 침입군과 방어군은 방패도 다르게 묘사되어 있다.

치첸이트사의 벽화에 묘사된 침입군이 누구였는지는 확실

히 단정할 수 없다. 그래도 스페인인들과 접촉한 후에 기록된 두 사료를 근거로 판단해 볼 때, 멕시코시티에서 북서쪽으로 50마일(80킬로미터) 떨어진 멕시코 중부의 도시 톨란Tollan(오늘날의 툴라)에서 치첸이트사로 들어온 톨텍족이었을 가능성이 가장 크다. 톨텍족 이야기에는 날개 달린 뱀(톨텍족이 사용한 나우아틀어로 하면 토필친 케찰코아틀)이라는 이름을 가진 왕이 987년에 툴라를 떠나 멕시코 해안으로 가서, 그곳에서 뗏목을 타고 어디론가 갔다는 내용이 나온다. 그런데 놀라운 우연의 일치로 마야인들의 기록에도 같은 해에 날개 달린 뱀(마야어로는 쿠쿨칸)이라는 이름을 가진 남자가 치첸이트사에 도착한 이야기가 나온다. 동일인이었을 것이 분명한 그는 치첸이트사의 지배자가 되었다.

하지만 진짜 특별한 벽화는 전사의 신전 출입구 건너편에 있다. 이것도 마을의 정복이 묘사된 동일한 벽에 그려졌지만, 사람들의 모습이 다른 벽화들에 묘사된 전사들과는 확연하게 달랐다. 마치 살아 있는 듯 생생하게 그려진 것이다.

그 그림 속에서 포로 한 명은 노란 머리, 밝은색 눈, 희끄무레한 피부를 가지고 있고, 등 뒤로 팔이 묶인 모습으로 묘사되어 있다. 두 번째 포로는 마야족의 다른 그림들 속에 흔히 나타나는, 금발을 구슬들로 엮은 모습으로 그려져 있다.[7](두 그림 모두 컬러로 되어 있다.) 구슬들로 머리를 엮은 또 다른 포로 한 명도 마치 위협하는 물고기처럼 알몸뚱이로 입을 벌린 채 근처에서 물에 둥둥 떠 있는 모습으로 묘사되어 있다. 마야인 회기 는 물에 녹지 않는 인디고와 팔리고스카이트palygorskite 점토 광물을 결합해 만든 파란색의 안료, 즉 마야 블루[8]를 사용해 벽화를 그렸다. 물속에 던져 익사시킨 불운한 전쟁 포로들을 표현하는 데 그것을 사용한 것이다.

그렇다면 이 살갗이 희고 금발인 희생자들은 누구였을까?

혹시 마야인들에게 사로잡힌 노르드인들이 아니었을까?

그 벽화들에 관해 최초로 글을 썼던 학자들은 그렇게 생각하지 않았다. 카네기 재단 고고학 발굴 팀의 일원이자 세심한 유물 보호자로 1920년대에 전사의 신전 벽화 일체를 수채화로 모사했던 앤 액스텔 모리스Ann Axtell Morris도 노란 머리카락을 가진 사람들의 정체에 관해 뚜렷한 답을 내놓지 못했다. 하지만 그러면서도 "부족 혹은 인종의 차이를 강조하기 위해"[9] 마야인 화가가 색채 배합을 사용했을 개연성을 제시했다. 1940년대에 글을 쓴 한 학자는 다음과 같은 극단적인 해답까지 내놓았다.[10] 제물을 받을 태양신의 머리색과 포로들의 머리색을 같게 하려고 구슬로 엮은 노란 가발을 제물이 될 포로들에게 씌웠을 것이라는 말이었다. 이 학자들은 잉스타드 부부가 랑스 오 메도즈에서 노르드인 정착지를 발견하기 전보다도 더 오래전에 활동한 윗세대의 학자들이었다. 따라서 그들로서는 제물이 된 포로들이 스칸디나비아인일 수도 있다고 생각할 이유가 전혀 없었다.

하지만 지금은 랑스 오 메도즈에서 이루어진 고고학 발굴 덕에 1000년 무렵의 북아메리카에는 노르드인들이 있었다고 확신할 수 있다. 잉스타드 부부의 발견은 전사의 신전에서 나온 벽화도 새로운 관점으로 바라볼 수 있게 해 주었다. 그 독특한 벽화가 스칸디나비아인과 그들의 배를 묘사한 것일 수도 있다는 것이다. 그 관점을 제시한, 마야 문명을 연구하는 저명한 두 학자(고고학자 마이클 더글러스 코Michael D. Coe와 역사가 메리 밀러Mary Miller)는 마야인들의 다른 벽화에는 금발과 밝은색 피부를 가진 포로들이 나타나지 않는 점에 주목했다.

벽화가 그려진 시기도 노르드인이 탐험한 때와 완벽하게 일치한다. 스칸디나비아, 아이슬란드 혹은 그린란드를 떠난 노르드인의 배 여러 척이 북대서양을 넘어 캐나다로, 어쩌면 메인주까지도 진출한 때는 900년대 말엽과 1000년대 초반이었다. 그런데 신전의 벽화가 바로 그 시기에 그려진 것이었다.[11](전사의 신전이 세워진 것도 1000년 직후였다.)

반면에 회의론자들은 마야인 화가가 전사들을 그릴 때는 다른 색채 배합을 사용했다고 주장하면서, 포로들의 금발도 그들의 예술적 관습으로 치부했다. 또한 그들은 1000년의 세월이 흐르는 동안 안료 본래의 색이 변했을 수 있으므로 고고학자들이 모사한 수채화도 색깔이 변한 벽화를 그린 것일 수 있다고 봤다.

벽화 속 전사들을 노르드인으로 보는 것에 의혹을 품을 수는 있다. 유카탄반도에서는 아직 스칸디나비아인의 유물이 나오지 않았으니 말이다. 하지만 그것은 생각만큼 그리 심각한 문제가 아니다. 고고학 기록은 완전함과 거리가 멀기 때문이다. 기록 문서를 통해 세간에 알려진 내용도 그것의 태반이 고고학적으로는 입증되지 않았다. 고고학과 헤이스팅스 전투를 구글Google에서 검색해 본 사람들도, 정복왕 윌리엄William the Conqueror에게 잉글랜드를 가져다준 1066년의 그 전투에서 니온 첫 희생자 유물이 최근에야 출토되었다는 것을 알고 대개는 충격을 금치 못한다.

현 상태에서 고고학적으로 입증할 수 있는 정도로만 보면 노르드인이 치첸이트사에 있었다고 단정하기 어렵다. 그 사안은 랑스 오 메도즈에서 나온 청동 핀과 같은 진단 유물이나 스칸디나비아인의 DNA를 함유한 유전적 증거가 있어야 확실히 매듭지을 수 있다. 그래도 지금으로서는 바이킹이 유카탄반도에 도달했을 수 있다는 결론을 내리는 것이 타당하고, 그랬다면 그곳은 아메리카에서 노르드인이 탐험한 최남단 지역이 된다.

만일 노르드인들이 치첸이트사에 도달했다면 그들은 어떻게 그곳에 가게 되었을까? 아마도 배가 항로를 이탈해 마야인들에게 사로잡혔을 것이다. 전사의 신전 벽화에도 금발 포로 옆에 나무 색깔의 배 두 척이 놓여 있는 그림이 있다. 하나는 이물에 조각이 된 배이고, 다른 하나는 방패들로 장식된, 물속으로 비스듬히 가라앉고 있는 배다.

구 치첸Old Chichén에 있는 또 다른 건물의 벽화에서도 그 특이한 배들에 관해 배울 수 있는 점이 있다. 950년 이전에 지어진 것으로, '수녀'를 뜻하고 확대해 해석하면 '수녀원'이 되는 라스 몽하스Las Monjas로 불리는 건물에도 시기적으로 이 건물보다 조금 늦게 그려진 듯한 벽화가 있다.[12] 그런데 이 라스 몽하스 벽화를 장식하는 그림 중 하나에 금발을 가진 사람은 없지만, 선체의 판재(외판)들 윤곽이 뚜렷이 나 있는 배 한 척이 그려져 있는 것이다. 그림속의 배는 판재가 여러 부분으로 잘려, 판재 한 장의 길이가 전장全長의 길이와 일치하지 않는 모습으로 묘사되어 있다. 노르드인의 배를 묘사한, 공개된 많은 그림에는 그 점이 명확히 드러나 있지 않지만,[13] 노르드인의 배들은 거의가 전장보다 판재들의 길이가 짧다. 이용할 수 있는 떡갈나무와 소나무의 크기에 맞추려다 보니 선체의 길이가 100피트(30미터) 정도 되는 배라면 판재 길이는 5피트(1.5미터)에서 20피트(5미터) 사이로 정해지기 때문이다.

　이렇게 판재들을 이용한 방식만 보아도 라스 몽하스 벽화의 배는 토착민의 배가 될 수 없다. 마야인들은 아메리카에 사는 대다수 사람이 그랬듯 불에 태운 통나무의 속을 파서 카누를 만들었다. 아메리카 원주민들 중에서는 유일하게 한 종족만이 판재들을 꿰매 붙여 배를 만들었다. 추마시족Chumash이 그들이다.[14] 추마시족은 그 배를 타고 캘리포니아주 샌타바버라에서 영국해협의 채널 제도까지 항해했다. 벽화 속의 배에 탄 사람들은 스칸디나비아인들에게서 배를 포획한 마야 전사들로 생각된다. 라스 몽하스 벽화 속의 배는 금발 전사들이 그려진 전사의 신전 벽화에 비해 별 주목을 받지 못했다. 하지만 윤곽이 뚜렷한 판재의 존재야말로 치첸이트사에 노르드인이 있었음을 말해 주는 더욱 설득력 있는 증거가 될 수 있다.

　노르드인의 배들은 바람 때문에 목적지에 도달하지 못하는 일이 잦았다. 붉은 에이리크가 그린란드로 두 번째 탐험에 나섰을 때도, 출발할 때는 배가 스물다섯 척이었으나 목적지에는 열네 척만 도달했다. 『그린란드 사람들의 사가』에는 그 상황이 이렇게 적혀 있다. "일부는 (역풍에) 밀려나고, 일부는 바다에서 길을 잃었다."[15] 이는 레이프 에이릭손이 좌초된 배의 선원들을 그린란드에 데려다준 뒤, 암초로 돌아와 그곳에 내려놓았던 아메리카산 재목을 다시 실어 간 것을 떠올려 보아도 알 수 있다. 그러니 벽화 속 노르드인의 배도 폭풍우 속에 길을 잃고 북대서양 환류에 떠밀려 대양을 가로지른 끝에 유카탄반도 해안에 닿았을지도 모르는 일이다. 물론 그것은 아주 힘겨운 항해였을 것이다. 하지만 불가능하지도 않았다. 비록 배가 손상되고 선원들이 노를 저을 수는 없었을지라도 말이다. 일본인이 탄 어선도 폭풍우를 만나 항로를 이탈한 끝에 바다를 표류하다가 태평양을 넘어 생존자 세 명과 함께 워싱턴주의 한 마을에 닿지 않았던가?

아프리카의 여행자들도 어쩌면 바람에 떠밀려 대서양을 넘는 항해를 했을 수 있다. 1588년에 유카탄 해안을 따라 항해하나 '세케차칸Xequechakan'(현재의 지명은 멕시코 캄페체주의 에셀차칸Hecelchakán이다.) 마을에 도달했던 스페인인 사제 알론소 폰세Alonso Ponce가 어떻게 그런 마을 이름을 갖게 되었는지 묻자 현지인은 그 경위를 이렇게 설명했다.[16] "아마도 오래전에 모로족Moros(아프리카 흑인들) 일흔 명이 탄 배가 거대한 폭풍우 속을 지나다가 그 해안가에 닿았던 모양입니다." 그들이 당한 일로 볼 때 모로족이 탄 배는 일단 바람에 떠밀려 대서양 한가운데로 들어선 뒤에는 해류를 타고 유카탄반도까지 유유히 흘러갈 수 있었던 것 같다.

현지인은 말을 계속 이어 갔다. "그런데 그들 중에는 나머지 선원들이 존경하고 복종하는, 세케Xequé로 불린 우두머리가 있었어요." 세케? 현지인은 세케가 '지배자' 또는 '우두머리'를 뜻하는 말이라고 했다. 그렇다면 세케는 '족장(셰이크sheikh)'을 뜻하는 아랍어의 변형인 것이 분명했고, 마야인들이 아랍어를 몰랐던 것을 감안하면 충분히 그렇게 불렀을 법했다. 무어인Moors[2]들이 고

---

2   앞 문단에 나온 모로족의 영어식 표기다. 당시에 스페인인들은 모든 무슬림을 모로족으로 불렀다.

향으로 가겠다고 했을 때는 마을 주민들이 '사람이 살지 않는 사바나(초원 지대)' 부근의 항구로, 즉 마야인들이 '차칸chakan'으로 부르는 곳으로 그들을 데려갔다. 그래서 그 마을이 세케차칸이 된 것이라고 현지의 정보 제공자는 이야기했다.

폰세의 기록에는 또 하나의 중요한 핵심 정보가 담겨 있다. 다음과 같은 이야기다. 무어인들이 그곳에 처음 도착했을 때 "인디언들은 그들을 딱하게 여겨 보호해 주고, 인정 많은 주인 노릇을 했다." 그런데 그들이 손님인 무어인들에게 고향으로 가는 길을 알려 주자 무어인들은 현지인들을 공격해 몇 명을 죽였다. "그것을 본 인디언들이 근처 사람들에게 그 사실을 알리자 그들이 무장하고 와서 우두머리 겸 지배자와 함께 불운한 모로족을 죽였다."라는 것이었다. 이는 유카탄반도에서 난파 사고를 당한 사람은 누구든 비슷한 운명을 당했으리라는 것을 짐작케 한다.

노르드인들이 만일 유카탄반도에 닿았다면 그 경로는 해상을 통해서였을 것이다. 가능성은 훨씬 낮지만, 다른 곳에서 포로가 되어 유카탄반도에 도보로 끌려왔을 수도 있다. 그럼 이제부터는 바이킹 페니가 발견된 메인주의 고다드 포인트에서 육로를 통해 치첸이트사에 도달할 수 있는지를 한번 조사해 보기로 하자. 메인주에서 멕시코로 가는 데 이용했을 가능성이 높은 경로는 아메리카 대륙의 북남으로 흐르는 미시시피 계곡을 통과하는 길이다. 물론 그것은 멀고도 험난한 여정이었을 것이다. 인간의 유골이든 물건이든, 그 여정을 끝까지 마쳤음을 보여 주는 증거물도 나오지 않았다. 그럼에도 우리는 북아메리카를 종으로 가로지르는 확장된 경로 네트워크가 1000년 무렵에 형성되었고 세계화가 시작되면서 물건과 사람, 정보가 그 경로들을 따라 이동했다고 확신한다.

고다드 포인트는 메인주 중앙 해안의 해변 가까이에 있다. 가장 깊은 부분은 높이가 12인치(25센티미터)나 되는 쓰레기 더미, 즉 조개무지(패총)가 있는 중요한 고고학 유적지다. 1979년에 메인주의 고고학자들이 그곳을 발굴할 때는 전후 관계를 말해 주는 본래의 맥락이 소멸된 뒤여서, 유물의 시기를 알 수 있는 방법은 그와 비슷한 유물과 비교한 것을 토대로 분석하거나 방사성탄소연대측정법을 사용해 분석하는 것뿐이었다. 조개무지에서 출토된 유물은 총 2만 5000점이었다. 그중에는 기원전 2000년으로 거슬러 올라가는 가장 오래된 유물도 있었지만, 유물의 90퍼센트가 1000년에서 1600년 사이에 묻힌 것이었다.

놀라운 것은 조개무지에는 조개껍데기가 거의 포함되지 않았다는 사실이다. 이는 그곳에 살았던 사람들이 대개의 해안가 사람들과 달리 조개류를 섭취하지 않았음을 시사한다. 그곳에서는 조개껍데기가 아닌 기각류와 철갑상어류의 뼈가 대량으로 출토되었는데, 이것으로 그 고장 사람들의 주식이 두 바다동물이었음을 알 수 있다. 잔점박이물범, 회색물범, 바다밍크의 이빨 열일곱 개의 단면을 분석해 보니 물범과 바다밍크가 죽은 시점이 6월에서 10월 사이라는, 그보다 더 상세한 정보도 나왔다. 그렇다면 그것의 핵심 포인트는 무엇일까? 매년 여름에 그곳에서는 아메리카 원주민들이 물범과 바다밍크의 고기로 축제를 벌였으리라는 것이다.

고고학자들은 남쪽으로 내려가며 소량씩 거래된, 래브라도 북부의 라마만에서 나는 100점 이상의 각암 조각과 도구 30점도 발견했다.[17](각암은 불을 피울 때나 도구를 만들 때 사용하는 부싯돌 종류였다.) 라마산 각암은 반투명이라는 특징 외에 다른 특성도 있다.[18] 규산silica(이산화규소) 함유량이 높아 깨질 때의 면이 매끈하고 예측할 수 있는 형태여서, 화살촉과 창촉, 여타 발사 무기의 촉으로 쓰기에 안성맞춤이었다. 기원전 2000년으로 거슬러 올라가는, 이런 라마산 각암이 래브라도에서 멀리 떨어진 곳들에서도 발견된다는 것은 이 물질의 장거리 교역이 일찍부터 시작되었음을 암시한다.

고다드 포인트에서는 라마산 각암뿐 아니라, 또 다른 각암과 유문암, 그리고 미국 북동부와 캐나다 일대에서 나는 벽암을 비롯한 광물 10종도 출토되었다. 이렇게 그 고장 산물이 아닌 물질이 이례적으로 많이 나왔다는 것은,(동시대의 다른 유적지에서 나온 것들은 수효도 적고 그중의 많은 부분이 수입품이었다.)[19] 고다드 포인트가 대서양 연안에서 온타리오호와 펜실베이니아주까지 뻗어 나간 교역망의 주요 지점이었음을 말해 준다.

1000년 이후에는 그 지역이 후기 우들런드Late Woodland 문화기[3]에 살았던 사람들의 고향이었다. 우들런드 사람들은 봄에

---

3   우들런드 문화기는 콜럼버스 이전의 북아메리카에 적용한 고고학적 문화 분류법에 따라 대략 기원전 1000년에서 기원후 1000년 무렵까지의 기간을 가리키는데, 북극권 남쪽과 가까운 캐나다 동부, 미국 동부, 멕시코만 지역을 포괄한다. 여기에 소개된 후기 우들런드 문화기는 그중 기원후 500년에서 1000년까지의 기간에 해당한다.

옥수수를 심어 놓고 가을에 돌아와 수확했다. 또한 이들은 각종 식물을 채집하고 다양한 동물을 사냥하며 두루 이동하는 생활을 했다. 한 학자는 이런 생활을 한 우들런드 사람들을 일컬어 '이동하는 농부들'이라고 했다.[20] (샬뢰르만에서 자크 카르티에를 상대로 붉은 천을 받고 모피를 주며 거래한 알곤킨족도 우들런드 사람들이었다.)[21]

아메리카 북동부에서 오하이오주로 가고,[22] 그곳에서 다시 미시시피강 계곡으로 계속 이동한 부족 집단은 어느 집단이 되었든, 자기들이 한 지역에서 다른 지역으로 들어서고 있다는 것을 처음에는 몰랐다가 나중에야 서서히 깨달았을 것이다. 그들은 미주리주가 미시시피주로 수렴되는 곳 가까이에 와서야 비로소 현지인들이 옥수수를 식사 때마다 정기적으로 먹는다는 사실을 알아차렸을 것이다. 옥수수는 미시시피 계곡 사람들의 식단에 빠지지 않는 주식이었고, 그래서 그들은 1년 내내 밭을 갈며 옥수수를 집약적으로 재배했다.

북동부 지역은 마을 규모가 작아, 작은 집 몇 채가 옹기종기 모인 비슷비슷한 외관을 지니고 있었을 것이다. 하지만 900년 무렵에 옥수수의 집약 농사가 시작된 뒤에는 미시시피 계곡에 열린 광장이, 그리고 봉우리를 가진 토루들을 갖춘 대규모 정주지들이 등장하기 시작했다. 토루 위에는 간혹 신전 건물이 세워지기도 했다.

1000년 무렵에 콩이 들어온 것도 미시시피 계곡이 발전한 요인이었다.[23] (그래도 아메리카 원주민의 식사에서 주를 이룬 3대 작물(옥수수, 콩, 스쿼시 호박)은 1300년이 되어서야 정기적으로 재배되었다.)[24] 주민들은 옥수수, 콩, 명아주goosefoot(이 식물은 램

스쿼터lamb's quarters로도 불린다.)와 같은 재배 작물에만 전적으로 의존하지 않고 사슴과 다른 동물들도 사냥했다.[25]

인구 증가는 마을의 규모가 커지는 결과로 이어졌다. 마을들 중에서도 규모가 가장 컸던 아메리카 원주민 정주지의 하나가 일리노이주 이스트세인트루이스의 카호키아 유적지에 있었다. 카호키아 정주지는 1050년에 극적으로 팽창해, 발굴 팀을 이끈 고고학자 티머시 포케타Timothy R. Pauketat는 1050년에 일어난 그 극적인 변화를 빅뱅이라고 일컬었다. 빅뱅 이후에 그 도시와 인근의 교외에 거주한 인구는 무려 2만여 명에 달해 카호키아는 1492년 이전의 미국 대륙에 세워진 가장 큰 복합 도시 단지였으며,[26] 당시에 전성기를 구가하던 치첸이트사의 절반 크기였다.

전성기의 카호키아는 5제곱마일(13제곱킬로미터)에서 6제곱마일(16제곱킬로미터) 사이 정도의 지역에 걸쳐 있었다. 도시의 중심부에는 몽크스 마운드Monks Mound라고 불린 높이 100피트(30미터)의 거대한 둔덕이 세워져 있었다. 남쪽에도 주민들이 흙으로 지면을 평평하게 다진 가로 900피트(275미터), 세로 1200피트(365미터) 크기의 대광장이 있었다.

몽크스 마운드에는 다양한 음식 잔여물, 깨진 도기 그릇, 담배 씨앗이 들어 있었다. 둔덕을 만들 때마다 카호키아인들이 벌인 전형적인 축제의 흔적들이었다. 카호키아의 지방색을 뚜렷이 간직한 각양각색의 둔덕들은 개별 가정에서는 쌓을 수 없었을 만큼 규모가 방대했다.[27] 그렇게 보통 가정에서는 민들 엄두를 내지 못할 정도의 노동력을 확보할 수 있었다는 것이야말로, 카호키아가 엄연한 도시였음을 말해 주는 징표의 하나다.

유적지 일대에는 그 밖에 둔덕 200기가 더 분포되어 있었다. 본래는 둔덕 꼭대기를 따라 능선도 조성되어 있었으나, 카호키아가 버려진 1250년 이후 농부들이 수백 년에 걸쳐 그곳을 갈아 농작물을 심으면서 다수의 둔덕이 특유의 외관을 잃어버렸다. 둔덕들 외에 카호키아에는 나무 장대들을 수직으로 세워 만든 거대한 울타리, 울타리보다 더 많은 장대로 둘러쳐진 원형 천문대 여섯 기, 가옥 수천 채가 있었다.

카호키아의 유물 가운데 가장 특징적인 것은 청키chunkey 게임에 사용된 돌이었다.[28] 인디애나주, 위스콘신주, 노스캐롤라이나주, 플로리다주에서 각기 다른 아메리카 원주민 언어로 통용되던 그 단어는 1800년대 초에 메리웨더 루이스Meriwether Lewis와 윌리엄 클라크William Clark가 기록으로 남겼다. 지금 우리가 청키의 게임 방식을 아는 것도 19세기의 연구 덕분이었다. 청키 돌은 아이스하키의 퍽 정도 되는 크기로, 한 면이 움푹 들어간 원반 모양이다. 선수들이 그 원반 모양의 돌들을 지면에 굴려 놓고, 움푹 들어간 부분을 향해 9피트(2.75미터) 길이의 창을 던져 돌들의 움직임을 멈추게 하는 것이 게임 방식이었다. 던진 창이 돌 가까이에 떨어질수록 더 많은 득점을 했다. 청키는 위험부담이 높은 게임이었고, 패한 팀은 이따금 목숨을 잃기도 했다. 청키는 단순한 오락이 아니라 지배자와 피지배자 사이의 충성을 만들어 내는 게임이었다.

카호키아가 계층적 사회였던 것은 분명하다. 유적지의 마운드 72Mound 72로 명명된 토루에서도 그 점이 드러난다. 마운드 72에는 남자 두 명의 시신이 묻혀 있었다. 그중 한 명은 조개껍데기 구슬 2만 개 위에 눕혀져 있었고,[29] 또 다른 한 명은 그 바로 밑 목재 들것의 틀 위에 눕혀져 있었다. 고고학자들은 조개껍데기들이 1.8미터 길이의 새 형상으로 펼쳐진 것을 보고, 그것들이 의복일 것이라고, 특히 지배자가 한때 입었던 망토의 장식물일 개연성이 높다고 결론지었다. 두 사람 근처에는 시신의 상태가 온전한 성인 일흔 명도 집단으로 묻혀 있었다. 아마도 지배자의 친척이거나 다른 고위 인사들이었을 것이다.

마운드 72에는 다수의 공동묘지도 있었다. 그중에는 시신 200구가 묻힌 묘지도 있었다. 한 구덩이에는 머리와 손이 잘린 사람 네 명이 집단으로 묻혀 있었다. 15세에서 25세 사이의 여자 쉰두 명과, 30대 여자 한 명(연상의 아내일까?) 등 여성 쉰세 명의 시신이 든 구덩이도 있었다. 몽둥이로 얻어맞다가 산 채로 매장된 듯한 희생자 서른아홉 명이 누워있는 또 다른 구덩이도 있었다. 이 불운한 사람들은 누구였을까? 십중팔구 희생 제물로 바쳐진 죄수, 노예 또는 사회 최하층 사람들이었을 것이다.

그 무덤들에 묻힌 사람들의 신원을 어떻게 이해하든, 분명한 것은 조개껍데기 망토를 입은 두 사람이 그들보다는 계급이 높았다는 점이다. 두 남자 곁에는 조개껍데기 망토 외에 구리로 도금된 커다란 막대 하나, 운모 2부셸, 화살 700개, 청키 창 1개, 청키 돌 15개, 직경 1인치(2.5센티미터)가 넘는 다수의 소라 껍데기 구슬도 부장품으로 묻혀 있었다.

그중 화살과 청키 돌 같은 몇몇 물건은 현지에서 만들 수 있는 것들이었지만, 다른 물건들은 장거리 교역을 통해 그곳에 들여온 것들이었다. 얇은 조각들로 잘 갈라지는 데다가 빛도 나는 운모는 노스캐롤라이나주의 애팔래치아산맥에서 나는 광물이었고, 구리도 오대호의 하나인 슈피리어호 지역의 산물이었다. 구리와 조개껍데기 또한 카호키아 이전의 아메리카 원주민 사회들에서도 거래했지만, 카호키아인들은 특히 멕시코만에서 나는 조개류와 쇠고둥 껍데기를 대량으로 수입했다는 점이 달랐다. 북쪽으로 가는 교역품을 환적한 카호키아 북쪽 유적지에서도 카호키아 도기의 특색을 지닌 도기 그릇들 속에서 온전한 상태의 조개류 껍데기가 발견되었다.[30]

고고학자들은 처음에는 카호키아의 교역망이 미국 대륙 너머로까지 뻗어 나갔을 것으로 보지 않았다. 그런데 놀랍게도 카호키아인들이 1250년 무렵부터 토루를 짓고 옥수수 집약 농사를 시작한 오클라호마주 스피로Spiro에서 멕시코산이 분명한 물품 하나(특이하게 녹색의 빛이 도는 금색의 흑요석으로 만든 절삭 도구)가 출토되었다.[31] 흑요석은 화산 분출에 의해 조성되는 유리 재질의 화성암인데, 절삭 도구를 만들기에 좋은 재료였다. 이 도구는 특히 금속으로 만든 칼을 사용하지 않은 사회들에서 귀중한 대접을 받았다. 그런데 흑요석은 쪼개질 때의 면이 날카롭기는 했지만, 돌이 물러 부서지기 쉬웠다. 스피로에서 출토된 절삭 도구를 엑스레이 분광기로 찍어 보니 멕시코의 파추카Pachuca에서 생산된 것이었다. 이곳의 흑요석은 아주 귀해 북동부 지역의 라마산 각암과 마찬가지로 과테말라와 온두라스를 포함한 광범위한 지역에서 거래되었다.[32]

한 사회가 다른 사회에 정확히 어떻게 어떤 방식으로 영향을 미치는지를 고고학이 말해 주는 일은 드물다. 그래도 학자들은 오랫동안 카호키아인들과 마야인들이 어떤 식으로든 직접 접촉했을 것으로 추정했다. 1050년에 일어난 빅뱅의 바탕에도 멕시코에서 유래된 옥수수 집약 농사가 있었던 데다 카호키아의 열린 광장과 토루, 위성도시들도 마야 도시들의 그것들과 흡사하기 때문이다.

카호키아의 시신들을 정밀하게 분석해 얻은 결과도 놀라웠다. 마운드 72에 묻힌 여러 시신에서 앞니 아랫부분의 가장자리에 한 개에서 네 개 사이의 패인 부분이 있었던 것인데, 입을 벌릴 때마다 보였으리만큼 모양이 뚜렷했다. 메소아메리카인만이 그런 식으로 치아를 성형했다는 점을 감안하면 가능성은 두 가지였다.[33] 메소아메리카인들이 카호키아를 방문했거나, 카호키아인들이 마야 지역으로 가서 치아를 성형하고 카호키아로 돌아왔으리라는 것. 도기들에 초콜릿 흔적이 있는 것도 마야인들과 접촉했을 개연성을 보여 주는 또 다른 징표일 수 있다.[34] 그러나 고고학자들은 도기의 초콜릿이 현대에 오염되었을 가능성도 배제하지 않았다.

1492년 이후에 나온 정보도 카호키아와 마야 지역 간에 광범위한 접촉이 있었으리라는 느낌을 뒷받침한다. 각기 다른 아메리카 원주민 집단들의 기원 신화를 19세기 관찰자들이 기록한 책의 내용에 따르면, 다수의 집단이 남자 쌍둥이이거나 그와 비슷하게 쌍을 이룬 지배자와 그의 분신인 의붓 형제의 자손이라고 주장했다는 것이다. 이 믿음은 1550년대에 와서야 뒤늦게 기록된 마야의 유명한 구전 서사시 『포폴 부흐Popol Vuh』에 등장하는 마야인들의 쌍둥이 영웅 신화를 떠올리게 한다.[35] 마운드 72의 꼭대기에도 쌍둥이 지배자로 보이는 남자 한 쌍의 시신이 묻혀 있었다. 매 모양의 구슬 망토도 함께 묻혀 있었는데, 이는 카호키아 주민들이 그들의 지배자에게 하늘을 나는 능력이 있다고 믿은 것을 암시한다.

카호키아와 마야 지역 간의 유대는 미시시피강에서 리오그란데강으로 가서 멕시코만을 가로지른 뒤 유카탄반도에 이르는 통로가 있었음을 암시한다.

마야 사회와 밀접한 관계를 맺으며 진보된 농경 사회를 이루던 차코 캐니언 사람들에게도 유카탄반도의 치첸이트사로 가는 또 다른 통로가 알려져 있었다. 차코 캐니언은 포 코너스 지역 중 뉴멕시코주에 위치한 곳이다. 그곳의 주민이면서 동시에 카호키아의 주민이기도 했던 선대의 푸에블로인들은 오늘날 유네스코 세계 문화유산으로 등재되어 많은 여행객을 끌어당기는 유적지 세 곳을 건설했다. 메사버드 국립공원, 차코 문화 국립역사공원, 캐니언디셰이 국립기념물이 그곳들인데, 여행객들은 1000피트(300미터)가 넘는 절벽을 가진 캐니언디셰이와 더불어 아름답다는 이유만으로 그 모든 곳을 찾는다.

그 유적지들은 풀리지 않은 수수께끼도 많이 보유하고 있다. 푸에블로의 도로 체계가 공학상의 걸작품이라는 것에는 모든 이가 동감한다. 하지만 선대의 푸에블로인들이 도로를 왜 그렇게 설계했는지 아는 사람은 없다. 폭이 각각 30피트(9미터)이며 차코 캐니언에서 북쪽과 남쪽으로 약 30마일(50킬로미터)을 뻗어 나간 두 도로는 지면상으로는 식별이 안 되는 구간도 있어 항공사진으로만 일관성 있게 관찰할 수 있다.[36] 이중 한 도로가 어디든지 언덕이나 큰 바위를 만나면 그 위를 똑바로 지나가는 것이다. 장애물을 제거하지 않는 영문 모를 공법을 사용한 것인데, 건설자들은 장애물을 없애는 대신에 램프, 단, 계단을 만들어 그것들을 도로의 일부로 삼았다. 그러다 보니 수송을 위해 건설한 것이 맞나 싶을 정도로 이 도로는 오르막길과 내리막길의 경사가 급하다. 혹시 그 도로들에 상징적 의미가 있었던 것은 아닐까? 의식을 행할 때 직선으로 걸어가야 한다는 믿음이 반영되었던 것은 아닐까?

선대 푸에블로인들은 정확하게 잘린 석재로 건물을 지었다. 그런 그들이 캐니언디셰이에서는 모르타르를 덧바르는 마야인들과 같은 공법으로 벽체를 지었다. 그곳의 건축가들은 신중하게 고른 평평한 두 돌(벽면)을 세워 놓고 그 사이에 큰 사암 덩어리를 박아 넣은 진흙 모르타르를 채워 넣는, 이른바 코어 앤드 베니어 core-and-veneer 공법으로 벽체를 지은 것이다.

차코 캐니언에는 주민 수백 명이 거주한 큰 집들에다 대형 키바kiva(원형의 지하 저장실)와 드넓은 광장들이 있었다. 그래 봐야 인구는 카호키아의 2만 명에 훨씬 못 미치는 수천 명에 불과했다. 차코에서 가장 큰 집이 푸에블로 보니토Pueblo Bonito인데,[37] 나무의 나이테를 이용해 연대를 측정해 보니 860년에 시공되어 1128년에 완공된 것으로 나타났다. 1128년 이후에는 푸에블로인들이 다른 곳으로 이주했다.

모양이 각기 다른 방 800개를 가진 푸에블로 보니토 공동주택에는 여러 층으로 된 다수의 서재 구조물도 있었다. 큰 집들의 용도에 관해서는 학자들의 의견이 분분하다.[38] 교역소였을까? 지배자와 그 가족들의 거처는 아니었을까? 그에 관한 답이 무엇이든지 간에 분명한 것은, 그 집들이 사람들에게 깊은 감명을 주기 위해 지어졌다는 것이다. 오늘날의 사람들에게 감명을 주고 있듯이 말이다.

골격 분석의 결과로 보면 차코 캐니언은 여러 지역 사람들의 고향이었다. 그중 한 집단은 푸에블로 보니토 같은 큰 집들에서 살았고, 또 다른 집단은 건축학적 특징이 사뭇 다른 조그만 가옥들의 공동체에서 생활했다. 주민들의 매장 방식도 달랐는데, 그것으로 볼 때 차코 캐니언 정주지는 십중팔구 토착민뿐 아니라 800년대 후반 혹은 900년대 초반에 그곳으로 이주해 온 콜로라도주 남서부 지역 사람들의 고향이기도 했을 것이다.[39] 푸에블로 보니토에 치아를 성형한 해골 하나가 존재하는 것은 마야인들도 그곳을 방문했다는 사실을 나타낸다.[40] 세계화의 특징이 그렇듯, 사람들의 이동은 첫 교역이 있고 난 다음에 일어났다. 그리하여 교역량이 늘면 상인들은 새로운 고객이 살면서 외국인 공동체를 형성한 곳이면 어디든 장소를 불문하고 쫓아다녔다.

선대 푸에블로인들은 마야인들이 좋아하는 터키석을 풍부하게 공급해 준 교역의 달인이었다. 마야인들에게 터키석을 주고 그들이 가져간 것은 앵무새와 금강앵무처럼 화사한 깃털을 가진, 열대지방의 새들이었다.[41] 그들이 그 새들의 선명하게 빨간 깃털로 장식한 태피스트리는 지금까지도 전해진다. 그들은 새들을 빼고 깃털만 살 때도 있었고, 깃털을 뜯어 쓸 수 있는 살아 있는 새들만 살 때도 있었다. 금강앵무를 향한 선대 푸에블로인들의 존경심은 실로 각별해 새가 죽으면 예를 갖추어 묻어 줄 정도였다. 하지만 출토된 금강앵무의 해골을 분석해 보니 영양 상태도 나쁘고 햇

빛도 충분히 받지 못한 것으로 나타났다.[42] 새들을 존경하면서도 새장 속에 가두어 기른 것이었다.

10여 년 전에도 또 다른 메소아메리카 수입품을 고고학자들이 발견했다. 초콜릿이었다. 고고학자들은 쓰레기 퇴적물로부터 1000년에서 1125년 사이의 것으로 추정되는 깨진 저장 항아리의 도기 조각들을 발견했다. 그리하여 과학자들이 본래의 내용물이 무엇이었는지 전혀 모르는 채로 고성능 액체 크로마토그래피high-performance liquid chromatography: HPLC를 이용해 항아리 속 물질을 검출해 보니, 초콜릿의 화학 표지인 테오브로민 성분이 있었다.[43] 도기 파편에 초콜릿이 흡수되었다는 것은 초콜릿이 액체 상태로 있다가 건조되었다는 의미다.(초콜릿은 기원전 1900년 무렵에 에콰도르에서 처음으로 식용화되었다.)[44] 초콜릿은 여러 단계를 거치는 복잡한 제조 과정으로 만들어졌다.[45] 카카오 열매의 꼬투리를 열어 과육에서 콩들을 꺼낸 뒤에 발효의 일환으로 콩들을 발아시키고,(이 과정을 거치지 않으면 초콜릿 맛이 나지 않는다.) 1주 또는 2주 정도 햇볕에 말린 다음에(마찬가지 이유였다.) 볶고 쭉정이를 제거해야 했다.

이 연구는 허쉬초콜릿Hershey Chocolate 회사가 제공해 준 기금으로 진행되었다. 하지만 마야인들이 섭취한(그리고 항아리 속에서 초콜릿 성분이 나온 차코 지역으로도 수출한) 초콜릿은 허쉬의 초콜릿 바와 맛이 전혀 달랐다. 마야인들은 초콜릿에 단 성분을 넣지 않고 칠리 가루를 타서 마셨다. 인도의 기차역 노점에서 파는 차처럼 이 컵에서 저 컵으로 여러 번 옮겨 부어 거품도 냈다. 초콜릿에는 흥분 물질이 들어 있어 의식용으로 쓰기에도 제격이었다. 고고학자들은 마야의 의식 전문가들이 감각을 완전하게 만들어 주는 초콜릿 음료의 제조법을 선대 푸에블로인들에게 알려 주기 위해, 북쪽으로 갈 때는 카카오 콩도 휴대했을 것으로 믿었다. 교역량이 일정 수준에 도달해 누군가 그것을 관리할 필요가 생겼을 때는 현지에 사는 외국인들을 고용해 초콜릿 제조법을 알려 주는 역할을 맡겼다.

초콜릿, 금강앵무, 그 밖에 열대지방의 새들이 발견된 것은, 치첸이트사와 차코가 2000마일(3600킬로미터)가 넘는 교역로로 연결되어 있었음을 시사한다. 물론 일부 사람들이 마야의 중심지로 갈 때는 이동 거리가 그보다 훨씬 짧았을 것이다. 1000년의 어느 무렵에는 멕시코시티에서 북서쪽으로 50마일 정도 떨어진 툴라의 톨텍인들이 배를 타고 멕시코만을 넘거나 육로를 통해 치첸이트사로 이주했다.

그들의 이동 경로를 알 수 있는 것은 치첸이트사의 건축양식이 톨텍인들이 도착한 이후에 달라졌기 때문이다. 요컨대 그 유적지에서는 950년 이전의 초기와 950년 이후의 후기로 뚜렷이 구별되는 두 가지 건축양식이 공존했음이 드러난 것이다. 톨텍인들이 이주해 오기 전 구 치첸의 대표적인 벽체 건축양식은 차코 캐니언과 같은 코어 앤드 베니어 공법이었다. 그런데 그들이 들어온 뒤로 그 양식이 바뀐 것이다. 구 치첸의 건축물들은 다른 마야 도시들의 특징을 지니고 있었던 반면에, 전사의 신전과 같은 신 치첸New Chichén의 건축물들에서는 톨텍 건축양식의 영향이 강하게 나타났다.

학자들이 '국제적' 양식으로 부른 이 건축양식은 툴라 건축

지도 3.2
마야 세계

0 ──── 마일 ──── 100
0 ──── 킬로미터 ──── 100

모든 지명은 현대의 지명임
--------- 오늘날의 경계

멕시코만

세리토스섬

칸쿤

치첸이트사
마야판

코바

카바

에셀차칸

유 카 탄 반 도

멕 시 코

카 리 브 해

벨 리 즈

과나하섬

과 테 말 라
모 타 과 강

온 두 라 스

엘 살 ○ 바 도 르

태 평 양

니 카 라 과

의 여러 요소를 포함한다. 기둥들을 가진 건축물이라든가 띠들로 분할된 벽화가 그런 것들이다. 흥미로운 것은 톨텍 문화의 중심인 툴라의 건축물에도 마야 문화의 요소가 섞인 것이다. 이는 두 도시의 영향이 쌍방향으로 진행되었음을 암시한다. 치첸이트사에도 차크물chacmool 조각상으로 불린 새로운 조형물이 등장했다. 사람의 배를 제물 바치는 접시로 묘사하고, 등 쪽으로 비스듬히 누운 형상으로 제작한 조각상이었다.

마야 언어로 기록된 쉰 개 정도의 비문을 보면 구 치첸이 864년에서 897년 사이에 건설되었음을 알 수 있다. 그런데 그 후로는 구 치첸에서 비문이 뚝 끊어졌다. 남쪽의 마야 핵심지에서도 같은 시기에 같은 현상이 벌어졌다.

치첸이트사에서 마야 언어로 된 비문 작성이 뚝 끊어진 것과 때를 같이해 마야 지역 일대에는 800년과 925년 사이의 기간에, 즉 말기 고전기Terminal Classic로 불리는 기간에 위기가 닥쳤다. 다양한 마야 왕국의 지배자들 간에는 그렇지 않아도 싸움이 그칠 날이 없었는데, 그 기간에는 싸움이 한층 격화된 것이었다. 도시 인구가 위험한 수준으로 증가하자 옥수수를 체계적으로 경작한 결과로 토양의 질소가 고갈되어 지력도 전반적으로 나빠졌다. 설상가상으로 900년 무렵부터는 가뭄도 장기간 지속되어 주민들이 그곳을 탈출하거나 죽는 바람에 마야 지역 일대의 도시들도 줄어들었다.

치첸이트사의 건축 활동이 줄어든 현상은 마야 핵심지가 쇠퇴하는 것과 맞물려 일어났다. 하지만 이후에는 또 예전의 활력을 되찾아, 950년에서 1100년 사이에는 계단식 피라미드 카스티요와 전사의 신전이 지어졌다.

치첸이트사의 붕괴와 회복은 혹시 기후변화 때문이 아니었을까? 앞에서 살펴본 것처럼 900년에는 카호키아 문화권과 차코 캐니언 문화권 모두에서 특징적으로 인구 증가가 시작되었다. 일각에서는 그 증가를 950년 무렵에 시작되어 1250년까지 이어진 유럽 중세의 이상기후 현상과 연관시켰다. 하지만 학자들은 유럽이 중세 온난기를 겪을 때 아메리카 대륙이 어떤 유의 기후변화를 겪었는지에 관해 아직 알지 못한다. 그렇기는 하나 900년에서 950년 사이에 저지의 열대성 핵심 지대에 있던 마야 사회가 붕괴한 것은,[46] 그리고 치첸이트사의 건축 활동이 중단된 것은 그 원인이 장기간 지속된 강우량 부족이었음을 가리킨다.

치첸이트사가 어려운 시기를 헤쳐 나오자 그곳 지배자들은 대규모 건축 사업에 착수했다. 차코 캐니언처럼 치첸이트사도 지면보다 높게 돋우고 일직선으로 뻗어 나가게 해서, 전혀 수송용으로 보이지 않는 도로 체계를 구축한 것이다. 마야인들은 바퀴를 절대 이동 수단에 사용하지 않았다.[47] 만드는 법도 알고 있었고 바퀴 달린 장난감을 만들었으면서도 말이다. 어떤 사람들은 그곳의 지형이 저지의 열대성 삼림 지역이어서 바퀴 달린 수송 수단이 적합하지 않아 그랬을 수도 있다고 보지만, 그곳과 지형이 비슷한 동남아시아 사람들은 바퀴를 광범위하게 사용했다. 바퀴를 사용하지 않은 이유가 무엇이든 분명한 것은 마야인들이 걸어 다니는 것만을 염두에 두고 도로를 건설했다는 것이다.

치첸이트사에는 그 외에도 신 치첸과 도시 바로 북쪽에 있는 싱크홀sinkhole을 잇는, 흰 석회암을 부숴 만든 길이 900피트

(274미터)의 도로도 있었다. 유카탄 지역의 마야 단어로는 '하얀 길'을 뜻하고 확대해 해석하면 우유의 길Milky Way도 될 수 있는, 삭베sakbeh로 불리는 도로였다.[48] 마야인들은 이 우유의 길이 지상을 조상 및 신의 영역과 이어 준다고 믿고, 걷는 거리가 길수록 의식의 효력도 커진다고 믿었다. 코바Coba에서 시작되어 유카탄반도의 정글을 관통하는 삭베 도로는 하얀 길 중에서도 길이가 가장 긴 것 가운데 하나로 60마일(100킬로미터) 이상 이어졌다. 그런데 신기하게도 이 길은 치첸이트사에서 끝나지 않고 그곳에서 남서쪽으로 12마일(19킬로미터) 떨어진 지점에서 끝난다.

유카탄반도의 지질은 약 6500만 년 전에 소행성이 멕시코만과 부딪치면서 형성되었다.(이 충돌로 대기가 재로 뒤덮여 모든 공룡을 포함해 지상에 있던 다수의 동물이 멸종했다.) 그로 인한 충격파가 일으킨 대형 파도가 유카탄반도의 거대한 석회암층을 강타해, 그곳에는 수백 만 개의 동굴과 물웅덩이가 생겨났다. (빗물 등으로) 동굴 천장이 무너졌을 때는 세노테cenote로 불리는, 물이 그득한 싱크홀들이 만들어져 수백 마일에 걸친 세노테 망이 형성되었다.

치첸이트사에도 폭이 가장 넓은 곳은 직경이 187피트(57미터)나 되는 타원형의 큰 우물인 신성한 세노테가 있었다.[49] 세노테에 관해서는 1500년대 중엽에 활동한 초기 스페인 사제들 중 관찰력이 가장 뛰어났던 사람에 속하는 디에고 데 란다Diego de Landa 주교가 최초의 기록을 남겼다.(란다 주교는 수백 권의 마야 서적을 불사른 장본인이기도 해서, 현재 그 화를 면하고 살아남은 것은 단 네 권뿐이다.)[50] 란다는 마야인들이 인간뿐 아니라 "다수의 보석과 귀중품도 세노테에 제물로 던져 넣었다."라고 기록했다. 인간 제물을 세노테에 던져 넣었던 것은 비가 오기를 바라는 마음에서였고,[51] 보석과 여타 물건들을 던져 넣었던 것은 마야인들이 세노테와 동굴을 신의 세계로 통하는 문으로 믿어서였다.

란다의 기록은 그로부터 약 300년 뒤에 에드워드 허버트 톰프슨Edward Herbert Thompson이라는 야심 찬 미국 고고학자의 주의를 끌었다.[52] 톰프슨은 1885년에 치첸이트사를 처음으로 찾았다가, 신성한 세노테의 준설에 필요한 기금을 확보해 1904년 다시 돌아왔다. 세노테에 인간 희생을 바쳤다고 한 란다의 보고는 준설 작업에서 첫 해골이 출토됨으로써 사실로 확인되었다. 세노테에서 출토된 해골들 중에는 젊은 여성들도 있었고,(신체검사만으로는 처녀인지 판별할 수 없었다.) 성인 남자와 아이들도 있었다. 다량의 옥과 귀금속 유물도 나왔는데, 물에 던져지기 전에 행한 의식에서 그랬던 듯 조각들로 잘게 부서져 있었다.

준설은 3년이나 계속되었다. 하지만 우물 속의 자잘한 유물이 준설기의 금속 그물망을 빠져나가자, 톰프슨은 그것의 유실을 막아야겠다고 생각했다. 그래서 작업을 중단하고 치첸이트사로 돌아와 공기 공급 펌프를 급히 준비했다. 그런 다음에 우물로 돌아와 잠수복을 입고 자기가 직접 물속으로 뛰어들었다. 그런데 쓰레기 퇴적층이 얼마나 두껍게 쌓였는지 잠수함 손전등으로 비추어 보아도 아무것도 보이지 않았다. 그러다가 어느 시점에서 톰프슨은 수면으로 올라오면서 밸브를 조정해야 한다는 사실을 깜빡 잊었다. 이 사고로 청력을 상실한 그는 두 번 다시는 잠수하지 않았다.

(그가 사용한 기술이 현대의 발굴 기준에 미치지 못한다는 점에서) 논의의 여지는 있지만, 톰프슨의 준설 작업으로 건진 유물의 양은 엄청났다. 그것들은 현재 하버드 대학에 보관되어 있다. 보통의 환경이라면 썩어 없어졌을 직물 조각, 코펄 수지, 고무와 같은 물질들이 산소가 결핍된 세노테의 물속에서는 썩지 않고 보존되었던 것이다.(바이킹 선박들의 부장품으로 묻힌 직물과 깃털들도 산소가 결핍된 덕택에 보존될 수 있었다.) 마야인들은 의식을 행할 때 코펄 수지와 고무를 태우는 관습이 있었다. 코펄 수지가 발산하는 기분 좋은 냄새와 고무를 태울 때 나는 검은색의 매운 연기가 의식儀式의 감각 경험을 높여 주었기 때문이다.

신성한 세노테에서 나온 유물의 중요성은, 그것이 마야인들 사이에 사람의 몸을 제물로 바치는 관례가 있었음을 보여 주는 증거라는 데 있지 않다.(톰프슨은 뜻밖의 사실로 받아들였지만, 지금은 이것이 정설이다.) 그보다는 유물을 통해 치첸이트사와 다른 지역들 간의 교역 관계를 알 수 있게 된 것이 더 중요하다. 세노테의 발굴물은 마야인들이 북쪽의 차코 캐니언 주민들과 교역한 것을 확인해 줄 뿐 아니라, 남쪽의 이웃 지역 주민들과 교역한 시점까지도 알 수 있게 해 준다.

마야인들은 900년 이전에는 금속으로 된 사치품을 만들지 못했다. 귀중품은 죄다 과테말라의 모타과강 계곡에서 나는, 광택을 띤 녹색 옥(전문 용어로는 경옥)으로 만들었다. 마야인들은 그 밖에 금강앵무와 케트살Quetzal의 깃털, 국화조개Spondylus 껍데기의 짙은 색조도 좋아했다. 700년에서 800년 사이에 멕시코의 카칵스틀라Cacaxtla 신전에 그려진 '장사의 신'이라는 그림을 보면, 그 시기에 가장 중요했던 교역품이 무엇이었는지 알 수 있다. 거기에는 바다거북 등딱지, 책, 직물, 고무, 그리고 마야인들이 유카탄 해안에서 수확한 소금이 묘사되어 있다.

마야의 전설에는 장사의 신 L(이름은 아직 해독되지 않았으나, 'L' 소리로 시작된다.)이 마야인들이 숭배하는 옥수수 신의 적인데,[53] 옥수수 신이 예전의 패배를 설욕하기 위해 이듬해 여름에 비를 몰고 되돌아왔다는 내용이 나온다. 또한 장사의 신 L은 밤에만 여행했다고 하는데, 그 이유는 무엇이었을까? 서늘한 시간대여서 돌아다니기가 쾌적해서? 도둑질을 피하기 위해서? 그것도 아니면 감시를 받지 않으려고? L은 어두운 특성을 지닌 신이었던 만큼 앞에 열거된 모든 것이 다 이유가 될 수 있다. 반면에 마야 지배자들은 농업을 순수하다고 보고 농업에 자신들을 결부했다. 상업에 종사하는 사람으로 묘사되는 것은 꺼렸다. 실제로는 외국산 물품을 소중히 여기고 교역을 위한 장거리 여행도 마다하지 않았으면서 말이다.

만일 장사의 신 L의 그림을 신성한 세노테에서 출토된 유물들에 입각해 새로 그린다면, 900년 이후에는 마야인들이 코스타리카, 파나마, 콜롬비아에서 금제품과 동제품을 수입했으므로 금속 물품도 그림에 추가해야 할 것이다.

중앙아메리카에서 치첸이트사나 카호키아와 같은 급의 대도시로 성장한 곳은 한 군데도 없었다. 주민들이 물고기를 잡고, 지역 동물들을 사냥하고, 카사바, 복숭아 야자, 옥수수와 같은 농작물을 부정기적으로 재배하며 사는, 기껏해야 인구 1000명 정도를 지닌 마을들을 이루고 있었을 뿐이다. 주민들은 그 외에 열대우림이 원산지인 단단한 통나무 목재의 속을 파 만든 대형 카누를 타고 태평양과 카리브해 연안을 오르내리는 교역에도 종사했다.

치첸이트사의 신성한 세노테에서는 앞에 언급한 것들 외에, 심장이 제거된 희생물을 그려 넣어 정교하게 장식한 납작한 금 원반들과 더불어, 구리와 금으로 만든 작은 금속 방울들도 출토되었다.[54] 세노테의 유물이 제작된 남쪽 한계지는 콜롬비아였다. 그보다 더 남쪽에서 만들어진 남아메리카 물건들은 신성한 세노테나 멕시코 지역에 도달하지 못했다. 이것은 1492년 이전에는 안데스 문화 지역과 마야 문화 지역 사이에 직접적 교역이 없었다는 것을 말해 준다.

그러나 두 지역 사이에 실물 거래가 일어나지 않았다고 해서 인적 교류까지 없었던 것은 아니다. 남아메리카의 금속공예 장인들이 태평양 연안을 따라 멕시코 서쪽으로 가서 자기들이 가진 금속가공 기술을 북서쪽 사람들에게 전해 준 것이다. 안데스 지역에는 오랜 야금술 전통이 있었다.[55] 페루의 안데스 지역 금속가공인들만 해도 기원전 2000년 무렵부터 강바닥의 바위에서 추출한 광석으로 가공했다. 그들은 금을 시작으로 그다음에는 구리를, 마지막으로는 은을 써서 가공품을 만들었다.(철로는 절대 가공하지 않았다.) 금속가공인들은 금속을 두드리고 접고 뚫고 금속판들을 용접하는 법을 수천 년에 걸친 기술 연마로 터득했다. 또한 그들은 그 기술을 자기들만 알고 있지 않고 다른 사람들에게도 전해 주었다. 그리하여 그 기술이 유카탄반도의 장인들에게 전해지면서, 그들은 신성한 세노테에서 나온 금속 제품들을 만들

수 있었던 것이다.

금속가공인들은 (정밀주조법의 하나로) 역시 안데스 지역에 기원을 둔 로스트 왁스법(납형법)도 북서쪽에 전수해 주었다. 로스트 왁스법에 따른 주조법은 다음과 같았다. 밀랍을 녹여 원하는 물건의 형태를 만들고, 그것을 점토 주형 안에 넣는다. 그런 다음에 주형 안에 뜨거운 금속을 부어 넣어 밀랍을 녹인다. '로스트 왁스lost wax'라는 명칭은 이런 주조법 때문에 붙여진 것이다. 치첸이트사의 신성한 세노테에서 나온 다수의 작은 방울도 안데스 지역 사람들이 로스트 왁스법을 이용해 만든 것이었다. 방울은 서부 멕시코 지역에서 만들어진 금속 제품의 약 60퍼센트를 차지했다. 지배자들이 그것을 달고 걸으면 딸랑거리는데, 지배자의 품격을 나타내는 소리가 난다는 이유로 그곳 사람들은 방울을 중시했다.[56] 이런 금속가공 기술의 교류를 현대적 용어로 표현하면, 지식 재산의 국제적 거래가 될 것이다.

안데스 지역과 멕시코 간에 일어난 이런 기술 이동은 세계의 다른 지역들이 경험한 세계화의 관점에서 보면 혼란스러울 수 있다. 기술 전문가들의 이동은 그들이 만든 물건이 새로운 통로를 따라 이동한 뒤에 나타나는 것이 통례여서, 물건의 이동 없이 기술의 이동만 일어난 일은 이례적이기 때문이다.

그러나 안데스 지역 사람들이 특정 금속의 사용을 특정 사회집단들에 한정했음을 고려하면 기술만 이전한 것도 이해된다. 안데스 지역에서는 금, 은, 동으로 만든 제품을, 그리고 그 셋의 합금 제품을 지배자, 지배자의 친척, 고위 사제와 같은 사회의 최상층 사람들만 보유할 수 있었다.[57] 극빈층 사람들은 금속 제품을 절대 가질 수 없었다. 순회 장인들도 북쪽 지역으로 갈 때 기술만 가져갈 수 있었을 뿐 금과 은으로 만든 고품질의 제품은 휴대하지 못했다. 북쪽 사람들에게 그런 고품질의 선물을 보낼 수 있는 사람은 왕족뿐이었다. 그들은 아마 마야에 관해서는 아는 것이 없었던 것 같다.

그러나 안데스 지역은 멕시코의 먼 지역들과는 직접 접촉하지 않았지만, 가까운 주변 지역 내에서는 폭넓게 교류했다. 페루 북부 지역에서는 주민들이 구리와 비소를 합금하는 실험을 통해 최초의 청동을 만들었으며,[58] 850년 무렵 혹은 900년 무렵에는 청동을 최초로 상용화했다. 안데스 지역 사람들이 광물에서 여러 금속을 추출하는 법을 터득하던 때였다. 통풍로draft furnace[4]로 연료와 광석에 열을 가해 구리가 섞인 슬래그가 형성되면 그것을 금, 은, 주석, 비소와 합금해 서로 다른 유형의 청동들을 만들어내는 것이 그들이 터득한 금속 추출법이었다. 1500년대에 스페인 관찰자들이 보고한 바에 따르면 이 청동 합금들은 색깔별로 맛과 냄새가 달랐다고 한다.[59]

1000년 무렵에는 현대의 페루, 볼리비아, 칠레 북부, 그리고 아르헨티나가 포함되는 안데스 지역에 고고학적으로 서로 다른 여러 문화가 공존했다. 안데스 사회가 전 세계의 여타 금속 사용 사회들과 달랐던 점은 비소 청동arsenic bronze을 상용화한 것이었다.[60] 비소 청동에는 구리로 만든 청동에 없는 몇 가지 이점이 있

---

4   화덕 아래에 공기구멍들을 내서 상승기류에 의해 고열을 낼 수 있도록 고안된 노爐다.

다. 쉽게 부러지지 않고, 단단하며, 부식 속도가 더디다는 것이다. 비소는 합금 과정에서 유독한 연기가 발생하지만,[61] 금속의 최종 형태가 만들어지면 위험이 사라진다.(오늘날에는 비소 증기의 위험 때문에 비소 청동을 거의 사용하지 않는다.)

안데스 지역민들은 비소 청동을 가지고 화폐의 상징으로 쓰인 독특한 물건도 하나 만들었다. 신품 도끼를 물품 화폐로 쓸 때도 있었고, 청동 판을 도끼 모양의 조각들로 잘라 엮은 다발을 화폐로 쓰기도 했다. 서부 멕시코 지역에서도 안데스 지역과 흡사하게 비소 청동으로 만들어 다발로 엮은 1200년 무렵의 도끼 화폐가 출토되었다.[62] 도끼 화폐에는 안데스 지역에서 유통된 것과 멕시코에서 유통된 것, 이렇게 두 가지 유형이 있다. 두 화폐는 호환되는 교환 매체가 아니었다. 그로 미루어 볼 때 멕시코에서 유통된 도끼 화폐는 안데스 지역의 금속가공인들이 도끼 화폐 제작 기술을 북쪽 지역에 전해 준 결과물이었음이 분명하다.

비소 청동은 와리Wari 문명의 핵심지인 페루 중부 지역에서도 출토되었다. 와리는 1000년 무렵에 안데스 지역에서 가장 넓은 영토를 지배한 이 문명의 중심 도시였다.[63] 잉카 제국 이전에 번성했고 잉카인들과도 많은 것을 공유한 와리인들은 채색된 끈에 매듭을 지어 매듭의 모양과 수로 의사소통하는 체계인 매듭글자(결승문자)를 최초로 사용한 사람들이기도 했다. 이 문자는 아직 해독되지 않았다. 안데스 지역 사람들에게는 문자가 없었다. 토착 아메리카 문자는 멕시코에서 만들어졌다.

와리인과 잉카인도 모두 정교한 도로망을 가지고 있었다. 하지만 이들의 도로는 마야의 하얀 길과 달리 의식용 도로가 아니었다. 땅의 지형선을 따라가며 주요 정주지들을 이어 주는 도로였다. 특히 고도가 다른 지역들에 살았던 사람들이 식량을 얻기 위해 서로 의지했다는 점에서 중요한 기능을 한 도로였다.

안데스 지역 사람들은 스페인인들이 도착하기 전에 이미 광범위한 교역망을 형성하고 있었다. 그들은 콜롬비아에서는 터키석과 에메랄드를, 칠레에서는 청금석을, 아마존강의 원류인 마라뇬강 유역에서는 금덩어리를 수입했다. 그러나 북쪽에 금속가공 기술은 전파해 주면서도 북쪽 지역의 마야인들과 직접 교역하지는 않았다.

으레 그렇듯 일이 그렇게 된 것에는 지리가 한몫했다. 파나마의 울창한 밀림이 육로 통행인들의 주요 걸림돌로 작용한 것이다. 지금도 그곳은 라틴아메리카에서 유일하게 주요 고속도로들이 통과하지 못하는 곳이다. 파나마에서 아래쪽의 콜롬비아로 물건을 보낼 때는 거의 언제나 컨테이너선을 이용한다. 안데스산맥도 육로 통행에 부적합하기는 마찬가지여서 짐 나르는 짐승인 라마 떼가 그들의 먹이가 있는 신선한 초지가 널린 고지대를 넘나들며 많은 물자를 실어 날랐다.[64] 라마는 산맥을 오르내릴 수도 있고, 페루 해안가로도 다닐 수 있었다. 다만 바다 면에는 초지가 없어 해안선 쪽 길을 오래 다니지는 못했다. 해안을 따라 이동할 수 있는 유일한 수단은 선박이었다.

그러나 북쪽 지역은 해상 여행도 쉽지 않았다. 컴퓨터 시뮬레이션을 통해 가상으로 실험해 보니 남미의 에콰도르에서 북쪽의 서부 멕시코로 가는 데는 두 달이 걸린 반면에, 돌아오는 항해 때는 다섯 달이 걸렸다.[65] 해류로 인해 꼬박 한 달을 (해안에서는 보이지 않는) 먼 바다로 들어가 항해해야 했기 때문이다. 유럽인들과 접촉하기 전에는 특정 용도로 사용된 유일한 배였던, 돛이 없는 더그아웃 카누[5]로 항해할 때도 해류는 엄청난 도전이었다.

카누로 태평양 해안을 따라 북쪽을 항해한 사람들은 치첸이트사와 가까운 카리브해 연안도 오르내렸다. 치첸이트사에서 56마일(90킬로미터) 떨어진 유카탄반도의 북쪽 해안에 세리토스섬의 연안항이 자리해 있었던 것이다. 900년 무렵부터 사용되기 시작한 이 항구는 광장, 구기장, 열주, 신전 건물들이 완비된 치첸이트사의 축소판이었다. 고고학자들은 세리토스섬에서 흑요석, 금속광택이 나는 도기 그릇, 터키석, 옥, 구리, 금 장식물들을 발굴했다.[66] 모두가 배로 운반된 것들이었다. 치첸이트사를 멕시코 북서부, 미국 남서부, 파나마, 코스타리카로 이어 준 것이 바로 이 세리토스섬이었다. 유카탄반도의 마야인들에게 해상무역이 얼마나 중요했는지는 해상무역의 규모만 보아도 알 수 있다.

치첸이트사는 1100년 무렵부터 쇠퇴하기 시작했다.[67] 그 무렵을 끝으로 주요 기념물들이 더는 세워지지 않더니, 1200년 이후의 어느 때에 도시는 버려졌다. 으레 그렇듯 이번에도 고고학자들은 치첸이트사가 버려진 이유가 무엇인지는 모른 채, 가뭄이 원인일 것이라고만 생각했다. 도시는 버려졌지만, 신성한 세노테에 대한 숭배는 계속되었다. 1220년대에는 이트사라 불린 종족이 유카탄반도의 서해안에서 치첸이트사로 이주했다. '이트사의 우물

---

5   앞서 본문에 나온 것처럼 통나무의 속을 파서 만든 카누다.

입구'라는 뜻을 가진 치첸이트사의 명칭은 그렇게 해서 생겨났다.

1200년대 말에는 이트사족이 치첸이트사를 떠나 마야판 Mayapán으로 이주해 도시 지배자들을 모조리 죽였다. 왕자 한 명만 도시를 떠나 서부 온두라스로 교역 여행을 가 있던 덕에 살아남을 수 있었다. 이번에도 란다 주교가 전해 준 이 정보가 말해 주는 것은 결국 교역의 중요성이다. 왕자들이 상인들에게 장사를 일임하지 않고 몸소 교역 여행을 다녔으니 말이다. 마야인들이 장사의 신 L을 숭배한 것도 상업을 중시한 징표가 아니겠는가?

그러나 마야판은 치첸이트사가 아니었다. 구기장도 거리도 없이 면적 2.5제곱마일(6.5제곱킬로미터)의 지역에 인구 1만 5000명이 복작거리고 산 도시에 지나지 않았다. 그곳이 가진 한 가지 이점은 세노테들이 있어서, 성곽 도시의 주민들이 포위 공격을 당하는 와중에도 식수를 안정적으로 공급받았다는 것이다.

1325년 이후에는 멕시코 북부에 새로운 세력인 아즈텍족이 나타나, 멕시코의 정치 중심이 유카탄반도에서 현재의 멕시코시티 외곽에 있는, 아즈텍 문명의 수도 테노치티틀란으로 옮겨 갔다. 그에 따라 멕시코를 가로지르는 통로들의 체계도 새로운 정치 중심에 맞게 재조정되었다. 1400년대에는 멕시코가 아즈텍 문명에 통합되었고, 그 상태에서 아즈텍 문명의 수도가 스페인인들에게 정복되고 몬테수마Montezuma가 살해되자, 유카탄반도를 제외한 아즈텍 영역 대부분이 스페인에 넘어갔다.

스페인인들이 유카탄반도에 도착한 것은 1500년대였다. 그들은 그곳에서 열두 개 혹은 열세 개 정도의 전투적 집단과 마주쳤다. 스페인인들은 그들을 눌러 이긴 뒤에야 마야 전역에 대한 종주권을 주장할 수 있었다. 스페인이 마야 문명을 정복하는 데는 수백 년이 걸렸다. 마야인들은 스페인 지배하에서도 유카탄반도와 열대성 저지대에 계속 살았고, 지금까지도 그곳은 고전기 마야인들에게서 물려받은 다양한 방언을 쓰는 사람들의 고향으로 남아 있다. 1970년대에는 마야 방언의 어휘와 구문이 기념물들의 비문 이해에 도움이 된다는 사실을 언어학자들이 깨달으면서, 마야어의 해독에 중요한 돌파구가 열렸다.

바다는 마야인들이 치첸이트사를 떠난 뒤에도 수백 년 동안 계속해서 중요한 존재로 남았다. 1502년에는 크리스토퍼 콜럼버스와 그의 아들 페르난도Ferdinand 그리고 그의 부하들이 온두라스에서 북쪽으로 70킬로미터 떨어진 과나하섬 부근에서 마야인의 더그아웃 카누 한 척과 마주쳤다. 페르난도는 그가 쓴 아버지의 전기에서 당시에 그의 아버지가 본 장면을 다음과 같이 묘사했다. "다른 인디언 카누들처럼 통나무로 만들어진" 그 카누는 선원 스물다섯 명이 젓는 노로 나아갔으며, 길이는 20미터 정도로 '베네치아 갤리선'만 했다. 페르난도가 말한 카누는 마야인들이 거대한 코끼리 귀 나무(과나카스테guanacaste)의 속을 파서 만든 더그아웃 카누였다. 카누에는 선원들 말고도 여자와 아이들, 소지품, 갖가지 물건, 뿌리채소, 곡식, 옥수수 술과 같은 식품이 실려 있었다. 페르난도는 그 카누의 목적지가 어디였는지는 말하지 않았지만, 아마도 해안가를 따라 항해하고 있었거나 쿠바 또는 다른 카리브해의 섬으로 기 는 길이었을 것이다.

콜럼버스는 카누의 중요성을 즉각 파악했다. 배 안에 "그 고장의 모든 산물이 실려 있다는 것을 (……) 한 순간에" 알아차린 것이다. 콜럼버스는 수놓아지고 채색된 면 의류, 목검, (아마도 흑요석이었을) "강철처럼 절개된 부싯돌" 칼, 구리 방울 등 "더할 나위 없이 호화롭고 더할 나위 없이 멋진 물건들"을 마야인들에게서 빼앗았다.

스페인인들은 그 모든 것이 무엇에 쓰이는 것인지 알 수 없었다. 구리를 금으로 착각한 선원도 있었다. 콜럼버스도 카카오 콩을 알아보지 못해 아몬드라고 불렀다. 그러나 카누의 선원들이 그것을 소중히 다룬다는 것은 눈치챘다. "카카오 콩이 든 짐이 다른 물건들과 함께 배에 옮겨질 때 콩알 몇 알이 바닥에 떨어지자 인디언들은 마치 큰 가치를 지닌 무언가를 잃기라도 한 것처럼 바닥에 쭈그려 앉아 그것들을 주어 담는 것이었다."[68] 콜럼버스는 예리한 관찰자였다. 카카오 콩알 하나하나가 소중하다는 것을 알아차린 것이다.

그 외에 콜럼버스가 카누에 들어 있었다고 나열한 물건들 중에는 "작은 손도끼도 있었다.[69] 다른 인디언들이 사용하는, 돌로 된 것과 모양은 흡사했으나, 질 좋은 구리로 만든 것이었다." 그것은 콜럼버스 시대까지도 유통되던 멕시코의 도끼 화폐였다.

페르난도가 솜씨 있게 기록한 이야기는 우리가 곧잘 잊곤 하는 중요한 사실 하나를 일깨워 준다. 아메리카 대륙 사람들은 스페인인들이 도래하기 오래전부터 이미 정교한 교역망을 구축하고 있었다는 것이다. 치첸이트사가 중심이 되었던 그 교역망은 1000년에는 북쪽의 차코 캐니언과 카호키아로 뻗어 나가고, 남쪽의 콜롬비아까지 도달했다. 그 교역망은 유연하기도 했다. 1000년 이후의 치첸이트사나 1050년 이후의 카호키아처럼, 새롭게 발전하는 도시들이 생겨나면 주민들이 새로운 통로를 개통하거나 새로운 중심지와 연결되는 해로를 개척한 것이다.

콜럼버스가 도착한 1492년에는 치첸이트사가 더는 아메리카 교역망의 중심이 아니었다. 그때는 이미 교역망의 중심이 아즈텍 문명의 수도 테노치티틀란으로 옮겨 가 있었다. 팬아메리칸 하이웨이 시스템은 콜럼버스가 새로 만든 것이 아니었다. 그는 그저 새로운 범대서양 고리를 아메리카의 교역로들과 연결한 사람일 뿐이었다. 반면에 동유럽에 진출한 스칸디나비아반도의 노르드인들은 전혀 새로운 교역망을 구축했다. 그것은 다음 장에서 이야기할 것이다.

4장

유럽의 노예들

한 지역을 떠나 다른 지역으로 진출한 노르드인이 아메리카 대륙을 탐험한 레이프 에이릭손과 그 뒤를 따른 사람들만 있었던 것은 아니다. 다른 스칸디나비아인들도 기원후 1000년 무렵에 동쪽의 발트해를 넘는 항해를 함으로써, 아메리카를 탐험한 노르드인들보다 장기적으로 파급효과가 훨씬 큰 새로운 교역망을 동유럽에 수립했다. 지금은 루스인으로 알려져 있고 러시아라는 명칭의 유래가 되기도 한 그들은 본래 방랑자였다. 구성원 대부분이 남성이었던[1] 그들이 떠돌이 생활을 하다가 토착민 여성과 통혼을 하고 영구 정착지를 수립하며 슬라브어를 습득하는 과정에서 현지 사회에 완전히 동화된 것이었다. 루스인들은 동유럽에서 모피와 노예를 꾸준히 공급받을 수 있는 가능성을 보았다. 그래서 중간상인으로서의 입지를 굳히고 비잔티움 제국과 중앙아시아의 무슬림 소비자들에게 그 두 가지를 팔아 막대한 수익을 올렸다.

그들이 보내 준 금과 은은 고향인 스칸디나비아의 경제까지 바꾸어 놓았다. 하지만 그보다는 루스인들이 동유럽에 끼친 영향이 더 컸다. 900년대를 지나는 동안에는 그들이 교역 동맹을 결성해, 다양한 종족이 드문드문 살아 인구밀도가 낮았던 거대한 지역의 지배권을 획득했다. 988년 또는 989년에는 그 동맹의 수장이던 루스인 지배자 블라디미르 1세가 비잔티움 제국의 종교인 동방정교회로 개종해, 동유럽과 러시아가 포함된 기독교계의 새 지도가 그려졌다.[2] (당시 기독교계의 양대 산맥은 비잔티움 제국을 중심으로 하는 동방정교회와 로마를 중심으로 하는 가톨릭교회였다. 개신교는 1520년대에 종교개혁이 일어난 뒤에 형성되었으므로 그 무렵에는 아직 존재하지 않았다.) 기독교계는 블라디미르 1세가 개종했을 때만 해도 아직 틀이 완전히 잡히지 않은 상태였다. 로마가 콘스탄티노플을 제치고 기독교계의 중심이 된 것은 제4차 십자군이 끝난 1204년 이후였다. 세계화의 주요 발전 과정인 생각의 이동과 뒤이어 일어난 새로운 종교 지역들의 탄생은 모든 사람에게, 심지어 고향에만 머무르던 사람들에게도 막대한 영향을 끼쳤다.

동유럽으로 이동한 첫 스칸디나비아인들도 아메리카로 향했던 노르드인과 마찬가지로 북유럽 신화의 신들을 믿었다. 천둥의 신 토르, 그의 아버지인 전쟁의 신 오딘, 다산의 여신 프레이야를 숭배한 것이다. 당대인들은 이 방랑자들을 '노를 젓는to row' 또는 '노를 젓는 사람들the men who row'을 뜻하는 '루스인Rus'으로 불렀다. 루스라는 말 자체는 스웨덴을 뜻하는 핀란드어에서 파생

된 단어였다. 초기 스칸디나비아 학자들은 이 루스인을 스칸디나비아인으로 묘사했다. 1989년에 동유럽에서 민주화 혁명이 일어나기 전에는 소련 학자들도 루스인을 슬라브족으로 윤색했다. 그러나 루스인은 단일 민족이 아니었다. 노르드인, 앵글로색슨족, 프랑크족, 슬라브족과 같은 북부 민족들의 혼합체였다.[3] 다시 말해 함께 모여 뚝딱 전사 집단을 형성했다가 그에 못지않게 손쉽게 흩어진 혼성 민족이었다.

약탈품을 찾아 동쪽으로 갔던 루스인 전사 집단의 우두머리들은 서쪽의 아메리카를 탐험한 노르드인들과 마찬가지로, 착취할 때 하더라도 토착민들에게 자기들이 우세한 티를 조직적으로 표가 나게 드러내지는 않았다. 당시 동유럽의 숲에는 물고기를 잡고, 덫을 놓아 동물을 사냥하고, 특정 식물을 찾아 이동하는 생활을 하는 토착민이 살고 있었다. 그들 중에는 봄에 씨를 뿌려 놓고 가을에 돌아와 수확하는 사람들도 있었다. 토착민들은 작은 집단으로 움직이며 매우 간소하게 살았다. 몇몇 소규모 루스인 집단은, 특히 볼가강의 북쪽 유역에서 활동한 소규모 집단들은 그런 토착민들과 어울려 지내며 평화롭게 모피를 거래했다. 하지만 다른 지역들에서는 루스인들이 토착민의 모피를 강제로 빼앗고 그들을 노예로 삼았다. 그 과정에서 우발적으로 충돌이 벌어지고 그때마다 규모가 큰 루스인 집단이 토착민들을 눌러 이기는 일이 잦아지자 결국은 루스인들이 '공물'을 요구하기 시작했다. 말이 좋아 공물이지 보호금이었다. 토착민들은 1년에 한두 번 주로 모피와 노예를 루스인 지배자들에게 공물로 바쳤다.

루스인들이 동유럽의 강 유역 계곡들에 정착하는 과정은

1600년대와 1700년대에 유럽의 식민지 개척자들이 북아메리카에 정주지를 세울 때의 과정과 흡사했다.[4] 물론 루스인들보다는 아메리카의 식민지 개척자들이 기술적으로 큰 우위를 누렸지만 말이다. 그런데 양상은 비슷했어도 그 둘이 만들어 낸 결과는 달랐다. 아메리카의 식민지 개척자들이 아메리카 원주민의 권리를 빼앗는 사회를 만들어 낸 반면에, 루스인들은 토착민과 통혼하고 그들의 언어와 관습을 수용하는 사회를 만들어 낸 것이다.

700년대 말과 800년대 초에는 루스인 전사 집단의 수장들이 모피와 노예무역으로 많은 수익을 올려 고향인 스칸디나비아로 돈을 보내기 시작했다. 스웨덴, 노르웨이, 덴마크에는 그들이 동유럽 교역으로 벌어들인 돈으로 세운 계획도시들도 생겨났다.[5] 동유럽 교역을 지원하기 위한 도시들도 세워졌다. 지금의 덴마크와 독일의 접경지에 위치하면서 1000명에서 1500명의 인구를 보유한 헤데뷔는 그런 도시들 중에서도 가장 큰 도시였다. 덴마크 서해안에 위치한 리베도 규모는 헤데뷔에 못 미쳤지만, 지금까지도 살아남아 스칸디나비아반도에서 가장 오래된 도시가 되었다.

스톡홀름에서 서쪽으로 20마일(36킬로미터) 정도 떨어진 스웨덴 동해안에는 동유럽으로 가는 사람들의 출발지였던 비르카Birka 마을이 있었다. 루스인들은 이곳에서 배를 타고 동쪽으로 100마일(160킬로미터)밖에 떨어지지 않은, 러시아의 로바티강 부근에 있는 스트라야라도가로 갔다. 스트라야라도가에는 핀란드인, 발트인, 슬라브인, 스칸디나비아인 등이 살고 있어 인구 구성원이 다양했다. 농지 부근에서 출토된 다람쥐, 담비, 비버의 뼈들을 분석해 보니 초기의 루스인들은 그곳에서 농사를 짓는 한편으

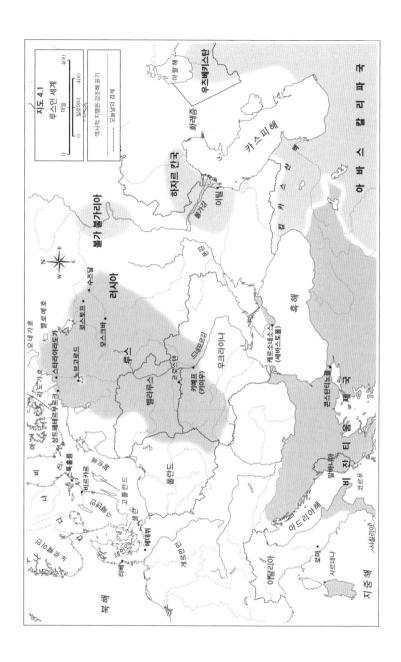

지도 4.1
루스인 세계

0 마일 400
0 킬로미터 400
역사적 지명은 강조체 표기
오늘날의 경계

우즈베키스탄

카스피 해

하자르 칸국

볼가 불가리아

러시아

오네가 호

벨로예호

수즈달

로스토프

모스크바

루스

노브고로드

스타라야라도가

라도가 호

상트페테르부르크

발트 해

벨라루스

코로스텐

키예프
(키이우)

드네프르 강

우크라이나

케르소네소스
(세바스토폴)

흑해

콘스탄티노플

폴란드

오데르 강

비스와 강

고틀란드

알란드

욀란드

스카게라크

카테가트

윌란반도

유트란드

북 해

베저 강

엘베 강

레오니아

해나위

게르만인

라인 강

다뉴브 강

아드리아 해

일리리아

비잔티움 제국

알바니아

코르푸

로마

사르데냐

지 중 해

시칠리아

칼리파국

아바스 칼리파국

캅카스 산맥

돈 강

아랄 해

호라즘

이틸

볼가 강

N
S
E
W

로 모피를 얻기 위해 덫을 놓아 동물도 잡았던 것으로 나타났다.

그곳에 루스인이 있었던 것은 뼈로 만든 빗과 사슴뿔 가지로 만든 빗으로도 확인되었다. 무슬림 관찰자에 따르면 루스인들은 목욕은 잘 안 해도 남자와 여자 모두 머리는 자주 빗었다. 스트라야라도가와 주변 마을들에서 발견된 빗도 모양이 거의 비슷했는데, 이는 스칸디나비아 장인 집단이 정주지 이곳저곳을 옮겨 다니며 루스인 주민들의 빗을 깎아 주었을 가능성을 시사한다. 안데스 지역의 금속가공인들처럼 이 스칸디나비아인들도 나라 밖에서 활동할 기회가 있다는 소문을 듣고 새로운 지역으로 이동을 한 것이다.

루스인들은 교역의 첫 단계부터 특정 지역을 탈취하려고는 하지 않았다. 하얀 호수[1] 부근에 있던 루스인의 한 정주지만 해도 요새 없이 여섯 채에서 열 채 정도의 가옥으로만 이루어진 소규모 정주지였다. 루스인의 각 집단은 지배자의 명령을 받아 동유럽에 간 것이 아니라 개인적으로 돈을 벌기 위해 간 것이었다. 그러다가 시간이 가면서 그들의 집단은 규모가 점차 커졌다.[6]

루스인들은 유럽과 중동에서 밀려드는 모피의 대량 수요를 맞추기 위해 동유럽으로 이주했다. 1076년에 빈란드에 관해 덴마크 왕과 나눈 대화를 책에 기록한 독일의 기독교 역사가 브레멘의 아담도 독일인들이 '괴상한 모피'를 탐내는 것을 보고 다음과 같이 탄식했다.[7]

---

[1] 러시아 북서부 볼고그라드주의 벨로예호(러시아어로 하얀 호수라는 뜻이다.)를 가리킨다.

"모피에서 풍기는 냄새가 이 세상을 몹쓸 독성을 지닌 자만심으로 물들여 놓았다. (……) 사람들은 옳든 그르든 신경도 안 쓰고 마치 그것이 지고의 행복이라도 주는 양 담비 가죽 외투를 갈망한다." 바그다드를 중심으로 활동한 10세기의 한 작가는 심지어 기후가 따뜻해져도 모피 수천 벌을 쟁여 놓았던 지배자들에 관해 기록했다.[8]

노예도 모피 못지않게 수요가 많았다. 특히 수요가 많았던 곳이 유럽과 중동의 가장 큰 두 도시(비잔티움 제국의 수도 콘스탄티노플과 아바스 칼리파 왕조의 수도였던 바그다드)였다. 콘스탄티노플과 바그다드의 주민들은 거액을 주고 노예를 구매했다.[9] 노예는 주변 지역을 약탈할 때 포획된 사람들이 대부분이었다.

900년대 초에 활동한 무슬림 학자 이븐 루스타Ibn Rusta도 루스인들이 "노예를 잘 대우해 주고 좋은 옷도 입혔는데, 그들이 그렇게 한 것은 노예가 거래 물품이기 때문이다."[10]라고 썼다. 브레멘의 아담도 스칸디나비아 해적이 노예무역으로 벌어 덴마크의 셸란섬에 비축해 놓은 금을 언급했다. 아담은 바이킹들에 관해서는 "서로 간에 신의가 없어 그들 중의 한 사람이 다른 사람을 사로잡으면 바로 노예로 팔았다."라고 썼다. 동유럽 출신 노예들이 얼마나 많았는지 '슬라브인Slav'을 뜻하는 말이었던 그리스어 스클라보스sklabos는 1000년대의 어느 무렵에 이르러서는 슬라브인인지 아니면 다른 곳 출신인지 따지지도 않고 본래보다 뜻이 넓어진 '노예slave'로 쓰이게 되었다.[11]

노예와 모피 거래로 수익을 올리게 되자 루스인 전사 집단의 지도자들 밑에는 먹이고 입히고 약탈의 몫을 나누어 주어야 하는 부하들이 점점 늘어났다. 야심 찬 지도자들에게는 새로운 영토가 출세의 기회였다. 부자가 되면 부하들을 끌어모아 우두머리 노릇을 할 수 있었기 때문이다.

　루스인이 동유럽으로 들어올 때 주된 이동 수단으로 사용한 것은 노가 장착된 소형 더그아웃 카누였다. 카누는 무게가 가벼우므로 이 강에서 저 강으로 가지고 다니기가 편했다. 이동을 가로막는 높은 산도 없었다. 또한 동유럽의 하천들은 모두 평탄한 지역을 가로지르며 흘렀기 때문에, 강의 끝자락에 다다르거나 물살이 센 급류를 만나면 카누를 연수連水 육로로 운반할 수도 있었다.

　드네프르강은 동유럽에서 유일하게 끊어지지 않고 연속으로 흐르는 강이었다.[12] 하지만 급류가 있어 배의 항행에는 위험했다. 급류 중에서도 가장 위험했던 구간이 루스인들이 흑해에 도달하기 위해서는 반드시 지나쳐야 했던 키예프(키이우) 부근에 있었다. 그곳에는 낙차 높이가 무려 108피트(33미터)나 되는 급류가 38.5마일(62킬로미터)에 걸쳐 흘렀다. 한 비잔티움 관찰자에 따르면 이 급류에서도 특히 지나가기가 어려운 한 구간에서는 루스인들이 '쇠사슬에 묶인 노예들'을 데리고 10킬로미터 정도 육로로 이동한 다음에 다시 선박을 타고 계속 이동해 갔다고 한다.[13]

　루스인들에 관해 최초로 글을 쓴 사람은 페르시아의 관료였던 이븐 후르다드베였다. 그는 루스인을, 아랍 세계에서 북동부 유럽 출신 사람들을 부르는 통칭이던 사칼리바Saqaliba의 땅에 사는, 금발을 가진 주민들 가운데 하나일 것으로 생각했다.[14]('사칼리바'는 아랍어로 '노예'를 뜻하는 여러 말 가운데 하나의 어원이기도 하다.) "그들은 비버 가죽과 검은 여우 모피, 그리고 검을 머나먼 사칼리바 지역에서 룸Rum의 바다[2]로 운반해 갔다."[15] 그 물건들 중 가장 비싸게 팔린 것은 털의 밀도가 높은 비버와 여우의 모피였다.

이븐 후르다드베는 노예에 관해서는 언급하지 않았다. 그러나 루스인들의 검이 매우 우수했다는 점은 언급했다. 루스인들이 노예를 포획하고 동유럽 주민의 모피를 빼앗는 데 검은 없어서는 안 될 주요 수단이었다.[16]

고고학자들이 발굴한 루스인의 검은 두 종류였다. 하나는 현지에서 나온 철을 제련해 만든 것이라 불순물이 다량으로 함유된 검이었고, 다른 하나는 도가니 또는 작은 밀폐형 주형에 부어 굳힌 강철 주괴(강철 잉곳)로 만든 검이었다. 아랍어로 기록된 다수의 사료에는 철을 강철로 만드는 방법이 매우 복잡하게 서술되어 있다. 그 사료들을 보면 세계적으로 유명한 다마스쿠스 강鋼도 알고 보면 시리아에서 만든 것이 아님을 알 수 있다. 루스인들도 도가니 강을 아프가니스탄을 포함한 다른 지역들에서 수입했다.[17]

탄소 함유량이 높은, 루스인의 몇몇 최고급 검에는 첫 글자 u의 앞과 마지막 글자 t의 끝에, 그리고 h와 t 사이에 플러스 기호가 붙은 울프베르흐트Ulfberht라는 이름이 각인되었다.[3] 아마도 검 제작자의 이름이었던 것 같은데, 이러한 관행에 관해 명쾌하게

---

2 룸은 로마, 즉 동로마 제국(비잔티움 제국)을 가리키며, 룸의 바다는 흑해를 뜻한다.

3 예를 들면 '+VLFBERH+T' 또는 '+VLFBERHT+', 'VLFBERH+T' 같은 형식이다.

설명해 주는 사람은 아직 나오지 않았다. 울프베르흐트 검은 현재 100개 정도가 전해지는데, 품질은 고르지 못하다.[18] 고탄소강으로 만들어지고 칼날이 날카로운 검이 있는가 하면, 저탄소강으로 만들어지고 날이 무딘 검도 있다. 울프베르흐트와 플러스 기호가 새겨진 검은 1000년 이후에도 계속 만들어졌다. 그러나 검에 새겨진 철자의 오기 비율이 점점 높아진 것으로 보아, 고가의 울프베르흐트 상표가 표절되고 있었던 것 같다.

루스인들은 그런 강철로 만든 검과 단검으로 무장한 채 동유럽 남쪽의 강들을 따라가며 흑해에 도달했다. 그런 다음 그곳에서 지금은 세바스토폴로 알려지고 당시에는 케르소네소스로 불린 곳과 연결되는 새로운 육로를 개척했다. 루스인들이 드네프르강까지 가는 데는 20일이 걸렸다.

900년대에는 케르소네소스가 격자형 도로와 웅장한 성벽을 갖춘 비잔티움 제국의 식민 도시였다. 상업 활동도 활발해 도시에는 비잔티움 상인들이 비단, 유리 제품, 유약 바른 도기, 포도주, 올리브유를 거래하고 어부들은 그날 잡은 물고기를 파는 시장들이 있었다.[19] 북쪽의 초지에 사는 목동과 양치기들도 말과 양을 끌고 시장으로 왔다. 숲에 사는 사람들도 시장에 나와 모피, 꿀, 밀랍을 팔았다. 중세 시대에는 밀랍 양초가 최고급 조명 기구였다. 기름은 값은 쌌지만 불쾌한 냄새가 났고, 소나 양의 기름으로 만든 양초도 마찬가지였다.

그런 시장이야말로 모피와 노예를 팔기에는 최적의 장소였고, 게다가 케르소네소스는 루스인들이 흑해를 가로질러 엿새간 항해해 가는 여정이었던 콘스탄티노플로의 이동 통로와도 곧장 연결되어 있었다. 루스인들이 비잔티움에서 멈추지 않고 내처 바그다드까지 갈 때 이용한 통로는 두 가지였다. 하나는 흑해에서 육로로 하자르족의 영토를 지나 카스피해로 가는 통로였고, 다른 하나는 볼가강 부근에 위치한 중요한 교역 도시 이틸Itil[4]로 이어지는 남쪽 통로였다.

이븐 후르다드베가 쓴 『도로 및 왕국 총람』에는 루스인들은 기독교도 행세를 했는데,[20] 그 이유는 아바스 왕조가 책의 사람들peoples of the book[5]인 기독교도와 유대인에게는 다른 비非무슬림보다 낮은 세금을 부과할 것을 법률로 정해 놓았기 때문이라는 내용도 나온다. 이는 최소한 일부 루스인들이 그 무렵에 기독교를 알고는 있었지만 개종은 하지 않은 것을 나타낸다.

루스인들이 행한 전통적 종교 의례에 관해서는 922년에 한 목격자가 보고 기록한 사료가 그 어느 것보다 많은 정보를 담고 있다. 이슬람교에 관한 지식을 보유한 사람을 파견해 달라는 불가르족 지배자의 요청을 받고 아바스 왕조의 칼리파가 사절로 보낸 아랍인 이븐 파들란Ibn Fadlan이 그 사람이었다. 글의 내용을 보면 그가 왜 유명해졌는지 알 수 있다. 이븐 파들란은 루스인 '우두머리 중 한 사람'의 장례식 때 있었던 집단 성교와 인간 희생에 관한 내용을 섬뜩하도록 노골적으로 묘사했다. 이븐 파들란은 볼가강 중류 유역에 위치한 한 마을에서 루스인의 한 상인 집단이 죽은 지도자와 그의 반려였던 '노예 소녀'를 함께 화장하는 것도 목격했다.

---

4   하자르족의 수도로, 오늘날 러시아의 도시 울리야놉스크의 근방에 있었다.

5   이슬람 이전에 존재했던 아브라함Abraham 계통의 종교(유대교와 기독교 등)의 신봉자들을 가리키며, 여기서 책은 그 종교들의 경전이다.

그에 따르면 죽은 지도자의 가족이 함께 묻힐 사람을 구하자 한 노예 소녀가 지원했다고 한다. 하지만 이븐 파들란은 그 노예 소녀가 왜 지원했는지는 밝히지 않았다. 매장할 때가 되자 노예 소녀가 술을 한 잔 마셨고, 그러자 "남자 여섯 명이 원형 텐트 안으로 들어갔고, 그들 모두 노예 소녀와 성교했다." 이븐 파들란은 그에 관해 옳은지 그른지는 판단하지 않았다. 그는 그저 자기가 본 것만을 무덤덤하게 기록했다. 어쩌면 그는 루스인들의 행위가 종교적 다산 의식이었음을, 다시 말해 루스인들이 전쟁의 신 오딘과 다산의 여신 프레이야의 숭배자로서 성교하고 있다는 사실을 깨닫지 못했을 수도 있다.[21]

그 과정이 끝나자 "젊지도 늙지도 않은 나이에 음침하고 살이 찐" 여사제가 무덤으로 쓰일 배를 준비하게 했다. 이븐 파들란은 이 여사제를 '죽음의 천사'로 부르며 그녀가 맡은 일을 다음과 같이 요약해 설명했다. "지도자가 입을 의복을 바느질해 준비하는 것도 여사제의 일이고, 여성 노예들을 죽이는 것도 여사제의 일이다." 배가 준비되자 남자 네 명이 죽은 지도자의 시신 옆에 노예 소녀를 데려오더니 무릎을 꿇렸다. 그 상태에서 죽음의 천사가 "밧줄의 양쪽 끝을 엇갈리게 해 노예 소녀의 목에 걸고는 남자 네 명 중 두 명에게 그것을 건네주며 잡아당기게 했다. 그런 다음에 자기는 칼날이 넓은 단검을 노예 소녀의 갈비뼈 사이와 몸의 이곳저곳에 찔러 넣었다가 빼내기 시작했다. 여사제가 칼질을 하는 동안에 남자 두 명은 노예 소녀가 숨질 때까지 밧줄로 목을 죄었다."

그 일이 끝나자 고인의 가장 가까운 친족이 화장용 장작더미에 불을 붙였고, 배와 두 사람의 시신이 그 위에 얹어졌다. 스칸디나비아인들의 장례 의식은 다양했다.[22] 이때는 그들이 고인에게 바친 제물을 실은 배를 불태우는 의식을 사용했지만, 고고학적 발굴에서 드러났듯이 온전한 상태의 부장품을 배와 함께 묻는 또 다른 의식도 있었다.

루스인 상인들은 장사할 때도 신의 조력이 필요했다. 이븐 파들란은 그에 관해 이렇게 썼다. 한 상인이 볼가강이 카스피해로 흘러드는 곳 인근의 교역 도시 이틸에 도착해 기부했다. 그러고는 다수의 작은 조각상에 둘러싸인 커다란 목재 신상 앞에 엎드려 이렇게 기도했다. "신이시여, 저는 이러저러한 다수의 여성 노예와 이러저러한 다수의 검은담비 모피를 가지고 머나먼 땅에서 온 사람입니다."

그런 다음에 상인이 신에게 간청했다. "제가 원하는 물건은 다 사 주고 제가 매긴 물건 가격에 관해서도 트집을 잡지 않을, 디나르와 디르함을 많이 가진 부자 상인을 제게 붙여 주시옵소서."[23] 디나르는 금화, 디르함은 은화였다. 따라서 녹이면 팔찌와 목걸이를 만들 수 있었다. 이븐 파들란에 따르면 루스인 집단의 우두머리들은 하나 만드는 데 디르함 은화 1만 개가 필요한 목걸이를 만들어 아내들에게 선물했다고 한다.

주화에는 과거사를 알 수 있는 많은 정보가 담겨 있다. 당대의 동유럽이나 스칸디나비아반도처럼 문자 기록이 전무하다시피 한 사회들은 특히 그렇다. 주화가 없었다면 비잔티움과 이슬람권의 막대한 부가 모피와 노예의 대금으로 지급되어 루스인들에게로 이전된 사실을 후대인들은 알 길이 없었을 것이다. 수백 개의 주화 무더기가 북유럽과 동유럽에서 출토되었으며, 개중에는

1만 개가 넘는 동전도 있었다. 루스인들은 은화를 땅에 묻을 때 도기나 유리, 금속, 자작나무껍질로 만든 용기를 임시 안전 금고로 사용했다.[24] 그런데 무슨 사연이 있었는지 고고학자들이 발굴할 때까지도 적지 않은 금고들이 땅속에 그대로 묻혀 있었다.

스칸디나비아반도에서 지금까지 발견된 것 가운데 가장 규모가 큰 주화 무더기는 스톡홀름에서 남쪽으로 125마일(200킬로미터) 정도 떨어신 스웨덴의 고틀린드섬에 870년 이후의 어느 무렵에 묻힌 것이었다. 지난 1999년에 고고학자들이 찾아낸 그 무더기에는 539년에서 871년 사이에 주조된 주화 1만 4295개가, 그리고 은화를 녹여 만든 팔찌 486개가 들어 있었다.[25] 은 세공품을 다 합치니 무게가 무려 147파운드(67킬로그램)였다. 주화들 중에는 원형 그대로인 것도 있고 조각이 난 것들도 있었다.

은화는 일단 녹여져 동전의 모양을 상실하면, 무게로만 가치를 평가할 수 있었다. 그래서 루스인들이 무게를 달기 위해 새롭게 도입한 기구가 이슬람권에서 쓰는 천칭이었다. 이것 또한 스칸디나비아와 동유럽 일대로 퍼져 나감으로써 초기 기술이 이전된 것을 확인해 주는 징표가 되었다. 그렇다고 저울이 기존 세공인들을 대체한 것은 아니었다. 스칸디나비아에서 은의 무게를 재는 것은 처음 있는 일이었기 때문이다. 천칭은 오늘날의 휴대전화처럼 꼭 필요한 새로운 서비스를 제공해 주었으므로 엄청난 인기를 얻었다.

시간이 지나자 루스인들도 점차 은화를 녹여 팔찌를 만드는 일을 멈추었다. 그들이 주화를 점점 신뢰하게 되었음을 보여 주는 징표는 991년 직후 고틀란드섬에 묻힌 무더기에서도 나왔다. 팔찌 없이 은화만 1911개가 나왔는데, 아랍 은화 1298개, 독일 은화 591개, 볼가 불가리아 은화 11개, 잉글랜드 은화 6개, 비잔티움 은화 3개, 보헤미아 은화 2개였다. 이 주화들도 루스인들의 주요 교역 상대가 누구였는지에 관한, 기록 문서를 통해서는 알 수 없는 정보를 제공해 준다. 루스인의 교역 상대로는 서유럽보다 이슬람 세계가 훨씬 중요했음이 이 주화들을 통해 드러난 것이다. 950년 무렵에는 아바스 왕조에서 독립한 중앙아시아의 사만 왕조가 아바스 왕조를 제치고 최고 순도의 은화를 생산했다.[26]

그러면 이슬람 세계에서 스칸디나비아와 루스인 영역으로 넘어간 부의 규모는 어느 정도였을까? 먼저 670년에서 1090년 사이에 주조된 디르함 은화의 양부터 살펴보면, 그 시기의 은화는 스웨덴에서 8만 개, 폴란드에서 3만 7000개, 러시아와 벨라루스, 우크라이나에서 20만 7000개가 출토되어 양이 어마어마했다. 게다가 최근 조사에서 밝혀진 9세기와 10세기의 이슬람 은화 40만 개를 더하면 은화의 총수는 더 늘어난다.[27] 물론 이것도 발굴된 것만 계산한 것이니, 본래 땅속에 묻힌 은화는 그보다 몇 배는 더 되었을 것이다.(100만 개는 되지 않았을까?) 그때 이후로는 수많은 주화가 녹여지거나 사라졌기 때문이다.

주화 100만 개로는 노예를 몇 명이나 살 수 있었을까? 11세기를 지나는 동안 10만 명 정도를, 그러니까 한 해에 1000명 정도를 살 수 있었을 것이다.[28]

900년대 말에는 이슬람권 전역이 은 부족에 시달렸다. 그에 따라 루스인들이 모피와 노예를 팔아 스칸디나비아로 보내는 은의 양도 줄어들었다. 이는 고고학 발굴로도 입증된다. 900년대 말 혹은 1000년대 초에 주조된 은화가 묻힌 주화 무더기의 수가 전보다 줄어 몇 안 되고, 무더기의 규모도 작아진 것이다. 1013년 이후에 주조된 것은 아예 없었다.

앞에서 언급한 것처럼 고틀란드섬에서 출토된 주화에 잉글랜드 주화가 들어 있었던 것도, 793년에 그곳을 처음 공격한 이후에 노르드인들은 몇 세기 동안 계속해 영국제도를 약탈했음을 일깨워 주는 중요한 단서다. 노르드인들은 늘 해 오던 대로 영국제도의 다른 지역을 정복하면 그곳에 보호금을 요구했다. 잉글랜드의 드넓은 중부 지역을 지배하게 되었을 때는 그 지역 일대에 데인로Danelaw, 즉 덴마크 법을 시행했다.[29]

850년대에서 1060년대에 이르는 200년간은 노르드인 세력과 잉글랜드 중 그 어느 쪽도 완전한 지배권을 보유하지 못했다. 다만 덴마크, 노르웨이, 잉글랜드의 통합에 가장 가까이 근접한 인물은 있었다. 노르드인 군주 크누트 대왕Cnut the Great이었다. 그는 1016년에 잉글랜드를 누르고 지배권을 확립했다. 1018년에는 자기를 위해 싸워 준 군대에 보상금을 지급하기 위해 잉글랜드에서 은 8만 2500파운드를 받아 냈다.(그때의 파운드 단위는 지금과 달라, 8만 2500파운드를 오늘날의 단위로 환산하면 3만 킬로그램이 조금 넘는다.) 1028년에는 크누트가 '잉글랜드, 덴마크, 노르웨이 그리고 스웨덴 일부 지역의 왕'이 되었다. 하지만 1035년에 그가 죽은 뒤에는 다시 잉글랜드의 왕좌가 참회왕 에드워드Edward the Confessor에게 돌아갔고, 잉글랜드도 덴마크 및 노르웨이와 분리되어 개별 통치를 받았다.

스웨덴의 고틀란드섬에서 출토된 주화 무더기 중 하나에는 스페인산 주화도 스물네 개 들어 있었다.[30] 이로써 바이킹의 활동이 저 남부 유럽의 지중해 유역까지 미친 것을 알 수 있다. 고고학자들은 노르드인들이 유럽 남부에 있었다는 빈약한 증거를 매우 창의력 있게 이용했다. 아프리카 북서해안 쪽의 북대서양에 있는 마데이라 제도의 한 유적지에서, 900년에서 1036년 사이의 것으로 보이는 생쥐들의 뼈가 발굴되었을 때가 그런 경우였다. 고고학자들은 그 생쥐들의 뼈에서 나온 DNA가 스칸디나비아 생쥐와 독일 생쥐의 뼈에서 나온 DNA와 거의 일치한다는 이유로 스칸디나비아인들이 1400년대에 도착한 포르투갈인들보다 먼저 마데이라에 도착했다는 결론을 내렸다.

기록 문서에는 노르드인들이 시칠리아섬까지 항해한 내용이 나온다.[31] 그들이 섬에 도착한 것은 900년 무렵이었다. 그로부터 오랜 세월이 흐른 뒤인 1100년대에는 노르드인의 후손 루제루 2세(재위: 1130년~1154년)가 재위 중인 군주들을 내쫓고 노르만계 왕으로서 시칠리아섬을 통치했다. 루제루 2세는 기독교도 및 무슬림 예술가와 학자들에게 차별 없이 동등하게 재정을 지원해 주었던 것으로 유명하다. 아랍의 지리학자 알이드리시가 직경이 2미터나 되는, 은으로 만든 타원형의 아프로-유라시아 지구의를 제작한 곳도 루제루 2세의 궁정이었다.

주화의 수출이 절정에 달했을 무렵에 남쪽으로 이동하던 일부 루스인들은 콘스탄티노플에서 용병이 되기도 했다. 이들은 '바랑기아인Varangians'이었다. 바랑기아인(바랑인)은 950년 무렵에 처음 등장한 옛 노르드인 용어인데, '서약한 사람'을 뜻하고 확대해 해석하면 스칸디나비아인으로도 이해할 수 있는 말이다. 비잔티움 황제는 별도의 바랑기아인 친위대까지 두고 있었다. 바랑기아인들은 사납기로 유명했다. 하기아 소피아 대성당의 발코니에 고대 룬 문자로 새겨진 낙서도 (일부 전문가들은 진위에 관해 긴가민가해 하지만) 어쩌면 두 바랑기아인 친위대원이 끄적거려 놓은 것일 수 있다.[32]

여타 스칸디나비아인들은 단순한 모험가이거나 부를 추구한 사람들이었다.

전형적인 전사 집단의 지도자였던 여행자 잉그바르Ingvar the Far-Travelled도 그런 인물이었다.[33] 잉그바르는 용 및 거인과 여러 차례 전투를 벌인 전설 같은 이야기를 포함해 아이슬란드의 역사가가 그를 주인공으로 해서 쓴 사가[6]의 영웅으로 등장하는 인물이다. 사가에 따르면 잉그바르는 동료들과 함께 드네프르강을 따라 항해하다가 흑해를 넘고 캅카스산맥을 가로질러 마침내 카스피해에 도달했다. 그는 약관 스무 살의 나이에 자기 영역의 왕이 되려는 대망을 품었다. 싸움이 난무했던 당시의 전사 집단에서 젊은이가 어떻게 출세할 수 있었는지를 보여 주는 대목이다.

하지만 잉그바르도 종국에는 그의 부하 절반과 함께 병이 들어 중앙아시아의 어딘가에서 스물다섯 살의 나이에 숨을 거두었다.[34] 그곳은 지금의 우즈베키스탄에 속한 화레즘(호라즘)이었을 가능성이 가장 높다. 화레즘은 노르드인들이 도착한 최동단 지역이었다. 잉그바르는 숨을 거두기 전에 부하들에게 "죽으면 시

---

6   스노리 스투를루손Snorri Sturluson이 1225년에 쓴 『윙글링 일족의 사가 Ynglinga saga』를 가리킨다.

신을 스웨덴으로 가져가 묻어 달라."라는 유언을 남겼다. 이 유언도 현재 스웨덴 중부 지역에 남아 있는, 그의 부하들이 묻힌 룬석묘 스물여섯 기에 관한 설명이 될 수 있다.

1000년 무렵에는 약탈로 살아가던 전사 집단 우두머리들의 세계가 서서히 세금 징수로 영위되는 군주국들로 대체되었다. 왕은 자기를 위해 싸워 준 부하들에게 약탈물이 아닌 땅으로 보상했다. 900년대 초에 해적으로 처음 프랑스에 들어왔던 사람들의 자손인 정복왕 윌리엄만 해도 토착민에게서 보호금을 받던 처지에서 시작해 잉글랜드의 노르만 왕이 되었다. 노르망디의 바이외 성당에 걸린 바이외 태피스트리는 바로 노르만 정복이 있기까지 일련의 사건을 묘사한 자수품이다.

1066년에 일어난 노르만의 잉글랜드 정복은 바이킹 시대의 종말을 의미했다. 이를 보여 주듯 윌리엄의 잉글랜드 지배가 시작되는 것과 때를 같이해 스칸디나비아반도의 여러 지역에서는 변화가 일어났다. 지배자가 부하들에게 특정한 땅을 보상으로 주고, 그리하여 탄생한 새로운 지주가 땅에서 얻는 소득으로 토지세를 납부하게 된 결과였다.

루스인을 기독교로 개종시킨 블라디미르 1세가 집권했을 무렵에는 루스인의 지배 영역에도 개종에 비견될 만한 큰 변화가 일어났다. 이전 시대의 전사 집단들이 새로운 유형의 지배 구조를 받아들어 카리스미 넘치는 다수의 파빌 구성원과 공동으로 지도부를 구성한 것이다. 이 부분에서는 애써 주화를 뒤지지 않더라도 정보를 얻을 수 있는 훌륭한 사료가 있다. 루스인 군주들의 역사를 연대별로 기록한 『러시아 원초 연대기*Russian Primary Chronicle*』[35]가 그것이다. 그 연대기는 1050년에서 1113년 사이의 어느 때인가에 기록되었다.

연대기의 도입부인, 860년에서 862년 사이를 다룬 부분에는 최초의 루스인 군주들이 권력을 잡는 과정이 서술되어 있다. 동유럽에 살던 스칸디나비아인들이 "바다 건너 바랑기아 루스인들에게로 가서" 형제 세 명을 초청해 자기들을 다스려 달라고 했다는 것이다. 그 형제들은 류리크 왕조를 설립했다. 그런데 이 부분에서 주목해야 할 것은 그 새로운 지배자들이 바다 건너에서 온 외국인으로 『러시아 원초 연대기』에 명시되었다는 점이다. 하지만 류리크 왕조의 출범도 전사 집단의 시대를 끝내지는 못했다. 류리크 왕조의 계승 과정 역시 전사 집단 내에서 벌어진 권력투쟁 못지않게 무질서와 경쟁으로 점철되었기 때문이다. 류리크 왕조의 궁정에서는 지배자가 죽으면 다음 승자가 나타날 때까지 아귀다툼이 벌어졌다.

신랄하게 글을 쓴 이탈리아인 사절 크레모나의 리우트프란드Liudprand of Cremona(920년~972년)에 따르면 941년 무렵에는 류리크 왕조가 막강한 해군도 보유하고 있었다. 리우트프란드가 독일 오토 왕조의 사절로 콘스탄티노플에 간 것은 류리크 왕조가 비잔티움을 공격한 지 몇 년이 지난 후였다. 따라서 그는 941년에는 콘스탄티노플에 없었다. 그런데도 그가 912년에 집권한 이고리Igor 공작이 1000척 규모의 함대를 지휘했다는 사실을 알았던 것은 그의 의붓아버지에게서 이야기를 들었기 때문이었다.

비잔티움 황제는 수도를 방어하기 위해 낡은 전함 열다섯 척을 신형으로 정비했다. 제국의 가장 막강한 병기였던 그리스의 불을 쓰기 위해서였다.[36] 비잔티움 정부가 수 세기 동안 기밀로 간직해 정확한 성분을 알 수 없었던 그리스의 불은 석유와 현대의 네이팜 같은 물질이 들어 있어, 물에 닿아도 꺼지지 않고 계속 탔다. 비잔티움 함선들이 발사하는 그리스의 불 앞에서 루스인 병사들이 살아날 길은 배에서 뛰어내려 해안 지대로 헤엄쳐 가는 것뿐이었다.

크레모나의 리우트프란드는 콘스탄티노플을 그 시대의 가장 발전된 도시로 보고 깊게 감명받았다.(그는 바그다드에는 가 본 적이 없었다.) 콘스탄티노스 7세Constantine VII(재위: 913년~959년)의 왕좌 주변에 설치된, 기계로 조작되는 새와 사자들을 포함해 도시에는 경이로운 것이 많았다. 온갖 종류의 새들이 그에 걸맞게 갖가지 곡조로 지저귀고, 금으로 도금된 사자들은 "마치 그(콘스탄티노스 7세)를 호위하듯 꼬리를 바닥에 내리치고 혀를 내밀며 으르렁거렸다." 리우트프란드는 특히 숨겨진 장치(아마도 도르래였을 것이다.)에 의해 천장으로 솟아오르는 왕좌에 매료되었다.

945년에는 루스인들이 비잔티움과 평화조약을 체결했다. 루스인 지도자 이고리는 그 무렵까지도 일을 단독으로 처리하지 못하고 친척들과 협의했다. 군주로서 전권을 갖지 못한 것이었다. 역사가들이 루스인 지도자를 '왕king'이 아닌 '공작prince'으로 부르는 것도 그들이 다른 사람들과 권력을 공유했기 때문이었다. 평화조약에는 일부 루스인들이 세례를 받고 정식 기독교도가 됨으로써, 그동안 세금을 감면받기 위해 거짓으로 기독교도 행세를 해 왔던 일을 그 무렵에는 하지 않게 된 사실도 드러나 있다.[37]

이고리의 지배 영역은 프랑스와 같은 그 시대의 다른 농업 군주국과는 달랐다. 루스인 군주들은 상업에 과세하는 데 필요한 관리만 충분히 보유했을 뿐 농업에 필요한 관리를 보유하지 않았다. 상업에 대한 과세는 운송의 교차점들에 빠짐없이 관리들을 배치하는 것만으로 충분한, 비교적 간단한 작업이었던 반면에, 농업에 과세하려면 체계적인 대규모 관료제가 필요했기 때문이다.

류리크 왕조는 콘스탄티노플에서는 패했지만, 비잔티움 제국을 상대로 한 공격은 대체로 성공을 거두었다. 그러나 드네프르 계곡을 통제하는 데는 실패했다. 945년에는 키예프 동쪽 지역에 기반을 둔 드레블랴네족Derevlians이 세금을 내라는 루스인들의 요구를 거부하고, 반란을 일으켜 이고리를 살해했다. 이에 이고리의 아내 올가Olga가 군사 원정을 시행해 드레블랴네족의 수도를 불태우고 살아남은 사람들을 몽땅 살해하거나 노예로 삼아 남편을 죽인 자들을 철저히 응징했다.[38] 이 사건은 지금의 우크라이나 서쪽에 위치한, 드레블랴네족의 옛 중심 도시 코로스텐Korosten에 대한 고고학 발굴로도 확인된다.

올가는 루스인들의 세금 징수 방식도 바꾸었다. 루스인 관리가 매년 겨울에 피지배 부족민들을 찾아다니며 그해에 나는 산물을 그때그때 거두어들이는 방식을 끝내고, 피지배민들이 현지의 교역소로 와서 세금을 납부하도록 지시한 것이다. 그리하여 피지배민들이 모피와 기타 임산물을 루스인 관리들에게 직접 납부한 일은 루스 군주국의 국력이 크게 강화되는 계기가 되었다. 이 때부터 공작들이 일정한 소득원을 갖게 되었기 때문이다.

올가는 류리크 왕조에서 최초로 기독교로 개종한 사람 가운데 한 명이기도 했다. 올가는 나이가 어려 직접 통치할 수 없었던 아들 스뱌토슬라프 1세Sviatoslav I를 대신해 945년에서 961년까지 섭정으로 통치하는 한편, 콘스탄티노플에 가서 정교회 세례를 받았다. 『러시아 원초 연대기』에는 올가가 비잔티움 황제 콘스탄티노스 7세의 청혼을 받았지만 현명한 이유를 대며 거절했다는 내용도 나온다. "폐하께서는 제게 세례를 베푸시고 저를 폐하의 딸로 부르셨습니다. 그런 저와 어떻게 결혼하실 수 있겠습니까? 폐하께서도 아시리라 믿지만, 기독교도들 사이에서 그것은 불법이지요." 콘스탄티노스 7세도 재빨리 올가의 거부 의사를 받아들였던 것을 보면 그녀의 말을 불쾌하게 여겼던 것 같지는 않다. "올가, 그대가 나의 허를 찔렀소." 두 사람이 실제로 이런 대화를 주고받았는지는 모르겠지만, 아무튼 올가는 확실히 비잔티움 제국의 국교인 동방정교회로 개종했고, 결코 콘스탄티노스 7세와 결혼하지 않았다.

그다음에는 루스 군주국으로 선교단을 파견해 달라는 올가의 청을 콘스탄티노스 7세가 거절했다. 그러자 올가는 독일로 방향을 돌려 오토 1세에게 선교단을 파견해 달라고 요청했다.[39] 하지만 오토 1세도 이렇다 할 조치를 취하지 않았다. 이 일화를 통해 알 수 있는 것은 루스 군주국이 도움을 청한 순서는 비잔티움 제국이 먼저, 그다음이 오토 왕조였다는 것이다. 10세기 중엽에 묻힌 여자들의 목에 십자가가 걸려 있었던 것이 말해 주듯, 올가의 키예프 백성들 중에는 이미 기독교로 개종한 사람들이 있었다. 963년에는 스뱌토슬라프 1세가 권력을 승계해 올가의 섭정은 끝났고,[40] 스뱌토슬라프 1세는 개종을 거부했다.

스뱌토슬라프 1세가 집권하던 시절에 그의 지배 영역에서 가장 중요한 두 도시는 노브고로드와 키예프였다. 이 중 북쪽에 위치한 노브고로드는 방어하기가 쉬웠고, 1000년 무렵에는 최초의 성채도 건설되었다. 그보다 남쪽의 드네프르강 부근 서쪽 고지에 위치한 키예프는 남북 교역의 중심지 역할을 하는 도시였는데, 1000년 무렵에는 인구가 수천 명이었다.

스뱌토슬라프 1세도 그를 앞서간 수많은 전사 집단의 지도자들과 마찬가지로, 그의 사후에 아들들이 계승할 영역에 관한 유언을 남기고 죽었다. 노예 소녀가 낳은 블라디미르 1세에게는 노브고로드를, 그의 이복형제 야로폴크 1세Yaropolk I에게는 키예프를 물려준다는 내용이었다. 하지만 으레 그렇듯 계승은 그의 계획과 달리 순조롭게 진행되지 않았다. 아들들 사이에 무자비한 권력투쟁이 벌어진 것이다. 980년에는 8년간의 투쟁 끝에 블라디미르 1세가 스칸디나비아 용병들을 이끌고 키예프를 침공해 이복형제 야로폴크 1세를 죽이고 도시의 지배권을 획득했다.[41]

블라디미르 1세가 자신의 위치가 위태롭다는 사실을 깨닫고, 할머니 올가 때부터 알고 있던 기독교로 개종할 것을 고려한 것이 그 시기였다. 그는 자유가 없는 하녀의 자식이었다. 따라서 정통성을 얻고 싶었고, 형제 살해자라는 오명도 극복할 필요가 있었다. 그 밖의 다른 문제도 있었다. 블라디미르 1세가 즉위한 것과 동시에 재정 위기가 초래된 것이다. 1000년 이후에 일어난 유럽의 은 부족 사태가 원인이었다. 블라디미르 1세는 루스인들의 주요 소득원이던 노예무역으로 벌어들이는 수입의 감소 사태에 직면했다.

블라디미르 1세는 신의 도움을 얻을 요량으로 번개의 신 페룬Perun을 비롯해 루스인들이 숭배하는 전통적인 신 여섯의 조상을 세웠다. 그런 한편으로 루스인들에게는 공통의 신앙이 없어 통일된 정체성이 없고 그것이 백성들에 대한 그의 지배권을 약화시킨다는 사실을 깨달았다. 그의 정적이 경쟁하는 신을 중심으로 지지자들을 규합해 자신의 지배에 쉽게 도전할 수 있는 것도 그 때문이라고 생각했다.

블라디미르 1세는 모든 백성에게 충성을 요구하기에 좋은 종교를 찾기 시작했다. 적절한 종교를 찾아 백성에게 개종을 요구하면 다른 신들에 대한 숭배를 금지할 수 있고, 정적들이 정부에 도전하는 것도 막을 수 있다고 본 것이다.

그렇다고 블라디미르 1세만 그런 생각을 했던 것은 아니다. 그 무렵에는 다른 군주들도 이웃한 나라들의 종교 의례를 알아보기 위해 주변국들로 사절을 보냈다. 하지만 그들이 설령 하나의 종교를 택한다고 해도 한 선교단으로부터 들은 것이 전부여서, 교의에 관해서는 아는 것이 없었다. 그런데도 본인과 백성을 위해 어느 종교를 택하는 것이 좋을지에 관해 그들은 심사숙고했다.

그럴 만한 이유가 있었다. 종교를 잘만 선택하면 얻는 것이 많았기 때문이다. 강력한 신을 섬기면 큰 교회에 속할 수 있다는 이점이 있었고, 같은 종교를 가진 다른 지배자들과 제휴할 희망도 가질 수 있었다. 실제로 그런 식의 접촉이 늘면서 1000년 무렵에는 개종의 군집화가 이루어졌고, 나이기 그 현싱은 교역과 방어를 위해 지금도 존재하는 형태와 놀랄 정도로 유사한 대규모 종교 블록의 형성으로 이어졌다.

『러시아 원초 연대기』에 따르면 986년에 블라디미르 1세에게 선교단을 보낸 곳은 네 나라였다. 유대교를 믿는 하자르국, 이슬람교를 믿는 불가리아 지배 지역, 로마가톨릭을 믿는 오토 왕조의 독일, 동방정교회 국가인 비잔티움 제국이었다.

이중 하자르의 유대교에 관해서는 그 나라 사절에게 보인 반응에서도 나타나듯, 블라디미르 1세도 조금은 알고 있었다. 100여 년 전에 유대교로 개종한 하자르는 돈강 상류 지역과 볼가강 하류 지역 사이의 너른 영토를 지배하고 있었다. 이런 위치에 있다 보니 비잔티움 제국의 종교인 기독교와 아바스 칼리파 왕조의 종교인 이슬람교 사이에서 타협점이 될 수 있을 것으로 보고 유대교를 택한 것 같았다.[42] 기독교와 이슬람교 모두 유대교를 정통 종교로 인정했기 때문이다. 하지만 블라디미르 1세는 유대교 쪽으로는 선뜻 마음이 가지 않았다. (북부 이라크, 예멘, 북아프리카의 몇몇 초기 지배자가 유대교로 개종하기는 했지만) 인근에 유대교를 믿는 강력한 동맹국이 없었기 때문이다. 실제로 유라시아에는 하자르를 제외하면 유대교를 믿는 나라가 하나도 없었다.

하자르는 일상적인 행정 업무를 보는 베그beg로 불린 왕과 카간kaghan으로 불린 명목상의 국가수반 체제로 운영된 이중 왕국이었다. 800년에서 810년 사이의 어느 무렵에 유대교로 개종한 사람은 아마도 (카간이 아닌) 왕이었을 것이다. 하지만 이 개종은 백성들에게까지는 영향을 미치지 못했다.[43]

837년에서 838년 사이에는 카간도 유대교로 개종했던 듯, 하자르에서는 주화 3종이 새롭게 주조되었다.[44] 그중 가장 유명한 것이 지금은 일곱 개밖에 남아 있지 않은 모세 디르함이다. 은으로 만들어지고 아랍어가 새겨진 이 은화는 아바스 왕조가 주조한 디르함과 모양이 거의 유사했다. 차이가 있다면 주화에 새겨진 아랍어 문구가 "무함마드는 신의 사자다."가 아닌 "모세는 하느님의 사자다."라는 것뿐이었다.

하자르의 개종은 점진적이고 부분적으로 진행되었다. 페르시아의 지리학자 이븐 알파키Ibn al-Faqih도 902년 또는 903년에 쓴 글에서 "하자르인은 모두 유대교도이지만, 그들이 유대교로 개종한 것은 최근의 일이다."[45]라고 언급했다. 하자르의 지배층뿐 아니라 일반인들도 유대교도였다는 것을 나타내는 단서를 찾으려고 한 고고학자들의 노력도 무위로 끝났다. 다양한 낙서와 그림이 그려진 벽돌 수천 개를 샅샅이 조사해 보았지만, 메노라menorah[7]도, 다른 유대교 상징도 찾지 못했다.

기록 사료에는 나타나지만 고고학적 물증은 찾지 못하는 상황에 역사학자들은 종종 직면한다. 이 경우에는, 만일 기록 사료가 맞는다면 하자르는 예루살렘 제2성전이 파괴된 기원후 70년과 현대의 이스라엘이 창건된 1948년 사이에 존재한 최대의 유대교 국가가 된다.

『러시아 원초 연대기』의 내용으로만 보면 하자르는 유대교의 계율을 엄수했던 것 같다. 연대기에는 986년 무렵에 하자르의 사절이 키예프의 블라디미르 1세를 찾았을 때 '할례', 돼지고기나 토끼 고기의 취식 금지, 안식일 준수가 포함된 유대교의 교의에 중

---

7   유대교의 제식 때 쓰이는 여러 갈래의 촛대로, 오늘날 이스라엘의 국장에도 그려져 있다.

점을 두어 이야기하면서, 그를 유대교로 개종시키려고 했다는 내용이 나온다. 토끼 고기의 취식 금지는 유대교의 특징적인 식사 계율이었으므로 하자르족도 토끼 고기를 먹지 않았을 개연성이 있다. 고고학자들이 발견한, 토끼의 발로 만든 다수의 다산 기원 부적도 하자르인이 토끼를 신성하게 여겼을 가능성을 시사한다.[46]

하자르의 사절은 유대교도이면서도 유대교의 발상지인 예루살렘에 살지 않는 이유에 관해서는 이렇게 해명했다. "하느님이 우리의 선조에게 노했고, 그래서 죄를 묻기 위해 이방인들 사이에 흩어져 살게 했다."라는 것이었다. 블라디미르 1세는 이 말을 듣자 사절의 개종 권유를 단칼에 거절했다. "신이 당신네들을 낯선 땅에 흩어져 살게 한 것은 하자르와 하자르의 신앙을 사랑하지 않았기 때문이 아니겠소. 그런데도 당신들은 내가 그런 운명을 감수하리라 기대하는 거요?" 사절에게 보인 반응으로 볼 때 블라디미르 1세는 당시에 예루살렘이 유대인의 통치하에 있지 않았다는 사실을 알고 있었던 것 같다.[47] (당시에 예루살렘은 이슬람교의 시아파에 속한, 이집트 파티마 왕조의 지배하에 있었다.)

블라디미르 1세는 세력이 약해지는 나라의 종교로는 개종하고 싶지 않았다. 그는 자기가 다스리는 나라보다 더 강력한 동맹국을 찾고 있었다. 이듬해에 개종을 권유한 곳들에 대표단을 보낼 때도 당연히 그는 하자르를 제외했다.

두 번째 후보인 볼가 불가리아는 하자르보다는 한층 강했다. 그 불가리아 사절단이 986년에 블라디미르 1세를 찾아와 이슬람교의 창시자 무함마드의 가르침에 관해 말해 준 내용은 다음과 같았다. 무함마드는 "신도들에게 할례를 하고, 돼지고기를 먹지 말며, 술도 마시지 말라고 명령했다." 또한 남자 신도들에게는 사후에 '미녀 일흔 명'을 주겠다는 약속도 했다. 그리하여 "그가 여자 하나를 고르면 다른 여자들의 미모를 그 여자에게 몽땅 몰아주고, 그녀는 그의 아내가 될 것이다. 그리고 그는 무함마드의 약속에 따라 여자 한 명으로도 모든 욕망을 충족할 수 있을 것"이라는 말이었다. 여기서 '미녀fair woman'로 번역된 아랍어는 본래 검은 눈동자와 뚜렷이 대비되는 순백의 눈을 의미하는 말로, 최고로 아름다운 처녀들만 가지고 있다고 믿어진 특징이었다.[48]

『러시아 원초 연대기』의 이 부분을 기록한 저자는 친기독교적이었다. 따라서 천국에서 누리게 될 성적 즐거움도 모욕하는 의미로 썼다. 저자는 불가리아 사절이 "음란해서, 차마 글로는 옮기지 못할 부적절한 말도 했다."라는 말도 연대기에 덧붙였다. 그러면서 이슬람교로 개종할 것을 권하는 사절에게 블라디미르 1세가 "음주는 루스인의 낙이라오. 그런 즐거움이 없으면 우리는 못삽니다."라고 말하며 일거에 거절했다고 썼다.

『러시아 원초 연대기』가 이야기하는 핵심 포인트는 명확하다. 유대교를 믿는 하자르나 이슬람교를 믿는 불가리아 모두 블라디미르 1세가 그 종교로 개종했을 때 그에게 실질적 이득을 제공할 정도로는 강하지 못했다는 것이다.

986년에 키예프를 찾은 세 번째 사절단은 로마가톨릭을 믿는 오토 왕조의 독일 사절단이었다. 당시에 독일은 로마가 포함된 이탈리아 지역들을 지배하고 있었고, 교황을 선출할 수 있는 위치에도 있었다. 따라서 사절단도 교황의 견해를 단순히 전달만 했다. "귀공의 나라나 우리 나라나 다를 것이 없습니다. 종교만 다를 뿐이죠." 거두절미된 이 대화는 로마 교회와 콘스탄티노플 교회 사이의 불화가 암시되어 있는 것으로 보아 나중에 삽입된 것이 분명하다.[49] 그러나 사실 986년에는 기독교계의 두 분파인 로마 교회와 콘스탄티노플 교회가 아직은 통합되어 있었다.

『러시아 원초 연대기』에는 사건들이 있는 그대로 정확하게 제시되어 있지 않다.[50] 블라디미르 1세가 개종한 부분만 해도 따로 떼어 내서 연대기의 다른 연도에 어설프게 짜깁기한 것이 분명하다. 로마가톨릭을 믿는 독일 역시 나중에 삽입하는 형식으로 연대기에 포함해 넣은 것이 거의 확실하고, 동방정교회, 이슬람교, 유대교의 전략을 지나치게 매끈하게 처리한 것도 의심을 살 만한 부분이다.

하지만 설령 당시의 정황(블라디미르 1세로서는 이웃 나라인 비잔티움 제국의 종교를 받아들일 수밖에 없었다는 점)을 명확히 하기 위해 내용 전체를 날조했다고 하더라도, 『러시아 원초 연대기』는 여전히 이 역사서가 쓰였던 1000년 직후에 유통된 종교의 유형들을 보여 준다. 이를 확인해 줄 수 있는 외적 자료도 있다. '블라디미르'라는 이름의 루스인 지배자가 친족 네 명을 화레즘으로 보내 이슬람교에 관해 알아보게 했다는 내용이 포함된 이슬람교도의 글이 그것이다.[51] 블라디미르 1세가 어느 종교로 개종할지 고심하면서 주변국들의 다양한 신앙 체계에 관한 정보를 적극적으로 얻으려고 했던 사실은 그 자료로도 확인된다.

『러시아 원초 연대기』는 한 학자가 창조, 예수의 십자가형, 심판의 날에 관해 완전한 설명을 제공하는 형태로, 비잔티움 교회의 교의에 책의 많은 부분을 할애하고 있다. 이른바 철학자의 연설로 알려진 이 내용은 연대기 편집자가 나중에 끼워 넣었을 공산이 크다.[52] 그래도 거기에는 중요한 사실이 내포되어 있다. 기독교 서적이 슬라브어로 번역되지 않는 한, 새로운 종교의 교리는 구두로만 전달될 수밖에 없었다는 것. 그러나 블라디미르 1세는 학자의 말을 듣고 몇 가지 질문을 하고 난 뒤 "조금 더 기다려 보겠다."라고 하면서, 또다시 어느 종교로 개종할지에 대한 선택을 미루었다.

그리고 987년에 블라디미르 1세는 귀족 및 도시 원로들의 조언을 구한 뒤 열 명으로 구성된 조언자 팀을 세 나라로 보냈다. 볼가 불가리아를 시작으로, 그다음에는 독일, 마지막으로 비잔티움 제국의 순서였다. 조언자 팀은 불가리아의 이슬람교와 독일의 로마가톨릭에는 거부 반응을 나타냈다.

그러나 콘스탄티노플에서는 압도되었다. 그들은 하기아 소피아 대성당을 방문한 뒤 블라디미르 1세에게 이런 보고문을 올렸다. "저희가 천국에 있는 것인지 지상에 있는 것인지 분간이 안 되었습니다. 지상에서는 그런 광휘나 아름다움을 본 적이 없기 때문입니다. 저희로서는 그것을 어떻게 묘사해야 할지 모르겠습니다. 저희가 아는 것은 그저 신이 주민들 사이에 거하시고, 그들의 의례가 타국들의 의례보다 아름답다는 것뿐입니다. 그 아름다움을 잊을 수가 없습니다." 하지만 블라디미르 1세는 정교회로 개종할 것을 만장일치로 권유하는 조언자들의 충언에도 불구하고 여전히 주저하기만 했다.

『러시아 원초 연대기』는 블라디미르 1세가 정교회로 개종하기로 결심한 일을 순차적으로 일어난 네 사건의 귀결로 설명한다. 첫 번째는 비잔티움 제국에 대항해 반란을 일으킨 바르다스

포카스Bardas Phokas의 군대를 그의 군대가 드네프르강 연안의 케르소네소스에서 격파한 것이었다. 두 번째는 그가 시력을 잃은 것이었고, 세 번째는 기독교 세례를 받은 뒤 그가 잃었던 시력을 회복한 것이었다. 네 번째이자 마지막은 블라디미르 1세가 비잔티움 황제 바실리오스 2세Basil II의 누이 안나Anna와 결혼한 것이었다.

동시대의 비잔티움과 독일의 관찰자들은 블라디미르 1세의 기독교 개종을 주요 사건으로 보지 않았다. 그들에게 그 일은 그저 비잔티움과 키예프 루스 간에 일어난 대수롭지 않은 지엽적 사건일 뿐이었다.

하지만 오늘날의 관점으로 보면 블라디미르 1세의 개종은 기독교계를 형성한 핵심적 사건이었다. 당시 그의 영역에는 프랑스의 두 배 크기인 40만 제곱마일(100만 제곱킬로미터)의 면적에 인구 500만 명이 살고 있었다. 그 상황에서 블라디미르 1세가 기독교로 개종했으니, 동유럽은 예루살렘도 아니고 로마도 아니고 메카도 아닌, 비잔티움 쪽에 서게 된 것이었다. 물론 루스인과 서유럽 사이의 경제적·문화적 관계는 이후에도 계속 강력하게 유지되었다.[53] 하지만 그들의 종교적 중심은 이제 하나였고, 그 중심은 비잔티움에 있었다.

블라디미르 1세와 같은 지배자가 새로운 종교로 개종하겠다는 결심을 할 때마다 종교 블록들 간의 경계에도 지각변동이 일어났다. 도표에 나오듯이 1000년 무렵에 다른 종교로 개종한 국가의 지배자들은 거의 예외 없이 주변의 한 국가 혹은 여러 국가와 제휴하는 쪽을 택했다. 그리하여 종교가 같아지면 그 나라들은 군사동맹을 맺는 것은 물론이고 주요 교역 상대도 되었다. 다른 종교를 믿는 나라들과도 접촉을 계속했지만, 종교를 공유하는 나라들과 더 밀접한 관계를 유지했다. 또한 그들은 종종 세계를 종교 블록으로 양분해 생각하기도 했다.

사람들도 이제 더는 어느 지역 출신이라는 하나의 정체성만을 보유하지 않았다. 고향에 머물러 지내는 사람까지도 포함해, 그들은 이제 그들의 출생지를 종교 블록의 일부로 생각하기 시작했고, 규모가 큰 집단 사람들과 자기들을 동일시하기 시작했다. 세계화의 핵심 단계로 진입한 것이었다.

1000년 무렵에 일어난 각국의 개종 현황

연도	민족	지배자	개종한 종교
900년대 초	하자르	(불명)	유대교
900년대 초	볼가 불가리아	(불명)	이슬람교
955년	카라한족	사투크 부그라 칸	이슬람교
960년 무렵	데인인	하랄드 블라톤	로마가톨릭
985년	셀주크족	셀주크 이븐 두카크	이슬람교
988년~989년	루스인	블라디미르 1세	비잔티움 동방정교회
990년대	노르웨이인	올라프 트뤼그바손 올라프 하랄손	로마가톨릭
991년	폴란드인	미에슈코 1세	로마가톨릭
999년~1000년	아이슬란드인	알팅그 의회	로마가톨릭
1000년 이후	가나인	(불명)	이슬람교

출처: Anders Winroth, *Conversion of Scandinavia*, 112-18, 162-63; Andreas Kaplony, "The Conversion of the Truks," in *Islamisation de l'Asie Centrale*, 319-38; Barbara H. Rosenwein, *A Short History of the Middle Ages*, 86; Peter B. Golden, "The Karakhanids and Early Islam," in *The Cambridge History of Early Inner Asia*, 362.

그렇다고 그들 모두가 기독교로 개종한 것은 아니었다. 블라디미르 1세가 다스리는 영역의 동쪽, 즉 아랄해 인근에는 튀르크계 오구즈족의 영토가 있었다.[54] 이븐 파들란도 921년과 922년 사이에 오구즈족의 영토를 지나칠 때 그들이 텡그리를 최고신으로 모시면서 샤먼들에게 조언을 자주 구하는 것을 목격했다. 또한 그는 그곳의 날씨가 이례적으로 춥다는 사실도 알아챘다.[55] 유럽이 중세 온난기로 접어드는 것과 때를 같이해 그 지역의 기온이 낮아지고 있었음을 보여 주는 징표였다. 900년대 말에는 다수의 오구즈족이 아랄해 동쪽에 정착했다. 그리고 그곳에서 그들의 지도자 셀주크 이븐 두카크Seljuk ibn Duqaq는 이슬람교로 개종했다. 한 사료에는 셀주크가 개종의 이유를 이렇게 설명했다고 나온다. "우리가 만일 (살고 싶고) 협정을 맺고 싶은(혹은 관습을 따르고 싶은) 나라의 종교를 받아들이지 않는다면 (……) 의지가지없는 외톨이 민족이 되고 말 것이다."[56]

이후 오구즈족의 그 일족은 셀주크의 추종자들이 지도자의 이름을 부족 이름으로 채택하면서 그들은 셀주크족으로 알려지게 되었다. 이 종족의 초기 역사에 관한 사료는 거의 없다시피 해서 정확히는 알 수 없지만, 셀주크 이븐 두카크가 이슬람교로 개종한 것도 필시 블리디미르 1세처럼 힘을 강화하기 위해서였을 것이다. 그가 개종한 1000년 무렵만 해도 그의 부족은 중앙아시아에 산재한 여러 종족 가운데 하나일 뿐이었다. 그랬던 것이 1000년대 중엽 그의 손자들 대에 이르러서는 셀주크 왕조가 주요 이슬람 국가들 가운데 하나가 되었다.

그 무렵에는 스칸디나비아의 몇몇 지배자도 기독교로 개종했다. 덴마크 왕 하랄드 블라톤Harald Bluetooth(910년~985년)도 그중 하나였다. 블라디미르 1세와 마찬가지로 비非기독교도로 성장했던 그는 960년대에 덴마크를 통합하고 노르웨이에 대한 임시 지배권도 획득했다. 그래서 자기의 새 왕국을 통합하는 데 일신교인 기독교가 힘이 될 것으로 생각하고 기독교로 개종하겠다고 결심한 것이었다.(컴퓨터와 휴대전화를 연결해 주는 기술 '블루투스Bluetooth'도 덴마크와 노르웨이를 통합한 하랄드의 별명인 '푸른 이빨'에서 따온 명칭이다.)

지배자가 주요 종교로 개종하면 통치에 도움이 될 성직자도 가까이할 수 있었다. 성직자에게는 읽고 쓰고 계산하는 능력이 있었으므로 블라디미르 1세 같은 군주들은 그들의 힘을 빌려 지배권을 강화할 수 있었다. 게다가 1000년 무렵에는 그런 능력의 중요성이 점점 커지고 있기도 했다. 지배자를 도와 문서를 작성해 줄 유식한 관리들과 세금을 계산할 줄 아는 세무 관리들이 필요했기 때문이다.

988년 또는 989년에 블라디미르 1세가 개종한 뒤에는 그의 백성들도 드네프르강에서 집단 세례를 받았다.[57] 그러나 블라디미르 1세가 개종한 뒤 한 세기가 지나도록 교회에서 결혼한 사람은 왕족과 귀족뿐이었다. 같은 루스인 영역이라고 해도 주교의 손길이 미치지 않는 곳에서는 일반인들이 새로운 종교의 가르침을 받아들이는 속도가 더뎠다. 정부 관리와 접촉하는 일이라고 해 봤자 1년에 한두 번 정도 모피 공물을 낼 때가 유일했기 때문이다.[58] 또한 집단 세례를 받은 사람들에게 별도의 종교 교육이 제공되지 않아 전통 신들에 대한 숭배도 계속되었다.

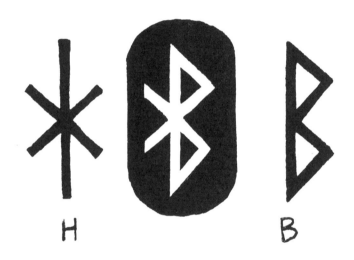

스웨덴의 전기통신 기술자들이 창안한 블루투스 로고. 하랄드 블라톤의 두 머리글자 H와 B에 해당하는 룬 문자들을 결합해 만들었다. (삽화: 어밀리아 사전트)

블라디미르 1세는 개종을 마치자 영역 내 다양한 지역들의 주교도 임명했다. 그에 따라 키예프가 콘스탄티노플 총대주교구 밑의 대주교구가 되어, 도시 반경 150마일(250킬로미터)에 드는 드네프르강 중류 지역이 가장 왕성한 종교 활동이 벌어진 기독교 중심지가 되었다.[59]

기독교적 관행들 중에는 큰 호소력을 가진 것도 있었다. 블라디미르 1세도 유골에 세례를 베풀어 주기 위해 그와 계승 다툼을 벌였던 두 형제 올레크Oleg와 야로폴크 1세의 시신을 땅에서 파냈다. 하지만 기실 그것은 기독교의 표준 관행에 어긋나는, 교회가 금지하는 행위였다. 그래도 블라디미르 1세는 그렇게 하는 것이 자신과 백성의 도리에 맞는다고 보고 죽은 자들에게 예를 갖추었다.

블라디미르 1세가 받은 세례는 몇백 년에 걸쳐 진행되는 것이 보통인 기독교화 과정의 첫 단계일 뿐이었다. 지배자가 새로운 신앙 체계로 개종한 나라들은 예외 없이 모두 그 과정을 거쳤다. 블라디미르 1세의 백성도 기독교 이전에 믿었던 종교들을 버리고, 새 종교의 가르침을 익히며, 주교와 성직자의 지도를 받아 충실한 신자가 되기까지 오랜 세월이 걸렸다. 소규모 요새 도시와 새로 정복된 지역들이 기독교로 개종한 것은 1100년대였고, 교구들의 네트워크가 갖추어진 것은 1200년대였다. 키예프 루스의 전 주민이 기독교 교리를 받아들인 것도 다수의 비잔티움 장인이 노시에 들어와 대공국 전역에 교회들을 세운 뒤였다. 1000년 무렵에는 세계화가 그런 식으로 진행되었다. 요컨대 그 시대에는 지배자가 개종하면 심지어 농촌 사람들마저도 까마득히 먼 곳에 중심을 둔 교회의 의식을 받아들여야 했던 것이다.

블라디미르 1세가 개종할 무렵에는 콘스탄티노플 교회의 힘이 바티칸의 로마 교회보다 훨씬 강했다. 그랬던 것이 200년도 지나지 않아 로마 교회가 콘스탄티노플 교회를 제치고 기독교계의 최강자가 되었고, 교황의 영향력도 콘스탄티노플 총대주교보다 훨씬 커졌다. 비잔티움 제국이 영토를 상실한 1000년에서 1200년 사이의 기간에 서유럽은 폭발적 성장을 경험했다.[60] 바티칸과 콘스탄티노플 간의 관계를 바꾸어 놓은 것이 이 변화였다. 그리고 일단 기독교 교회의 중심이 되자, 로마는 그 지위를 결코 잃지 않았다.

로마 황제(콘스탄티누스 1세)가 기독교를 공인한 4세기에 기독교 교회는 안티오키아, 알렉산드리아, 예루살렘, 콘스탄티노플, 로마의 다섯 개 교구를 보유하고 있었다. 이 중 첫 네 개 교구의 최고 성직자는 총대주교의 직위를 가졌고, 로마의 주교는 교황으로 알려졌다. 하지만 호칭만 다를 뿐 서열은 같았기 때문에 그 누구도 교회의 수장 역할은 하지 않았다.

그 교구들의 총대주교들은 알렉산드리아, 안티오키아, 예루살렘이 630년대와 640년대에 무슬림의 통치를 받게 되었을 때도 기독교도의 무리를 계속 이끌었다.[61] 그러나 비무슬림 지역의 교회를 관장하는 것은 아무래도 로마 교황과 콘스탄티노플 총대주교였기 때문에 두 사람이 기독교계를 대표하는 최고 성직자가 되었다. 블라디미르 1세가 정교회로 개종할 무렵에는 두 교회의 예배 방식에도 차이가 있었다. 동방정교회는 전례 때 그리스어를 사용한 반면에, 로마 교회는 라틴어를 사용한 것이다. 동방정교회의 성직자들이 수염을 기르고 서방 교회의 성직자들은 수염을 기르지 않은 것도 양측의 다른 점이었다. 또한 동방정교회는 성찬례 때 누룩으로 발효시킨 빵을 사용한 반면에,[62] 서방 교회는 발효시키지 않은 빵을 사용했다.

1053년에는 노르드인 조상을 둔, 남부 이탈리아의 노르만 지배자들이 부근의 비잔티움 영토를 공격했다. 이에 교황은 자신의 입지를 강화할 기회를 감지하고, 노르만 군대에 반격을 가했으나 도리어 사로잡혀 포로가 되었다. 혹자는 이럴 때 노르만족이라는 공통의 적을 앞에 두고 있으니 로마와 비잔티움이 협력했으리라 생각할 수도 있겠지만, 실제로는 정반대의 일이 벌어졌다.

1054년에 인질 상태에서 풀려난 교황이 콘스탄티노플 총대주교에게 편지 두 통(그중 하나는 1만 7000개의 단어로 된 장문의 편지였다.)을 보냈다. 그는 로마와 콘스탄티노플의 지위가 동등하다는 견해를 받아들이기를 거부하면서,[63] 로마 교회가 사실상 딸들(예루살렘, 안티오키아, 알렉산드리아, 콘스탄티노플의 교회)을 거느린 모(母)교회라고 주장했다. 그리하여 양측의 강경파들 사이에 설전이 격화되자 교황은 콘스탄티노플 총대주교를 파문했고, 총대주교도 교황 사절로 온 로마 추기경을 파문하며 맞불을 놓았다. 하지만 그 모든 신랄한 설전에도 불구하고 동시대 사람들은 1054년의 동서 교회 분열을 영구적인 것으로는 보지 않았다.[64]

두 교회의 갈등은 비잔티움 제국이 영토를 대거 상실한 때와 맞물려 일어났다. 1071년에는 셀주크튀르크가 터키 동부에서 벌어진 만지케르트 전투에서 비잔티움 군대를 격파하고 아나톨리아의 중심부에 있던 제국의 곡창지대 대부분을 차지했다. 같은 해에 노르만족이 이탈리아 동해안의 도시 바리를 정복한 것도 비잔티움에는 만지케르트 전투의 패배만큼이나 치명적이었다. 그로 인해 남부 이탈리아에 있던 제국의 모든 영토를 잃게 되었기 때문이다.

그렇기는 해도 그 무렵에는 아직 콘스탄티노플 교회가 기독교권의 중심이었다. 당시에 로마 교회는 갈등에 휘말려 있었다. 독일왕 하인리히 4세Heinrich IV가 교황권을 강화하려 하는 그레고리오 7세Gregorio VII의 시도에 맞서 1084년에 로마로 진격해 교황을 폐위하고 역사가들이 대립 교황으로 부르는 교황을 새로 옹립한 것이었다.

기독교권의 중심이 콘스탄티노플에서 로마로 옮겨 가는 데는 그로부터 120년(1084년에서 1204년까지)이 걸렸다. 그 일은 루스인 지도자들이 서유럽에 열중해 있지 않을 때 벌어졌다. 그때 일어난 일[8]은 너무도 복잡하고 관련된 인물도 많아 여기서는 두 가지 주요 전개 과정에 초점을 맞추어 이야기하려고 한다. 첫 번째로는 콘스탄티노플을 눈여겨보면서 도시 주민들이 그곳의 이탈리아인 거류민들에게 왜 그토록 화났었는지 살펴볼 것이다. 그 다음에는 시야를 넓혀 제4차 십자군이 어떤 식으로 로마 교회가 강화되는 데는 기여하고 콘스탄티노플은 파괴되는 지경으로 몰고 갔는지 살펴볼 것이다.

콘스탄티노플의 이탈리아인 공동체가 밟아 온 역사에는, 제

---

8   제4차 십자군 원정을 가리킨다.

법 많은 외국인이 교역하러 그곳에 들어왔다가 (이따금 현지 여성과 결혼하는 방식으로) 가정을 꾸린 뒤 주변인들과 철저히 담을 쌓고 살았던, 세계화의 또 다른 측면이 드러난다. 이 모든 문제는 만지케르트 전투에서 패한 지 10년이 지난 후인 1081년에 알바니아[9]가 노르만족의 공격을 받자 비잔티움 황제가 콘스탄티노플의 베네치아 상인들에게 지원을 요청한 것에서 비롯되었다.

그 무렵 몇몇 이탈리아 공화국은 최고의 번영을 구가하면서 강력한 군대도 보유하고 있었고, 베네치아는 그중에서도 가장 부유했다.[65] 그런 베네치아가 지원을 대가로 제국의 거의 모든 지역에서 자국 상인들이 장사할 권리를 달라고 하자 황제는 그 요구를 들어주었다. 상업세도 면제해 주었다.[66]

후임 황제들이 뒤늦게 베네치아에 너무 많은 것을 주었다는 것을 깨닫고 특권의 규모를 줄이려고 했지만, 그때마다 베네치아가 공격해 와서 뒤로 물러설 수밖에 없었다. 이에 황제는 베네치아의 경쟁 도시들에 힘을 실어 주면 베네치아가 한풀 꺾일 수도 있을 것이라는 생각에 콘스탄티노플의 베네치아인 거류지 바로 옆에 피사와 제노바의 거류지를 만들어 주겠다고 두 도시의 상인들에게 제안했다. 세금 감면 혜택도 부여해 주었다. 하지만 이들이 받은 그 어느 혜택도 베네치아인들이 누린 관대한 혜택에는 미치지 못했다.

따지고 보면 베네치아 상인들은 자유무역 지대의 세금 우대 혜택을 보려고 애쓰는 현대의 기업인과 다를 바 없이 행동한 것이

---

9   당시에는 비잔티움 제국이 다스리는 일리리아 속주였다.

었다. 베네치아인들은 그 어느 비잔티움인도 넘볼 수 없는 방대한 규모의 기업체들을 갖게 되었다. 1148년에 도시의 베네치아인 인구가 1만 명 가까이에 이르렀을 때는 황제 마누일 1세Manuel I가 그들에게 더 큰 구역을 거류지로 제공했다.

이윽고 콘스탄티노플 거리에서는 특권을 누리는 베네치아인과 그에 분개하는 현지인들 사이에 난투극이 빈발했다. 1149년에는 이오니아 제도에 있는 케르키라섬(코르푸섬)에서 사건이 하나 터졌다. 장터에서 발생한 사소한 싸움이 본격적 전투로 비화된 것인데, 이에 비잔티움 해군이 출동해 베네치아인들을 몰아내려고 하자 베네치아는 가까운 섬의 항구로 해군을 출정시켜 황제의 전함을 억류했다. 베네치아인들은 배에 올라 에티오피아인을 황제로 둔갑시킨 가짜 대관식도 열었다. 에티오피아인을 황제로 둔갑시킨 행위에는 명백히 인종적 조롱의 뜻이 담겨 있었다.[67] 마누일 1세는 얼굴이 검기로 유명했기 때문이다.

피사인, 제노바인, 베네치아인들 사이에도 긴장이 조성되면서 상황은 악화일로를 걸었다. 1171년에 베네치아인들이 제노바인 거류지에서 난동을 부렸을 때는 마누일 1세가 도시의 베네치아인 전원을 체포하고 재산도 몰수했다.[68] 아녀자들도 예외가 아니었다.

계속 끓어오르던 긴장은 10년 뒤에 결국 폭발하고 말았다. 그 무렵 도시에는 피사인과 제노바인이 거의 전부를 차지한 이탈리아인 6만 명이 살고 있었다.(베네치아인들은 10년 전에 도망쳤거나 감옥에 갇혀 있었다.) 마누일 1세 이후에 즉위한 황제와 그에 도전하는 경쟁자 간에 제위 다툼이 벌어진 혼란의 와중에 일부 주민이 폭동을 일으켜 이탈리아인 수천 명을 학살한 것이었다. 이른바 라틴인 학살(1181년)로 불리는 사건이었다.

그 도시의 주민과 거류민들이 모두 기독교도였는데도 정교회 성직자들은 이탈리아어를 쓰는 가톨릭 성직자라면 무조건 공격하라고 신도들을 부추겼다. 군중이 교황 대리인의 목을 잘랐고, 잘린 머리를 개 꼬리에 매달고 거리를 누볐다. 살아남은 이탈리아인 4000명은 셀주크튀르크족에 노예로 팔았다. 라틴인 학살은 콘스탄티노플 주민과 외국 상인들 간의 관계뿐 아니라 비잔티움 교회와 로마 교회 간의 관계도 바닥으로 끌어내린 사건이었다.

그 사건들은 때 이른 세계화의 힘이 번영뿐 아니라 깊은 원한도 함께 불러옴으로써 사람들의 삶을 얼마나 빠르게 변하게 했는지 알 수 있게 해 준다. 콘스탄티노플의 이탈리아인 거류지는 불과 한 세기 만에 인구가 6만 명으로 불어났다. 이탈리아 상인들은 세금 감면 혜택을 이용해 그 어느 비잔티움인보다 많은 부를 축적하기도 했다. 게다가 그들은 거만하게 행동하면서 원주민들을 멀리했고, 이에 분격한 주민들이 같은 기독교도인 그들을 대량으로 학살한 것이었다. 라틴인 학살은 갖지 못한 자들이, 1퍼센트에 속한 자들이라고 해도 좋을, 가진 자들을 공격한 고전적 사례였다.

그러나 콘스탄티노플을 진정으로 몰락시킨 것은 외부에서 일어난 사건이었다. 라틴인 학살로 이어지게 한 사건이 일어난 것과 때를 같이해 서방에서 십자군 운동이 일어난 것이었다. 로마 교회와 비잔티움 교회는 1054년의 대분열 이후에도 계속 다투었다. 하지만 이 상황은 1088년에 교황으로 즉위한 우르바노 2세

Urbano II가 타협안을 중재할 수 있는지 알아보기 위해 비잔티움 황제에게 손을 내밀면서 바뀌기 시작했다. 우르바노 2세는 대립 교황에게 맞서 자기 위치를 강화하기를 원했다. 비잔티움 황제 알렉시오스 1세Alexios I도 그에 동조해 두 교회의 불화를 논의하기 위한 성직자 회의에 사절단을 보내기로 약속했다.[69]

그리고 그 일이 있은 지 7년이 지난 1095년에는, 알렉시오스 1세가 아나톨리아의 무슬림 세력과 대적하기 위해 우르바노 2세에게 지원을 요청하자 교황도 도와주겠다고 답했다. 교황은 프랑스의 클레르몽으로 이동해 셀주크튀르크 지배하에 있는 예루살렘을 되찾아 오자고 교회 지도자들에게 호소했다.[70]

하지만 교황의 부름에 응해 결성된 십자군은 강력한 군대도 통합된 군대도 이루지 못했다. 평범한 남녀들로 구성된 군중 십자군은 심지어 정식 십자군이 출발하기도 전에 육로를 통해 콘스탄티노플로 갔다. 독일의 라인 계곡을 통해 돌아오는 길에는 또 마인츠, 쾰른, 슈파이어, 보름스에 사는 유대인들을 공격 목표로 삼아 그들을 집단으로 살육하며 개종을 강요했다.

제1차 십자군은 유럽을 출발할 당시에는 5만 명이었다. 그랬던 것이 예루살렘에 도착했을 무렵에는 1만 명으로 줄어 있었고, 그 1만 명 중에서도 기사의 갑옷을 제대로 갖추어 입고 적과 교전한 인원은 귀족이 대부분이었던 1500여 명뿐이었다. 하지만 그러한 여건 속에서도 그들은 예루살렘을 함락시키는 데 성공했다. 십자군의 예루살렘 정복은 서유럽 국가들에, 그리고 특히 교황 우르바노 2세에게 중요한 상징적 승리를 안겨 주었다.

기독교 세력이 예루살렘을 지배한 88년 동안 유럽 군대는

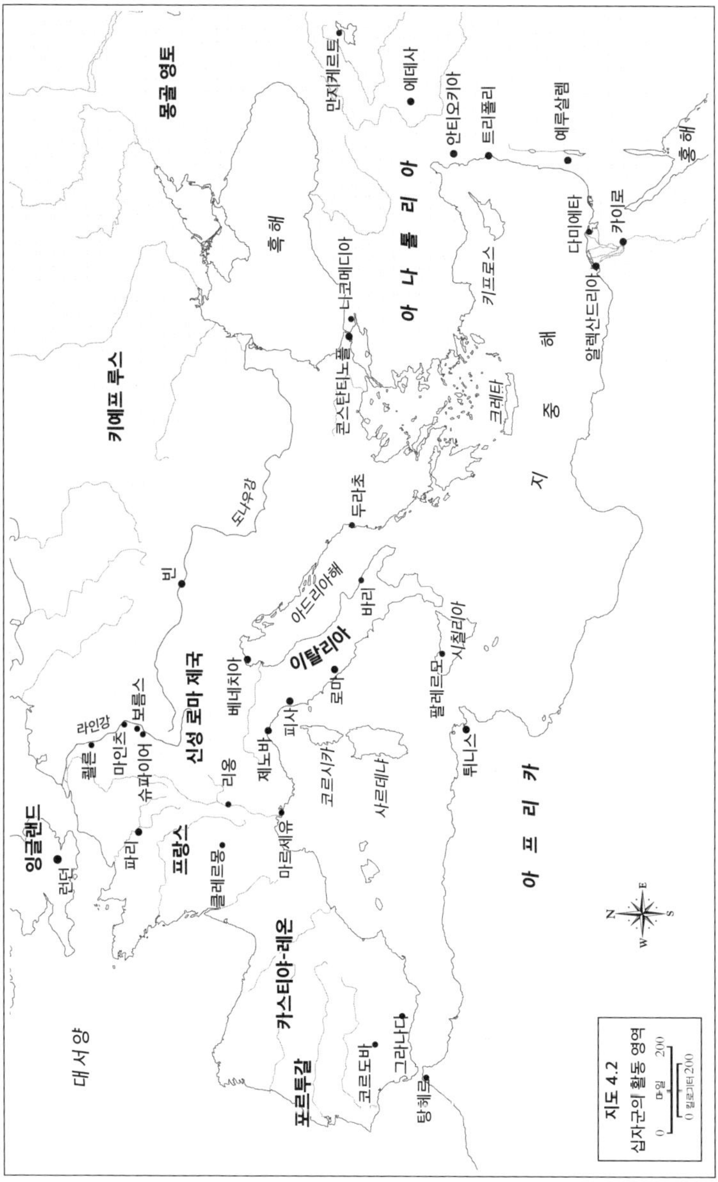

지도 4.2
십자군의 활동 영역

몽골 영토

흑해

키예프 루스

신성 로마 제국

아나톨리아

콘스탄티노플

니코메디아

크레타

두라초

지중해

키프로스

알렉산드리아

다미에타

카이로

홍해

예루살렘

트리폴리

안티오키아

에데사

만지케르트

잉글랜드

런던

프랑스

파리

클레르몽

마인츠

슈파이어

쾰른

보름스

라인강

리옹

제노바

빈

도나우강

아드리아해

이탈리아

베네치아

로마

바리

시칠리아

팔레르모

마르세유

코르시카

사르데냐

튀니스

아프리카

포르투갈

카스티야-레온

코르도바

그라나다

탕헤르

대서양

N E S W

0   200
마일

0 킬로미터 200

예루살렘 주변 지역의 통제권을 보유하기 위해 무진 애를 썼다. 하지만 그럼에도 성지 북동쪽에 위치한 에데사가 그 지역의 무슬림 세력에 점령당하자 유럽 국가들은 1147년에 제2차 십자군을 일으켰다. 하지만 이 십자군도 상실한 영토를 회복하지는 못했다. 이집트의 파티마 왕조를 무너뜨렸고, 새롭게 아이유브 왕조를 창건했으며, 셀주크튀르크와도 제휴한 이슬람의 뛰어난 장군 살라딘Saladin에게도 십자군은 적수가 되지 못하는 것으로 드러났다. 1187년, 살라딘의 군대에 예루살렘을 도로 빼앗겼으니 말이다.

예루살렘이 함락되자 유럽인들은 제3차 십자군을 또 소집했다. 사자심왕 리처드 1세Richard I가 포함된 잉글랜드 군대와 프랑스 분견대는 십자군에 비협조적 태도를 보이는 비잔티움 황제 때문에 콘스탄티노플을 우회해 예루살렘에 도착했다. 하지만 성지를 탈환하는 데는 실패했다.

서유럽과 비잔티움 제국의 악화된 관계는 인노첸시오 3세 Innocenzo III 교황이 1201년에 착수한 제4차 십자군 기간에 바닥을 쳤다. 그 일은 제4차 십자군 지도자들이 베네치아 정부로부터 부족한 원정 비용을 빌리고 그것을 갚을 수 없게 되자 콘스탄티노플을 약탈하기로 마음먹으면서 시작되었다. 십자군은 하기아 소피아 대성당의 제단을 박살내고 보석과 귀금속을 탈취해 자기들끼리 나누어 가졌다.

콘스탄티노플에 대한 1204년의 약탈이 끝난 뒤에도 십자군은 예루살렘으로 진군하지 않고 도시에 눌러앉았다. 그러고는 그곳에서 재위 중인 황제를 몰아내고 서방인을 황제로 내세운, 1261년까지 지속될 라틴 제국을 수립했다. 이 일을 겪은 뒤로 비잔티움 제국은 결코 예전의 힘을 회복하지 못했다. 1400년대 초 무렵에는 제국의 지배력이 수도 콘스탄티노플에만 겨우 미쳤고, 1453년에는 콘스탄티노플마저 무슬림 세력인 오스만튀르크군에 함락되었다. 콘스탄티노플의 함락으로 기독교권과 이슬람권의 경계는 지금과 같은 모습으로 재편되었다. 다시 말해 기독교 군주들이 지배하는 주로 지중해 북쪽에 치우친 지역으로, 그리고 성지 예루살렘을 포함해 무슬림 통치자들이 지배하는 지중해 남쪽 유역으로 재편된 것이다.

오늘날의 유럽이 동방정교회와 로마가톨릭 영역으로 분리된 일은 블라디미르 1세가 비잔티움 제국의 기독교로 개종하기로 결심하고, 이후 몇백 년에 걸쳐 로마 교회가 부상한 것에 기인한다. 그러나 알고 보면 같은 기간인 1000년에서 1200년 사이의 기간에는 이슬람권도 팽창했다. 그것이 다음 장의 주제가 된다.

5장 | 세계 최고의 부자

기원후 1000년에도 힘 있고 부유한 이웃이 가까이에 있고, 그것이 기회가 될 수 있다는 것을 알아볼 수 있을 만큼 감각이 있으면 지금처럼 사업 기회를 포착할 수 있었다. 동아프리카와 서아프리카의 지배자와 상인들이 그랬다. 그들도 동유럽의 루스인들처럼, 노예와 금을 대량으로 사들이는 바그다드와 이슬람권의 다른 주요 도시들의 수요자들에게 마케팅을 하면 상업적 이득을 볼 수 있으리라는 사실을 간파한 것이다. 아프리카인들은 그렇게 번 돈으로 유리구슬, 중국과 이란의 도자기, 비단, 면직물을 샀다.

아프리카의 바깥 지역과 새롭게 맺은 관계는 교역뿐 아니라 폭넓은 종교적 변화도 가져왔다. 아프리카의 지배자, 상인, 일반인들이 이슬람교를 받아들이면서 그 새로운 종교가 아프리카 동해안을 따라 서아프리카의 세네갈강 계곡과 나이저강 계곡까지 남쪽으로 널리 퍼져 나간 것이다. 아프리카의 이슬람화는 외부의 무슬림들이 아프리카에 정착해 생겨난 결과가 아니었다. 그보다는 주로 상인이었던 아프리카인들이 규모가 큰 이슬람권과 연결되는 선택을 하고, 그 결과로 지역 주민들이 세계화의 힘에 노출되어 벌어진 일이었다.

그것은 말리 제국의 무역도시였던 타드메카Tadmekka[1]에서 발견된, 서아프리카에서 발견된 것으로는 가장 오래된 1011년에 쓰인 기록문으로도 확인이 된다. 뾰족한 금속 도구로 바윗돌에 새겨진 그 기록문에는 아랍어로 이런 글이 적혀 있다. "이 글을 쓴 사람은 무함마드를 믿는 알하산al-Hasan의 아들이고, 그는 이렇게 고백한다. 알라 외에 다른 신은 없으며 무함마드는 그의 시종이자 사도다."[1] 이슬람교의 첫 번째 신조인 신앙고백문을 기록한 것이다.

도시로 나 있는 절벽 근처에도 타드메카라는 도시 이름이 메카의 이름을 따서 지어졌음을 말해 주는 또 다른 비문이 있다. "타드메카는 메카와 같은 수준으로 상승하는 시장으로 계속 남게 될 것이다." 일부는 바윗돌에 새겨지고 또 다른 일부는 비석에 새겨진 아랍어 비문이 많은 도시라는 점에서 타드메카는 이례적이다. 아랍어의 글자 모양으로 보면 그 비문들은 외지인이 아닌 지역 주민이 작성한 것이 분명했다. 1000년 무렵에 서아프리카와 동

---

1   이름에서 알 수 있듯이 이슬람의 성지 메카와 관련된 이름으로, '이 도시 메카'라는 뜻이다.

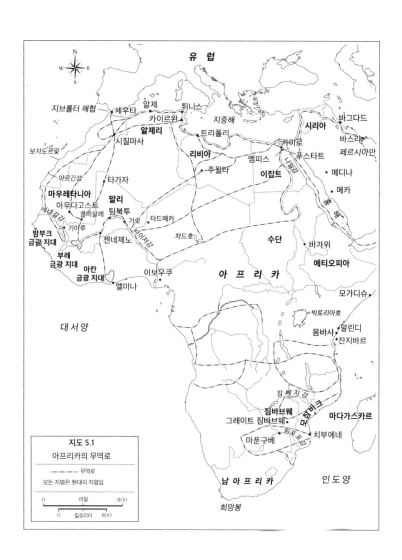

지도 5.1

아프리카의 무역로

··········· 무역로

모든 지명은 현대의 지명임

0 ___마일___ 800

0 ___킬로미터___ 800

유 럽

지브롤터 해협　세우타　알제　튀니스

카이르완　지중해　**시리아**　바그다드

알제리　트리폴리　바스라

시질마사　페르시아만

보자도르곶　**리비아**　카이로

멤피스　푸스타트

주왈라　메디나

야르긴섬　타가자　**이집트**　메카

마우레타니아　**말리**

아우다고스트　팀북투

밤부크　쿰비살레　가오　타드메카

금광 지대　기이루　차드호　**수단**　바가위

부레　젠네제노　**에티오피아**

금광 지대　**아칸**

금광 지대　이보우쿠

엘미나

대 서 양　**아 프 리 카**

모가디슈

빅토리아호

몸바사　말린디

잔지바르

잠베지강

짐바브웨

그레이트 짐바브웨　**마다가스카르**

치부에네

마푼구베

남 아 프 리 카　**인 도 양**

희망봉

아프리카의 광대한 새 영토로 이슬람교가 전파되었음을 말해 주는 것이 바로 그런 형태의 비문들이다. 아프로-유라시아 일대의 사람들이 보편적 종교들 가운데 하나로 개종하고 있던 바로 그 순간에 그 지역 주민들도 이슬람교와 자기들을 동일시한 것이었다.

타드메카의 비문은 타 대륙들과 아프리카인을 연결해 준 교역에서 그들이 중요한 역할을 했음을 암시하는 강력한 단서가 된다. 물론 지금껏 전해지는 자료의 많은 부분은 외부인들이 기록한 것이지만 말이다. 현대의 역사가들 또한 아랍인들이 아프리카에 상업과 진보를 가져다준 주체였다고 여긴 전 세대 역사가들의 견해를, 아프리카인들의 진취적 기상을 간과했다는 이유로 단호히 거부한다.[2]

아프리카인들은 이슬람 세계와 아프리카 사이에 증대되던 교역에서 결정적인 역할을 담당했다. 1492년 이전에 유럽과 아시아로 넘어간 금의 약 3분의 2가 서아프리카산이었다.[3] 800년에서 1800년까지의 기간에 이슬람 세계로 끌려간 아프리카의 노예도 배에 실려 대서양을 건너간 노예에 버금갈 만큼 많았다.

아프리카 노예무역은 일찌감치 (적어도 로마 시대에는) 시작되었다. 하지만 노예무역이 작동된 방식에 관해서는 900년 중반이 되어서야 정확한 실태가 드러났다. 페르시아만 출신의 부주르그Buzurg라는 페르시아인이 완성했을 것으로 추정되는 선원들 이야기 모음집에 그와 관련된 내용이 나온다.[4] 그중에는 실제로 일어난 일이라고는 도저히 믿기지 않는 사건들이 기록된 것도 있다. 하지만 배경은 진짜이기 때문에 노예의 가격, 시장의 위치, 이슬람 개종에 관해서는 알 수 있는 것이 많다.

사건은 오만 항구를 떠나 동아프리카의 모잠비크 중부에 위치한 항구도시 소팔라로 향해 가던 배 한 척이 항로를 이탈한 것에서부터 시작된다. 이야기가 전개되면서 해설자가 설명을 시작한다. "도착해서 그곳을 살펴보니, 사람 고기를 먹는 잔즈족 Zanj(동아프리카에 거주하는 종족)의 땅인 것을 알겠다. 정말이지 우리는 꼼짝없이 죽게 생긴 곳에 온 것이다." 하지만 예상과 달리 그 지역의 왕은 외국 상인들을 환대하고, 세금 없이 물건을 사고 팔 수 있게 해 주었다. 거래가 끝난 뒤 선장은 노예무역의 편의를 봐준 대가로 왕에게 선물을 잔뜩 안겼다.

그런 다음에 이야기는 급반전한다. 왕이 작별 인사를 하러 배에 오르자 해설자가 골똘히 생각에 잠긴다. "오만에서 왕을 경매에 부치면 30디나르는 받을 수 있겠지. 수행원 일곱 명의 값어치도 160디나르는 될 거야. 이들이 등에 걸친 옷도 20디나르는 나갈 테지."(현대의 연구자들도 800년에서 1000년 사이에는 노예 한 명당 평균 가격이 20골드 디나르에서 30골드 디나르 사이였을 것으로 추정했으니,[5] 이 글에 나오는 금액 범위와 정확히 일치하는 셈이다.) 선장은 결국 왕과 수행원들을 오만의 노예시장에서 팔기로 하고, 선원들에게 닻을 올리라고 지시한다.

왕과 수행원들을 노예로 팔 때의 가치를 따져 보는 선장의 행위에 현대의 독자들은 오싹함을 느낄 것이다. 선장은 아마도 코끼리 엄니나 금, 그 밖의 동아프리카산 물건의 가치도 계산해 보았을 것이다. 자기와 같은 인간을 파는 행위에, 그리고 노예 구매에 편의를 봐준 지배자를 배신하는 행위에 그는 전혀 죄책감을 느끼지 않았다.

그렇다. 오만인 배 선장과 납치되기 전의 왕을 오늘날의 관점에서 생각하면 노예무역으로 돈벌이하는 사람에 대한 욕이 절로 나올 만하다. 하지만 알아 둘 것이 있다. 요컨대 산업화되기 이전에는 노예무역이 전 세계의 거의 모든 곳에 존재했고, 그 이유는 노동에 대한 수요가 끊이지 않았기 때문이다. 노예제 폐지를 주장하는 비난의 목소리가 처음으로 나온 것도 1750년대였다.[6] 노예제는 역사 기간 거의 내내 중요한 문제였다.

오만에 온 선장은 노예시장에서 왕을 팔았고, 그것으로 두 사람이 만날 일은 다시 없을 것 같았다.

그리고 몇 년 뒤에 선장은 예전의 그 동아프리카 항구에 다시 도착했다. 이번에도 현지인들은 카누를 타고 와서 선원들을 지배자에게로 인도해 갔다. 선장은 전임 왕을 납치한 죄로 처벌받지 않을까 두려움에 떨었다. 그런데 궁전에 온 그는 오만의 노예시장에서 팔았던 왕이 그곳에 있는 것을 보고 소스라치게 놀랐다. 하지만 왕은 놀랍게도 선장과 선원들에게 친절을 베풀고 교역도 자유롭게 할 수 있게 해 주었다.

왕은 배가 출발하기 전에야 저간의 사정을 말해 주었다. 오만에서 노예로 팔린 그는 바그다드에서 가장 가까운 항구인 바스라로 실려 가 그곳에서 주인의 허락하에 이슬람교 교리를 공부했다. 두 번째로 팔렸을 때는 바그다드로 이동했는데, 그곳에서 그는 아랍어를 완벽하게 익히고 꾸란 공부도 마쳤다. 그런 다음에 그곳에서 도망쳐, 메카로 가던 중앙아시아인 순례자 무리에 섞였다. 메카에 와서는 카이로로 갔고, 카이로에서는 다시 남쪽의 나일강을 따라가며 예전의 왕국으로 돌아왔다는 것이다. 돌아와 보니 오랫동안의 부재에도 불구하고 그의 자리를 꿰찬 사람이 없어 왕 자리를 되찾았다고 했다.(맞습니다. 이건 완전히 창작이에요!)

왕은 선장을 용서하면서 다음에도 장사를 하러 오고 무슬림 상인들도 데려오라고 했다. 하지만 작별 인사는 육지에서 했다. 마지막으로 비꼬는 말을 하는 것도 잊지 않았다. "배까지 바래다주고 싶은데, 갈 방법이 없구려."[7]

그럼 이 이야기가 전하려는 무언의 메시지는 무엇일까? 노예무역에 종사하는 것은 좋지만, 장사에 관련된 사람들, 특히 무슬림들은 정직하게 대우해 주라는 것이었다.

왕은 아프리카인 노예 신분으로 꾸란을 공부하고 아랍어를 배우며 메카의 순례 행사인 하즈에도 참가했다. 꾸며 낸 이야기이지만, 실제 상황과 맞아떨어지는 것이 이 부분이다. 아프리카의 중개상들이 내륙 지역인 사하라 사막 이남에서 동아프리카의 항구 도시들로 노예들을 데려와, 외국의 노예 상인들(이들은 노예들을 중동으로 데려갔다.)에게 팔았던 것은 실제로 있었던 일이다. 이야기 속에는 드물게 바그다드에서 북쪽으로 80마일(125킬로미터) 떨어진 곳에 존재한 어느 노예시장을 묘사한 부분도 나온다. 열린 광장의 도로들이 여러 갈래로 나 있는 곳에 가옥들이 있었는데, 그 가옥들에는 "위층과 방들뿐 아니라 노예 상점도 있었다."[8] 라는 것이다.

이야기 속에 왕의 영토로 나오는 소팔라 항구는 계절풍이 도달하는 동아프리카 해안의 최남단 지역이라는 특징을 지녔다. 따라서 그 남쪽으로 물건들을 가져가려면 육로를 통하거나 소형 선박들로 해안을 따라 노를 저어 가는 수밖에 없었다. 그곳에 무역도시들이 드물었던 것은 그 때문이었다.

900년부터는 남아프리카와의 접경지대 바로 건너편에, 그리고 소팔라 항구 서쪽에 위치한 짐바브웨의 림포포강 유역에도 다수의 정주지가 생겨나기 시작했다. 그 마을들 모두 이전 것들보다 규모가 컸다. 마푼구베Mapungubwe만 해도 인구가 5000명이었다. 그곳 주민들은 소를 기르고 농사를 지어 생계를 꾸려 갔다. 그중 재력이 있는 사람들은 구리와 금으로 된 장식물을 착용하고 철로 만든 연장도 사용했지만, 빈곤층은 여력이 없이 석기와 골각기만 사용했다.

그 지역들이 번성할 수 있었던 것은 주민들이 림포포강을 따라 동쪽으로 400마일(640킬로미터) 정도 떨어진 해안 도시 치부에네Chibuene까지 이동해 인도양 무역에 참가했기 때문이었다. 그들은 그곳에서 노예, 금, 상아, 동물 가죽을 주고 카이로 상인들이 가져온 작은 유리구슬을 포함해 색다른 물건들을 받는 물물교환을 했다.[9] 주민들은 작은 유리구슬을 화폐로도 쓰고, 녹여서 큰 구슬로 만드는 용도로도 썼다. 처음에는 이런 매매 행위가 극소수 사람에게만 영향을 끼쳤다. 하지만 시간이 가면서 교역 규모가 늘자 노동자들도 먼 곳의 소비자들에게 금을 공급하기 시작했고, 세계화의 영향도 피부로 느끼게 되었다.

동아프리카 해안 지대에서 최대의 금 생산지는 잠베지강 남쪽의 소팔라 항구에서 멀지 않은 내륙 도시 그레이트 짐바브웨였다. 그레이트 짐바브웨 유적지에는 지금도 1000년에서 1300년 사이의 기간에 다듬어진 화강암 블록들로 지은 다수의 건축물이 남아 있다. 그중에는 벽의 두께가 17피트(5미터), 높이가 32피트

(거의 10미터)에 달하는 직경 292피트(89미터)의 타원형 건물도 있다. 그것은 사하라 사막 이남을 통틀어 1500년 이전에 지어진 것으로는 규모가 가장 큰 석조물로, 금 무역이 가져다준 부가 얼마나 대단했는지 짐작케 해 주는 상징물이다. 유적지에서는 독수리 몸통에 인간의 입을 가진 석상 여덟 기도 발견되었는데, 아마도 죽은 자와 산 자들 사이를 날아다니며 말을 전해 준 메신저의 석상일 것이다.

나중에 가서는 그레이트 짐바브웨가 매년 금 1톤을 생산하고 인구 1만 명이 북적이는 연안무역의 핵심 도시가 되었다.[10] 그 사실은 중국산 녹색 청자 그릇과 글자가 새겨진 이란산 접시의 깨진 조각들이 유적지에 존재하는 것으로도 확인된다. 유적지에서는 구슬 수만 개도 발견되었는데,[11] 이는 그곳의 무역이 금과 노예에 대한 외부인들의 수요뿐 아니라, 수입품에 대한 아프리카인들의 수요에 의해서도 활성화되었음을 말해 준다.

노예가 되었던 왕에 관한 선원들의 이야기로도 알 수 있듯이 무슬림들은 모든 개종자를 환영하고, 노예를 포함한 모든 인간을 신이 보는 앞에서 평등하게 대했다. 물론 사회적으로는 상황이 달랐지만 말이다. 이슬람권에서는 물건을 나르고 배의 노를 젓는 일을 남자 노예들이 담당했다. 반면에 그들은 상점을 관리하기도 하고, 심지어 주인의 개인 문고 관리도 했다. 규방을 감시하는 환관 노예에 대한 수요도 많아, 노예 상인들은 꾸란에서는 금지하는데도 소년들을 거세해 팔았다. 남자 노예들은, 특히 중앙아시아 출신의 남자 노예들은 노예로 구성된 별도의 군대에서 복무도 했다.

그러나 군무와 관련 없는 일을 한 노예도 많았다. 600년에서 900년 사이의 기간에 바스라에서 멀지 않은 남부 이라크에서 습지대의 물을 빼고 지표면에 들러붙은 질산염과 초석을 제거해 그 아래의 땅을 경작지로 만드는 개간 작업에도 노예들이 투입되었다. 그에 항의하는 반란도 여러 차례 일어났다. 그중 690년대에 일어난 반란은 금세 진압되었지만, 870년대에 일어난 반란은 10년 넘게 지속되었다. 이 반란이 아바스 왕조에 심각한 도전이었던 것은, 반란군의 수효도 많았거니와 말라리아가 만연한 지역이어서 군대를 파견하기가 어려웠기 때문이다.[12]

잔즈 반란으로 알려진 그 반란에는 동아프리카 출신이 거의 대부분을 차지한 노예 수만 명이 가담했다.[13] (아랍어 잔즈는 동아프리카의 지역 이름과 종족 이름 모두를 가리키는 단어다.)[14] 반란을 주도한 사람은 고등교육을 받은 이란 출신의 학자였다. 열악한 노동조건에 맞서 들고 일어났던 그 15년간[2]에 노예들은 자치를 향유했다.[15] 그러다가 결국 진압되었지만, 중앙정부로서도 힘겨운 진압이었다. 900년 이후에는 노예 반란이 더는 일어나지 않았다. 아마도 수효가 많고 감독도 받지 않는 노예들에게는 성가신 일을 부과하지 않았기 때문일 것이다.

이븐 부틀란Ibn Butlan이라는 기독교도 의사가 쓴 노예 구매자용 사용 설명서도 이슬람권의 노예제에 관해 많은 것을 알려준다.[16] 위생과 장수 식품의 전문가였던 그는 모국어인 아랍어 외에 시리아어와 그리스어도 읽을 줄 알았다. 바그다드에서 활동한

---

2   869년에서 883년까지에 해당하는 기간이다.

그는 경험 없는 돌팔이 의사를 조롱하는 풍자문도 썼다.[17] 세계 지리와 인체 해부학에 관한 자신의 지식을 활용해 최상의 노예를 구매할 수 있도록 독자들을 돕는 것이 1050년대에 노예 구매자용 매뉴얼을 쓴 그의 목적이었다. 독자들이 책을 통해 미래의 노예를 면밀히 살피고 출생지도 알아볼 수 있게 하려는 것이었다.

이븐 부틀란은 환경이 인체의 기능에 큰 영향을 미친다는 (고대 그리스에서 전해진) 이슬람교의 견해를 신봉했다. 그의 견해에 따르면 최상의 노예는 인도, 아프가니스탄, 파키스탄과 같은 동쪽 출신 사람들이었다. 그 지역 사람들이 체격이 좋아 병에도 안 걸리고 기질도 차분하다는 것이 그의 지론이었다. 시리아, 이집트, 북아프리카와 같은 서쪽 지역 사람들은 기후가 나쁘고 영양 상태도 좋지 않아 건강이 나쁘다고 했다. 북쪽 지역 사람들(여기에는 루스인과 슬라브인이 포함된다.)의 경우에는 남자는 강건해 오래 사는 반면에 여자들은 월경을 하지 않기 때문에 아이를 못 낳는다고 믿었다. 그는 남쪽 태생 노예와 북쪽 태생 노예의 다른 점도 이야기했다. 남쪽 태생은 어릴 때 영양부족에 시달리고 설사도 달고 살아 수명이 짧다는 것이었다.

그러한 사고방식은 고정관념을 만들어 내기가 십상인데, 이븐 부틀란도 그 점에서는 예상을 빗나가지 않았다. 책의 한 부분에서 그는 이런 속담을 예로 제시했다. "잔즈족 노예가 하늘에서 땅으로 떨어질 때, 그가 부릴 수 있는 한 가지 재주는 율동일 것이다."

이슬람교 율법은 노예해방으로 가는 다양한 경로가 제시되어 있다는 점에서 고대 로마나 미국 남부의 법체계와는 달랐다. 기본 원칙에서는 동의해도 세부 사항에서는 법학자들의 의견이 갈릴 수 있는 여지가 많기 때문이다.[18] 이슬람교의 법체계하에서는 무슬림이 비무슬림과 이미 노예 상태인 무슬림을 소유할 수 있었다. 그러나 자유인 무슬림을 노예로 삼는 것은 금지되었다.(실제로는 그런 일이 종종 벌어졌지만 말이다.)

무슬림의 노예 소유가 일상화되기는 했지만,[19] 무함마드 시대 이후에는 무슬림 지도자들이 노예해방을 장려해 왔다. 이슬람교 율법에는 노예 소유주가 여성 노예와 성관계도 할 수 있어도, 그 결과로 자식이 생기면 적출자로 받아들이도록 명시되어 있었다. 소유주가 죽을 때 그 아이의 어머니가 아직도 노예 신분이면 해방시켜야 했다. 그런데 이렇게 노예해방을 장려하는 조치를 취하다 보니 노예 부족에 따른 결원을 지속적으로 보충해 주어야 하는 결과가 초래되었고, 이것이 바로 이슬람권이 그 많은 노예를 그토록 오랫동안 수입한 이유였다.

이슬람권의 3대 노예 수입지는 아프리카, 동유럽, 중앙아시아였다.[20] 이렇게 전 세계적으로 진행된 노예무역의 피해를 직접적으로 당한 사람들은 물론 고국에서 끌려와 중동의 노예시장에서 팔린 남녀와 아이들이었다. 그러나 본국에 남은 사람들도 동포들이 타지로 떠난 데 따른 영향을 받았다. 무슬림 노예 상인과 접촉한 사람 다수가 이슬람교로 개종을 했으니 말이다. 이슬람교가 서아프리카와 동아프리카로 확산된 것도 여기에 기인한다.

바그다드를 비롯해 이슬람권 전역에서는 여자 노예의 수가 남자 노예의 수를 앞질렀다. 그래서인지 이븐 부틀란도 남자 노예보다는 여자 노예들에게 책의 더 많은 부분을 할애했다. 그는 여자 노예들의 생김새, 체취, 출산 능력에 관해서는 일반화해 이야기했다. 임시 결혼 계약을 맺기에는 어느 부류의 여성들이 적합한지도 언급했다. 임시 결혼 계약은 남자들이 다만 몇 시간이라도 매춘부와 부부로 함께 지낸 뒤 이혼할 수 있게 해 주는 법적 회피 장치였다. 이렇게까지 교묘한 법이 필요했던 것은 이슬람교의 율법하에서는 부부 사이거나 주인과 노예의 관계여야 성관계를 할 수 있었기 때문이다.

이븐 부틀란이 수단과 에티오피아의 접경지에 위치한 부가위Bagawi 지역 여성들에 관해 논한 부분에는 깜짝 놀랄 내용도 담겨 있다. 이븐 부틀란은 그 지역 여성들이 다음과 같은 조건을 갖추고 있어 임시 결혼 계약을 맺기에 제격이었다고 썼다. "그녀들은 어릴 때 수입된다. 또한 그 나라에서는 여성 할례를 하는 것이 관례이기 때문에 다른 사람들의 손을 타지도 않았다. 여성 할례란 면도칼로 외음부 위의 음핵 포피를 뼈가 드러날 때까지 완전히 잘라내는 것이다." 이븐 부틀란은 그 나라 여성들의 성기 절제에 관한 내용을 기록하면서 도망을 막기 위해 노예 상인들이 남자 노예들의 슬개골 제거 수술도 시행했다고 주장했다.

이븐 부틀란은 특정한 여성 노예 집단에 관해서는 명랑한 성격, 정성을 다해 주인을 섬기려는 태도, 좋은 부모가 될 능력을 갖추었다며 칭찬도 했다. 하지만 책은 경고로 마무리했다. "이 문제의 논의를 마치며 이야기해 둘 것은 잔즈족이 흑인 노예들 중에서 최악이듯 아르메니아인도 백인 노예들 중에서 최악이라는 것이다." 이븐 부틀란의 책이 우리에게 일깨워 주는 것은 세계화는 정보가 널리 퍼져 나가게도 했지만, 그 정보가 반드시 정확하지는 않았다는 것이다.

이븐 부틀란의 책은 1000년 무렵에 이슬람권의 대표적 노예 보급지였던 바그다드로 유입된 노예들의 지리적 기원에 관해 우리에게 비할 데 없는 정보를 제공해 준다. 그가 제시한 노예들의 아프리카 출신지에는 차드호 지역, 에티오피아 북동부, 에티오피아 중부, 수단의 누비아, 북아프리카, 동아프리카가 포함된다. 그 밖에 그의 책에는 인도, 파키스탄, 아프가니스탄, 중앙아시아, 카스피해, 터키, 아르메니아, 아라비아반도와 같은 비非아프리카 지역들도 노예 출신지로 기록되어 있다. 이 목록을 보노라면 노예들의 출신지가 거의 모두 아바스 제국의 경계지 부근에 있다는 것을 알게 되는데, 그것은 전적으로 이해되는 일이다. 상인들이 노예들을 취득하면, 될 수 있는 한 가장 가까운 곳으로 데려와 팔았기 때문이다.

1500년 이전에 진행된 사하라 종단 노예무역의 양은 엄청났다. 다만 기록으로 남겨진 대서양 횡단 노예무역과 달리, 사하라 종단 노예무역은 기록이 없어 그 양을 정확한 수치로 나타내기는 어렵다. 대서양 횡단 노예무역의 경우에는 노예들을 실어 나른 선박들이 승객 명단을 작성해 둔 것이 있어 역사가들은 노예무역이 시작된 1500년대 초부터 영국 제국 전역에서 노예제가 철폐된 1833년까지 대서양을 넘어 아메리카로 실려 온 노예가 1250만 명이었다는 것을 산정할 수 있었다.

사하라 사막을 도보로 횡단한 노예가 어느 정도였는지 추산하는 것도 지극히 어렵다. 1000년 무렵에 노예 이동에 가장 많이 이용된 사하라 종단 루트는 서아프리카에서 지중해로 이어지는 길이었다. 사하라 종단 루트 중에서도 가장 오래된 길은 사하라 사막 최북단에 있는 마을 주윌라Zuwila[3]와 차드호를 잇는 길이었다. 북아프리카인들은 300년 무렵까지는 전차를 비롯한 바퀴 달린 탈것을 이용해 사하라 사막을 넘어 다녔다. 그러다가 300년에서 600년 사이에 낙타가 가축화되면서 낙타를 이용하는 운송이 도입되었고,[21] 그에 따라 대상들도 사막을 넘을 때 다양한 루트를 이용할 수 있게 되었다. 낙타가 다니는 데는 도로가 따로 필요하지 않았기 때문이다.

사하라 사막을 넘어 이동한 노예의 수를 알려 주는 자료는 거의 없다시피 하다. 간간이 목격자가 전해 주는 숫자가 고작이다. 중세 아랍의 유명한 여행가 이븐 바투타Ibn Battuta도 1353년에 모로코의 고향으로 돌아오는 길에서 사하라 사막을 종단 중이던 대상 무리에 여성 노예 600명이 포함된 것을 보았다.[22] 사람들이 그렇게 큰 무리를 지어 이동하는 것은 위험천만했다. 노예 상인들이 최소한의 식음료만 양식으로 제공했기 때문에 사소한 재난만 닥쳐도 떼죽음을 당할 수 있었기 때문이다.[23] 아마도 사하라 사막을 종단한 노예의 5분의 1이 이동 중에 죽었을 것이다.

랠프 오스틴Ralph A. Austen 시카고 대학 교수는 그런 토막 자료들을 취합해, 650년에서 1600년까지 사하라 사막을 넘어 북아프리카와 중동으로 매년 이동한 노예의 수가 5500명 정도였을 것으로 추산했다. 이슬람권의 노예무역이 절정에 달한 900년에서 1100년 사이에는 그 수가 8700명에 이르렀을 것이다.[24] 오스틴의 조사 결과를 가지고 작업한 한 연구자는 650년에서 1900년 사이

---

3   오늘날의 리비아 남서쪽에 위치한 마을이다.

에 사하라 사막 이남 아프리카에서 끌려간 노예의 총수를 1500년에서 1850년까지 대서양을 넘어간 노예의 총수 1250만 명에 조금 못 미치는 1175만 명 정도로 추산했다.[25]

아프리카 외 지역으로 노예를 판매하는 일이 정례화되고, 팔리는 노예의 수가 증가하게 된 것은 7세기에 일어난, 칼리파국 군대의 북아프리카 정복에 기인한다. 초기의 아랍 사료에도 주월라 출신 "노예들은 붉은 천 몇 조각에 팔려 왔다."라는 기록이 있다. 지금이야 붉은 천이 흔해 빠졌지만, 당시에는 채색된 천이 귀했기 때문에 북아프리카든 북아메리카든 값어치가 컸다.(스크렐링들이 노르드인과 거래하면서 모피를 주고 붉은 천을 가져간 것을 떠올려 보면 이해될 것이다.)

노예들을 북아프리카와 카이로로 데려갈 때 상인들이 이용한 주된 통로는 서아프리카 종단 루트였다. 800년대에는 사하라 사막 최북단에 있는 마을 시질마사를 나이저강 계곡과 잇는 사하라 종단 루트가 대상들에 의해 새롭게 개척되었다. 아랍어로 글을 쓴 지리학자들은 시질마사가 '삭막한 평원'에 있어 처음에는 연중의 특정 시기에만 만나는 상인들의 작은 집합 장소였는데, 시간이 가면서 그곳 지배자들이 상인들에게 부과한 세금으로 돈을 벌게 되자 자연스레 "도시로 발전했다."라고 기록했다. 세계화 덕분에 작은 정주지가 큰 마을이 되고, 그러다가 종국에는 도시로 발전한 것이었다.

시질마사에서 시작되는 도로가 개통되면서 아랍어권의 상인과 선교사들이 사하라 사막을 넘어 사막 이남 지역으로 넘어가는 횟수도 부쩍 늘어나고, 그 결과로 이슬람교로 개종하는 현지

지배자도 많아졌다.

한 무슬림 지리학자는 세네갈강 상류 계곡에 있었던 말랄 Malal[4]의 왕이 이슬람교로 개종하게 된 정황을 이렇게 기록했다. 가뭄이 길어지자 왕은 나라의 소를 다 죽이면서까지 기우제를 지냈으나, 그래도 비는 내리지 않았다. 한탄하는 왕에게 한 무슬림 방문객이 말했다. "왕이시여, 만일 왕께서 무함마드(그분께 축복과 평화를 내려주시기를)의 예언자적 사명을 믿고, 이슬람교의 모든 율법을 받아들이신다면, 왕께서 처하신 곤경에서 벗어나게 해 달라고, 신의 자비가 모든 백성을 감싸 안게 해 달라고 신께 빌어 드리겠습니다." 이 말을 들은 왕이 "이슬람교를 받아들이고 충실한 무슬림이 되자" 방문객은 "그에게 꾸란에 나오는 몇몇 쉬운 구절을 읊게 하고 종교적 의무와 의례에 관해 알려 주었다."

방문객은 왕에게 이슬람교의 안식일인 다음 금요일까지 기다려 달라고 했다. 그러고서 두 사람이 새벽녘까지 기도를 드리는데 "신의 조화로 그들의 머리 위에 많은 비가 내렸다." 이 일이 있은 뒤 왕은 왕국 내에 있는 모든 우상을 파괴하고 '주술사'도 죄다 추방하라고 명령했다. 그때부터는 말랄의 왕도 '그 무슬림'으로 알려지게 되었고, 왕국 내에 있는 그의 자손과 귀족들도 이슬람교로 개종했다. 하지만 "평민들은 여전히 다신교도로 남아 있었다."[26] 이슬람교의 힘을 보여 주기 위해 쓴 글임을 감안하면 의외의 자폭성 언급을 한 셈이다.

먼 옛날 서아프리카의 이슬람교를 다룬 글들 가운데 가장

---

4   훗날 나타날 말리 제국의 전신으로 볼 수 있는 나라다.

유익한 이 글은 아프리카에는 가 본 적도 없는 무슬림 학자 알바크리al-Bakri가 쓴 것이었다. 스페인의 코르도바에서 활동한 역사가 겸 지리학자 알바크리는 아프리카에서 돌아오는 여행자와 상인들의 증언을 수집하고, 알와락al-Warraq이 955년에 쓴(지금은 사라지고 없는) 작품에 나오는 정보를 토대로 책을 집필했다. 집필을 마치기 불과 5년 전이었던 1063년에 가나의 왕좌에 오른 군주의 이름도 책에 포함했다.

알바크리의 작품은 온 세상의 사람과 지역들에 관해 기술해 놓은 '도로와 왕국' 종류의 저작물들을 대표하는 훌륭한 전범이다. 특히 1000년부터 사용되기 시작한 새 교역로들을 포함한 점에서 그렇다. 알바크리는 모국어인 페르시아어가 아닌 아랍어로 글을 쓴 이븐 후르다드베의 『도로 및 왕국 총람』을 본보기로 삼아 책을 집필했다. 이븐 후르다드베는 9세기에 이란의 자발Jabal 지역에서 우편 및 정보 책임자로 일한 페르시아 관료였다.(나중에는 아바스 왕조의 수도 바그다드로 옮겨 가 정보부 수장으로 봉직했을 것이다.)[27]

이븐 후르다드베는 알바크리보다 2세기 앞선 시대를 살아가며, 아바스 칼리파 왕조의 전성기를 목격한 인물이었다. 전성기 때의 아바스 왕조는 북아프리카에서 중앙아시아까지 세력이 뻗어 나가 관리들조차 각 지역으로 연결되는 최단 직행로를 모를 정도로 영토가 광대했다. 그리고 흔히 있는 일이듯, 긴급 사태나 반란이 일어나면 칼리파들은 신속히 행동을 취해 현장으로 군대를 파견해야 했다. 이븐 후르다드베의 업무가 바로 칼리파와 왕국의 관리들에게 최신 지리 정보를 제공해 주는 것이었다.

그는 조사한 자료를 정리해 "지구상의 도로와 왕국 그리고 그것들의 특징이 뚜렷이 드러나는 대요"를 작성했다. "세계의 외딴 지역으로 이어지는 중간 기착지를 포함해 개간된 지역과 그에 대비되는 황무지, 그리고 두 곳 사이의 거리에 관련된 정보, 도로와 왕국들이 얼마나 멀고 가까운지"도 명료하게 드러나는 대요를 만들었다. 한 지점에서 다음 지점까지의 정확한 거리가 포함된 여행 일정표가 필요하다는 것도 알고 있던 그는 한 도시에서 다음 도시로 가는 데 걸리는 시간도 '도로routes' 부분에 명기했다.[28] '왕국realms' 부분에는 지역의 산물, 거주민, 거주민의 관습과 신앙 등 각 지역의 특징을 열거해 놓았다.[29]

'도로와 왕국' 종류의 저작물들에는 세계 각지에 사는 사람들에 관한 묘사와 더불어 아프로-유라시아 사람들에 관한 내용도 1000년 무렵에 작성된 그 어떤 다른 기록물보다 조리 있게 설명되어 있다. 내가 아랍 작가들을 이 책에 자주 인용하는 것도 그 때문이다. 루스인에 관한 핵심 정보를 제공해 『러시아 원초 연대기』의 부족한 부분을 보충할 수 있게 해 준 것도 그런 저작물들이었다. 아프리카인에 관한 아랍인 관찰자의 견해는 1400년대 말 이전의 사하라 사막 이남 아프리카에 관한 자료가 거의 없다는 점에서 그보다도 훨씬 더 중요하다.

이븐 후르다드베의 시대에 바그다드는 세계에서 손꼽히는 지적 중심지 중 하나였다. 학교, 도서관, 교육받은 엘리트를 갖춘 당나라의 수도 시안(장안)이 유일한 경쟁 도시가 될 만했지만, 양자 간에는 차이가 있었다. 1000년이 넘는 세월의 전통을 지닌 중국어에 거의 전적으로 몰입할 수 있었던 중국학자들과 달리, 아랍어로 글을 쓴 학자들은 그럴 기회를 갖지 못했다. 아랍어는 무함마드가 사망한 632년 이전에는 책의 집필에 거의 이용된 적이 없을 만큼 비교적 새로운 언어였기 때문이다.

아바스 왕조 제2대 칼리파 알만수르al-Mansur(재위: 754년~775년)는 다른 지역들의 학문에 지대한 관심을 두고 그리스어, 라틴어, 산스크리트어, 페르시아어로 된 지리학, 의학, 수학, 물리학, 논리학의 서적들을 아랍어로 번역하는 일을 재정적으로 지원했다.[30] 800년 이후의 어느 무렵부터는 기술이 이전된 또 하나의 초기 사례라고 할 수 있는 중국의 제조 기술을 이용해 바그다드의 공장에서 종이가 대량으로 생산되기 시작했다.[31] 바그다드의 학자들은 단순히 책을 번역하는 데 그치지 않고, 그리스인들의 연구 성과를 능가할 만큼 주석도 꼼꼼하게 달았다. 고전 세계의 학문이 영원토록 보존될 수 있었던 것도 그들의 그런 노력 덕분이었다. 르네상스 시대의 이탈리아인들이 고대 그리스 원전들을 복구할 수 있었던 것 또한 그 작품들이 아랍어로 번역되어 살아남을 수 있었기 때문이다.

알바크리가 전 세계를 알고 싶은 욕구를 지닌 식자층 독서가를 자임할 수 있었던 것도 그런 번역 운동 덕택이었다. 그리고 이때 그가 수집한 자료를 정리하는 데 좋은 전범이 되었던 것이 바로 도로와 왕국에 관련된 책 장르였다. 이븐 후르다드베처럼 그도 책을 쓰기 위해 해당 지역들을 직접 가 보지는 않은 것이다.

알바크리는 말랄의 왕이 가뭄이 끝나 이슬람교로 개종한 후에도 군주직을 계속 수행할 수 있었다는 것을 밝혔다. 이슬람 세계가 단일한 군주 아래에 통합되어 있던 칼리파 시대 초기에는 왕이 개종하면 무조건 재임 중인 칼리파를 영적·정치적 지도자로 받아들여야 했다. '칼리파'는 아랍어로 '계승자'를 의미하는데,[32] 무함마드 사후에는 이슬람 공동체의 모든 지도자를 가리키는 말이었다.

　　무함마드는 632년에 후계자 없이 숨을 거두었다. 아들들이 모두 어려서 죽었기 때문이다. 살아남은 자식은 딸 파티마Fatima뿐이었는데, 여성이어서 새로운 공동체를 이끌어 갈 수 없었다. 이슬람교가 수니파와 시아파로 갈린 것이 이 시점이다. 수니파는 새로운 지도자를 무함마드가 속한 쿠라이시 부족에서 공동체의 합의로 뽑아야 한다는 입장이었던 반면에, 시아파는 무함마드의 사촌이면서 파티마와 결혼한 알리Ali와 그 자손들에게 특별한 권리가 있다고 믿었다.

　　이슬람교에는 수니파와 시아파 외에 650년대와 660년대에 무슬림 공동체를 이탈한 제3의 종파인 카와리즈파도 있었다.[33] 이 종파는 무슬림 공동체 지도자는 경건한 행동에 의거해서만 선출되어야 한다는 믿음으로 무함마드의 주장을 받아들이고 제1대 및 제2대 칼리파의 지배도 받아들였지만, 제3대 또는 제4대 칼리파가 된 알리의 지배는 받아들이기를 거부했다.

　　카와리즈파에서 갈라져 나온 이바디파도 있었다. 이 종파는 카와리즈파보다는 이슬람교의 다른 종파들과 잘 어울려 지내려고 했다. 말랄의 왕을 개종시키려고 했던 사람도 필시 이바디파 무슬림이었을 것이다. 이바디파 무슬림들은 상인으로서도 성공해 교역망을 수립하고 아프리카인들을 개종시키는 데도 열심이었다. 트리폴리 남쪽으로 최초의 선교 여행을 떠난 사람들도 이바디파였다.

칼리파의 군대가 중동과 북아프리카의 광대한 영토를 정복한 것은 무함마드가 죽은 지 얼마 안 된 이슬람 시대 초기였다. 현대인들 중에는 이때 정복군이 피정복민에게 (상투적 수법인 무력으로) 개종을 강요했을 것으로 보는 사람이 많지만, 이는 역사적 사실이 아니다. 이슬람권에서는 비무슬림이 무슬림보다 세금을 더 많이 냈다. 따라서 지배자들로서는 새로 정복한 지역의 주민들을 애써 이슬람교로 개종시킬 이유가 없었다. 비무슬림이 내는 높은 비율의 세수가 필요했기 때문이다. 이란만 해도 인구 대부분이 이슬람교로 개종하는 데 수 세기가 걸렸다. 무슬림이 통치한 첫 200년 동안에, 즉 622년에서 822년 사이의 기간에 이슬람교로 개종한 비율은 전 인구의 40퍼센트에 지나지 않았고,[34] 1000년 무렵에는 전 인구의 80퍼센트만이 이슬람교로 개종했다. 이슬람교가 이란을 훌쩍 뛰어넘어 아프리카와 중앙아시아로도 전파된 것은 1000년 이후였다.

이슬람군은 병사들에게 약탈물을 보상으로 주어 새로운 영토 정복에 크게 성공했다. 반면에 칼리파들은 정복지의 피지배민들에게 효과적으로 징세할 수 있는 항구적 정부 조직을 수립하는 데 실패했다. 아바스 왕조의 지배자들은 지방 총독을 임명할 때 광대한 영토를 주어 사실상의 독립권을 부여해 주는 경우가 더러 있었다. 이런 제도라면 총독은 칼리파에게 1년에 한 번 공납금만 납부하면, 자기 영토에서 마음대로 징세할 권리를 가질 수 있었다. 총독이 공납금을 바치지 않아도 칼리파로서는 군대를 보내는 것밖에 달리 할 수 있는 일이 없었다. 군대를 보내는 것도 쉽지 않았던 것이, 특히 제위를 노리는 경쟁자가 나타나면 싸울 수 있는 군대가 필요했기 때문이다. 실제로 아바스 왕조에서는 칼리파가 죽을 때마다 아들들 사이에(때로는 형제간에도) 사생결단의 난투극이 다반사로 벌어졌다.

그런 식으로 아바스 왕조에서 독립한 최초의 총독들 중에 튀르크족 노예 병사 아버지를 둔 자유민 아흐마드 이븐 툴룬 Ahmad ibn Tulun이라는 인물이 있었다. 아바스 왕조는 지원자만으로 충분한 병력을 확보할 수 없게 되자 중앙아시아의 튀르크족 수천 명을 신병으로 받아들였다. 그들의 일부는 유급 용병이었고, 다른 일부는 팔려 온 노예 출신 군인이었다. 이렇게 성분은 달랐지만, 두 집단은 군대에 들어온 뒤에는 급료도 받고 진급도 했다.

이븐 툴룬은 유급 신병일 때는 이라크에서 복무하고, 옮겨간 이집트 주둔지에서는 초급 장교로 복무했다. 그러다 종국에는 카이로의 전신인 푸스타트의 총독이 되어,[35] 이집트 전역에 세금을 부과할 수 있는 위치에 올랐다.[36] 그가 지은 모스크는 장엄한 안뜰과 색다른 미너렛을 가진 점 때문에 지금도 카이로의 유명한 관광지로 이름을 날리고 있다. 이븐 툴룬은 칼리파에게 공납금을 제대로 바친 적이 한 번도 없었다.(카이로 주민들은 그가 칼리파를 속여 넘긴 1000년도 더 된 이야기를 지금도 신나게 이야기한다.) 하지만 칼리파에게는 그에 대처할 힘이 없었다.

이븐 툴룬의 힘은 그에게만 충성하는 군대에서 나왔다. 군대를 편성한 것이 (칼리파가 아닌) 그었기 때문이다. 그의 군대는 중앙아시아의 튀르크족 출신 군인 노예 2만 4000명에 더해 나일강 남부와 서아프리카 지역의 노예와 자유민 4만 2000명으로 구성되었다. 그 밖에 비잔티움 영토에 사는 사람들의 총칭이던 '그리스인들'도 그의 군대에 포함되어 있었다.[37] 이븐 툴룬의 통치는 884년에 아들에게 총독직을 물려주고 죽을 때까지 계속되었다. 905년에는 아바스 왕조가 이집트에 대한 통치권을 잠시나마 회복했다.

그러던 아바스 왕조는 945년에 이르러 결국 제국 전역에 대한 통치권마저 상실했다. 시아파 이란인인, 부와이Buyid 일족의 형제 세 명이 자체적으로 병력을 키워 바그다드를 비롯한 아바스 왕조 핵심지의 가장 중요한 도시들을 점령한 것이었다. 칼리파는 바그다드까지 점령되자 삼형제 중 한 명에게 '최고사령관'의 칭호를 주어 군사 지휘권마저 양도했다. 그것도 모자라 바그다드의 궁전에 감금되기까지 했다.[38]

1055년에는 셀주크튀르크족이 바그다드를 점령해 부와이 왕조를 몰아내고 칼리파를 사로잡았다. 이 일로 아바스 왕조의 정통 칼리파는 실권 없는 명목상의 칼리파로만 존재하게 되었다. 이렇게 유명무실한 존재로 남아 있다가 1258년에 몽골군이 바그다드를 침략했을 때는 마지막 칼리파마저 살해되었다. 칼리파들에게는 실권도 없고 군대도 없었다. 누구라도 칼리파만 포로로 잡고 있으면 사실상 바그다드의 지배자가 되었다. 아바스 왕조의 지배하에 있던 각 지방에서는 독립 군주들이 권력을 잡았다.

아바스 왕조 이후의 지배 왕조들에는 부와이 왕조와 셀주크 왕조 외에 다른 왕조들도 있었다. 아바스 왕조를 이탈해 도전했다는 공통점을 지닌 이들은 모두 무슬림이었다. 예외적으로 하나의 왕조만 고대 이란의 종교인 조로아스터교를 부활시키려다 실패했을 뿐이다.

영국의 저명한 이슬람 전문 역사가 휴 케네디Hugh Kennedy
가 만들어 낸 신조어 '무슬림 연방Muslim commonwealth'이야말로
(제국 전역에 대한 통치권을 상실한) 945년 이후의 아바스 칼리파
왕조가 처한 정치적·종교적 입지를 가장 잘 대변해 주는 말이다.
오늘날의 영국 군주처럼 칼리파도 정치적 실권이나 군대의 지휘
권 없이 이슬람권의 기도 지도자들이 금요 기도회 때나 이름을
언급하는 무슬림 공동체의 상징적 수장에 지나지 않았으니 말이
다. 연방의 수장 자격으로 칼리파가 하는 일은 수니파 무슬림과
시아파 무슬림 간의 분쟁을 중재하는 것이 전부였다.

그러나 정치적으로는 갈라졌지만 무슬림 연방에 사는 사람
들은 이후에도 계속해서 이슬람교를 믿고, 무함마드의 권위를 받
아들이며, 아랍어로 된 꾸란을 읽고, 여건이 허락하는 한도 내에
서는 메카의 순례 행사인 하즈에도 참가했다. 바그다드도 가장 중
요한 학문의 중심지 역할을 계속 이어 나갔다.

그때쯤에는 카이로도 주요 도시로 부상해 북아프리카 역사
가 전환점을 맞았다. 전략적 입지를 지닌 나일강 삼각주 지역이 이
집트의 수도로 선택된 것은 자연스러운 귀결이었다. 하지만 지난
날에는 멤피스를 제외하고는 이집트의 수도들이 모두 카이로에
서 남쪽으로 멀리 떨어진 곳에 있었다. 카이로에 번영을 가져다준
것은 이슬람의 확산과 아프리카 종단 무역로의 수립이었다. 육로
든 해로든 무역로들은 모두 니일강이 지중해와 만나는 곳에서 수
렴되었기 때문이다. 대상과 배들이 서아프리카산 물건들을 싣고
지중해 연안을 따라 이동하는 동안에 동아프리카산 물건들은 배

에 실려 북쪽의 페르시아만 항구들까지 간 다음 그곳에서 육로를 통해 카이로로 운송되었다.

카이로는 왕조의 통치자들이 파티마의 후손을 주장하며 이름을 정한, 시아파의 파티마 왕조가 969년에 이집트를 정복하고, 지금의 알제리에 있던 본거지를 푸스타트로 옮기면서 정식으로 건설되었다. 건설자들은 이 신도시를 '승리자'를 뜻하는 '알카히라al-Qahira'로 명명했다.[39] 영어 이름인 카이로도 여기서 비롯된 것이다. 파티마 왕조 때 지어진 성곽의 일부는 지금까지 남아 있고, 푸스타트 역시 기자와 마주한 나일강 유역의 한 지구 이름이 되어 여태껏 기려지고 있다.

카이로에 가서 성벽 양쪽에 세워진 두 문을 이어 주는 거리를 걷다 보면 파티마 왕조의 칼리파 알하킴al-Hakim이 1000년에 지은 모스크도 볼 수 있다.[40] 알하킴은 사람들이 즐겨 먹는 여러 가지 채소를 기르지 못하게 하는가 하면, 여성들이 집에서 나오지 못하게 여성용 신발 제작을 금지하는 등의 기행을 일삼은 군주로 악명 높았다. 예루살렘의 성묘 교회를 파괴한 것도 알하킴이라고 믿는 사람이 많지만, 그로부터 40년 뒤에 교회를 찾았던 무슬림 관찰자는 손상된 정도가 미미했다고 기록했다. 알하킴의 치세는 622년에 무함마드가 박해를 피해 메카에서 메디나로 이주(헤지라라고 하며, 이슬람권에서는 이해를 이슬람력의 원년으로 삼는다.) 한 지 400주년이 되는 때와 일치했다. 그런 이유로 그는 죽은 자를 기다림과 고통에서 해방해 준다고 믿어 무슬림들이 반기는, 심판의 날에 대비한 칙령도 수차례 반포했다. 알하킴은 1021년에 사막을 향해 출발했다가 영영 돌아오지 않았다. 시신도 발견되지 않았다. 그러나 알하킴의 누이가 그의 어린 아들을 대신해 섭정함으로써 파티마 왕조의 통치는 계속되었다.

카이로 거리에는 위칼라wikala라는 건축물도 있었다. 숙소, 모스크, 창고, 그리고 상인들이 이용하는 다층의 작업장과 걸핏하면 노예시장으로도 기능한 시장이 있던 다용도 건축물이었다. 파티마 왕조의 군주들은 아바스 왕조 칼리파들의 명목상 종주권을 받아들인 다른 왕조들과 달리, 이슬람 공동체를 이끌 권리가 자기들에게 있다고 주장하면서 스스로 칼리파를 칭하기도 했다. 이런 기조를 지닌 파티마 왕조가 이집트를 지배한 것이다.

시아파의 파티마 왕조가 통치하고 있을 무렵의 카이로에는 기독교도 인구와 유대인 인구가 많았다. 그것을 보여 주듯 오늘날 카이로의 콥트 박물관 근처에 위치한 벤 에즈라Ben Ezra 유대교 회당의 게니자geniza라고 불리는 창고에는 히브리어(히브리어는 신의 언어로 간주되었다.)로 쓰인 방대한 분량의 문건이 보관되어 있었다. 지금껏 전해지는 것만도 20만 조각이 넘을 만큼 양이 많았다.

게니자 문건들에는 유대인도 노예를 보유했던 것으로 나타나 있다. 다만 실행 방식에서는 무슬림과 약간 차이가 났다. 남자 소유주가 여자 노예와 동거해도 좋다고 정한 이슬람교 율법과 달리 유대교 율법에서는 여자 친척이 같이 살지 않는 한 남자 소유주가 여자 노예와 동거하는 것이 금지되었기 때문이다. 뒤죽박죽으로 보관된 게니지 문건들에는 법규에 정해진 내용이 아닌, 일상에서 실제로 벌어졌던 일도 어렴풋이 나타난다. 남자 노예를 구매하면 아들이 태어났을 때처럼 친구들이 축하해 주었다는 것이

나, 데리고 있던 여자 노예가 죽으면 위로문을 보냈다는 것들이 그런 사례다.[41]

카이로는 파티마 왕조 때 크게 번성했다. 1000년에는 인구 50만 명을 가진 아프리카 최대의 도시가 되었다.[42]

새로운 수도 카이로에는 나폴리와 가까운 해안 도시 아말피에서 온 대규모 상인 집단의 거류지도 있었다. 이집트에서 카이로와 가장 가까운 항구였던 알렉산드리아에서 지중해만 넘으면 바로 시칠리아섬과 이탈리아에 갈 수 있었기 때문이다. 아말피 상인들의 주요 거래 품목 중 하나는 동아프리카산 상아와 서아프리카산 상아였다. 아름다운 조각이 새겨진 상아로 만든 1000년대와 1100년대의 상자와 물건들은 지금도 다수가 전해지고 있다.[43]

십자군 운동이 진행되는 동안 콘스탄티노플에 거주한 베네치아인들처럼 파티마 왕조 때 카이로에 거주한 아말피 공화국 상인들도 도시 내 그들의 구역 안에서만 살았다. 960년대에 무슬림 지배하의 키프로스와 크레타를 상대로 벌인 전투에서 비잔티움 제국이 승리했다는 소식이 카이로에 닿았을 때는 선동자가 없었는데도 도시에서 기독교도를 겨냥한 폭력 행위가 자연스럽게 일어나기도 했다. 카이로의 무슬림 주민들은 종교적 정체성이 같다는 이유만으로 파티마 왕조와는 결이 다른 무슬림 국가들을 자기들과 동일시했다. 좁은 지역에 갇혀 있던 정체성이 세계화에 힘입어 넓은 지역으로 확산된 것이었다.

996년에는 카이로에서 아말피 상인들을 겨냥한 주민 폭동이 일어났다.[44] 파티마 왕조 해군이 건조한 선박 열여섯 척이 5월 5일에 일어난 불로 전소된 것이 폭동의 직접적 원인이었다.[45] 주민들은 이 화재의 책임을 아말피 상인들에게 돌리며, 그들의 집과 창고를 불태우고 100명 이상의 이탈리아인을 죽였다. 십자군 운동이 시작된 1096년보다 딱 100년 전에 일어난 이 폭동이 말해 주는 것은 결국 콘스탄티노플의 기독교도 주민들이 그랬듯 카이로의 무슬림 주민들도 부유한 외국 상인들에게 분노하고 있었다는 것이다.

1000년 무렵에 카이로를 통해 수출된 아프리카산 물품에는 상아, 구리, 청동, 그리고 가장 매혹적인 금이 포함되었다. 그런데 그 시대의 주요 수수께끼 중 하나는 금의 출처를 아는 사람이 없었다는 것이다. 광산의 위치만 몰랐던 것이 아니라 광산을 관리하는 주체와 캐낸 금을 판매하는 주체도 몰랐다. 사정이 이렇다 보니 운반인들은 금을 거래하는 중간상인들에게 큰소리를 치고, 중간상인들은 중간상인들대로 금 거래가 작동되는 방식을 외부인들이 알지 못하게 기를 쓰고 막았다. 이런 식으로 그들은 수 세기 동안이나 비밀을 유지했다.

가나의 한 왕도 어마어마하게 많은 금을 보유하고 있었다. 얼마나 많았으면 알바크리가 책의 상당 분량을 그 내용에 할애했을 정도다. 왕은 금으로 장식된 모자를 쓰고 다니며 자랑하고, 시동 열 명에게도 황금 방패와 황금 칼을 휴대하게 했다. 그의 궁정에서는 젊은 귀족들도 금으로 머리를 땋고 다녔다. 왕은 자기가 타는 말에도 금실로 수놓인 옷을 입히고, 경비견들 목에는 "금방울과 은방울이 점점이 박힌 금은 목걸이"를 채웠다. 일바크리에 따르면 왕은 금 생산의 독점권을 갖고 있었다. 금괴는 자기가 몽땅 차지하고 백성들에게는 금가루나 모으게 해서, "커다란 돌멩이만한" 금덩어리도 보유했다는 것이다.

알바크리는 가나의 그 왕국에 관해 다음과 같은 말도 했다. "왕국은 평원에 위치한 두 도시로 구성되어 있다. 무슬림들은 그 중 한 도시에 산다. 모스크가 열두 개나 세워져 있을 만큼 큰 도시다. 무슬림들은 금요 기도회 때마다 그중 한 모스크에 모인다." 주민들 중에는 예배 시간을 알리는 사람, 법률 전문가, 학자들도 포함되어 있었다. 그 왕국은 백성의 일부도 이슬람교를 받아들이고 대신들 중에도 이슬람교를 믿는 사람이 많았으나, 왕은 이슬람교도가 아니었다. 그래도 병력 20만 명을 가진 왕으로서 너른 영토를 통치하자면 유식한 기독교 성직자를 관료로 두었던 블라디미르 1세와 유럽의 새로운 군주들처럼 그도 글을 아는 무슬림 관료가 필요했다.

왕국의 또 다른 도시, 왕의 도시는 그 도시에서 7.5마일(12킬로미터) 떨어진 곳에 있었다. 이 도시에서 힘을 가진 사람은 '종교적 제식을 담당하는 주술사'였다.[46](이 도시에는 모스크도 방문객용 모스크 딱 하나뿐이었다.) 이 지방 종교는 죽은 사람을 처리하는 방식이 이슬람교와 달랐다. 부장품 없이 시신만 땅에 묻었던 무슬림과 달리 이 종교를 믿는 사람들은 왕이 죽으면 왕이 쓰던 침대, 카펫, 방석, 무기, 음식과 음료가 든 접시와 컵도 시신과 함께 묻었다. 그것도 모자라 '왕의 식사 시중을 들던 하인들'의 시신도 함께 묻었다. 믿기 어렵겠지만, 이것은 하인들과 함께 묻힌 왕들의 무덤을 고고학자들이 나이저강 유역에서 발견함으로써 사실로 확인되었다.

그렇다면 왕의 수도는 어디에 있었을까? 십중팔구 모리타니의 쿰비살레Koumbi Saleh[5]였을 것이다. 그 시대에 흔하게 거래된 물품들이, 특히 구슬과 유리 문진, 그리고 아랍인들에게 점령된 것을 나타내는 아랍어 비문과 모스크의 잔해가 20세기 초에 그곳에서 발굴된 것도 그렇게 볼 수 있는 요인이 된다. 알바크리가 묘사한 무슬림의 도시도 그곳이었을 수 있고, 고고학자들 또한 그 왕국에 수도가 여럿이었을 가능성을 시사했다. 수도를 여러 곳에 두고 왕이 계절별로 선택적 방문을 하는 것은 아프리카에서 흔한 일이었다.[47]

알바크리는 가나 왕이 가진 금이 밤부크Bambuk에 있던 금광지 맞은편 세네갈강의 제방에 세워진 교역소, 즉 기야루Ghiyaru에서 왔을 것으로 보았다.[48] 하지만 금을 캔 당사자와 금 거래의 담당자가 누군지는 말하지 않았다. 알바크리는 그저 교역소가 '나일강'에서 15마일(24킬로미터) "떨어진 곳에 있고 그곳에 다수의 무슬림이 있다."라고만 썼다.[49]

나일강은 물론 서아프리카 근처 어디로도 흐르지 않았다. 그러나 2세기 때 알렉산드리아에서 활약한 고대 그리스의 천문학자 프톨레마이오스Ptolemy도 나일강을 아프리카의 모든 정주지를 이어 주는 강이라고 믿었던 만큼, 알바크리도 그를 따라 다수의 강을 뭉뚱그려 나일강으로 칭했을 수 있다. 그가 나일강을 세네갈강이나 나이저강과 혼동했을 리도 없다. 말리의 도시 가오Gao 주변을 흐르는 나이저강의 주요 만곡부를 정확히 기술한 것을 보면,[50] 그는 직접 거명하지는 않았지만 그 강들의 물길을 얼마

---

5   북서아프리카의 국가 모리타니의 남동부에 있는 유적지다.

간 알았던 것이 분명하기 때문이다.

알바크리는 가나 왕의 특이한 조세 정책도 언급했다. "당나귀 한 짐 분량의 소금이 왕국 안으로 들어올 때는 1디나르 금화를 세금으로 부과하고, 소금이 왕국 밖으로 반출될 때는 2디나르 금화를 세금으로 징수했다."라는 것이다. 이 정책에 고무된 사하라 사막 남단의 도시 타가자Taghaza의 상인들은 낙타 대상에 큰 소금 덩어리들을 싣고 와 그곳에서 팔았다.(가나에는 자체적으로 소금을 공급해 주는 곳이 없었다.) 소금 수입을 장려하면서 세금을 부과하는 조치가 이상하게 여겨질 수도 있겠지만, 왕로서는 세수가 필요했을 것이다.

이런 혁신적 세금 징수 방식은 가나 왕이 서아프리카 지배자들의 주요 소득원이던, 상품의 이동에서 이득을 취할 수 있게 해 주었다. 도시로 통하는 문을 통제하고 시장을 감시하는 소수의 인력만 확보하고 있으면, 지배자들은 상거래에 과세해 얼마든지 소득을 올릴 수 있었다.

가나의 그 왕국은 왕국으로 들어오는 상품의 품목에 따라 다양한 세금이 적용되기도 했다. 대다수 품목에는 물건 가격에 10퍼센트의 세금을 매기고, 구리에만 수입을 장려하는 차원에서 5퍼센트의 세금을 부과했다. 가나에서는 구리가 생산되지 않았지만, 가까이에 있는 나이지리아 동부의 이보(이그보)우쿠Igbo-Ukwu에서는 구리가 생산되었다. 그곳 사람들은 구리에 주석만 합금하거나, 납과 주석을 동시에 합금하는 두 종류의 청동을 만들었다.

1000년 무렵에 만들어진 이보우쿠 청동에는 인간의 형상,

곤충, 새, 뱀들이 묘사되었다. 그곳 사람들이 로스트 왁스 제조법을 알고 있었음을 보여 주는 놀라운 사례다. 남아프리카에서 사용된 로스트 왁스 제조법과 다른 점은 끓는 금속을 들이부을 물건의 틀을 만들 때 밀랍이 아닌 그 지역 관목에서 나는 라텍스를 사용했을 개연성뿐이었다. 또한 이보우쿠에서 발견된 몇몇 청동 그릇에는 동아프리카 해안의 마푼구베에서 사용된 그릇들처럼 카이로에서 가져온 작은 유리구슬들이 장식되어 있었는데, 이 역시 서아프리카와 동아프리카의 상인들이 다량의 구슬을 구매했음을 나타내는 징표일 수 있다.

이보우쿠 유적지에는 중요한 유물 매장지가 두 곳 있었다. 한 곳은 코끼리 엄니 세 개, 구리로 된 발목 장식물과 그 외의 물건들, 그리고 몇몇 철제품이 부장품으로 묻힌 왕실 무덤이었다. 왕권의 상징들이 보관된 별도의 창고도 있었다. 인도에서 수입되었을 가능성이 가장 높은 10만 개 이상의 유리구슬과 홍옥수紅玉髓, Carnelian 구슬, 모양이 각기 다른 다수의 청동 그릇이 들어 있는 창고였다.[51] 구리, 주석, 납을 비롯해 이 물건들을 제조하는 데 들어간 원자재는 모두 나이저강 계곡에서 온 것들이었고, 이로써 서아프리카를 종횡으로 가로지르는 새로운 교역로가 있었음을 알 수 있다.[52]

이 지역을 넘나들던 물건들의 이동으로 이득을 본 것은 비단 지배자들뿐만이 아니었다. 지역민들도 그 혜택을 보았다. 말리 중부의 도시 젠네Jenne에서 남동쪽으로 2마일(3킬로미터) 떨어진 젠네제노의 유적지 크기만 보아도 그 지역의 부가 말리의 또 다른 도시 팀북투와 젠네 사이에 위치한 나이저강 유역 전역에 미쳐 있었음을 알 수 있다. 주요 금 교역지였던 젠네제노에는 폐기된 도기 저장소도 여럿 있었다. 그중 깊이가 26피트(8미터)에 달하는 한 저장소에는 기원전 300년에서 기원후 1400년까지 만들어진 도기 조각들이 무려 150만 개나 들어 있었다. 그것은 인구가 웬만큼 많지 않고서는 만들 수 없는 양이었다.[53] 젠네는 연중 비가 많이 내려 동물의 이동과 방목이 어려울 때는 인구가 2만 명에 달했다. 또한 시신의 매장 방식이 40종이나 되었던 것으로 보아 주민들의 출신지가 매우 다양했음을 알 수 있다. 차코 캐니언에서처럼 이곳도 매장 방식이 다양했다는 것은 다양한 사람들이 함께 어울려 살았음을 뜻하는 초기 세계화의 또 다른 징표가 된다.

900년 무렵의 고고학 층위에서는 아랍어 글자가 새겨진 기와도 출토되었다.(그곳 주민들은 지금도 그와 비슷하게 아랍어 문구가 들어간 기와를 지붕에 얹는다.) 그보다 한참 아래의 층위에서는 도기 조각들도 계속 나오고 있는데, 이는 서아프리카의 무역을 시작한 주체가 외부인이 아니었음을 나타낸다. 서아프리카의 무역은 외부인이 도착하기 1000년도 더 전에 이미 시작되었다.

알바크리가 사하라 사막 이남의 또 다른 주요 금 거래 도시였던 아우다고스트Awdaghust에 관해, 즉 지금의 모리타니에 있는 테그다우스트Tegdaoust에 관해 설명해 놓은 것을 보면 아프리카와 이슬람권의 다른 지역들을 넘나들며 이동한 물건들 중에는 농작물도 포함되어 있었던 것을 알 수 있다. 아우다고스트에서는 밀, 수수, 오이 외에 "원거리도 마다하지 않고" 이슬람 영역에서 들여온 "대추야자 열매와 건포도"도 재배되었다. 대추야자 열매는 원산지였던 페르시아만 부근의 남부 이라크에서 아프리카로 들어왔고, 수수는 그와 반대 방향인 서아프리카에서 이슬람 핵심지로 이동했다. 인도인들이 설탕을 결정화하는 공정법을 알아낸 뒤에는 사탕수수도 이라크로 유입되었고, 그곳에서 이집트로 이동해 이집트의 인기 작물이 되었다. 1000년 무렵에는 설탕이 유럽으로도 퍼져 나갔다. 그러나 가격이 비싸 감미료가 아닌 양념의 용도로만 소량씩 이용되었다.[54] 머나먼 땅에서 온 식료품은 이렇게 거래에 직접적으로 연관된 사람들뿐 아니라 모든 사람에게 영향을 끼쳤다.

아우다고스트 같은 주요 상업 및 농업 중심지들은 1054년에 알모라비드 왕조(무라비트 술탄국)가 서아프리카를 정복한 뒤에도 계속 번성했다.[55] 알모라비드 왕조의 창건자는 사하라 사막 북쪽에 사는 베르베르인 부족의 일원이었다. 메카로 순례 여행을 다녀오던 중에 그는 이슬람 율법에 관한 이해도가 낮은 자기 고향 사람들의 수준을 높이겠다는 생각으로, 모로코에서 법학을 공부한 정신적 조언자를 한 사람 영입했다. 그런 다음에 부족민들을 지휘해 여러 차례 반란을 일으켰다. 늘어나는 군사행동에 필요한 재원은 정복된 인접 지역 주민들에게 재산의 3분의 1을 바치게 해서 충당했다.[56]

알모라비드 왕조는 스페인 남부 지역뿐 아니라 서아프리카 해안 지역의 통합에도 성공했다. 그에 따라 서아프리카산 금의 상당량이 스페인으로 유입되어 알모라비드 왕조가 주조하는 주화의 재료로 쓰였다. 일모라비드 왕조의 통치는 100년 넘게 지속되었다. 알모라비드 왕조가 남긴 한 가지 영속적 결과는 900년 무렵을 시작으로 서아프리카 지역에서 왕성하게 선교 활동을 벌이며

말랄의 왕도 개종시켰던 카와리즈파의 영향력을 영구히 억제한 것이었다.[57]

삼각무역도 알모라비드 왕조 때 시작되었다. 진행 순서는 다음과 같았다. 먼저 유럽인들이 구슬과 직물 같은 제조품들을 북아프리카 항구들로 들여왔다. 여기서 물건들은 시질마사와 같은 무역도시들로 실려 가고, 그곳에서 다시 사하라 사막을 종단하는 낙타 대상에 실려 사막 남단의 도시 타가자와 남쪽의 다른 도시들로 이동했다. 타가자에 와서는 대상이 구슬과 직물을 현지인들에게 주고 소금을 받는 거래를 했다. 이렇게 구매한 소금 덩어리들을 싣고 대상은 다시 다음 행선지인, 소금이 나지 않는 나이저 강 계곡으로 향했다. 이곳에서는 대상이 소금을 주고 금과 노예를 사는 거래를 했다. 그다음에는 방향을 바꾸어 금과 노예를 싣고 북쪽으로 가서 그것들로 구슬과 직물을 사는 순환을 다시 시작했던 것이다.[58]

타가자 주민들이 남쪽으로 향해 가는 대상들에게 제공한 것은 소금뿐만이 아니었다. 그들은 금으로 된 새로운 제품도 개발해 팔았다. 타가자 주민들이 고안해 낸 것은 '문양 없는 금화'였다. 대상들은 이것들을 북쪽에 가져다가 팔았다. 알바크리가 "압인되지 않은 순금이라는 이유로" '민디나르bald dinar'로 부른 이 금화를 구매한 주체는 왕들이었다. 왕들은 이 아무것도 새겨지지 않은 금화를 구매해 압인한 다음에 왕국에서 유통했다. 이렇게 하면 금의 실질 가치와 주화의 액면가치 사이에 차액이 생겨 시뇨리지seigniorage로 불리는 이익을 얻을 수 있었다. 타가자의 남동쪽에 있는, 아프리카에서 가장 오래된 아랍어 비문이 발견된 지역

인 타드메카에서는 이 금화를 주조하는 데 사용된 주형도 발견되었다.[59]

낙타 대상이 싣고 가다가 도중에 버리고 간 금 화물을 고고학자들이 발굴한 사례는 아직 없다. 말리와 모리타니의 접경지에 위치한 유적지에서 황동으로 만든 봉 1톤(0.9미터톤)과 고둥 껍데기 9파운드(4킬로그램)가 든, 버려진 대상의 짐이 발견되었을 뿐이다.[60] 상인이 이 짐을 버렸던 까닭은 아마도 낙타들이 도망쳤거나 죽었기 때문일 것이다. 몰디브에서 나온 고둥 껍데기들은 화폐로 이용되었는데, 이것으로 인도양 교역 물품에 대한 서아프리카인들의 수요가 있었음을 알 수 있다.[61]

알바크리가 묘사한 서아프리카산 물건들 중에는 이 제품이 유라시아로 유입된 경로를 보면 1000년 이후에 교역로가 확장된 것을 생생히 알 수 있는 진짜 특이한 물건도 하나 있었다. 특이한 물건이란 바로 불 속을 통과해도 타지 않는 실로 짠 천이었다. 알바크리에 따르면, 그가 "믿을 만한 인물"이라고 말한 한 상인이 "그 천으로 짠 손수건"을 1060년대와 1070년대에 스페인 북서 지역을 통치한 페르난도 1세Fernando I에게 가져다주었다는 것이다. 페르난도 1세는 그 석면 손수건을 "사도들 가운데 한 사람의 것"으로 믿어, 콘스탄티노플의 비잔티움 황제에게 선물로 주었다. 알바크리는 그 외에 바그다드에서도 색다른 석면 손수건을 보았다고 말한 사람들이 있었다고 썼는데, 이 또한 아프리카 물건들이 새로운 무역로를 통해 이동한 것을 보여 주는 또 다른 사례가 된다.(지금은 당시에 만들어진 석면 손수건이 남아 있지 않다. 다만 카롤루스 대제가 더러워진 석면 식탁보를 불 속에 던져 넣었다가 꺼냈

더니 새하얗게 변해 있어 내빈들이 열광했다는 전설이 전해지고 있기는 하다.)[62]

그러나 알바크리도 그런 류의 진귀한 교역품을 (도로와 왕국에 관한 책을 쓸 때는 기본으로 넣게 되어 있어서) 포함시키기는 했지만, "아우다고스트의 금이 이 세상의 다른 그 어느 곳에서 파는 금보다 질이 좋고 순도도 높다."라고 하면서 금의 중요성이 더 크다는 점은 인정했다. 그는 다른 나라들에 금을 수출한 야리스나Yarisna라는 상인도 언급했다. 하지만 금이 채굴된 장소와 그것이 팔린 방식이 베일에 싸여 있었기 때문인지 여러 말은 하지 않았다.

다른 작가들도 금 거래가 작동한 방식에 관해 그들 나름대로 설명을 제시했다. 그중에는 구매자와 판매자의 대면 없이 행해진 '침묵의 거래'에 관해 말한 사람들도 있었다. 역사가들 중에 침묵의 거래에 관한 글을 최초로 쓴 사람은 기원전 5세기에 활동한, 고대 그리스의 역사가 헤로도토스Herodotus였다.[63] 그에 따르면 침묵의 거래는 다음과 같이 진행되었다. 카르타고 상인들이 팔고 싶은 물건들을 해변에 갖다 놓고 불을 피워 현지인들에게 그들의 도착을 알린다. 그러면 현지인들이 다가와 사고 싶은 물건들 옆에 금을 갖다 놓고 멀찌감치 떨어진 곳으로 가서 카르타고 상인들의 동태를 살핀다. 이때 만일 현지인들이 제시한 가격이 만족스러우면 카르타고인들은 금을 물건값으로 받고 해당 물건을 그곳에 두고 떠난다. 이 거래에서 "양측은 완벽하게 정직했다."[64]라고 헤로도토스는 주장했다. 하지만 이렇게 강조하는 것이야말로 켕기는 구석이 있었기 때문일 것이다! 침묵의 거래는 정직한 세상만을 전제로 하는 것이 아니라 아무도 없는 곳에 밤새 금덩어리를 놓아두어도 아침에 그대로 있을 것이라는 안전한 세상을 전제로 하는 것이니 말이다.

900년대에 활동한 아랍의 역사가 알마수디al-Masudi도 많은 대상의 출발지였던 사하라 사막 이북의 교역 중심지 시질마사에서 상인들이 '황금의 땅'으로 물건을 팔러 갔던 이야기를 했다. 하지만 그도 침묵의 거래에 관한 이야기에서는 헤로도토스의 주장을 되풀이하는 데 그쳤다. 구매자가 갖다 놓은 금이 물건값에 못 미친다고 여겨 "더 많은 금을 원하면"[65] 시질마사 상인이 금을 가져가지 않고 그대로 놔둔 채 가격을 올려 받으려고 했다는 흥미로운 내용이 추가되어 있을 뿐이다.

작가들은 실제 거래 장면을 보지 못했을 것이니,[66] 침묵의 거래에 관한 이야기도 십중팔구 지어내 썼을 것이다. 실제로 금 거래는, 자기들이 맡은 중요한 역할을 철저히 비밀에 붙인 채 광산 소유주와 직접 금 가격의 협상에 나선 중개상인을 포함해 복잡한 교역망 속에 진행되었다. 심지어 1300년대에도 한 작가는 가나로 며칠씩 출장을 가 있으면서 현지에서 중개상인을 고용해 금 채굴업자를 만난 북부 지역 상인들에 관해 이야기했다. 하지만 그도 이어서 쓴 침묵의 거래 이야기에서는 다른 사람들이 한 말을 되풀이했다.[67] 중개인이 덮어쓴 비밀의 베일을 벗기는 데 실패한 것이다.

가나 왕국은 1000년대에 내리막길을 걸었다. 일부 아랍 사료에는 알모라비드 왕조가 1076년에 가나를 정복했다고 나와 있지만, 가나의 수도 쿰비살레에서는 1076년 이후에도 그 도시가

100년이나 더 번성한 것을 나타내는 증거물이 나왔다. 어쩌면 그 곳도 당시에 일어난 기후변화의 영향을 받았을 수 있다.[68]

호수 퇴적물에서 나온 증거에는 사하라 사막 이남 사헬 지대[6]의 서아프리카에서 1050년에 시작되어 1300년에서 1400년 사이의 어느 무렵까지 강우량이 계속 늘어나는 기후 현상이 있었던 것으로 나타난다. 그 덕에 마초의 공급이 풍부해져, 500년에서 800년 사이에 유럽에서 이 지역으로 들어와 점점 불어난 말의 수효가 유지될 수 있었다.[69] 수가 늘어난 말은 전쟁의 성격도 바꾸어 놓았다. 알바크리에 따르면 1050년 이전에는 가나 왕국과 알모라비드 왕조의 무장한 전사들이 10만 필이나 되는 낙타 위에서 전투를 벌였으나, 1200년 이후에는 마상에서 전투를 벌였다는 것이다.

그 무렵 카이로에서는 중요한 정치적 변화가 일어났다. 맘루크(맘루크는 아랍어로 '노예'를 뜻하는 여러 단어 중 하나다.)로 불린 노예 출신 군인들이 1250년에 아이유브 왕조의 마지막 지배자를 타도하고 권력을 잡은 것이다. 맘루크 왕조는 금과 노예무역으로 얻은 상당한 수익에 힘입어 수 세기 동안 통치를 이어 갔다.

사하라 사막을 종단하는 금 무역은 14세기 중엽에 절정을 이루었다. 유럽에서 금 수요가 폭증한 것이 이유였다. 양을 정확히 추산하기는 어렵지만, 아마도 1000년 무렵에는 연간 3톤에서

---

6   사하라 사막 이남의 동서로 뻗어 나간, 너비 300킬로미터 정도 되는 사막과 스텝으로 이루어진 영역이다.

4톤 정도의 금(2.7미터톤에서 3.6미터톤 정도로, 오늘날의 가치로 환산하면 1억 5000만 달러어치에 해당하는 양이다.)이 사하라 사막 이북으로 이동했고,[70] 이후에도 그 현상은 몇 세기 동안 지속되었다.

1300년대 초에 25여 년간 말리를 통치한 만사 무사Mansa Musa는 특히 최고의 금 부자라는 독보적 지위를 누렸다. 1324년에는 그가 메카로 성지순례를 하러 갈 때 낙타 100마리로 구성된 카라반에 금을 싣고 가, 도중에 들른 카이로 주민들을 감탄시켰다. 만사는 '최고 지도자'를 뜻하고, 무사Musa는 모세Moses의 아랍어 발음이었다. 그러니 그의 이름도 모세 왕이 되는 것이었다. 왕이 가진 재산 규모는 모든 사람을 경악시켰다. 만사 무사와 수행원들이 얼마나 후하게 인심을 썼는지, 그로 인해 카이로의 금 가격이 폭락할 정도였다.[71] 동시대인들은 순례 여행 때 13톤에서 18톤 정도(12미터톤에서 15미터톤 정도)[72]의 금을 싣고 다닌 만사 무사를 그 시대 최고의 부자일 것으로 추정했다.

카이로에서 만사 무사에게 금 거래 이야기를 들은 주민은 두 명이었다. 그 두 사람이 금 거래가 어디서, 얼마나, 어떻게 진행되었는지를 종합해 들려준 이야기는 다음과 같았다.

두 사람 중 말리에 산 적이 있었던 알두칼리al-Dukkali는 만사 무사에게 금가루를 팔려고 가져온 사람들이 무슬림이 아니었다고 했다. "술탄 만사 무사가 마음만 먹었다면 그들에게 권위를 행사할 수도 있었다. 하지만 그 왕국의 왕들은 그들 중에 누군가가 황금 도시 중 한 곳을 정복해 그곳에서 이슬람교가 확산하고 그로 인해 무에진muezzin의 기도가 울려 퍼지는 날에는, 그때부터 그 도시의 금이 줄어들기 시작하고 결국 자취를 감추는 반면에, 이웃 불신자의 나라들에서는 금이 늘어나리라는 것을 경험으로 알고 있었다." 이러한 특별한 사정 때문에 말리의 왕들은 금 생산 지역을 "불신자의 통제하에" 남겨 두기로 결정했다. 그러나 만사 무사의 금광이 이슬람권 바깥에 있었다는 알두칼리의 말은 왜곡이 심하다 못해 억지에 가깝다.

만사 무사와 사적으로도 대화를 나누었다는 두 번째 자료 제공자이자 법률 전문가였던 알자와위al-Zawawi는 왕국과 금광 소유주들 간의 관계를 다르게 이해했다. 그는 금광에서 일한 비무슬림들이 만사 무사의 왕국 내에 살고 있었다고 했다. 금 채굴 방식에 관해서는 다음과 같이 설명했다. "금광에 사람 키 높이만 한 구덩이를 판 다음 구덩이 양쪽에서 금을 찾아낼 때도 있고, 구덩이 밑바닥에서 금을 채집할 때도 있다." 광산업자들은 이렇게 캔 금의 일부를 왕에게 주었다는 것이다.

알자와위는 만사 무사가 그의 왕국 내에서 생산한 구리와 금을 맞바꾸는 방식으로도 금을 사들였다고 했다. 또한 만사 무사의 정부는 구리에만 유일하게 세금을 부과했다.(가나의 초기 왕들과 달리 만사 무사는 소금에는 세금을 물리지 않았다.) 거래는 왕의 대리인이 '비무슬림 흑인들'이 사는 불특정 지역으로 구리를 가지고 가 구리 단위 100개당 금 단위 66.66개를 받아 오는 방식으로 이루어졌다. 두 사람이 제공한 정보 중 어느 것이 더 정확한지는 모를 일이다. 그러나 확실한 것은 만사 무사가 왕국의 안과 밖 양쪽 모두에서 합의에 도달해 필요한 금을 얻었다는 것이다.

흑사병이 맹위를 떨쳐 7500만 명이던 유럽 인구가 5500만 명으로 감소한 1347년에서 1348년 사이의 기간에는 금 수요도 줄어들었다. 하지만 당대 최고의 부자 군주들 중 하나라는 만사 무사의 명성은 그때도 꺾이지 않았다. 마요르카 출신의 유대인 지도 제작자 아브라암 크레스케스Abraham Cresques가 카탈루냐 지도를 그릴 때, 서아프리카를 나타낼 상징으로 고른 것도 만사 무사의 초상화였다. 그가 그린 카탈루냐 지도는 1400년대 말에 포르투갈인들의 탐험이 시작되기 전, 아프로-유라시아가 포함된 것으로는 가장 최신 지도였다. 그 무렵에는 유럽의 금 수요도 회복되었다.

서아프리카 해안을 항해한 최초의 유럽인은 항해 왕자 엔히크Henrique가 후원한 포르투갈인들이었다. 그렇다고 그들이 새로운 교역 시스템을 만든 것은 아니었다. 그곳에는 이미 교역 시스템이 있었다. 그들이 한 일은 무역항, 중개상, 시장 정보원,(그러나 금에 관한 이들의 이해도는 상당히 낮았다.) 물적유통 시스템,(낙타 대상에 도움을 제공한 도시와 마을) 그리고 물론 유럽에서 수요가 높은 물건과 아프리카에서 수요가 높은 제품을 찾아내 본래의 시스템을 완비한 것이 전부였다. 1400년대 중반에는 포르투갈인들이 금과 노예의 교역망에도 손댔다. 그렇다고 그들이 세계화를 시작한 것은 아니었다. 세계화는 이미 본격적으로 가동되고 있었다.

항해 왕자 엔히크가 당초에 북아프리카로 선단을 보냈던 것은 세우타와 같은 지중해 도시들을 이슬람 지배로부터 되찾을 수 있을까 하는 마음에서였다. 그는 열대를 두려워했다. 따라시 그의 선단이 저 멀리 남쪽의 서아프리카 해안까지 가는 것은 원치 않았다. 고대 로마의 지리학자들도 열대는 혹서가 심해 그곳을 가로지르는 여행에서 살아난 사람이 없다는 소문이 돈다고 말했다.

하지만 포르투갈의 배 한 척이 1434년에 현대의 모리타니에 있는 보자도르곶을 통과하는 항해를 하고 무사히 귀환하자 엔히크 왕자도 열대가 존재하지 않는다는 것을 깨닫고,[73] 아프리카 노예들을 실어 오기 위해 남쪽으로 원정대를 파견했다. 1444년에는 엔히크가 포획해 온 노예들을 전시하는 화려한 행렬을 리스본에서 주관했고, 그의 배들은 아프리카 서해안을 항해하며 유럽의 말을 주고 노예를 사는 거래를 계속했다. 엔히크가 1460년에 죽을 때까지 평생 동안 포르투갈로 실어 온 아프리카 노예는 1만 5000명 내지 2만 명이었다.

포르투갈인들은 서아프리카에 있는 금광의 위치도 빠르게 찾아냈다. 1482년에는 그들이 당시의 금 채굴 중심지였던 지금의 가나 서부 엘미나('광산')에 교역소[7]를 세움에 따라,[74] 금 무역이 새로운 국면에 접어들었다. 1500년대 초에는 포르투갈인들이 리스본으로 매년 실어 가는 아프리카의 금이 1500파운드(700킬로그램)에 달했다. 유럽이 연간 생산하는 금이 4톤(3.6미터톤) 정도이고, 포르투갈에는 금광이 없을 때였다. 유럽의 금은 다 합해도 각 면의 길이가 2야드(2미터)를 조금 넘는 정육면체에 다 들어갈 정도밖에 되지 않았는데, 이처럼 양이 적었던 것은 금이 가격 변동에 매우 취약했음을 나타내는 것이었다.[75]

아프리카 금 무역을 실질적으로 통제한 사람이 누구였는지에 관한 수수께끼를 푼 사람은 포르투갈 상인 주앙 호드리게스

---

7   엘미나 성을 가리킨다.

João Rodrigues였다. 호드리게스는 1493년에서 1495년까지 모리타니 서부 해안의 아르긴섬과 세네갈강 사이에 위치한 해안 도시에 살면서 그 고장 특유의 금 무역을 면밀히 조사했다. 대상 무역에 관여하는 도시들을 알아냈고, 소금이 사하라 사막을 넘어 남쪽의 팀북투로 이동하는 경로를 밝혔으며, 배들이 북아프리카산 물건을 싣고 팀북투에서 젠네(젠네제노 가까이에 있던 큰 도시)까지 2주간 강을 거스르며 항행해 그 도시에서 금 거래 상인들을 만나는 광경도 목격했다. "이 금 거래 상인들은 붉거나 갈색인 피부를 가진 왕가라족Wangara으로 불리는 특별한 종족에 속한다.[76] 이들의 광산에는 사실상 이 종족 이외의 그 어느 누구도 접근이 허락되지 않는다. 광산업자들은 왕가라족을 매우 신뢰할 만한 사람들로 여겨 다른 사람들의 접근을 완전히 배제했다." 왕가라족은 수백 년 전부터 존재한 이름이었고, 따라서 종족의 정체성도 날로 단단해졌다. 15세기 말엽에는 그들이 일종의 상인 카스트까지 구축하고 있었는데, 호드리게스가 붉고 갈색인 피부를 가진 사람들로 묘사한 사람들이 바로 그들이었다.

호드리게스가 왕가라족의 정체를 밝히면서 침묵의 거래를 둘러싼 수수께끼도 풀렸다. "소금 상인이 거래 당사자를 직접 만나지 않고 가져온 소금 덩어리를 쌓아 놓으면 흑인들이 금을 갖다 놓고 소금을 가져가는 방식으로 거래가 성사된다고 사람들은 알지만, 이는 사실이 아니다." 호드리게스는 침묵의 거래가 왕가라족이 독점권을 지키기 위해 고안한 은폐 수단임을 깨달았다.

호드리게스는 또 금 무역에서는 노예의 역할이 중요하다는 것도 알아챘다. "왕가라족이 젠네에 오면 그들은 한 명당 100명이

나 200명 혹은 그 이상의 흑인 노예를 고용해 소금을 운반시킨다. 노예들은 소금을 머리에 이고 금광으로 가서, 그곳에서 금을 가지고 다시 젠네로 돌아온다. 노예들은 모든 짐을 머리에 얹어 운반하는데, 그 때문에 대머리가 된다." 일부 왕가라족은 1년간 1만 온스의 금을 거래하기도 했으니, 그들은 결국 노예들을 착취해 돈을 번 것이었다.

1450년에서 1500년 사이에 아프리카에서 포르투갈로 실려 간 노예는 총 8만 명이었다. 1500년에서 1600년 사이에는 그 수치가 33만 7000명으로 폭증했다. 1600년 이전에는 사하라 사막, 홍해, 인도양의 (이슬람) 노예무역 규모가 대서양의 노예무역 규모보다 컸다. 1600년 이후에는 대서양 노예무역이 북아프리카와 중동으로 가던 노예무역을 대체했다.[77]

호드리게스도 목격했듯 포르투갈인들이 서아프리카 해안을 항해할 무렵에는 아프리카를 횡단하고 북동아프리카를 외부 세계와 이어 주는 정교한 교역 시스템이 이미 갖추어져 있었다. 금과 석면 손수건을 지브롤터 해협을 넘어 스페인으로, 상아와 금을 이탈리아로, 상아와 노예를 동아프리카 해안 위쪽의 오만과 바스라, 여타 이슬람권 지역으로 운반해 주는 교역로들이 존재했던 것이다. 교역로들은 아프리카의 물건을 외부 세계로 가져다주는 데 그치지 않고, 외부 세계의 물건을 서아프리카로 가져다주기도 했다. 구슬과 천은 특히 지중해와 인도양의 양쪽 통로로 유입되었다. 교역로 중 가장 혼잡했던 길은 삼각무역을 하는 대상이 사하라 사막을 넘어 남쪽 지역에 구슬과 천을 가져다주고 돌아오는 길에 산 소금으로 노예와 금을 구매해 지중해 항구들로 돌아오는 통로였다.

　　이렇게 정교한 교역로들이 존재한 사실은 포르투갈인들의 서아프리카 항해도 새로운 관점으로 바라보게 한다. 요컨대 유럽인들은 서아프리카 연안의 항구들에서 마주친 왕과 상인들에게 무역을 소개하지 않았다는 것이다. 소개는커녕 번성하는 노예무역과 금 무역에서 지극히 중요한 역할을 했던 아프리카 중개상들을 기만하기에 혈안이 되어 있었다. 게다가 노예 상인들은 그 많은 아프리카 노예로도 부족해 중앙아시아로도 노예를 찾으러 갔다. 그 이유는 다음 장에서 밝히겠다.

6장

둘로 갈라진 중앙아시아

기원후 1000년의 세계에서 중앙아시아가 가진 주요 자원은 하나뿐이었다. 유럽인이나 아시아인보다 월등한 기량을 가진 기마 전사였다. 기마 전사들이 대형을 이루어 공격할 때 말 위에서 퍼붓는 화살 세례는 오늘날 무장 헬리콥터가 저공비행을 하며 적의 보병을 향해 난사하는 총탄과 다를 바 없는 치명적 무기였다. 유목민이 쏘는 화살의 위력은, 1500년 이후에 대포와 같은 화약 무기들이 나오고서야 꺾였다.[1]

야심 찬 지도자들이 이 사나운 전사들을 확보하는 방법은 다양했다 인기가 상승 중인 족장은 자기 부족민만으로 군대를 조직해 약탈물의 일부를 군사행동에 대한 보상으로 주어 곁에 두었다. 다른 부족민을 신병으로 뽑아 다수의 부족민 연맹체를 구성할 수도 있었다. 그것도 아니면 팔려 온 전사 노예들만으로 군대를 조직하기도 했다. 지도자들은 인접한 농경 사회들에 대한 습격도 시도했다. 중국과 인도가 그들의 주요 습격 대상이었다. 성공한 지도자는 굳이 타 지역을 습격하지 않아도 됐다. 가만히 있어도 정주민 지도자들이 꼬박꼬박 보호금을 갖다 바쳤기 때문이다.

기마 전사들은 당대의 그 어떤 운송 수단보다 빠른 속도로 육로 거리를 주파했다. 신속한 군사작전에 참가한 병사들이 하루 평균 60마일(100킬로미터)를 행군할 때, 유목민의 전령은 하루에 최고 300마일(500킬로미터) 가까운 거리를 주파할 수도 있었다. 그러나 수천 명 규모의 대군으로 움직일 때는 병참의 어려움 때문에 말을 타고 가도 하루 이동 거리가 고작 15마일(24킬로미터)에 지나지 않아 세계의 여타 지역 군대보다 속도가 느렸다.[2]

헝가리에서 중국 북부 지역까지는 길이 4000마일(7000킬로미터) 이상에 달하는, 자연적 통로 역할을 하는 광활한 초원 지대가 펼쳐져 있었다. 그 통로에서는 말을 타고 가다가 말에게 먹이를 줄 때가 되면 어디든 멈추어 서서 풀을 뜯게 한 다음에 가던 길을 계속 갈 수 있었다. 이 초원 지대가 1200년 이후에는 중앙아시아와 동아시아에 있던 기존 국가들을 정복해 하나로 통합하게 될 몽골 제국의 핵심지를 형성했다.

1000년이 되기까지는 유라시아 전역에 펼쳐진 길들을 중앙아시아 전사들이 개척했다. 상인들은 이 새로운 길을 이용해 작고 가벼운 물품들을 운송했다. 그렇다면 당시에 가장 수요가 많았던 품목은? 전사 자신과 그들의 말이었다. 그다음으로는 직물,(천

막의 벽에 걸어 놓기 십상이었다.) 모피,(따뜻한 데다 부하들에게 줄 선물용으로도 안성맞춤이었다.) 보석(가볍고 휴대하기 편했다.)의 인기가 많았다. 학자들이 너그러운 후원자를 찾아 이 궁정 저 궁정으로 옮겨 다님에 따라 과학, 수학, 역학曆學(모든 지식의 왕이었다.)과 같은 최첨단 전문 지식도 이 통로들을 따라 이동했다.

늘 그렇듯이 통로들의 형성과 중앙아시아를 넘나드는 물건 및 생각의 이동에 영향을 준 것은 정치 상황이었다.

아바스 왕조가 중앙아시아에 대한 통제권을 상실하자 그곳에서는 다양한 이슬람 왕조들이 줄지어 생겨났다가 사라졌다. 그 중 이번 장의 이야기 전개에 중요한 왕조는 사만 왕조, 가즈나 왕조, 카라한 왕조, 셀주크 왕조다. 발음하기도 어렵고 기억하기도 어려운 이 무슬림 왕조들을 우리가 주목해야 하는 것은, 그들이 아프가니스탄, 지금의 우즈베키스탄, 인도 북부, 중국 북서부(지금까지도 무슬림 지역으로 남아 있는 참으로 거대한 세계의 일부분)의 중앙아시아 주민들에게 이슬람교를 전파했기 때문이다.

1000년에 일어난 세계화가 세계의 주요 종교들이 새로운 지역으로 퍼져 나가게 한 요인이었다. 기독교가 동북부 유럽으로 퍼져 나가던 바로 그 시기에 이슬람교도 서아프리카와 중앙아시아로 파고든 것이었다.

이슬람교가 확산되자 해당 지역의 지배자들은 타 지역 지배자들이 직면했던 것과 같은 종교 선택의 문제에 맞닥뜨렸다. 어느 보편 종교가 자신의 이익에 가장 잘 부합하는지, 상력한 동맹을 가져다줄 수 있는지를 판별해야 했던 것이다. 몇몇 종족의 지도자들은 인근의 바그다드와 부하라에 수도를 둔 아바스 왕조와 사만

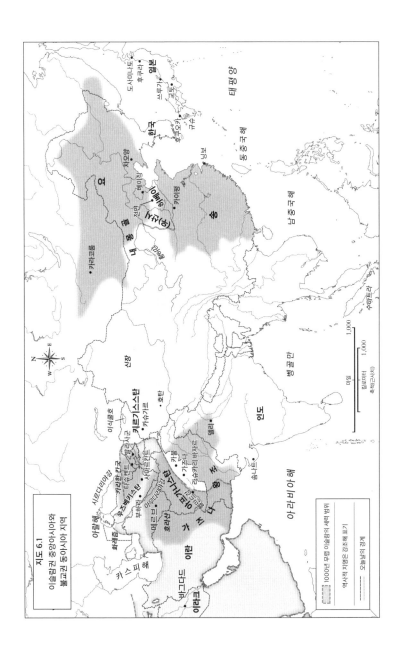

지도 6.1
이슬람권 중앙아시아와
불교권 동아시아의 지역

1000년경 무렵 이슬람의 세계 범위
역사적 지명은 강조체 표기
오늘날의 국경

왕조[1]가 믿는 이슬람교를 택했다. 그러나 부족민들에 대한 이슬람교의 호소력이 컸던 점을 감안하면 뜻밖의 결정을 한 지도자도 있었다. 불교를 택한 것이다. 그렇다면 그에 따른 결과는? 지금의 신장 위구르 자치구와 가까운 중앙아시아 한복판에 두 종교 지역을 가르는 선이 그어진 것이었다. 인구 대부분이 무슬림으로 구성된 신장 위구르 자치구와 비무슬림 중국 정부 간에 지금껏 계속되는 긴장도 이 단층선과 관련이 있다.

사만 왕조의 세력이 지금의 우즈베키스탄 지역에 머물러 있던 시절, 그곳 지배자들도 야심 찬 이집트 총독 이븐 툴룬이 썼던 것과 똑같은 방식으로 아바스 왕조에서 이탈해 독립했다. 바그다드에 매년 납부하던 세수를 보내지 않은 것이다. 중앙아시아의 유력 가문이었던 사만 가문의 자손들은 이란의 사산 왕조가 점유했던 땅이 칼리파의 군대에 정복되자 곧바로 이슬람교로 개종했다. 그러고는 재빨리 아바스 왕조의 관료제 내에서 한자리들을 차지했다.

그들도 아바스 왕조 내의 다른 관리들과 다를 바 없는 일을 했다. 세금을 징수하고 지배자에게 필요할 때마다 군대를 제공하는 것이 그들의 임무였다. 819년에는 사만 가문의 네 형제가 장차 왕조의 수도가 될 부하라와 중요한 학문의 중심지가 될 사마르칸트가 포함된 도시들의 총독에 임명되었다. 그 상황에서 자기들 군대의 힘은 커지는데 병력을 보내 주는 아바스 왕조의 세력은 약해지자 그들은 바그다드에 내던 세수를 섬신적으로 중단했다.

---

1   875년에서 999년까지 존속한 왕조다.

875년에는 칼리파가 중앙아시아를 사만 가문에 공식적으로 위임했다. 사만 가문의 형제들은 금요 기도회 때 칼리파를 이슬람 공동체의 수장으로 언급하고 때가 되면 보고서와 선물도 보내 주면서 선심 공세를 폈지만, 정례적으로 납부하던 세수는 더는 보내지 않았다. 사만 왕조의 지배 영역은 현 우즈베키스탄의 많은 부분을 포괄했다. 사만 왕조가 해체된 뒤에도 중앙아시아의 계승 국가들은 그 왕조가 지배하던 영역을 재통합할 열망을 가졌다. 변화가 있다면 이 다양한 국가들 모두가 이슬람교를 지지한 것인데, 이 변화가 그 지역의 모든 사람에게 영향을 끼쳤다.

사만 왕조는 바그다드와 카이로 및 여타 주요 노예시장들이 위치한 아바스 왕조 및 파티마 왕조의 영역이 초원 지대와 연결되는 교역로들을 통제하고 있었다. 따라서 전쟁 포로를 노예로 팔아 돈을 벌 수 있었다. 예를 들면 다음과 같은 식이었다. 사만 왕조의 한 왕자가 아랄해와 카스피해 사이에 위치한 페르시아 북부의 화레즘에 사는 튀르크족을 상대로 벌인 전투에서 이겨 포로 2000여 명을 사로잡았다. 그는 이 포로들을 은화 60만 개를 받고 팔아 막대한 수익을 올렸다.[3] 이런 거래를 몇 차례 거듭했다고 생각하면 중앙아시아 노예무역의 규모가, 그리고 그로 말미암아 얻는 수익의 규모가 얼마나 컸을지 짐작될 것이다.

중앙아시아는 동유럽 및 아프리카에 이어 세 번째로 중요한, 이슬람권으로 유입되는 노예 공급지였다. 1000년의 세계에서 중요한, 강제 이주를 유발한 요인이 바로 이 중앙아시아의 노예 판매였다.

사만 왕조는 기량 좋은 군인 노예가 미숙한 노예보다 가격이 비싸다는 것을 깨닫기 무섭게 군인 노예 양성소를 설치했다.[4] 그리하여 노예 거래로 막대한 수익을 올리게 되자 순도 높은 은화를 계속 만들어 냈다. 이 현상은 1000년 이후의 어느 무렵 유럽 대륙에 은 부족 사태가 야기되어 은 공급이 끊길 때까지 계속되었다.

사만 왕조가 이란을 지배할 무렵에는 페르시아어도 이슬람권에서 두 번째로 중요한 학술 언어가 되었다.[5] 982년에 익명의 작가가 무슬림 지역과 비무슬림 지역을 망라한 다양한 지리적 전통을 종합해 저술한 『세계의 한계The Limits of the World』[6]가 아랍어가 아닌 페르시아어로 쓰였다는 사실이야말로 아랍어가 주요 언어로 남아 있던 바그다드 주변 지역과는 대조적으로 중앙아시아에서는 페르시아어가 주요 언어로 부상하고 있었음을 보여 주는 단적인 예다.[7]

부하라를 수도로 한 사만 왕조는 가장 위대한 이슬람 학자 몇 명을 재정적으로 지원하기도 했다. 천체의 움직임, 유라시아 반대편에 대륙(아메리카)이 존재할 개연성, 다마스쿠스 강鋼으로 검을 제작하는 법을 연구한 뛰어난 박식가 알비루니도 그중 한 사람이었다. 다만 알비루니는 글을 쓸 때는 주로 아랍어를 사용했다. 페르시아어와 아랍어에 모두 능통했지만, 그가 살아 있는 동안에는 아랍어가 과학 언어였기 때문이다. 알비루니는 역사상 가장 탁월한 무슬림 과학자 중 한 사람이었다. 우즈베키스탄의 타슈켄트에는 그의 이름을 딴 지하철역도 하나 있다.

알비루니는 990년대의 급변하는 정세 속에 이 궁정 저 궁정 옮겨 다니며 다양한 사회들에서 천문 역법의 포괄적 연구에 필요한 자료를 수집했다. 부하라에서 2년을 머문 뒤에는 아랄해 남쪽 해안에 위치한 그의 고향 화레즘으로 가서 연구를 계속했다.[8] 알비루니는 (인쇄술이 발명되기 이전 시대에 될 수 있는 한 많은 수기 자료를 모으고) 거기에 분야의 권위자에게서 얻은 지식을 철저한 원문 연구와 결합해 연구를 수행했다. 그는 비무슬림들에 관해서도 놀라울 정도로 편견이 없었다. 정보가 부정확하다고 판단되면 부정확하다고 실토했고, 인도의 시리아 정교회 신자들이 사용한 역법과 같은 생소한 주제는 그에 관해 충분한 지식을 가진 사람을 만나지 못했다는 이유로 쓰지 않았다.[9]

1000년에 알비루니의 나이는 고작 27세였다. 그 젊은 나이에 그는 무슬림과 유대인, 기독교도, 조로아스터교도를 비롯한 이웃 나라 주민, 그리고 이집트인 및 로마인과 같은 먼 옛날 사람들이 사용한 가지각색의 천문 역법에 관한 지적이고도 혁명적인 책을 저술했다. 이 책에서 중요하게 누락된 부분은 그의 마음을 사로잡았지만, 그의 생애 후반에 동남아시아로 가는 새로운 통로가 열린 뒤에야 알게 된 중국과 인도에 관한 것뿐이었다.

휴대전화 시대를 살고 있는 요즘에는 많은 사람이 달, 행성, 태양의 운동을 당연시하지만,(그것들이 움직인다는 것을 알아챈다면 말이지만) 지난날의 사람들은 식량 공급을 늘리고 파종 시기를 정하는 데 필요한 봄의 시작을 알 방법이 없었다. 모든 사회가 한 해 동안에 일어나는 달, 행성, 태양의 운행이 일치하지 않아 해결책을 찾기가 더 어려웠던 그 도전에 직면해 있었다.

그런데 알비루니가 『고대 국가들의 연대기 The Chronology of Ancient Nations』 도입부에서, 하루(태양일)는 낮과 밤으로 이루어지는데, 이슬람력에서는 일몰 때(초승달이 육안으로 보일 때) 새로운 달月이 시작된다고 보기 때문에, 하루의 시작(유대인도 일몰을 하루의 시작으로 본다.)도 일몰이라는 설명을 제시한 것이다. 알비루니의 글은 밀도가 높으면서도 체계적이다.[10] 용어에 대한 정의를 내릴 때도 그는 신중을 기했다.

하루의 길이는 그리 큰 문제가 아니었다. 그보다 중요하고 어려웠던 것은 한 해의 길이를 정확히 계산하는 것이었다. 알다시피 1년의 실제 길이는 365.24219일이다. 따라서 소수점 이하의 우수리 4분의 1도 고려하지 않으면 절기가 맞지 않아 파종 시기를 정확히 계산할 수 없었다. 현행 태양력에서는 그 문제를 4년에 한 번 윤일을 두는 방식으로 해결한다. 그러나 이슬람력은 순수한 태음력이기 때문에 매년 다른 달에 종교력이 시작되었다. 그러자 무슬림도 파종 시기와 농업세 징수 시기를 정할 때는 태양력을 이용했다.[11] 유대력(히브리력)은 19년 동안 윤달 7개월을 더해 주는 방식으로 태양력과 태음력의 조화(태음태양력)를 도모했다. 알비루니는 그런 문제를 설명하는 데 희열을 느꼈다. 서로 다른 언어로 쓰인 방대한 분량의 다양한 자료를 분석하는 일을 좋아했기 때문이다. 그는 해, 달, 행성들의 운동을 예측하는 데 필요한 복잡한 수학적 계산에도 흠뻑 빠져들었다.

알비루니가 살았던 시대는 지금은 고인이 된 마셜 굿윈 심스 호지슨Marshall G. S. Hodgson 시카고 대학 교수가 만들어 낸 신조어, 수니 국제주의 시대period of Sunni Internationalism가 시작된 초기였다. 아바스 왕조가 붕괴한 뒤에 중동은 정치적 동합은 깨졌지만, 문화적으로는 여전히 통합되어 있었다. 1000년대부터는 아랍어나 페르시아어를 연구하는 학자들이 새로운 통로를 따라 이동하면서 이슬람권의 어느 지역에서든 석학들과 연구하는 것이 가능했다. 이것이 마드라사로 불리는 새로운 유형의 학교가 발흥하게 된 계기였다.[12]

마드라사가 이전의 초기 학교들과 달랐던 점은 재정적 기부를 받아, 학생들에게 교육뿐 아니라 주거 공간도 함께 제공해 줄 수 있었다는 것이다. 법학을 연구하는 학생의 대다수가 이곳에서 단 한 명의 선생과 4년이라는 오랜 기간을 함께 공부하고, 이어서 수습 기간을 거치는 과정을 밟았다. 자격증을 취득해 다른 학생들에게 법학을 가르치고, 법률 의견서를 작성할 수 있게 되는 것이 이들의 목표였다. 마드라사는 법학과 학생들 사이에 특히 인기가 높았다. 오랫동안 학교에 머물러 지내야 하는 학생들에게 기숙사를 갖춘 학교는 의미가 컸기 때문이다. 카이로의 한 거리에만 수니의 4대 법학파를 가르치는 마드라사가 일흔세 개나 세워져 있었을 만큼 마드라사는 설립되자마자 폭넓게 보급되었다.[13]

마드라사에는 여성 전용 기숙사가 따로 설치되어 있지 않았기 때문에 여성들에게는 입교가 허용되지 않았다. 하지만 그런 가운데서도 일부 명망 있는 학자 가문의 여성들은 연구를 수행해 수준 높은 학문적 성취를 이루었다. 걸출한 꾸란 학자와 꾸란 번역자가 등재된 서른일곱 권으로 된 인명사전에도 수백 명의 여성 학자가 포함되어 있다. 1201년에 집필된 사전에 올라 있는 학자들의 23퍼센트도 여성으로 밝혀졌다. 여성 학자들 중에는 친척 간이 아닌 사람들도 포함된 남자들과 함께 여행을 다니며 공부해 학자적 명성을 얻은 경우도 있었다.[14] 선생과 학생들에 관한 정보가 상품이 이동하는 통로를 따라 함께 움직임에 따라 심지어 본국에 있는 사람들도 새로운 사고와 제품에 노출되었다.

학자와 학생들은 이슬람 국가들을 자유롭게 옮겨 다닐 수 있었다. 다만 그것은 분쟁이 없을 때의 이야기였다. 알비루니가 998년에 부하라를 떠날 결심을 한 것도 학문적 이유가 아니라 혼란을 피하기 위해서였다. 사만 왕조 군주들의 친위대를 구성하고 있던 군인 노예들의 반란이 갈수록 격해진 탓이었다. 10세기를 지나는 과정에서 사만 왕조는 지주 가문의 아들들로 정부 관리와 군대의 병력을 충원하는 데 갈수록 어려움을 겪었고, 그래서 튀르크계 노예들로 결원을 메운 것이 그런 결과를 초래한 것이었다.

외부 세력인 군인 노예들에게 국정 관리를 맡긴 위험은 거의 즉각적으로 나타났다. 914년에는 사만 왕조의 지배자가 튀르크계 군대에 살해되었고, 943년에는 그의 계승자가 강제로 퇴위당했다.[2] 이때부터 사만 왕조의 지배자는 명목상의 군주에 머물렀다.[15] 945년 이후에는 부와이 왕조의 꼭두각시 역할을 했던 아바스 왕조의 칼리파들처럼 사만 왕조의 지배자들도 군인 노예들에게 실권을 빼앗긴 꼭두각시에 지나지 않았다.

961년에는 사만 왕조의 새로운 지배자를 둘러싸고 노예 군대의 두 파벌 간에 분란이 일어나, 전직 노예 출신의 무장 알프테긴Alptegin이 그의 군대를 이끌고 사만 왕조의 영토를 떠나, 아프가니스탄의 가즈나(지금의 가즈니)에 있는 외딴 마을로 들어갔다. 하지만 그는 그곳에서 명목상으로만 사만 왕조에 복종하고 실질

---

2   914년에 살해당한 군주는 아흐마드 이븐 이스마일Ahmed ibn Ismail이고, 943년에 퇴위당한 군주는 나스르 2세Nasr II다.

적으로는 독립해 새 왕조(가즈나 왕조)를 창건했다. 델리와 북인도 지역을 습격해 재원도 마련했다. 알프테긴은 963년에 숨을 거두었다. 그다음에는 다양한 출신 성분을 가진 인물들(노예 출신도 있고 아닌 사람도 있었다.)이 병사들에게 뽑혀 가즈나 왕조를 잠시 지배했다. 998년에는 군인 노예의 아들 마흐무드Mahmud가 병사들에 의해 가즈나 왕조의 지배자로 선출되었다. 그때 그의 나이 고작 스물일곱 살이었다. 그 젊은 나이에 마흐무드는 중앙아시아에서 가장 중요한 세력의 하나였던 가즈나 왕조의 군주가 되어 수 세기 동안 불교 문화 지역이던 아프가니스탄을 이슬람 지역으로 만들었다.

마흐무드는 포로일망정 이슬람권의 영적 지도자 역할을 계속 수행하고 있던 아바스 왕조 칼리파의 수호자를 자처했다. 칼리파도 그에 대한 보답으로 마흐무드를 카스피해 남동쪽에 위치한 호라산 지역의 총독에 임명했다. 999년에는 칼리파가 그에게 '왕조의 오른팔',[16] '이슬람교의 신뢰할 만한 지지자' 칭호를 수여하고 예복도 함께 선사했다. 사람의 체취가 남아 있어 매우 개인적인 선물에 속하는 의복을 그에게 준 것이었다.[17]

마흐무드는 칼리파의 가문이 아닌 군인 노예 출신으로서 칼리파의 승인을 받은 최초의 지배자였다. 동시대인들은 그런 그를 아랍어로 '권위'를 뜻하는 술탄으로 부르기 시작했다. 가즈나 왕조가 세워진 이래, 마흐무드는 1030년에 59세의 나이로 죽을 때까지 만 32년 동안 권력을 유지했다.[18]

마흐무드가 등장하기 전에는 이슬람 왕조의 창건자들이 모두 아랍어나 페르시아어를 모국어로 썼다. 마흐무드는 중앙아시아 출신으로 튀르크계 언어를 모국어로 사용했다는 점에서도 그들과 달랐다. 그래도 지배자로서는 페르시아어를 쓰도록 권장했으며,[19] 페르시아어가 아랍어에 이은 두 번째 학술 언어가 된 것도 그래서였다.(같은 시기에 이라크와 아나톨리아에서 왕성하게 활동한 셀주크 왕조의 창건자도 튀르크계 언어를 쓰면서 페르시아어 사용을 권장했다.) 마흐무드가 지배한 가즈나 왕조가 중요했던 것은 이란, 아프가니스탄, 파키스탄, 북인도를 지배한 최초의 이슬람 제국이었기 때문이다.

가즈나 왕조와 셀주크 왕조는 가지ghazi 전사들, 다시 말해 '이슬람교를 위해 지원한 투사들'로 병력을 충원했다는 공통점이 있었다. 이 군대 저 군대 옮겨 다니며 비무슬림 종족을 상대로 한 전투에 참가하는 것이 가지 전사들의 특징이었다.[20] 따라서 이들은 이교도 처단이라는 종교적 목적으로 싸웠으나, 약탈로 얻을 자기들의 몫을 바라고 싸우기도 했다.

마흐무드가 이끄는 대군의 핵심을 이룬 병력은 전원 군인 노예 출신이었던 4000명 규모의 기병대였다. 거기에 5만 명이 추가될 때도 있었다. 마흐무드는 날씨가 덥지 않은 겨울에 그 군대를 이끌고 아프가니스탄을 떠나 유효 공격 범위 안에 드는 북인도 지역에 대한 원정을 감행했다.

그가 원정의 목표로 삼은 것은 힌두 왕궁과 힌두 사원에 보관된 재보였다.[21] 마흐무드는 힌두 사원들을 약탈할 때는 힌두인은 보호받는 미족, 다시 말해 딤미dhimmi에 속하지 않는디는 이유로 약탈이 허용된 무슬림 전사들을 이용했다. 이렇게 힌두인을 불신자 위치로 강등시킴으로써 무슬림이 힌두 사원을 파괴하는 행위를 종교적 의무를 수행하는 것으로 만들었고, 이것이 결국 그의 병력을 결집시켜 그들이 중앙아시아 전역에 이슬람교를 전파하는 요인이 되었다.

마흐무드는 이슬람교 율법에 막혀 그의 공격이 차질을 빚을 것에 대비한 기발한 차선책도 마련했다. 이슬람교 율법에는 무슬림이 다른 무슬림을 죽이거나 포로로 잡는 것이 금지되어 있었다. 그래서 고안한 것이 포로로 잡은 힌두인을 병적에 올려 그들에게 무슬림 도시를 약탈하게 하는 것이었다.[22] 힌두인 병사들의 가족은 가즈나의 한 지역에 살게 했다. 그래서 그 방법이 자기 의도와 맞아떨어지자 마흐무드는 만사 무사가 비무슬림의 금을 획득할 때처럼 다양한 힌두계 왕국들과 동맹을 맺었다.[23]

아프가니스탄은 마흐무드의 치세 때 이슬람 국가가 되었다. 그러나 북인도는 아니었다. 마흐무드가 개종을 강요하지 않았기 때문이다.(북인도가 무슬림 지역이 된 것은 1200년대에 후대의 다른 왕조가 지배할 때였다.)[24] 그는 개종이 아닌 습격을 통해 수익 올리기를 더 좋아했다.

그럼 마흐무드의 가장 악명 높았던 공격은? 인도 북서부 해안의 항구도시 솜나트의 시바Shiva 신전을 약탈한 것이었다.[25] 그 행위는 엉성한 구글 검색에도 나타날 만큼 힌두 사원에 대한 무슬림의 약탈 가운데서도 가장 논쟁적인 약탈이었다.[26] 알비루니도 인도의 종교 및 사회와 관련된 복잡한 요소를 비非인도인 독자들이 알기 쉽게 설명해 놓은 그의 걸작 『인도지印度誌, On India』에 마흐무드의 솜나트 원정 이야기를 자세히 기록했다.

그런 연구도 독자들에게 타민족의 관습을 알려 주는 책의 등장으로 이어졌다는 점에서 세계화의 일부였다. 『인도지』는 분량 면에서나 내용의 깊이 면에서나 도로와 왕국 저작물을 통틀어 가장 뛰어난 인도학 관련 연구서였다.

그 무렵 50대 중반이던 마흐무드는 솜나트의 사원에 들어가 힌두교 사제들이 제물을 바치는 시바 신의 상징인 링엄lingam을 파괴했다.[27] 링엄은 인간의 생식력이 구체화된 상징으로, 우주의 모든 창조력을 대표하는 표상이었다. 그런데 알비루니에 따르면 마흐무드는 "윗부분을 부서뜨리고 금, 보석, 수놓아진 의복 등 그것을 덮고 있던 장식물들과 함께 나머지 부분을 관저가 있는 가즈나로 실어 가라는 명령을 내렸다." 마흐무드는 손상된 링엄의 또 다른 부분도 가즈나에 있는 모스크 앞에 파묻게 했다. 무슬림들은 그 위에 발을 닦으며 모멸감을 드러냈다. 마흐무드는 힌두 병사들을 병적에 올리고 힌두 지배자들과 동맹을 맺었을지언정 그의 전사들을 움직이는 데는 비무슬림을 공격하는 것이 효과적임을 알고 있었다.

마흐무드는 솜나트와 여타 지역의 약탈로 얻은 수익을 군대에 보상금을 지급하고, 카불에서 남서쪽으로 400마일(600킬로미터) 떨어진 헬만드강 유역의 도시 라슈카리 바자르Lashkar-i Bazaar에 새 수도를 건설하는 데 썼다.[28] 가즈나에 새 모스크들도 지었다.

마흐무드가 다음 공격 목표로 삼은 곳은 북쪽의 무슬림 세력인 유목민 연맹체 카라한 앙조였다.[29] 이 왕조의 지배자들은 군인 노예를 쓰는 대신 이웃 부족을 공격해 전투에서 패한 적장의 부하들을 연맹체에 끌어들이는 유서 깊은 방법으로 병력을 충원했다.

카라한 왕조의 지도자 사투크 부그라 칸Satuq Bughra Khan[3]
이 이슬람교로 개종한 것은 950년의 어느 무렵에 무슬림 법학자
를 만난 뒤였다.[30] 이 우연한 만남이 지금의 신장 위구르 지역의 이
슬람화가 시작된 출발점이었다. 초기의 카라한 왕조는 사마르칸
트를 근거지로 하면서 동카라한에 복속되어 있던 서카라한, 그리
고 오늘날 키르기스스탄의 도시 발라사군과 중국 서단의 도시 카
슈가르를 근거지로 했던 동카라한으로 분열되어 있었다.[4] 사만 왕
조의 수도 부하라를 999년에 정복한 세력도 동카라한이었다.

999년은 사만 왕조가 공식적으로 멸망하고, 가즈나 왕조와
카라한 왕조가 사만 왕조의 이전 영토를 놓고 25년간에 걸친 지
배권 다툼을 시작한 해였다. 가즈나 왕조가 아프가니스탄에서 이
슬람 세력을 강화할 때, 카라한 왕조는 중국 서부의 신장에 이슬
람교를 전파했다.

카라한 왕조가 카슈가르에서 남동쪽으로 350마일(500킬로
미터) 떨어진 중요한 불교 왕국 겸 오아시스 도시였던 호탄을 정복
한 것은 1006년을 전후한 때였다.[31] 카슈가르에서 활동한 어느 저
명한 학자 겸 시인[5]은 나중에 침략군의 관점에서 오아시스 도시
호탄의 점령을 이렇게 시로 지었다.

---

3   920년에 태어나 955던 무렵에 사망했다.

4   발라사군과 카슈가르에 기반을 두었던 사투크 부그라 칸이 왕국 전체를 이
     슬람교로 개종한 것도 이 시기였다.

5   『튀르크어 대사전Dīwān Lughāt al-Turk』을 편찬한 마흐무드 알카슈가리
     Mahmud al-Kashgari를 가리킨다.

우리는 홍수처럼 그들에게 밀어닥쳤네,

우리는 그들의 도시들 중에 흩어져 다녔네,

우리는 우상이 세워진 사원들을 무너뜨렸네,

우리는 불상의 머리에 똥을 누었네![32]

이 시에는 약탈의 욕망을 이교도인 불교도들을 처단하기 위한 공격으로 정당화하려는 카라한 왕조의 의도가 드러나 있다.

카라한 왕조와 가즈나 왕조는 사만 왕조의 전 영토를 차지해 제국을 팽창시키겠다는 일념으로 빈번하게 싸웠다. 그런 와중에 카라한 왕조의 연맹체 수장들이 새로 선출된 지도자를 둘러싸고 권력투쟁을 벌여 왕조 내 불안이 가중되자, 마흐무드는 그 틈을 놓치지 않고 남의 나라 계승 전쟁에 직접 끼어들어 후보자 한 명을 지지했다. 하지만 그 후보자의 힘이 너무 강해지자 갑자기 편을 바꾸어 다른 경쟁 후보를 지지했다.

마흐무드의 주의를 끈 주변의 또 다른 왕국은 아랄해 남쪽에 있으면서 카라한 왕조와 가즈나 왕조 두 곳 모두와 경계를 접했던 화레즘 왕국이었다. 화레즘은 루스인들이 당도한 최동단 지역이었다.(여행자 잉그바르가 죽은 곳이었다.) 알비루니도 그곳에서 태어났다. 그런데 1017년, 마흐무드가 지방의 군대를 움직여 15년 동안 독립을 유지하고 있던 화레즘 왕국에서 폭동을 일으키게 한 것이었다. 그런 다음 그의 군대가 왕궁에 불을 질러 지배자가 불길에 휩싸여 죽자 도시를 점령했다.

알비루니가 가즈나로 활동지를 옮긴 것이 그 무렵이었다. 페르시아어로 쓰인 가장 중요한 문학작품『샤나메*Shahnameh*(왕들의 책)』를 1010년에 완성한 시인 피르다우시Firdawsi도 같은 시기에 가즈나로 이동했다. 『샤나메』는 칼리파 군대가 사산 제국의 마지막 황제를 물리친 651년까지 고대 이란 왕들의 역사를 신화와 버무려 저술한 민족 서사시인데, 이란의 문명 세력과 이란 너머에 있는 그들의 적 투란Turan[6]의 유목민 세력 사이에 수 세기 동안 이어진 투쟁을 골자로 한다.[33]

책에 용감한 행동을 했다고 열거된 다수의 영웅 중에서도 가장 유명한 영웅은 주인의 육중한 무게를 감당할 수 있을 뿐 아니라 사자와 용을 죽일 만한 비범한 능력도 지닌 라크시Rakhsh를 애마로 소유하고 강건한 신체를 지닌 루스탐Rostam이다. 『샤나메』는 이 루스탐과 그의 적들 간에 빈번하게 벌어지는 육체적 싸움을 중심으로 이야기가 전개된다. 그러다가 이야기는 어느 순간 루스탐이 투란의 전사로 자란 자기 친아들을 알아보지 못하고 죽이는 가장 가슴 절절한 순간에 도달한다.

피르다우시가 쓴 『샤나메』는 마흐무드와 그의 동시대인을 다룬 책이 아니라 고대 이란 지배자들의 적들에 관한 책이었다.[34] 하지만 책에서 벌어지는 일은 중국 제국과 비잔티움 제국 모두가 그 시대의 핵심 세력을 이루었던 1000년의 세계에서 일어나는 일과 다르지 않다. 요컨대 『샤나메』는 피르다우시가 이야기의 배경을 먼 옛날에 두면서도, 현재를 염두에 두고 왕권의 본보기를 제시하고자 쓴 책이었던 것이다. 왕들은(경우에 따라서는 여왕도)

---

6   중앙아시아에 있는 역사적 지역의 명칭으로, 오늘날의 우즈베키스탄, 카자흐스탄, 그리고 아프가니스탄과 파키스탄의 북부를 포함하는 지역이다.

신체적 탁월함만 필요했던 것이 아니라 공정하게 지배할 능력도 갖추고 있어야 한다는 것이 그의 지론이었다.

피르다우시는 마흐무드에게 재정적 지원을 요청했지만, 결코 받지 못했다. 말년에는 그가 마흐무드를 교묘하게 비판하는 풍자시를 썼다.[35] 의학자 겸 철학자 아비센나Avicenna(이븐 시나Ibn Sina)를 비롯한 화레즘의 다른 학자들도 마흐무드의 궁정에는 발을 들이지 않았다.[36] 그들은 그곳 대신에 서쪽에 있는 또 다른 이란 군주들의 궁정으로 이동해, 그 무렵에는 하나로 통합되어 있지 않았던 아랍권의 여러 나라를 자유롭게 오갈 수 있음을 보여 주었다.

1019년에서 1020년 사이의 기간에는 형제와 대립하던 카라한 왕조의 지도자 유수프 카디르 칸Yusuf Kadir Khan이 1024년에 마흐무드의 지지를 받아 단독 지배자가 됨으로써 카라한 왕조와 가즈나 왕조의 싸움이 멈추었다. 마흐무드는 두 왕조의 유대를 나타내는 징표로 1025년에 딸을 유수프 카디르 칸의 아들과 결혼시켰다.[37]

999년 이후로 계속 교전 상태에 있던 중앙아시아의 중요한 두 이슬람 국가에 마침내 평화가 깃들었다. 그 결과 서쪽 초원 지대의 또 다른 이슬람 세력들 간의 교류도 강화되었다. 학자, 서적, 물품들이 새로운 통로들을 따라 이동하면서 아랍과 페르시아에 관한 지식이 퍼져 나가고, 이슬람교의 실천 방식도 심화되었다.

카라한 왕조도 동쪽에 있는 새로운 세력과 접촉하려고 시도함으로써 새로운 평화의 시대에 응답했다. 그 새로운 세력은 오늘날의 랴오닝성(요녕성), 내몽골, 허베이성(하북성), 산시성(산서성)에 해당하는 북중국을 가로지르며 펼쳐진 유라시아 초원 지대를 지배한 거란이었다. 유수프 카디르 칸은 거란족에게 며느리로 삼겠다면서 공주를 보내 달라고 요청했다.

북위(386년~536년)의 튀르크족 지배자들의 후손임을 주장한 거란의 지배 가문은 불교를 지지했다. 한족이 아닌 이민족은 중국과 벌인 전쟁에서 이겨 제국의 일부를 점유하면 중국인이 믿는 유교, 도교, 불교 중에서 하나를 종교로 택해야 했다. 그렇지 않으면 중국 백성들의 자발적 복종을 이끌어 낼 수 없었다. 그러나 이민족의 수준으로는 감당하기 벅찬 경전의 전통을 지닌 유교와 도교를 선택하는 정복 왕조는 거의 없었다.

인도에서 창시되어 중국으로 널리 퍼져 나간 불교가 외국 지배자들의 주의를 끌었던 것은 차크라바르틴(전륜성왕轉輪聖王), 즉 이상적 군주상이 제시된 불교의 가르침 때문이었다. 그런 군주는 수도승처럼 수도원에 살 필요도, 금욕 서약을 할 필요도 없었다. 속세에 살면서 땅, 돈, 그 밖의 선물만 교단에 보시하면 차크라바르틴의 이상을 저절로 완수하는 것이 되었다. 불교의 교리에 따라 통치하고, 백성에게 불교를 믿으라고 권장하면 공덕은 저절로 쌓였다.[38]

거란족의 칸, 야율아보기耶律阿保機가 북아시아의 초원 지대에 사는 다양한 부족들을 하나로 통합한 것은 900년대 초였다. 그는 특히 국경 지역을 공격하거나 중국의 장인들을 사로잡아 북쪽으로 데려오는 방식으로 남쪽 강국들의 부를 빼내 오는 일에 능했다. 야율아보기는 제국을 세우는 과정에서 이웃 당나라에서 전개된 정치적 상황으로부터 득을 보았다. 885년에 막강한 힘을 가진 지방의 절도사에 의해 황제가 가택 연금을 당하면서 멸망 직전까지 갔던 당나라는 907년에 마지막 황제가 독살당함으로써 공식적으로 멸망했다. 이에 야율아보기는 자신을 당나라의 계승자로 선포하고, 치세가 시작된 해를 실제보다 몇 년 빠른 907년으로 정했다.[39] 이렇게 해서 거란의 요나라는 중앙아시아의 동쪽 초원 지대에서 가장 중요한 유목민 국가가 되었으나, 이슬람교를 믿는 카라한 왕조 및 가즈나 왕조와 달리 불교를 후원했다.

연맹을 이루고 있던 거란 부족들은 카라한 왕조나 가즈나 왕조 등 다른 튀르크 부족과 비슷한 점이 많았다. 역사가들이 거란의 지배 체제를 켈트족의 관습인 '타니스트리tanistry'로 설명하는 것도 그 때문이다.[40] 타니스트리는 족장의 일족 중 최적임자를 선출하는 것을 기본 골자로 하는 계승 제도였다. 따라서 민주적으로 들릴지 모르지만, 실제로는 전혀 그렇지 않다. 재임 중인 지배자가 형제, 아들, 삼촌, 조카가 포함된 모든 정적을 물리친 다음에 스스로 적임자임을 주장하는 제도였기 때문이다. 아귀다툼이 일단락되면 살아남은 남자와 몇몇 유력한 여자는 모임을 갖고 승리자를 새로운 지도자로 비준했다.

야율아보기도 그 제도의 산물이었다. 그런데도 그는 그 제도를 수용하지 않았다. 그가 특히 싫어했던 것이 거란의 관습에 따라 3년에 한 번 모든 족장의 승인을 받아야 하는 것이었다. 결국 그는 후일 요로 불리게 될 중국식 왕조를 창건하고 스스로 황제가 되었다. 3년에 한 번 열리는 족장 회의에 종지부를 찍고 종신 지배자가 된 것이었다.

거란족은 인구가 100만 명 남짓해 야율아보기가 지배하는 영역에 사는 인구의 극히 일부분만을 차지했다. 나머지 인구는 대부분 중국인이었으며, 그중에는 위구르족이라는 특이한 민족도 포함되어 있었다. 이 다양한 민족들이 거란어, 중국어, 그 밖의 언어를 말하고 그들 각자의 문화적 관습을 뒤섞으며 요나라 사회에 모여 살고 있었다.[41]

야율아보기도 유목민인 그의 백성이 정주민인 농업 민족과 많이 다르다는 것을 깨달았다. 그래서 유목민과 정주민을 분리하는 별도의 지배 체제를 만들었다. 유목민을 통치하는 북면관, 정주민을 통치하는 남면관의 이중 지배 체제를 만든 것이었다. 남면관에는 중국어로 문서를 작성하고 관청 내에서 일하는 관리들을 배치하고, 북면관에는 일반 관리들 외에 각지를 돌아다니는 황제를 수행하며 보필할 수 있는 다국어 능력자들도 대거 기용했다. 야율아보기는 모국어인 거란어를 문자로 만들 필요성도 느껴, 두 종류의 거란 문자[7]도 창제했다. 하지만 몽골어 계열에 속하는 거란 문자는 원본 문서가 거의 없다시피 하고, 로제타석과 같은 유물도 없어 일부만 해독되었다.[42]

야율아보기의 후손인 요나라 황제들은 유목민 출신답게 수도를 한 곳으로 정하지 않고 좋은 사냥감을 찾아 귀족들과 함께 이 야영지에서 저 야영지로 끊임없이 옮겨 다녔다. 938년에는 연운 16주를 획득해 지금의 베이징을 통치의 중심지로, 즉 요나라

---

7   한자를 참조한 거란 대자와 위구르 문자를 참조한 거란 소자를 가리킨다.

의 다섯 수도[8] 중 하나로 만들었다. 요나라는 베이징을 수도로 삼은 첫 왕조였다.(후대의 왕조들도 베이징을 계속 수도로 삼았고, 베이징이 현재 중국의 수도인 까닭도 그 때문이다.)

야율아보기가 제국을 형성한 것은 당나라 영토가 사분오열된 뒤였다. 하지만 혼란이 수습되고 960년에 송나라가 건국되자 후임 황제들은 남쪽에서 강력한 도전자를 맞게 되었다. 송나라와 요나라는 수차례 전쟁을 벌였다. 1004년에는 요나라 군대가 전격 전술을 구사해 도중의 도시들을 상대로 포위 공격을 하지 않고 건너뛴 채 송나라 수도 카이펑으로 곧바로 진격해 들어갔다. 이 전투는 요나라 군대가 카이펑에서 불과 100마일(160킬로미터) 떨어진 황허강(황하) 유역의 도시 전연 부근까지 접근해 오자 송나라가 화평을 간청함으로써 1년도 안 되어 끝났다.

요나라와 송나라는 1005년에 전연의 맹이라는 평화조약을 체결했다.[43] 송나라가 매년 비단 20만 필에다 무게 4파운드(1.9킬로그램)의 은괴 2000개[44]로 구성된 은 10만 냥[45]을 요나라에 보내는 조건이었다.

송나라 관리들은 이렇게 간신히 체면치레를 해 놓고도 그 지불금을 약한 나라 송나라가 강한 나라 요나라에 바치는 공납금이 아니라고 주장했다. 공납금이 아니라 '군사 원조금'이라는 것이었다. 그래도 두 나라는 전연의 맹에 만족해 향후 100년 넘게 평화를 유지했다. 은과 비단은 물론 거액이었다. 하지만 그 정도 금액은 **송나라 중앙정부**가 지방의 한두 도시에서 기두이들이는

---

8   각각 남경, 중경, 상경, 동경, 서경으로, 베이징은 요나라의 남경에 해당했다.

1년 수입만으로도 충분히 감당할 만했다. 요나라는 요나라대로 송나라에서 매년 받는 지불금 덕에 안정적인 수입원을 가지게 되어 더는 공격할 필요가 없었다. 말하자면 요나라는 스텝 지대 부족들이 부유한 정주민 국가로부터 돈을 짜낼 수 있는 가장 효과적인 방법을 터득한 것이었다. 북인도에 대한 지속적 공격으로 수익을 올린 마흐무드가 쓴 방법보다 더 효과적인 방법을 말이다.

전연의 맹에는 삼엄하게 순찰하는 국경 지대를 설치한다는 조항도 포함되어 있었다. 그에 따라 특정한 시장 도시들로 거래가 제한되자, 송나라는 교역의 방향을 남쪽의 동남아시아로 돌려 그곳을 주요 거래 상대 지역으로 만들었다.

고려와 헤이안 시대 일본을 포함한 주변 국가들도 송나라 및 요나라와 관계를 유지했다. 하지만 두 나라는 요나라의 군사적 우위를 인정해 요나라와도 종종 교류하기는 했지만, 송나라와 더 밀접하게 관계를 유지했다. 특히 그들은 송나라의 학문을 중시해 서적과 여타 중국 물품을 지속적으로 수입했다.

고려, 일본, 요나라는 중앙아시아 서쪽의 이슬람권에 필적하는 불교권을 북아시아에서 형성했다. 한쪽은 주민들이 거의 모두 불교도였던 북아시아 블록으로, 다른 한쪽은 무슬림 인구가 대부분이었던 중앙아시아 서쪽 블록으로 나누어진 것이다. 두 종교권은 서로 다른 언어를 사용하는 것으로도 구분되었다. 아랍어와 페르시아어를 사용한 이슬람 블록과 달리 불교 블록은 한자를 사용했다. 전문가들도 그들이 속한 블록 내에서 다양한 주제에 관해 토론을 벌였고, 학자들도 블록 내의 이웃 나라들에서만 연구했으며, 서적들 또한 두 블록 간 경계를 넘지 못하고 블록 내에서만 유통되었다.

일본은 공식적으로는 송나라와 교역 관계가 없었다. 하지만 상인들은 일본에서는 유일하게 외국 상인들의 입항이 허락되었던 규슈섬의 항구도시 후쿠오카(당시 이름은 하카타)[46]와 중국 저장성(절강성) 해안의 항구도시 닝보(영파) 사이를 빈번하게 오갔다. 오늘날 기차로 한 시간 거리에 위치한 인근 지역에는 후쿠오카를 찾는 사람들 중에 입국시켜도 될 사람과 입국시켜서는 안 될 사람을 가려내는 국경 관련 업무를 담당하는 지방정부 청사도 있었다.

후쿠오카항은 물건, 서적, 송나라 관련 소식을 접할 수 있는 곳이었다. 또한 그곳은 요나라의 상품과 요나라에 관한 정보를 얻을 수 있는 통로이기도 했다. 요나라와 송나라의 왕조사를 편찬하는 학자들의 기록에는(그리고 다른 역사가들의 기록에는) 군주들도 선물을 숱하게 주고받았던 사실이 나타나 있다. 하지만 종류만 알 수 있을 뿐 그 선물들의 실제 모습을 아는 사람은 없었다. 그러다가 1980년대와 1990년대에 요나라의 핵심지였던 곳에서 깜짝 놀랄 만한 고고학 유물이 연이어 출토되면서 그것들의 실제 모습이 드러났다.

그중에서도 1018년에 죽어 매장된 요나라 황제의 손녀 진국공주陳國公主의 무덤은 특히 화려했다. 약탈당한 적이 없어 내용물이 고스란히 남아 있었기 때문이다. 무덤의 부장품은 요나라 왕족이 얼마나 다양한 사치품을 소비했는지를 말해 주는 증거물이다. 부장품 중에는 수천 마일 바깥에서 실어 온 물건들도 있었다. 유리 용기와 황동 그릇은 시리아산, 이집트산, 이란산이었고, 수정으로 만든 소품들은 수마트라산과 인도산이었다. 수정은 겉으로는 유리와 다를 것 없어 보였지만, 부서지지 않게 하려고 갖은 정성을 다해 조각한 티가 났다. 그 물건 모두 십중팔구 군주와 군주의 가족 장례식에 참석한 사절들이 요나라 황실에 바친 선물이었을 것이다.[47]

요나라는 마노나 수정보다 물러 작업하기가 쉬웠던 호박을 장식물의 재료로 가장 선호했다. 그래서 호박과 같은 원석을 덩어리째 들여오면 간혹 중국인일 수도 있었던 장인들이 그것을 깎고 다듬어 물건으로 만들었다.[48]

공주의 무덤에서 가장 많이 나온 부장품도 단연 호박 재질의 물건이었다. 구슬, 매다는 장식물, 동물 모양의 용기, 칼 손잡이, 손에 쥘 수 있도록 만들어진 부적 등 종류도 다양했다. 호박은 그런 매력에 더해 시신 곁에 놓여 은은한 소나무향까지 발산했다.[49] 지리학자였던 아랍인 관찰자 알마르와지al-Marwazi[9]에 따르면, 중국인들(여기서 중국인은 요나라와 송나라의 백성 모두를 포괄한다.)은 현지에서 나는 호박보다 '슬라브인의 바다'[50]에서 나는 호박을 더 좋아했다고 한다. 색깔이 옅었기 때문이라는데, 적외선 분광법으로 분석해 보니 알마르와지의 말이 정확했다. 몇몇 호박 원석은 요나라 궁정에서 무려 6500킬로미터 넘게 떨어진 북유럽의 발트해 유역(알마르와지가 말한 '슬라브인의 바다')에서 온 것이었다.[51] 이 호박 유통로가 1000년의 세계에서 가장 긴 육로들 중 하나였다.

---

9   일명 알 마르바지Sharaf al-Zaman Tahir Marvawi(Marvazi)라고도 한다.

진국공주 무덤에서 나온 부장품은 요나라가 1005년에 송나라와 전연의 맹을 체결한 뒤로 번영을 누린 것을 보여 주는 생생한 증거물이다. 요나라는 평화를 얻자마자 다른 곳으로 공격의 화살을 돌렸다. 1010년에는 고려를 침략했고 이후에도 한 차례 더 공격해 1020년까지 싸웠으나 실패로 끝났다. 전쟁이 지속되는 동안 중단되었던 상업 활동도 전쟁이 끝나자 재개되었다.[52] 요나라 황제들은 서쪽 지배자의 제안도 기꺼이 받아들였다. 1021년에 카라한 왕조의 유수프 카디르 칸이 며느리로 삼겠다면서 공주를 보내 달라고 했을 때 요나라가 받아들인 것도 그래서였다.[53]

3년 뒤에는 요나라가 가즈나 왕조에도 초청장을 보냈다. 982년에서 1031년까지 50년 넘게 왕위에 있었던 성종聖宗이 마흐무드가 지배하는 가즈나 왕조에 사절을 보내 양국 간 외교 관계 수립을 제안하는 친서를 전달한 것이다. 지리학자 알마르와지가 남긴 세세한 기록에 따르면 요나라 사절의 이름은 칼리퉁카 Qalitunka였다.

칼리퉁카의 여행에는 중앙아시아의 또 다른 세력이던 위구르족 출신의 부사절도 함께 동행했다.[54] 그들의 여행은 이동 거리가 2500마일(4000킬로미터)에 달하는 고난의 여정이었다. 일상적인 상황이라면 요나라에서 가즈나 왕조까지 가는 데 6개월이면 충분했지만, 두 사절이 그 거리를 가는 데는 3년이 걸렸다. 그들은 그렇게 불교권에서 이슬람권을 가로지르는 외교적 임무를 수행힘으로써 머나먼 두 지역 북중국과 아프가니스탄을 잇는 초원 지대를 통과하는 새 길을 개척했다.

두 사절이 가즈나 왕조의 마흐무드 궁정에 도착한 것은

1026년이었다. 그들은 그곳에서 걸출한 학자 알비루니를 비롯한 다양한 사람들과 만나 바다코끼리 상아에 관해 이야기를 나누었다.(바다코끼리 상아를 뜻하는 아랍어 'khutu'는 아랍어로서는 드물게 거란어에서 빌려 온 외래어다.)[55] 두 사람은 바다코끼리 엄니가 지닌 주요 특성에 관해서도 알비루니에게 알려 주었다. 바다코끼리 엄니를 독물 곁에 두면 액체를 분비해 위험성을 알려 준다는 속설이 있는데, 송나라와 요나라에서 바다코끼리 엄니의 인기가 높은 것도 그 때문이라고 말해 준 것이다. 그들은 알비루니에게 몇 세기 뒤에는 이슬람권에서도 유행하게 될 차茶에 관해서도 알려 주었다.

알마르와지의 책에는 위구르족 지배자와 요나라 군주가 마흐무드에게 보낸 편지를 아랍어로 번역한 것, 그리고 마흐무드의 궁정에서 요나라 사절들이 접대를 받은 내용이 실려 있다. 번역되기 전에는 그 편지들이 아마 밀접한 관련이 있는 중앙아시아의 두 언어 튀르크어와 위구르어로 쓰였을 것이다. 책에는 그 한 세트의 편지만 수록되어 있는데, 명석한 알마르와지가 기록한 것인 만큼 내용은 전적으로 신뢰해도 좋을 것이다.

편지는 요나라 성종이 마흐무드에게 "귀하가 용맹하고 담력이 뛰어나다는 것, 힘과 위엄이 탁월하다는 것, 두려움으로 족장들에게 권위를 세운다는 것"[56]에 관해서 안다고 말하는 것으로 시작된다. 황제가 이 말을 직접 언급했다는 것은 가즈나 왕조가 행한 정복의 소식이 요나라 궁정에까지 들어갔음을 말해 주는 것이다.

칼리퉁카는 마흐무드에게 줄 값비싼 선물도 잔뜩 싸 가지고 갔다. 일부는 요나라에서 만든 것이고, 일부는 타국에서 받은 선물을 재활용한 것이었다. 선물에는 전연의 맹에 따라 송나라에서 받은 비단으로 지었을 것이 분명한 의복 스물한 벌도 포함되어 있었다.

요나라 사절은 마흐무드에게 티베트 고원에 서식하는 사향노루 수컷의 사향선에서 얻어지는, 향이 짙은 향료 겸 진귀한 약재인 사향도 선사했다.[57] 수컷 노루의 생식기 앞에는 직경 1.6인치(4센티미터) 정도 되는 작은 공 모양의 향낭이 있는데, 그 안에 향을 분비하는 사향선이 들어 있다. 사향노루 수컷을 죽이고 복부에서 향낭을 갈라 건조한 다음 그 안에 든 사향을 빼내 향료 제조업자에게 건네주면, 그들이 그것을 이리저리 조합해 더 향기롭고 향내가 더 오래가는 제품으로 만들었다. 사향의 가치가 컸던 것은 향유고래에서 얻어지는 용연향처럼 강렬한 향내를 발산하기 때문이었다.

사절이 들고 간 선물 중에는 요나라 지배 지역에서 났을 것이 분명한 검은담비 가죽 200여 장과 회색 다람쥐 가죽 1000여 장도 포함되어 있었다. 이슬람권과 불교권의 지배자들이 주고받은 전형적인 선물이 바로 요나라 황제가 보낸 모피, 직물, 향료와 같은 물건들이었다.

칼리퉁카가 내놓은 마지막 선물은 마흐무드와 동맹을 맺기 바라는 성종의 의지가 담긴 활 한 개와 화살 열 개였다. 반면에 위구르족 사절은 노에 한 명괴 회 살 힌 개를 '상징'이라고 딜 링 내놓았다. 그러고는 길이 위험해 값나가는 선물을 휴대할 수 없었다는 궁색한 변명을 내놓았다.

요나라 황제가 두 나라의 관계 수립을 위해 선물 다음으로 제시한 것은 가즈나 왕조에 사절을 보내 달라고 요청한 것이었다. 성종은 "판단력, 지력, 용기가 뛰어난 인물들" 가운데 하나를 뽑아 보내 달라고 하면서, 그런 사절을 요청한 이유를 다음과 같이 설명했다. "그래야만 우리 나라가 처한 입장을 정확히 전달하고, 귀국이 처한 입장에 관해서도 의견을 나누며, 상호 기증의 관례를 수립하는 동시에 사절과도 우정을 나눌 수 있기 때문입니다." 이 말에는 1000년 무렵에 전 세계 지배자들이 타국의 궁정에 왜 사절을 보내려고 했는지가 잘 드러나 있다. 요컨대 그들은 이웃 나라들에 관한 정보도 알고 진기한 물건도 얻으려는 속셈으로 각 나라 궁정에 사절을 파견한 것이었다.

마흐무드는 달랐다. 그는 요나라 황제의 요청을 딱 잘라 거절했다. "평화와 정전은 전쟁과 전투를 끝내기 위해서만 존재하는 것입니다. 우리 두 나라를 화합하게 하고 밀접하게 연결해 주는 종교 따위는 없습니다. 두 나라 사이에 가로놓인 거리와 범위야말로 상대방이 만들어 내는 속임수로부터 서로를 지킬 수 있는 보호막입니다. 가즈나는 요나라와 밀접하게 관계 맺기를 원하지 않습니다. 귀하가 이슬람교를 받아들일 때까지는. 그럼 이만."

마흐무드의 잔인할 정도로 솔직한 태도에는 지배자들이 1000년 무렵에 일어난 개종에 관해서 알고 있었고 세계를 종교 블록으로 나눈 것도 (후대의 역사가들이 아니라) 그들이었다는 인식이 깔려 있다. 마흐무드는 결국 요나라가 무슬림 국가도 아니고 거리도 너무 멀기 때문에 성종의 제의를 거부한 것이었다. 그가 염두에 둔 세상은 한쪽에는 무슬림 동맹이 있고 다른 한쪽에는 불교 국가 요나라를 포함한 그 외의 다른 나라들이 있는 세계였다.

　요나라 황제의 제안에 마흐무드가 보인 반응은, 상이한 두 문화를 대표하는 범퍼카들이 새로 뚫린 통로에서 충돌한 바로 그 시점에, 다시 말해 우리가 가진 자료들은 종종 놓치는 그 순간에 일어났다. 그런 충돌은 다른 때에도 일어났다. 무슬림계와 기독교계가 성지 지배권을 놓고 1세기 동안이나 다투었던 십자군 운동을 생각해 보라.

　요나라는 튀르크계 부족 연맹으로 출발한 왕조였다. 따라서 가즈나 왕조 및 카라한 왕조와 문화적 공통점이 많았다. 그런 만큼 혹자는 요나라가 이슬람교로 개종했을 것으로 예상할 수도 있겠지만,[58] 아니었다. 요나라 군주들은 심지어 마흐무드에게서 동맹 제의를 거부당한 뒤에도 불교를 후원하는 오랜 전통을 유지했다.

　요나라 군주들이 신앙을 드러내는 한 가지 방식은 탑파(파고다)를 쌓는 것이었다. 탑파는 불교도들이 부처에게 바칠 공물을 함에 넣어 탑의 윗 부분이나 기단 부분의 밀폐된 공간에 놓아두는 곳이었다. 부처의 유골로 믿어지는 뼛조각이나 구슬 같은 사리도 흔히 그곳에 안치되었다.

　그런 탑파에 묻힌 것 가운데 가장 값진 유물이 1043년에 요나라 황실이 랴오닝성의 챠오양(조양)에 세운 북탑 상륜부에 있는 숨겨진 방에서 발견되었다. 요나라 달력으로 1043년 5월 19일이라는 날짜가 적힌 석함에는 "말법시가 시작되기까지 남은 상법시 기간은 이제 7년"[59]이라는 비문이 적혀 있었다. 여기에 적힌 상법시와 말법시[10]는 시대에 따라 불교의 흐름이 달라진다고 보는 말법사상에 따라 특정 시기를 지칭하는 용어인데, 그것이 복잡한 역법의 문제를 야기한다. 상법시가 시작되는 것은 언제인지, 말법시가 시작되는 때는 정확히 언제인지가 그 문제다. 불자들은 이 말법시를 세상이 끝나는 때로 보았다.

그 해답은 연수年數를 계산하는 방법에 달려 있었다. 요나라 왕조는 부처가 열반에 든 기원전 949년을 원년으로 계산해, 이후 1000년간을 불법이 온전하게 보존되고 그에 따른 철저한 수행이 이루어지며 수행에 따른 깨달음이 결실을 보는 정법시로 보았다. 그리하여 기원후 51년에 그 이상적인 정법시가 끝나면 정법시와 유사하지만 불법이 둔화되어 깨달음이 없는 1000년간의 상법시가 이어져 1051년에 끝이 나고, 그러고 나면 1052년에 모든 것이 멸절하는 말법시로 접어든다는 것이었다.

그럼 불자들이 말법시에 대처할 수 있는 최선의 방법은?

미래의 부처가 말세 이후에 불교를 다시 창시할 수 있도록 그에 필요한 것들을 제공하는 것이었다. 불자들이 차오양의 북탑 상륜부에 다양한 공물을 바친 것도 그래서였다.[60]

요 왕조 사람들이 먼 지역 사람들과 상업적으로 폭넓게 접촉했던 사실은 박물관 하나를 가득 채울 만큼 양이 많은 북탑 속 공물에서도 드러난다. 그중에서도 가장 화려한 것은 진주, 산호,

---

10 불교의 삼시법에 따르면 석가모니釋迦牟尼가 열반한 뒤로부터 500년간 또는 1000년간을 가리켜 정법시라고 하고, 정법시 다음의 1000년간을 상법시라고 하며, 석가모니가 열반한 뒤 1만 년 후에는 말법시가 온다고 한다. 세월의 흐름에 따라 믿음과 수행은 점점 쇠퇴하게 된다.

옥, 수정, 마노, 유리, 요나라의 애호품이었던 호박 등의 보석과 준보석 수천 개를 끈으로 엮어 만든 높이 1미터의 '보석 집'이었다.[61] 이것들 모두 상인들이 국제적 공급망을 통해 아프로-유라시아의 구석구석에서 구매한 것들이었다.

　　요나라 황실은 베이징 남서쪽 팡산구房山區에 있는 색다른 사찰에 말법시에서 회복하는 데 필요한 불교 경전도 제공했다. 인쇄판 역할을 하는 석판 수천 개에 방대한 분량의 경전을 글자로 새겨 넣는 일에 재정적 지원을 해 준 것이다. 인쇄공들은 이 석판들에 잉크를 칠하고 그 위에 종이를 덮어 경전을 찍어 냈다. 사용한 뒤에는 석판들을 거대한 지하 저장고에 묻었다. 그 모습은 지금도 볼 수 있다.

　　말법시의 정확한 시기에 관해서는 불자들의 의견이 엇갈렸다. 송나라만 해도 말법시가 1052년에 도래할 것으로 믿는 사람이 아무도 없었다.(그들은 그보다 500년 일찍 말법시가 올 것으로 예상했다.) 반면에 일본인들은 요나라 불자들처럼 1052년에 말법시가 시작될 것이라며 두려워했다. 일본인들을 공포에 떨게 하는 여러 가지 나쁜 징조도 나타났다. 995년에서 1030년까지는 헤이안 시대의 수도 교토에 천연두, 홍역, 독감과 같은 다양한 질병이 수차례 창궐했으며, 1006년에도 초신성이 나타나 사람들을 놀라게 했다.

　　그런 일은 확실히 세상의 종말이 가까워졌다는 신호로 받아들일 만했고, 그래서 일본도 요니리 황실처럼 1052년을 세상의 종말이 일어날 때로 믿었다. 말세에 관한 두 나라의 견해가 같았던 것인데, 이는 일본과 요나라의 불자들 간에 긴밀한 유대가 있었음을 나타내는 것으로 일본과 요나라 사이의 접촉이 드물었다는 일반적 관점을 뒤집는 견해다.

공식 역사 기록에는 물론 두 나라 간에 조공 사절의 왕래가 거의 없었던 것으로 나온다. 그러나 상업적으로는 달랐다. 일본에서 외국 물건이 들어올 수 있는 공식 창구는 후쿠오카항뿐이었다. 그러나 비공식적으로는 요나라를 상대로 한 거래가 많았다. 예술사가인 미미 잉프루크사완Mimi Yiengpruksawan 예일 대학 교수도 설득력 있게 주장했듯이 쓰루가, 후쿠라, 도사미나토와 같은 일본 서부 해안의 항구들에서는 990년대에 독수리의 날개와 털을 수입한 것을 비롯해 요나라와 많은 교역이 이루어졌다.

그 무렵 일본의 실권은 어린 천황들을 대신해 섭정하던 후지와라 씨족이 쥐고 있었다. 천황이 성인기에 도달하면 어린 자식에게 양위하게 하는 것이 그들이 권력을 계속 보유한 방식이었다. 후지와라노 미치나가藤原道長만 해도 996년에서 1017년까지는 본인이 천황의 막후 실력자로 군림하고, 이후에는 아들 후지와라노 요리미치藤原賴通에게 섭정직을 이양했다. 정권을 물려받은 요리미치는 1058년까지 국정을 지배했다.[62]

이 일본의 섭정들도 요나라 황실이 하듯 언제 닥칠지 모를 세상의 종말에 대비해 물건을 지하에 파묻었다. 1007년에는 섭정 후지와라노 미치나가가 불경 열다섯 권을 나라奈良 외곽의 한 산에 묻었다.[63] 그런 물건들이 묻힌 매장지만 해도 수백 곳에 달했다. 물건들의 원산지도 일본, 송나라, 요나라 등으로 다양했다. 이 물건들도 북아시아의 불교 국가들 사이에 비공식적 교역 지대가 존재했음을 말해 주는 증거물이다.[64]

서적도 같은 통로를 따라 이동했다. 후지와라노 요리미치도 (섭정이 되기 전) 평소에 읽고 싶어 하던 불경이 요나라 영토에서 유통되고 있다는 소식을 듣고, 송나라 수도 카이펑에 사는 승려에게 구해 달라고 부탁했다. 전연의 맹 때문에 중국 서적의 수출이 금지된 때였다. 그런데도 조약이 무색하게 그 승려는 카이펑에서 후쿠오카 항구로 책을 실어 보냈다.

세상의 종말이 시시각각 다가오자 일본은 더욱 공격적으로 정확한 역법에 관한 정보를 구했다. 군주들이 역법을 중시했던 것은 하늘의 조화를 이해하면 정치적 통제력을 유지하는 데 도움이 된다는 이유에서였다. 그들은 누구도 예측하지 못한 식蝕이 갑작스레 나타날 때와 같은 괴이한 현상도 우주를 지배하는 힘이 불만을 나타내는 신호로 보았고, 그러니 곧 다가올 세상의 종말도 평소보다 더욱 면밀히 관찰해야 한다고 믿었다.

임박한 식이 정확하게 언제 일어날지를 두고서 1040년에 교토의 궁전에서 두 천문학자 간에 다툼이 벌어졌을 때도 섭정 요리미치는 가장 최근의 중국력을 점검해 그 문제를 해결하려고 했다. 그는 중국력 책자를 구하기 위해 인쇄술의 중심지였던 고려로 사절을 파견했다. 1052년에 말세가 온다는 믿음은 불교권의 여러 나라(고려, 송나라, 요나라, 일본)가 공유하고 있었다. 따라서 관련 서적들도 그 나라들을 이어 주는 통로를 따라 이동했다. 게다가 고려의 천문학자들은 알비루니가 이슬람권의 같은 분야 전문가들과 협의했던 것처럼 일본 및 요나라의 전문가들과 협의하기도 했다.[65]

마침내 1052년이 도래하자 요리미치는 교토 외곽의 도시 우지에 있는 자기 사저를 불교 사원으로 개조했다. 외관이 양 옆으로 날개를 펼친 봉황과 유사하다고 해서 봉황당(일본어로는 뵤도인平等院)[11]으로 불리게 될 사찰이었다. 그렇게 완성된 뵤도인은 일본 문화의 상징이 되어 현재 10엔짜리 동전에도 각인되어 있다. 그런데 이 봉황당에도 요나라의 영향을 받은 징후가 여럿 나타난다. 기둥 없이도 지붕이 지탱되도록 설계된 경내에 대형 아미타불상이 설치된 것이나 다수의 (청동)거울과 특이한 금속류로 내부가 장식된 것이 그런 사례들이다.[66]

하지만 모두에게 놀랍게도 1052년은 대재앙 없이 지나갔다. 일각에서는 말법시가 조용히 왔다 갔을 것으로 보기도 했지만, 다른 사람들은 그 의견에 회의적이었다. 몇 년 뒤에는 모든 것이 제자리로 돌아왔다. 말법시를 새롭게 예견하는 사람도 나타나지 않았으며, 삶도 예전과 다름없이 계속되었다.

1000년에서 1200년까지는 일련의 어지러운 왕조 교체가 일어났다. 1030년에는 가즈나 왕조의 마흐무드가 59세를 일기로 숨을 거두고 아들이 그 자리를 계승했다. 하지만 그것도 잠시, 가즈나 군대가 1040년에는 영토 회복 전쟁에서 셀주크 군대에 패했다. 1125년에는 요나라가 피지배 민족이던 여진족에 멸망당했고, 1140년대에는 송나라가 여진족과 끊임없이 싸우던 끝에 1005년에 맺은 전연의 맹 때 정한 금액보다 더 많은 공물을 보내는 조건

---

11   좀 더 정확하게는 불교 사원의 이름이 뵤도인이고, 봉황당은 뵤도인이라는 사찰을 구성하는 여러 건물 중에서 가장 유명한 중심 건물이다.

으로 평화조약을 체결했다. 하지만 이 사건들도 불교권과 이슬람권의 경계를 움직이지는 못했다.

놀라운 것은 왕가 파벌들 간의 그 모든 내분에도 불구하고 카라한 왕조가 1211년까지 세력을 유지했다는 것이다. 카라한 왕조는 중앙아시아의 다른 모든 세력과 마찬가지로 거의 무적에 가까웠던 몽골 제국의 칭기즈 칸Chinggis Khan(이것은 몽골식 호칭이고 징기스 칸Genghis Khan은 페르시아식 호칭이다.)에게 항복했다. 칭기즈 칸은 스텝 부족만으로 초기의 그 어떤 연맹보다 강하고 규모가 큰 군대를 형성했다. 각각의 병사는 여러 필의 말을 보유했다. 그것도 보통 말이 아니라 (마상의 병사가 잽싸게 몸을 구부려 땅바닥의 물건을 집어 올릴 동안에도 자세를 안정되게 유지하는 것과 같은) 다양한 동작이 가능하고, 초보 전사라도 선두에서 달릴 수 있을 만큼 기병 전술도 복잡하게 구사할 줄 아는 말들이었다. 칭기즈 칸은 중국 서부의 신장에서 살아남은 거란의 부족 등 몽골군에게 정복된 민족에게서 많은 것을 배웠다. 그는 노예 병사를 쓰지 않았다. 그 대신에 힘껏 싸운 전사들에게 약탈의 몫을 듬뿍 나누어 주는 식으로 부하들을 끌어모았다.[67]

칭기즈 칸은 기존의 중앙아시아 모델에 없던 또 하나의 중요한 특징도 지니고 있었다. 바로 공포였다. 몽골군은 새로운 지역에 도착하면 일단 지배자에게 항복할 기회를 주었다. 몽골의 종주권을 받아들이고, 칭기즈 칸의 대리인에게 고액의 지불금을 바치라는 조건이었다. 그리하여 지배자가 그 조건을 받아들이면 몽골인 한 명을 그 지역을 감독할 총독으로 임명하고, 이전 지배자도 조공을 바치는 한에는 살던 곳에 계속 머물러 지내며 통치할 수 있게 해 주었다. 종교적으로는 자기들은 몽골의 여러 신을 계속 믿었지만,(그들에게는 하늘의 신 텡그리가 특히 중요했다.) 무슬림이나 기독교도에게 개종을 강요하지는 않았다.

지배자가 항복하지 않을 때의 결과는 판이했다. 몰살하겠다는 으름장을 실행에 옮긴 것이다. 몽골군에 정복된 한 도시에서는 살해된 주민들의 해골이 성벽 밖 큰 언덕에 수북이 쌓였고, 또 다른 도시에서는 잘린 귀들의 무더기가 만들어졌다. 몽골군이 원하는 목표는 언제나 같았다. 자기들의 앞을 가로막는 적은 싸우기 전에 먼저 항복을 권한다는 것. 몽골군은 도시를 점령하면 피지배민을 여러 집단으로 나누기도 했다. 숙련된 직조공과 금속 세공인은 수도로 보내고, 접촉과 동시에 폭발하는 화약(중국의 발명품)을 쏠 수 있거나 거대한 돌덩이를 탄환으로 쓰는 공성 병기인 투석기를 사용할 줄 아는 공병 등 그 밖의 유용한 기술을 가진 사람은 군대가 흡수했다.

프란치스코 수도회의 선교사였던 벨기에인 기욤 드 뤼브룩 Guillaume de Rubrouck이 몽골 제국의 수도 카라코룸을 방문해 프랑스처럼 먼 곳에서 온 유럽인 전쟁 포로들을 마주쳤을 때도 그 안에는 숙련된 은 세공인이 한 명 포함되어 있었다. 은 세공인 같은 포로는 현지에서 결혼하고 가정을 꾸려 편안하게 살 수 있었다. 하지만 본국으로 돌아가는 것은 허용되지 않았다. 이렇게 숱하게 많은 사람이 초원을 가로지르며 이동한 현상은 중국과 이란의 천문학자들이 상호 의견을 나누고, 한 이란 역사가가 이슬람권에 관한 내용뿐 아니라 중국에 관한 상세한 내용도 포함해 세계사를 집필하는 것과 같은 유례없는 정보 교환이 이루어지는 결과를 낳았다.[68] 중앙아시아 서쪽에서 시작되어 중동과 유럽으로 퍼져 나간 흑사병이 급속도로 확산된 것도 새로운 연결이 가져온 또 다른 결과였다.[69]

몽골인들은 육지로 연결된 사상 최대의 제국을 세우는 데 성공했다. 그 판도가 지금의 헝가리에서 저 멀리 중국까지 유라시아 초원 지대 전역에 걸쳐 있었다. 제국에 속한 지역들 모두 대칸에게 충성을 맹세했으며, 역참 제도에 쓰일 말과 타지에서 오는 사절을 태울 말 등 두 가지 용도의 말도 제공해야 했다.

그러나 이 몽골 제국의 통합도 칭기즈 칸과 그를 계승한 아들이 살아 있을 동안에만 유지되었다. 칭기즈 칸은 일개 부족 지도자로서는 이례적으로 후계자 임명 권한이 있었다. 칭기즈 칸이 죽은 지 2년 뒤에는 야율아보기가 폐지했던 거란의 족장 회의와 유사한 몽골 제국의 족장 회의가 칭기즈 칸의 셋째 아들을 대칸으로 추대했다.[12] 하지만 그 아들이 죽고 다음 후계자를 정할 때가 되자 칭기즈 칸의 손자들은 단일 제국을 차지하기 위해 골육상쟁을 벌이기보다는 제국의 영역을 분할하는 쪽을 택했다. 이란, 볼가강 유역과 시베리아 일부 지역, 중앙아시아, 중국과 몽골이라는 네 개의 영역으로 영토를 나눈 것이다.[13]

종교적으로도 칭기즈 칸과 그의 직계 후손들은 이슬람교나

---

12 이러한 회의를 쿠릴타이라고 하며, 이때 몽골 제국의 제2대 군주로 추대된 오고디이 칸은 1229년에시 1241년까지 재임했다.

13 각각 일 칸국, 킵차크 칸국, 차가타이 칸국, 원나라다. 흔히 원나라를 제외한 네 개의 칸국 중 하나로 꼽히는 오고타이 칸국은 관점에 따라 인정되지 않기도 한다.

불교로 개종하지 않았지만, 다른 칸국의 지배자들은 결국 개종했다. 1330년대까지는 서쪽에 있는 세 칸국이 모두 이슬람교로 개종한 것이다. 동쪽의 원나라만 유일하게 그곳의 지배 종교였던 불교를 계속 신봉했다. 몽골 제국이 중국식으로 창건한 왕조였던 원나라는 불교의 여러 종파 중에서도 특히 티베트 불교(라마교)를 숭상했다.

중앙아시아를 몽골식으로 지배한 마지막 군주는 스텝 전사들의 힘을 이용해 무슬림 국가들인 서쪽 세 칸국을 병합한 태멀레인Tamerlane(절름발이 티무르Timur the Lame)이었다. 칭기즈 칸과 마찬가지로 전통적 지배자를 자칭했던(혈통에 관한 의혹을 불식하려고 칭기즈 칸의 후손인 왕녀와 결혼도 했다.) 그도 이슬람교를 지지했다. 하지만 스텝 전사들이 세운 육상 제국에 대한 이상은 1405년의 중국 원정 중에 티무르가 숨을 거둠으로써 사라졌다. 동시대의 다른 군주들도 대제국을 창건하려는 희망을 품었으나, 그들이 관심을 둔 곳은 육상이 아닌 해상이었고, 말이 아닌 선박이었다. 그것이 다음 장의 주제가 된다.

7장

놀라운 항해

지도를 보면 아프리카와 일본 사이에 놓인 바다가 아라비아 해, 인도양, 벵골만, 남중국해, 동중국해, 태평양의 여러 해역으로 나뉘어 표시되어 있다. 하지만 그 바다는 본래 뱃사람들이 해안선을 끼고 연속으로 항해한, 하나로 이어진 해로였다.

그 초기의 항해자들은 몬순(계절풍)을 이용해 탐험하고,[1] 아라비아반도에서 인도로, 나중에는 중국으로 물건을 실어 날랐다. 인도양을 항해하기에 적합한 시기가 언제일지는 바람이 결정해 주었다. 겨울에는 유라시아 대륙이 식어 그로 인해 건조해진 공기가 대양들로 보내지고, 여름에는 대륙이 열을 빨아 생겨난 진공이 습기를 잔뜩 품은 대양의 공기를 빨아들여 농업에 필수적인 폭우를 뿌리게 했다.[2] 기원전 200년 무렵에는 벵골만 선원들이 몬순의 1년 주기를 완벽하게 파악해 인도와 동남아시아의 계절풍을 탈 수 있게 되었으며, 기원후 1000년 무렵에는 대양을 횡단하는 항해도 너끈히 하게 되었다.[3]

그 지역의 주요 거래 품목은 현지에서 나는 향목, 식물, 향신료로, 한꺼번에 뭉뚱그려 '향료'로 불러도 손색없을 물건들이었다. 인도네시아의 향료제도, 즉 말루쿠(몰루카) 제도는 이름에 걸맞게 정향과 육두구 같은 각종 향신료의 주요 산지로 유명했다. 목욕하는 사람도 드물고 조리 방법도 비교적 간단한 세계였던 만큼 그런 향신료의 인기는 대단했다. 그곳에서는 향료 외에 금, 주석, 은과 같은 금속도 거래되었으며, 면직물도 그곳 기후에 적합해 많이 거래되었다.

다만 원거리 노예무역은 인도양의 거래 규모가 이슬람권보다 크지 않았다. 대다수 사회가 노예와 여타 종류의 노동자들을 현지에서 공급받을 수 있었기 때문이다. 인도양 주변 사회들이 동시대의 이슬람권 사회들보다 노예해방을 장려하지 않은 탓에 노예 인구의 결원을 보충하지 않은 것도 인도양의 노예무역이 활성화되지 않은 이유였다.

그 지역의 세계화를 연 것도 유럽인이 아니었다. 그곳 선원들은 유럽인이 대양을 횡단하는 항해를 한 것보다 이미 1000년 전에, 훗날 바스쿠 다 가마Vasco da Gama와 페르디난드 마젤란Ferdinand Magellan이 '발견'한 해로를 정기적으로 가로지르며 항해하고 있었다. 원거리 교역을 소개한 것도 유럽 선원들이 아니었다. 그들이 왔을 때는 원거리 교역이 확고히 자리 잡은 상태였다. 유럽인들이 하려고 했고, 그리하여 결국 하고야 만 일은 중개상

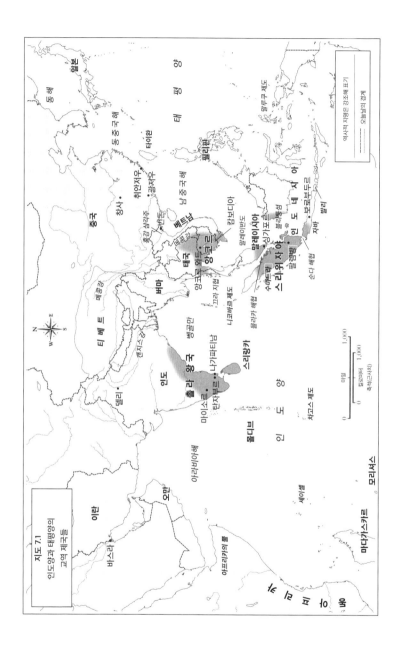

지도 7.1
인도양과 태평양의
교역 제국들

일본

동해

동중국해

타이완

중국

창사 ∙

취안저우 ∙
∙ 광저우

남중국해

홍강 상류주

하이난

메콩강

∙ 메공 델타

티베트

버마

베트남

태국

∙ 앙코르와트

캄보디아

말레이반도

싱가포르

나코라 지협

크라 지협

말레이시아

수마트라

순다 해협

인도네시아

자바

발리

보르네오

플로렌시

말라카 해협

멜라카 섬

니코바르 제도

벵골만

개지스강

∙ 델리

인도

촐라 왕국

∙ 마이소르

탄자부르 ∙ ∙ 나가파티남

스리랑카

몰디브

인 도 양

차고스 제도

라카디브 해

오만

이란

∙ 바스라

아라비아해

∙ 아프라키의

모리셔스

세이셸

마다가스카르

아프리카

태 평 양

류큐 제도

말루쿠 제도

필리핀

──── 역사적 지명은 강조체 표기

┈┈┈┈ 오늘날의 경계

0

마일

킬로미터 1,000

(축척=가까지)

1,000

W N E
S

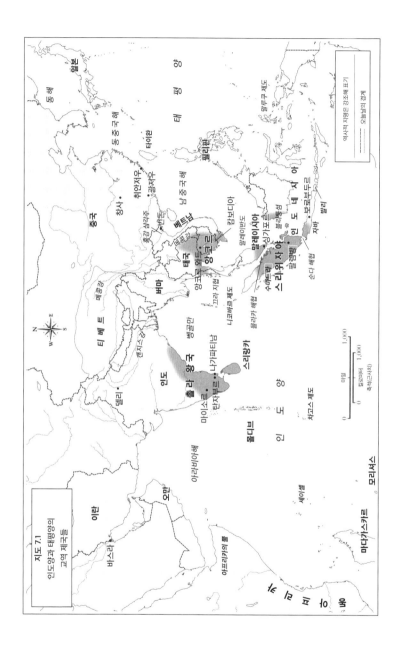

을 없애 지배자들에게 줄 세금을 회피한 것이었다. 유럽인들은 아프리카에서는 금과 은의 공급원에 직접 다가갈 수 있는 수단을 얻었고, 향료제도에서는 중개상을 거치지 않고 향신료, 향목, 기타 향료를 직접 구매할 수 있는 방법을 알아냈다.

1000년 무렵의 가장 놀라운·항해는 말레이반도에서 동아프리카 해상의 섬나라 마다가스카르에 이르는 해역에서 일어났다. 그 거리가 크리스토퍼 콜럼버스의 첫 번째 항해에 해당하는 4400마일(7000킬로미터) 다음으로 긴 4000마일(6500킬로미터)에 달했다. 거리 외에 또 하나 놀라운 사실은 마다가스카르가 동아프리카 해안에서 불과 250마일(400킬로미터) 떨어진 해상에 있는데도, 마다가스카르의 공용어인 말라가시어가 아프리카에서 널리 사용되는 반투어군에 속할 것이라는 일반의 예상과 달리 말레이어군에 속한 언어라는 것이다.[4]

말라가시어는 말레이어, 폴리네시아어, 하와이어, 타이완 토착어와 같은 어군에 속하는 말레이폴리네시아어파 언어들 중 하나다. 말레이폴리네시아어파 언어들에는 공통점이 많다. '금지된'을 뜻하는 영어 단어 'forbidden'이 하와이어로는 'kabu'인데, 타히티에서는 그것을 (영어 단어 '터부taboo'의 어원이 된) 'tabu'로 읽는다. 기원전 1000년에서 기원후 1300년까지 태평양에 정착한 사람들 모두가 이 말레이폴리네시아어파 언어를 썼으며, 그곳에서 마다가스카르까지 간 사람들도 마찬가지였다.[5]

그렇다면 언어학상으로는 말레이폴리네시아어파 언어를 쓰는 사람들이 동아프리카 사람들보다 먼저 마다가스카르에 도착했다는 이야기가 된다. 오늘날 마다가스카르인들의 DNA를 분석한 결과도 그들이 동남아시아인 조상과 아프리카인 조상 둘 다를 둔 것으로 나타났다.

　말레어 사용자들이 마다가스카르에 도착한 시기를 고고학자들이 밝혀낸 것은 최근이었다. 그들은 650년에서 1200년 사이의 것으로 추정되는, 마다가스카르섬과 동아프리카 본토의 유적지 열여덟 곳에서 나온 불에 탄 씨앗 2433개를 분석했다.[6] 동아프리카 해안 지대에서는 아프리카의 토종 작물인 사탕수수, 진주조Pearl millet와 손가락조finger millet, 동부(광저기), 바오바브나무의 씨앗이 나왔고, 마다가스카르에서는 동남아시아가 원산지인 벼, 녹두, 면화의 씨앗이 출토되었다. 마다가스카르의 몇몇 유적지에서는 볍씨만 출토되기도 했는데, 이는 쌀을 주식으로 하는 아시아 이민자들이 그곳에 존재했을 가능성을 시사한다.[7] 이들은 마다가스카르에 동물도 들여왔다. 500년대와 600년대에는 고양이도 그곳에 들어왔으며, 700년대 말에는 닭이, 800년대에는 소, 양, 염소가 마다가스카르에 들어왔다. 1000년 무렵에는 마다가스카르에 말레이 사람들의 정주지도 수립되었다.

　하지만 인도양에서는 선박의 잔해가 발견되지 않아 초기 항해자들이 마다가스카르에 갈 때 어떤 유형의 배를 사용했는지는 아직 밝혀지지 않았다. 제임스 쿡James Cook 선장이 1700년대 말에 하와이와 폴리네시아에 도착해, 그 초기 항해자들과 같은 부류였던 폴리네시아인들이 태평양을 횡단할 때 사용한 항해법을 적이 둔 것이 그와 관련된 기록으로는 가장 빠른 것이었다.

　쿡 선장의 시대에는 남태평양의 섬사람들도 수백 마일씩 태평양으로 들어가는 항해를 했다. 그렇다면 그들이 사용한 배는?

카누 두 척을 묶은 쌍동선 카누에 돛을 장착한 배였다. 카누 두 척을 목재 틀에 묶을 재료로는 목재 틀 위에 무거운 짐을 실어도 끄떡없도록 코코넛 섬유 밧줄을 사용했다. 타히티섬에서 쿡 선장이 만난 사람은 지역 지리에 관한 지식이 깊은 사제를 뜻하는 말이었던 아리오이arioi를 자칭한 현지의 항해자 투파이아Tupaia였다.[8] 쿡 선장이 그린 지도에는 그 투파이아가 항해해 갈 수 있는법을 알았던 지역 130곳이 포함되어 있었다. 그중 가장 먼 곳이 뉴질랜드였다.

폴리네시아인들은 1000년 무렵에도 쌍동선 카누를 이용했을까? 이에 관해 고고학자들은 확신하지 못한다. 반면에 대다수 사람은 말레이폴리네시아어파 언어를 사용한 고대의 뱃사람들이 마다가스카르에 갈 때와 그보다 더 깊숙이 태평양으로 들어갈 때 모두 간소한 선박을 사용했을 것으로 본다. 그러나 고대 동남아시아 배들에 관한 연구 분야의 세계적 권위자인 프랑스 고고학자 피에르이브 망갱Pierre-Yves Manguin은 그 견해에 이의를 제기한다.[9] 그는 고대의 뱃사람들이 태평양을 항해할 때는 쌍동선 카누를 이용했지만, 인도양을 항해할 때는 동남아시아 선박을 이용했을 것으로 믿었다. 그가 주목하는 부분은 동남아시아에서 건조된 배들에 관해 알려진 내용이다. 그 지역에서는 선체 안쪽의 판재들을 깎아 돌출된 마디knob(목심)들을 만들고, 그 마디들에 구멍을 내, 그 안에 밧줄을 넣고 용골들과 단단히 묶어 판재들을 고정하는 방식으로 배를 만들었다는 것이다. 이른바 밧줄 고정lashed-lug 기법이었다.

망갱은 말레이반도에서 마다가스카르 쪽으로 항해한 선원

들이 판재를 그렇게 고정해 만든 배를 이용했을 것으로 추론했다. 남중국해와 동남아시아 해역에서는 실제로 여러 개의 돛대 및 돛과 함께 그런 배들이 발굴되기도 했다. 거기에는 선체의 길이가 115피트(35미터)에 달해 지금까지 발견된 그런 유의 배들 중에서는 규모가 가장 큰 파놈 수린Phanom Surin 난파선도 있었다.[10]

초기 항해자들이 쌍동선 카누를 이용했는지, 다수의 돛이 장착된 배를 이용했는지는 지금으로서는 알 길이 없다. 다만 확실한 것은 말레이인들이 마다가스카르로 항해했던 때와 같은 시기에 폴리네시아인들도 동쪽의 태평양으로 항해했다는 것이다. 그들은 미크로네시아를 시작으로 부채꼴로 퍼져 나가며 피지, 사모아, 하와이, 이스터섬(원주민이 부르는 명칭은 라파누이)에 도착하고 1300년 무렵에는 드디어 지구상에서 인간에게 마지막으로 점유된 장소였던 뉴질랜드에 도착했다. 그 폴리네시아인들은 독특한 도기 파편들을 뒤에 남겼다. 따라서 그것으로 그들이 항해한 해로를 추적해 볼 수 있다. 하지만 각각의 섬에 정착지가 수립된 시기에 관해서는 여전히 논란이 이어지고 있다.

논란은 언제나 두 파로 갈린다. 한쪽에는 정해진 지역의 정착이 비교적 일찍 시작되었다고 보는 긴 연대기 옹호자가 있고, 다른 한쪽에는 정해진 지역의 정착이 비교적 근래에 시작되었다고 보는 짧은 연대기 옹호자가 있다. 이를테면 긴 연대기 옹호자들은 뉴질랜드에 이주민들이 정착한 시기를 1000년 무렵으로 보는 바면에, 짧은 연대기 옹호자들은 1300년 무렵일 것으로 본다. 긴 연대기와 짧은 연대기 차이가 1000년이나 크게 벌어질 수도 있다.[11] 2011년에 실시된 마흔다섯 개 섬의 유물 1434점을 방사성

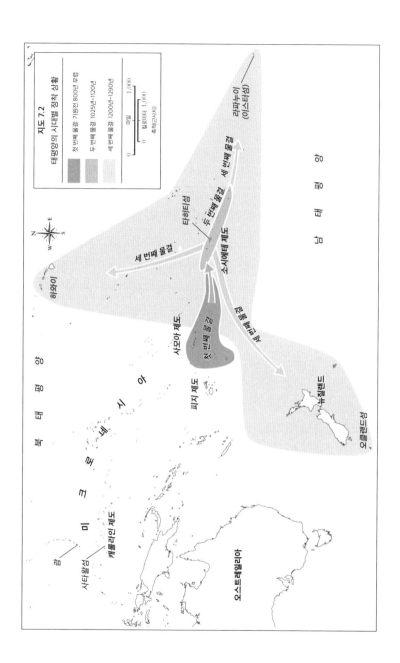

지도 7.2
태평양의 시대별 정착 상황

■ 첫 번째 물결 기원전 800년 무렵
■ 두 번째 물결 1025년~1120년
□ 세 번째 물결 1200년~1290년

명   0   1,000
     0   킬로미터   1,000
     축척(근사치)

N

라파누이
(이스터섬)

타히티섬

세 번째 물결

두 번째 물결

세 번째 물결

소시에테 제도

세 번째 물결

하와이

사모아 제도

첫 번째 물결

남 태 평 양

피지 제도

북 태 평 양

미 크 로 네 시 아

관

사이판섬

캐롤라인 제도

뉴질랜드

오클랜드섬

오스트레일리아

남 태 평 양

탄소연대측정에서는 짧은 연대기의 시기가 긴 연대기의 시기보다 정확하다는 결론이 나왔다. 잔존 기간이 몇백 년에 달해 실수로라도 시기를 앞당길 소지가 있는 숯과 달리 씨앗, 잔가지, 나뭇잎 같은 것들은 수명이 수십 년밖에 안 되어 그럴 소지가 적다는 것이 연구자들이 그런 결론을 내린 이유였다.

많은 연구자의 지지를 받는 가장 최근의 연대기도 있다. 그들의 입장은 다음과 같다. 기원전 800년 무렵에 고대 폴리네시아인들이 필리핀 동쪽의 미크로네시아를 출발해 사모아섬에 도착해 1800년간 그곳에 머물렀다. 그러고는 1025년에서 1120년 사이에 하와이, 이스터섬, 뉴질랜드를 이어 주는 태평양 삼각지대의 중심에 위치한 소시에테 제도로 갔다. 그다음에는 그들이 1190년과 1290년 사이에 일제히 세 방면으로, 즉 북쪽의 하와이, 남서쪽의 뉴질랜드, 동쪽의 이스터섬으로 흩어졌다는 것이다. 이 세 여정 모두 2500마일(4000킬로미터)가 넘는 거리였다.

그럼 폴리네시아인들은 1000년 직후에 왜 태평양 전 해역을 항해하려고 했을까? 그 답은 환경적 위기, (쌍동선 카누의 발명일 수도 있는) 기술 분야에 갑자기 일어난 혁신, (더 멀리 떨어진 섬들로 항해하도록 촉진했을) 바람의 증가와 같은 엘니뇨 현상에서 찾을 수 있을 것이다. 태평양의 섬들에서 발견된 낚싯바늘 같은 도구들이 섬들 간 거리가 먼데도 모양이 흡사한 것에 관해서는 새로운 연대기 옹호자들이 폴리네시아인 모두가 1190년 무렵에 소시에테 제도를 떠날 때 하와이로 가든 이스터섬으로 가든 뉴질랜드섬으로 가든 똑같은 물품을 휴대했기 때문이라는 설명을 내놓았다.

1700년대 말에 쿡 선장의 부하들도 폴리네시아인들이 범고

래나 큰돌고래이기 십상인 대형 포유동물을 잡기 위해 원거리 항해를 하는 사실에 주목했다. 쿡 선장도 투파이아와 함께 지도 제작을 마친 뒤 그 지역의 지리에 관한 그의 지식이 얼마나 해박한지를 깨달았다. 그러나 그것을 마음에 담고만 있었을 뿐 투파이아가 섬들을 항해한 방법은 일지에 기록하지 않았다.

폴리네시아인의 항해 기법에 관한 정보는 20세기 말에 태평양의 외딴섬들에서 연구를 진행한 인류학자들에게서 나왔다. 태평양 중심에 있는 섬들에서는 사라지고 없는 전통을 그 학자들이 찾아내 기록한 것이다.[12]

인류학자들에게 정보를 제공한 최고의 선원들 중 한 명은 마우 피아일라그였다. 1930년에 태어난 그는 캐롤라인 제도의 미크로네시아 연방에 속한 사타왈섬에서 자라면서 그 섬의 부족 원로들에게서 항해법을 배웠다. 그 피아일라그가 1983년에 사타왈섬을 찾은 미국인 스티브 토머스에게 폴리네시아 전통 항해법의 기본 원리를 가르쳐 준 것이다. 도구는 전혀 사용하지 않고 새의 비행 패턴, 구름, 파도의 움직임(그가 알려 준 파도의 종류만 여덟 가지였다.)만 보고 항로를 정하는 것이 폴리네시아의 전통 항해법이었다.[13]

피아일라그는 바닥에 원을 그려 밤의 수평선을 표시하고 돌멩이를 이용해 열다섯 개의 별이 뜨고 지는 것을 나타내는 것으로 항해법 교육을 시작했다. 그는 캐롤라인 제도, 필리핀, 괌을 항해할 때 사용했던 별들의 순서를 기억하는 것은 물론 한 번도 가보지 않은 남아메리카와 북아메리카, 타히티, 사모아, 일본으로 항해하는 데 필요한 별들의 순서도 막힘없이 이야기했다. 150가지가 넘는 별들의 진로를 알았고, 계절에 따라 별들의 위치가 어떻게 달라지는지도 알았다. 1976년에는 피아일라그가 미국 건국 200주년을 기념해 재건한 쌍동선 카누를 타고 하와이에서 타히티까지 2600마일(4200킬로미터) 거리를 성공적으로 항해해 국제적 찬사를 받았다. 하와이에서 타히티까지 항해하는 것은 처음이었는데도, 그는 항해 도구를 사용하지 않았다.

하지만 피아일라그와 같은 노련한 선원도 계속되는 폭풍 앞에서는 속수무책으로 항로를 이탈했다. 2003년에 그는 일흔한 살의 나이로 거리가 250마일(400킬로미터)에 달하는 섬과 섬 사이의 항해에 나섰다. 그런데 도중에 태풍을 만나 예정된 2주 뒤에도 목적지에 나타나지 않았고, 그러자 그의 가족은 미국 해안경비대에 실종 신고를 했다. 하지만 피아일라그는 해안경비대에 발견되고서도 태풍 때문에 항해가 지연되었을 뿐 자신이 있는 위치는 정확히 알고 있다면서 도움받기를 거절했다. 결국 그는 전통적 항해 기법으로 항해를 재개해 목적지에 무사히 도착했다.

피아일라그가 알려 준 전통적 항해 기법에 관한 정보는 말레이반도의 선원들이 마다가스카르로 갈 때 사용했을 법한 항해술에 관한 것도 짐작하게 해 준다. 그들이 만일 동 틀 녘과 해 질 녘에 특정한 별을 시야에 두고 관찰했다면 적도로부터 남위 약 6도를 계속 따라갈 수 있었을 것이다. (수마트라섬과 자바섬 사이에 위치한) 순다 해협에서 시작해 서쪽의 차고스 제도까지 간 다음, 그곳에서 내처 마다가스카르 북쪽에 위치한 세이셸까지 인도양을 가로지르는 직선 항해를 할 수 있었을 것이라는 이야기다. 선원들은 돛 하나가 장착된 쌍동선 카누를 이용했을 수도 있고, 피에르이브 망갱의 말이 맞는다면 돛이 여러 개 달린 대형 목재 선박을 이용했을 수도 있다.

그 항해들은 마다가스카르뿐 아니라 태평양 전역에 흩어진 다수의 외딴섬들에 정주지가 세워지는 결과로 이어졌다. 인간과 동물 모두 그 다양한 섬들에서 번식하고 거주한 것으로 보아, 말레이폴리네시아어파 사람들의 배에는 남자와 여자 외에 쥐, 돼지, 개들도 실려 있었음을 알 수 있다. 이주민들은 그 섬들에 고구마, 빵나무(구우면 빵 맛이 나는 씨 없는 과일), 타로(먹기 전에 빨아야 하는 식용 뿌리) 같은 식물들도 가져갔다. 이렇게 무인지경이었던 섬들에 도착함으로써 그들은 갑작스럽고도 영속적인 영향을 끼쳤다.

동남아시아에 남아 있던 사람들도 부지런히 바다를 항해해 주변의 모든 문명과 마주쳤다. 하지만 그들이 주로 영향을 받은 곳은 인도였다. 인도네시아의 섬들과 캄보디아, 태국, 베트남과 같은 남아시아 본토 나라들의 건축과 종교 생활에서는 심지어 지금도 인도의 영향이 강하게 나타난다.

만일 우리가 과거로 시간 여행을 할 수 있다면, 인도산 면으로 만든 옷을 입고 인도 요리에 영감을 받아 조리한 식품을 섭취하는 현지인을 볼 수 있을 것이다. 인도 문화가 동남아시아에 일찌감치 스며든 증거는 산스크리트어와 타밀어로 된 비문으로, 그리고 기원후 300년과 900년 사이에 만들어진 부처의 석상 형태로 나타난다. 북인도의 포교자들이 동남아시아에 처음 도착했을 때 마주친 현지인들은 산, 동굴, 나무, 바위, 여타 자연적 특징들에 산다고 믿는 정령을 숭배했다. 가정과 마을을 지켜 주는 수호신과 조상신도 믿었다. 600년 이후에는 동남아시아인들이 힌두교 신들도 숭배했는데, 그중에서도 특히 중요한 신인 시바와 비슈누Vishnu를 숭배했다.

　그 무렵에 동남아시아에서 가장 큰 정치 단위는 마을과 족장 사회chiefdom였다. 그곳은 인구밀도도 낮았다.[14] 1600년대에도 1제곱킬로미터당 인구밀도가 5.5명으로 (티베트를 제외한) 중국의 7분의 1에도 못 미쳤으니, 몇백 년 전에는 그보다 더 낮았을 것이다. 벼농사를 집약적으로 시행한 베트남의 홍강 삼각주 지역과 같은 인구 고밀도 지역은 몇 군데에 지나지 않았다.

　족장 사회에 사는 사람들은 수렵·채집 생활을 했다. 마을 사람들은 화전 농업에 종사했다. 산간 지역에서 초지를 태워 그 땅을 경작지로 이용하다가 지력이 고갈되면 다른 장소로 이동해 새로운 화전을 일구는 농법인데, 그런 이유로 화전 농업은 이동 농업으로도 불린다. 이런 식으로 농사를 짓든 수렵과 채집을 하든 두 가지 일을 동시에 하든 동남아시아 사람들은 장소를 옮겨 다니고 지상의 기둥들 위에 짓는 것이 보통인 임시 가옥을 조립하고 허무는 데 이골이 나 있었다.[15]

　인도의 포교자들은 동남아시아에서 왕의 조언자로 활동했다. 게다가 이들은 산스크리트어, 타밀어, 그 밖의 인도어를 읽고 쓸 줄 아는 경우가 많았으므로 현지 지도자들에게 인도어를 소개하면서 사원에 증정하는 선물을 기록하는 법을 가르치고, 다른 지도자들과 서신을 교환하는 법도 알려 주었다. 필경사도 풍풍 비문을 작성할 때 산스크리트어나 타밀어를 사용했으며, 현지어 소리를 적을 때도 인도 문자를 사용했다. 동남아시아의 초기 역사를 알 수 있는 가장 중요한 자료가 바로 그런 비문들이다. 전 세대의 학자들은 인도 문화가 이렇게 동남아시아 속으로 파고든 현상에 관해 문화 전파의 주도권이 전적으로 인도에 있었던 것으로 이야기했다. 하지만 알고 보면 인도 문화의 어떤 양상을 받아들일지를 결정한 주체는 다수의 현지 지배자였다.

동남아시아 지배자들이 보편 종교로 개종한 것도 1000년 무렵 다른 곳의 지배자들과 다를 바 없이 자기들의 힘을 강화하려는 목적에서였다. 보편 종교 중에서는 불교와 힌두교가 군주들의 많은 지지를 받았다. 지배자들은 특히 차크라바르틴이라는 이상적 시주施主 군주상을 제시한 불교를 마음에 들어 했다. 거란과 같은 북아시아 유목민들 사이에 널리 보급된 불교가 동남아시아에서도 강력한 힘을 발휘한 것이었다. 그렇다고 불교만 이상적 군주상을 제시한 것은 아니었다. 힌두교도 유능한 지도자가 광대한 영역을 지배할 수 있는 것은 신의 지지가 있어서라고 믿었다.

지배자들이 이 새로운 종교들을 받아들인 일은 자바섬 중앙부에 있는 보로부두르 사원, 인도의 탄자부르에 있는 브리하디스와라 힌두 사원, 캄보디아에 있는 앙코르와트 사원 등 세계적 명성을 지닌 건축물들의 창건으로 이어졌다. 지금도 이 유적지들은 크기와 아름다움으로 경외감을 불러일으키고 있으며, 그곳들을 찾는 방문객들도 저마다 각각의 사회가 어떻게 그렇게 압도적인 건축물을 축조할 수 있었는지 경탄을 금치 못한다. 그 사회들은 '사원 국가'라는 독특한 지배 양식을 만들어 내기도 했다. 사원 국가는 의식을 중시하고 대형 건축물 수립 계획에서 사원이 중추적 역할을 했다고 해서 붙여진 명칭이다.

사원 국가의 지배자들도 (정적들의 의표를 찌르고 그들과 싸워 이기는) 통상적 방법으로 집권했다. 그러나 일단 권좌에 오르면 무력에만 의존하지 않고 종교의 힘도 빌려 통치했다. 백성들에게 불교, 힌두교, 또는 그 두 종교 모두의 주신과 함께하는 삶을 살도록 권장한 것이다. 그들은 차크라바르틴이라는 이상적 군주상을 실현하기 위해 사원에 선물을 하고 땅도 기증했다.[16] 백성들도 군주가 사원에서 정례적으로 의식을 수행하는 모습을 보았다.

사원 국가는 지배자의 개인적 카리스마에, 그리고 권력을 투사하는 역량에 크게 의존했다. 따라서 권력이 미치는 범위도 변동이 심했다. 지배자의 힘이 강하면 멀리 떨어진 사원에 선물을 주고 지리적으로 먼 영역의 지배자에게서 공물을 받는 등 폭넓은 네트워크에 속할 수 있었다. 대군을 일으키고 해상 원정도 시행할 수 있었다. 결론적으로 이런 국가들은 지배자의 역량에 따라 마치 공기가 들어가면 부풀어 오르고 빠지면 쪼그라드는 풍선처럼 세력이 커지기도 하고 줄어들기도 했다.[17]

1000년 무렵의 동남아시아에는 특별히 중요한 몇몇 사원 국가가 있었다. 싱가포르에서 남쪽으로 약 300마일(500킬로미터) 떨어진 수마트라 남부의 현 인도네시아 도시 팔렘방 부근에서 창건된 스리위자야 왕조가 그중 하나였다. 인도에도 800년대 말에 남인도에서 지역 종주국 위치에까지 오른 촐라 왕조가 있었다.[18] 캄보디아에도 12세기에 저 유명한 앙코르와트 사원을 세우고, 스리위자야 왕조와 촐라 왕소보다노 너 오래 존립한 앙코르 왕조가 있었다.

스리위자야 왕조는 말레이인들이 마다가스카르로 항해한

때와 같은 시기인 600년 무렵 혹은 700년 무렵에 창건되었다. 이 왕조는 믈라카(말라카) 해협과 가까운 지리적 입지 덕에 번창했다. 아라비아반도에서 중국으로 가는 배들이 새로운 항로를 발견한 것은 350년 이전의 어느 무렵이었다. 350년 이전에는 배들이 항해하다가 태국에서 멈추어 육로를 통해 지협 너머로 짐을 운반한 다음에 중국행 배로 짐을 다시 옮겨 싣는, 두 단계에 걸친 항해를 했다. 그랬던 것이 350년 이후에는 새 항로를 발견한 덕택에 육로로 운송하는 과정에서 짐을 분실할 염려 없이 한 차례의 긴 항해만으로 화물을 운송할 수 있게 된 것이었다. 그런데 이 새로운 항로가 지나치는 길목에 믈라카 해협이 있었고, 그에 따라 배들은 계절풍이 바뀔 때까지 6개월 동안 그곳에서 머물러 지내며 기다려야 했다. 지루하기는 했으나, 배에서 짐을 내려 육로로 운송하고 배에 다시 옮겨 싣는 번거로움은 피할 수 있었다.

당시에 일어난 이 변화를 후대에 알려 준 인물은 671년에 인도로 갈 때 이 해로를 이용한 당나라 승려 의정義淨이었다.(680년대와 690년대에도 이 해로를 몇 차례 더 이용했다.) 의정이 말라카 해협을 거쳐 중국과 인도를 잇는 바닷길을 항해한 일은 그 지역 항구들을 오간 사람들이 상인들만이 아니었음을 우리에게 일깨워 준다. 승려들도 학식 높은 스승의 가르침을 구하거나 군주의 초빙에 응해 각지를 돌아다녔던 것이다. 이런 구도승들은 주술, 의식, 전법傳法 등 밀교가 가진 모든 특징적 요소가 하나로 강하게 응집된 존재였다.[19] 지배자들이 그들을 초빙한 것도 그 성자들이 그들의 왕국을 강하게 해 줄 것이라는 바람에서였다.

스리위자야 왕조는 말라카 해협의 해상무역을 장려하고 거래세를 부과해 번영을 누렸다. 다만 후대에 전해지는 기록물이 없어 그 왕조에 관해 알려진 정보는 대부분 중국 왕조의 공식 기록물에서 나온 것이다. 송나라 왕조의 역사에 스리위자야 왕조에 관한 내용이 수록되어 있는 것이 좋은 예다.[20] 중국인들은 현대의 인터넷 백과사전인 위키백과처럼 일정한 공식에 따라 타국에 관한 내용을 기술했다. 해당 국가의 주산물, 통화 제도,(스리위자야에서는 동전은 사용하지 않고 금과 은으로만 물건을 거래했다.) 그 나라에서 일어난 가장 중요한 역사적 사건들의 연대별 기록이 거기에 포함되었다. 공물을 소지한 대표단의 명단도 거의 빠짐없이 기록되었다. 송나라 왕조의 역사 기록에 따르면 스리위자야 군주가 송나라에 증정한 물건들 속에는 코끼리 엄니, 무소뿔, 수정, 유향과 같은 향료(왕족과 일반인을 막론하고 모든 중국인 사이에 수요가 많았던 물품들)가 들어 있었다. 또 다른 중국 자료에는 유향과 백단향은 스리위자야의 군주가 독점 판매권을 보유한 채 정부 관리에게 그 물건들을 외국 상인들에게 팔게 했다고 나와 있다.[21]

　　스리위자야를 찾은 중국인과 아랍인들은 그 왕조의 수도를 전통적 도시로 묘사했다. 하지만 고고학자들이 거의 한 세기 동안이나 수마트라섬을 샅샅이 뒤졌어도 왕조의 유적은 나오지 않았다. 고고학자들은 결국 스리위자야 왕조에는 아마도 정해진 수도라는 것이 없었을 것이라는 인식에 도달했다. 벽돌로 지은 시주용 불탑이 그곳의 유일한 영구 건축물이었다. 지배자는 전투나 폭풍으로 해운 시설이 파괴되면 새로운 곳으로 인제든 수도를 옮길 수 있었던 것이다.

　　스리위자야 왕국에서는 카누도 중요한 역할을 했다. 왕이 강 상류의 부하 족장들에게 원정에 필요한 병력을 보내라는 명령을 하달할 때도 카누가 필요했고, 병사들이 정해진 시간에 수도로 집결할 때도 카누가 필요했다. 카누는 썰물일 때는 단 몇 시간 만에 50마일(80킬로미터)을 항행할 수도 있었다. 900년 무렵에는 한 아랍 작가가 왕의 호출을 받고 선박 1000척이 집결해 있는 것을 목격하기도 했다.[22]

스리위자야 왕조가 믈라카 해협을 지배하고 있을 때는 다양한 유형의 배들이 대양을 넘나들고 있었다. 밧줄 고정 기법으로 만든 동남아시아 선박도 있었고, 코코넛 섬유로 선체의 판재들을 고정해 만든 다우dhow도 있었다. 다우는 선체가 유연해 바위에 부딪혀도 잘 부서지지 않았다. 아라비아반도와 아프리카의 뿔 지역이 다우의 주요 건조 지역이었으며,[23] 그 배를 주로 이용한 사람은 무슬림 상인들이었다.

800년 무렵에 이용된 다우의 실제 형태는 팔렘방 서쪽의 블리퉁섬 연안에서 길이 60피트(18미터)의 다우가 선내의 짐과 함께 해저에서 발굴됨으로써 세상에 알려졌다.(블리퉁 난파선을 복제해 만든 무스카트의 보석호Jewel of Muscat도 현재 싱가포르의 한 박물관에 전시되어 있으며, 최근에는 블리퉁 난파선보다 시기적으로 조금 늦게 건조되었으나 선체 길이는 115피트(35미터)나 되는 또 다른 다우인 파놈 수린 난파선도 발굴되었다.)[24]

문제는 발굴되기 전에는 1년 동안이나 약탈당하고 발굴 시행자도 민간 회사이며 출토된 유물도 3200만 달러에 싱가포르 정부에 팔렸다는 이유로 일부 고고학자들이 블리퉁 난파선의 발굴에서 나온 모든 데이터에 의문을 제기한다는 것이다. 그 난파선의 발굴을 민간 회사가 고용한 전문 고고학자들이, 도난을 막기 위해 협조를 구한 인도네시아군과 손발을 맞추어 진행했다. 그런데도 의문을 제기한 고고학자들은 금전적 대가를 지급한 것 자체가 비과학적 발굴 기법을 조장한 것으로 믿었다. 그 트집쟁이들은 무방비 상태로 난파선이 발굴되는 사례가 허다하다는 사실에는 눈을 감은 채, 2012년에 스미스소니언 협회 소속의 새클러 박물관 Sackler Museum에서 블리퉁 난파선 전시회가 열리는 것도 가로막았다.[25] 하지만 그들의 반론에도 불구하고 감정가들은 이구동성으로 블리퉁 난파선 유물의 신빙성을 받아들인다.

블리퉁선은 지금도 다우를 만드는 아라비아반도의 오만에서 아프리카산 목재의 판재들로 조립한 배였다.[26] 그 배가 침몰한 때는 826년 이후의 어느 무렵이었다.(배에 실린 도기 용기 한 점에 시기가 표시되어 있었다.) 배 안에는 철제품, 은괴, 금제 용기, 청동 거울, 도자기(하나같이 모두 그 시대의 전형적인 중국 수출품이었다.)가 실려 있었다. 하지만 가장 노련한 고고학자들조차 놀랐던 것은 물건의 종류 때문이 아니라 도자기의 양 때문이었다. 난파선에서는 무려 6만 점의 소형 접시가 나왔다. 모두 후난성(호남성) 창사(장사)의 가마에서 구운 것들이었다.

블리퉁선에서 나온 도기들 중에는 아랍 문자로 보일 만한 문양이 새겨진 것도 있었다. 하지만 자세히 살펴보니 그것은 제대로 된 아랍 글자가 아니라 아랍 글자를 흉내 낸 것이었다.(전문가들은 그것을 유사 아랍어로 부른다.) 새간 있는 중국 도공들이 아바스 제국 소비자들에게 팔기 위해 아바스 도기를 견본으로 삼아 글자를 그려 넣은 것인데,[27] 아랍어를 잘 모르는 상태로 그리다 보니 글자 모양이 이상해진 것이었다. 하지만 그것도 중국인들이 무슬림 소비자를 겨냥해 도기를 대량으로 생산하는 것은 막지 못했다. 무슬림들은 반투명에 가깝고 두께가 얇으며 튕기면 울림소리가 난다는 이유로 중국산 도기를 최고로 쳤다.[28]

아바스 왕조의 도공들도 750년 이후의 어느 무렵에 중국 도기의 시장 장악에 맞서, 유약을 발라 가마에서 한 번 구운 도기에 2차로 은과 구리의 막을 입혀 진주광택이 나게 하는 새로운 기법으로 도기를 만들어 냈다.[29] 그들은 이 진주광택이 나는 도기로 소비자들의 관심을 끌어, 동아프리카 해안가 일대의 사람들에게 수출도 했다. 그리하여 아바스 왕조의 도공들도 적으나마 시장 점유율을 유지할 수 있게 되었다. 하지만 진주광택 도기도 어차피 중국 도기의 짝퉁이었으므로 고온 소성으로 광택을 낸 중국 도기를 당할 수는 없었다. 그때나 지금이나 세계화가 작동되는 방식은 같았던 것이다.

블리퉁선에는 모두 순금으로 제작된 용기 네 점과 접시 세 점 등 최고급 물품도 실려 있었다. 그중에는 중국 국경 밖에서 발견된 전통 중국산 금제품으로는 크기가 가장 큰 용기도 하나 들어 있었다. 높이가 1야드(1미터) 이상이고 술을 따라 마실 만한 주둥이가 달린 도기 물병이었는데, 표면에는 정교한 문양이 그려져 있었다. 중국 사회의 최상층 사이에서 유통된 최고급 예술품이었을 그것들은 정교한 솜씨로 보건대 당나라 황제가 무슬림 군주에게 보낸 선물이었을 개연성이 있다.[30] 아마도 자기가 받은 선물에 대한 답례품이었을 것이다. 아니면 판매하기 위해 중동으로 실려 가던 물건들이었을 수도 있다.

도기의 문양에는 블리퉁선이 이슬람권의 한 항구로 가고 있었음이 암시되어 있다. 그렇다면 그곳은 바스라나 오만이었을 것이다. 블리퉁선은 826년 12월과 827년 3월 말 사이에(아니면 1년이나 2년 뒤였을 수도 있다.) 광저우를 떠나 남쪽으로 부는 계절풍을 탔을 것이다. 상황이 순조로웠다면 광저우에서 블리퉁까지 한 달이면 갈 수 있었을 것이다. 하지만 그 불운한 배는 믈라카 해협을 목전에 두고 블리퉁에서 침몰하고 말았다.

그렇다고 블리퉁 난파선 같은 배들만 원거리 무역에 종사한 것은 아니었다. 보로부두르 사원의 벽면 부조에 다른 유형의 배들(정확히 말하면 열한 종이다.)이 묘사되어 있는 것만 보아도 그것을 알 수 있다. 그곳에 묘사된 배들 중에서도 특히 아우트리거 outrigger가 장착된 상선들은 동시대에 묘사된 다른 그 어떤 선박보다 동남아시아 선박의 건조 방법에 관해 많은 정보를 제공해 준다.[31] 보로부두르 사원과 지척 거리에 있는 사무드라 락사 박물관 Samudra Raksa Museum에는 사원의 벽면 부조에 나오는 배를 그대로 재현한 대양 항해용 선박도 전시되어 있다. 그 배는 2003년에서 2004년 사이에 마다가스카르까지의 항해를 성공적으로 마치기도 했다.

보로부두르 사원은 스리위자야 왕조와 혼인 관계를 맺고 있던, 자바섬 중부의 샤일렌드라 왕조가 세웠다.[32] 이 왕조는 바람이 바뀌기를 기다리며 항구에서 체류하는 배와 선원들에게 식량을 조달하는 데 필수 상품이던 쌀도 스리위사야 왕조에 공급했디.

보로부두르는 현존하는 세계 최대의 불교 사원이다. 800년 무렵에 순전히 돌로만 축조한 이 9층의 기념물은 지상에서 무려

100피트(31.5미터)나 높이 솟아올라 있다. 아마도 화산 폭발이나 지진 때문에 건축이 시작될 때부터 이미 지하로 내려앉았던 기단에는 인간이 불교 계율을 지키지 않을 때 가게 될 지옥이 묘사되어 있다.[33]

방문객의 관람은 대개 지상에서 시작된다. 첫 단을 한 바퀴 빙 돌며 기단 벽면의 부조를 감상하고, 그것이 끝나면 다음 기단으로 올라간다. 1460개의 장면이 묘사된 부조를 모두 감상하려면 3마일(5킬로미터)를 걸어야 한다. 부조에 묘사된 내용은 대부분 부처의 전생前生에 관련된 것이다. 부처가 여자 도깨비들만 사는 섬에 표류한 난파선의 선장으로 묘사된 장면도 있고, 부처가 폭풍과 바다 괴물에게서 배를 구하는 모습으로 나타난 또 다른 장면도 있다.[34]

자바의 시장들이 나오는 부조도 있다. 남자 상인보다 여자 상인들이 더 많은 장터도 있는데,[35] 그 점은 기록 사료로도 확인된다. 자바의 시장들은 5일 정도마다 한 번씩 열리는 정기시장이었다. 그래서 왕은 별도의 시장 담당 관리를 두고 농부, 직조인, 금속 세공인처럼 직접 재배한 농산물이나 손수 만든 물건을 들고 나와 파는 뜨내기 상인의 상행위를, 그리고 다른 사람들에게서 물건을 넘겨받아 파는 정규 상인들의 상행위를 감독하게 했다. 거래세를 걷어 그 세수를 사원에 양도하는 일은 왕에게서 징수권을 부여받은 상인 길드가 처리했다.

보로부두르 사원의 맨 위 기단에는 일흔두 개의 보살상이 있다. 보살은 깨달음을 얻었지만 다른 이들의 고통을 덜어 주기 위해 열반에 들지 않은 사람을 일컫는 말이다. 불자들은 문제가 있을 때면 종종 이 보살들에게 도움을 간구한다. 보살상들은 밖에서 보이도록 조그만 구멍이 뚫린 종 모양의 불탑 안에 안치되어 있다. 본래는 일흔두 개의 보살상 위에도, 아마도 작은 뼛조각이나 보존된 신체 일부와 닮은 작은 유리 조각이었을 부처의 유골이 담긴 탑 하나가 세워져 있었다. 사원의 유적에서는 다양한 언어로 쓰인 점토판이 발견되기도 했는데, 이는 보로부두르 사원이 한 지역의 순례 중심지로 세간의 이목을 끈 장소였음을 말해 준다.

　　보로부두르 사원이 건립된 800년 무렵에는 상인들이 이미 원거리 무역에 종사하면서 중국산 철제 용기와 비단을 수입하고 있었다. 자바섬만 해도 섬 주민들이 소비하는 것보다 훨씬 많은 양의 쌀을 생산해 그 남아도는 쌀을 주변 섬들의 정향, 백단향, 육두구와 물물교환을 했다. 자바섬은 남인도가 원산지인 홍화와 후추의 재배법도 배웠다. 그래서 중국의 주요 후추 공급원이 되었고, 장밋빛의 짙은 붉은색을 내는 섬유 염료로 중국 직조공들에게 인기가 많았던 홍화도 자바섬과 발리섬 모두 중국에 공급해 주었다. 자바섬과 발리섬의 상인들은 이렇게 농업 분야에서 인도 상인들과 시장 점유율 경쟁을 벌이며 그들을 밀어내는 데 성공했다.

　　제조 분야에서도 동남아시아 도공들이 중국산 도기와 시장 점유율 경쟁을 벌였다. 자바섬의 도공들도 중국 도기의 짝퉁을 만든 이슬람 도공들처럼 중국 도기를 흉내 내려고 도기 제작 기법을 바꾸었다. 주걱과 모루로 만드는 방식[1]에서 도자기용 물레

1　그릇의 안쪽을 모루로 받치고 바깥쪽을 주걱 형태의 도구로 두들겨 성형하는 방식이다.

로 성형해 만드는 방식으로 제작 기법을 바꾼 것이다. 하지만 그렇게 해서 모양은 똑같이 복제했지만, 중국 도공들이 아랍 글자를 정확히 그려 넣지 못했듯 고온에서 소성된 중국 도기의 광택을 따라잡지는 못했다.

비문들에는 노예 상인들도 동남아시아 해안가의 공동체들을 습격했고, 그렇게 붙잡은 사람들을 새로운 섬으로 데려갔다는 내용이 나온다. 대금업자가 채무자를 노예로 부릴 수 있는 조건과 채무자가 자유를 살 수 있는 방법이 논의된 법규도 있었다. 하지만 원거리 노예무역이 성행했다는 증거는 없다.[36]

자바섬의 보로부두르 사원에서 30마일(50킬로미터) 떨어진 곳에는 프람바난 사원이 있다. 사원 회랑에는 힌두교의 신으로 숭배되는 라마Rama의 생애가 담긴 고대 인도의 대서사시『라마야나Ramayana』에 나오는 다양한 이야기가 돋을새김으로 묘사되어 있다. 보로부두르보다 50년가량 먼저 지어진 프람바난이 힌두교 사원이었던 것은 분명하다. 그 지역의 왕들도 두 종교 사이에 모순점이 있다고는 보지 않았던 듯 불교와 힌두교 양쪽 모두에 기증했다.[37] 이 기념물들의 건축에 필요한 재원은 샤일렌드라 왕조가 벼농사와 무역에 과세해 마련했다. 인척 관계인 스리위자야 왕조의 기부도 받았을 것이다.

보로부두르 사원의 순례자들은 믈라카 해협 주변의 섬들에도 들렀다. 그러니 계절풍의 방향이 바뀌어 중국으로 가는 항해를 재개할 수 있을 때까지 그곳들에 체류하던 이슬람 세계 선박들의 선원들과도 마주쳤을 것이다. 이 이슬람 상인들이 중국에 어떤 물건들을 팔려고 했는지는 그 방향으로 가다가 조난된 배의 잔해가 발견된 것이 없어 다른 자료로 알아보는 수밖에 없다. 그 자료에 따르면 이슬람 상인들은 중국에 유향과 몰약을 팔았다. 두 물건 모두 나무껍질에 상처를 내 추출한 수지를 굳혀 만드는 제품인데, 소량만 사용해도 공기 중에 향이 확 퍼져 나가 넓은 방 안에서도 향내가 났다.

무슬림 상인들은 다우를 타고 아라비아반도에서 중국으로 그 향료들을 직접 실어 날랐다. 거래 초기에는 페르시아만–중국 해로를 택한 선원들이 잠깐 들러 하역하는 일도 없이 동남아시아를 그냥 지나치기 일쑤였다. 현대의 전문용어로 표현하면 최종 소비자가 동남아시아가 아닌 중동과 중국에 있었기 때문이다.[38]

하지만 시간이 지나면서 무슬림 상인들은 점차 아라비아반도에서 동남아시아로 물건의 구매처를 바꾸었다. 아라비아반도에서 들여오던 유향을 수마트라섬 북부에서 자라는 소나무 수지로 대체하기 시작한 것이다. 수마트라 소나무 수지는 유향만큼 향기롭지는 않았지만, 값이 훨씬 저렴했다.

중동산 몰약을 구매하던 상인들도 값싼 수마트라산 안식향으로 옮겨 갔다. 안식향은 수마트라섬 북서 해안가에서 자라는 때죽나무의 수액을 응고해 만든 것이었는데, 유향처럼 태우면 진하고 기분 좋은 향이 났다. 이렇게 중동에서 동남아시아로 수입선이 바뀐 현상이 말해 주는 것은 중개상들이 늘 눈에 불을 켜고 값싼 상품이 있는 곳을 찾아다닌 결과로 제품 대체가 이미 보편화되었다는 것이다.

장뇌(캠퍼camphor)도 중국인들 사이에 수요가 많은 또 다른 상품이었다. 장뇌의 결정체는 방충제와 울혈을 막아 주는 의약품으로도 쓰이고, 장뇌유는 방부제로 이용되어 쓰임새가 좋았다. 장뇌의 원료인 수지가 나오는 녹나무와 안식향의 원료인 때죽나무는 모두 수마트라섬의 같은 지역에서 자랐다. 그러니 동일한 사람들이 장뇌와 안식향을 채취하고, 동일한 배들이 중국 소비자들에게 그것들을 실어다 주었을 가능성이 있다.

얼핏 보면 동남아시아로 수입선을 이동한 시기가 이렇게 늦어진 것이 이해가 안 될 수도 있다. 가까운 곳을 놔두고 굳이 멀리 떨어진 아라비아반도에서 물건을 구매하다가 수 세기가 지난 뒤에야 동남아시아로 구매처를 바꾸었으니 말이다. 경제적 측면으로도 중국과 가까운 곳에서 물건을 사다가 파는 것이 합리적이었다. 해답은 교역의 현대적 측면에서 찾을 수 있다. 거래 초기에는 동남아시아에 인프라도 부족하고 국제무역을 감당할 만한 전문 공급 업체도 부족했던 것이다.

상인들은 수확하고 가공한 물건을 선박들이 대기하는 해안가로 운송하는 일을 처리해 줄 누군가가 필요했다. 그 일은 결국 나무들에서 수지와 수액을 채취하는 것으로 시작해 다양한 직종의 사람들이 분업하는 형태로 진행되었다. 대개는 토착민의 한 집단이 산지의 숲에서 특정 산물을 수확하면,[39] 또 다른 집단은 소형 선박들이 정박한 하구 쪽의 항구까지 그것을 날라다 주고, 바닷가에 거주하는 세 번째 집단이 그것을 원양 항행용 선박에 옮겨 싣는 방식으로 작업이 이루어졌다.

동남아시아산 물건들에 대한 중국의 수요 증가는 항구로 물건을 운송하는 사람들뿐 아니라 향목을 수확하는 토착민들에게도 직접적 영향을 끼쳤다. 상인들이 아라비아반도에서 동남아시아로 구매처를 바꾸기 전에는 많은 토착민이 임산물을 채취해 사는 수렵·채집인 생활을 했다. 그랬던 것이 동남아시아산 물건의 수요가 늘어난 뒤에는 복잡하고 준準산업적인 농업 체계 속으로 깊숙이 들어오게 된 것이었다. 토착민들은 한 번도 본 적 없는 중국 구매자들에게 팔 물건을 만들기 위해 전일제로 일했다. 물론 이것은 증기선이나 전기가 발명되기 전의 일이었다. 하지만 평생 집을 떠나 본 적 없는 토착민들의 삶은 이 정도의 세계화만으로도 충분히 바뀌었다.

900년 무렵의 어느 시기에는 동남아시아 일대의 교역 활동이 둔화되었다.[40] 중국에 거주하는 외국 상인들에 대한 공격이 그 지역의 무역이 휴지기를 맞게 된 한 가지 요인이었음은 분명하다. 조금 뒤에 일어난 카이로와 콘스탄티노플의 반反외국인 폭동이 그랬듯, 당나라의 힘이 약화되던 879년에 황소黃巢라는 사람이 교역의 핵심 주체인 무슬림 상인들을 겨냥한 것이 분명한 반란을 일으킨 것이었다. 이 황소의 난 때 광저우에서 살해된 외국인 상인의 수는 자료에 따라 8만 명으로도, 12만 명으로도 기록되어 있다.[41] 하지만 실제 사망자 수가 몇이든 중요한 것은 그 사건 탓에 무슬림 상인들이 일부는 동남아시아로 근거지를 옮기는 등 중국에서 철수했고,[42] 그로 인해 인도양 교역이 일시적으로 중단되었다는 사실이다.

1000년 무렵에는 상황이 또 바뀌어 인도양의 해상무역이 재개되었다. 1016년에는 중국이 네 지역을 자국의 가장 중요한 무역 파트너로 정해 놓고 각각 스무 명까지 대표단을 파견하는 것도 허용했다.[43] 네 지역에는 몇백 년 동안 거래를 계속했던 아랍 지역,

스리위자야, 자바 외에도 남인도의 촐라 왕조가 새롭게 추가되었다. 촐라 왕조의 대표단이 중국에 도착한 것은 왕조가 창건된 지 50여 년이 지난 1015년이었다. 이후 300년 동안 촐라 왕조의 지배자와 상인들은 남인도, 태국과 말레이반도, 인도네시아 제도의 일부 지역 그리고 저 먼 남중국해에서 왕성하게 활동했다.

타밀계의 촐라 왕조는 인도의 동해안과 서해안에 있던 다른 왕국들을 제치고 남아시아의 가장 강력한 왕국들 중 하나가 되었다. 저 멀리 북쪽에 위치한 마흐무드의 가즈나 왕조가 유일한 경쟁국이었다. 촐라 왕조의 성공 비결은 신중한 물 관리에 있었다. 들판에 물을 대 주기 위해 대형 수조와 관개수로를 건설한 것이다. 촐라 왕조는 백성들에게 세금을 직접 징수하기보다는 백성들이 수확한 벼의 일정량을 왕조가 재정을 후원하는 사원에 기증하게 하는 정책을 펴기도 했다. 권력을 행사하는 방식도 지역에 따라 차등을 두어 벼농사를 지을 때 관개용수에 크게 의존하는 저지의 하천 유역에는 최대한으로 행사하고, 건조 농업과 목축, 수렵을 하며 임산물을 채취해 사는 지역에는 느슨하게 행사했다.[44]

촐라 왕조는 힌두교의 열렬한 후원자로서 시바신을 숭배했다. 힌두교는 사원에서 행하는 공적 예배와 가정에서 행하는 사적 예배 둘 다를 중시했다. 이 왕조의 왕 라자라자 1세Rajaraja I도 후하게 땅을 기증해 수도 탄자부르에 브리하디스와라 사원을 짓게 했다. 힌두교 사원이었던 만큼 이곳의 깊숙한 내실에도 가즈나 왕조의 마흐무드에게 약탈당한 솜나트의 시바 신전처럼 링엄이 안치되어 있었다.

라자라자 1세가 즉위한 985년에는 그의 직접적 통제권이 미치는 곳이 수도 탄자부르 부근과 그의 영역에 속하는 다른 대도시들뿐이었고, 도시들 주변에 있는 다수의 마을은 사실상 독립된 상태였다. 라자라자 1세는 남인도의 광대한 지역을 정복하고 스리랑카섬을 침범하는 것에도 성공해 자신의 지배 영역을 넓혔다. 그는 탄자부르의 시바 사원에 종속된 현지 사원들의 네트워크를 통해 힘을 투사해, 그들이 촐라 왕조의 왕들을 영적 지배자로 인정하게도 만들었다.

　　라자라자 1세는 대외적으로는 다른 군주들과 마찬가지로 사원 후원을 통한 외교술을 폈다. 그는 동맹국들이 촐라 왕조의 영토에 사원을 축조할 수 있게 하는 것이 그들과의 동맹 관계를 굳건히 할 수 있는 최고의 방법이라고 믿었다. 그래서 그들이 돈을 내 사원을 지으면 자신도 기부금을 내 사원 건축을 지지한다는 것을 보여 주었다. 1005년에 스리위자야 왕조의 지배자가 촐라 왕국의 주요 항구도시인 나가파티남에 불당을 짓고 그곳의 힌두 사원에 자금을 지원했을 때도 라자라자 1세는 아들 라젠드라 Rajendra와 함께 주변 마을들에서 나오는 세수로 불당과 사원에 기부금을 냈다. 이 건축물들은 1467년에 난파된 배에 타고 있던 소수의 버마 승려가 예불을 드리러 왔을 때까지도 건재했다. 지리적으로 멀리 떨어진 남아시아 국가와 동남아시아 국가들의 결합에 도움을 준 것이 바로 라자라자 1세가 행한 것과 같은 종류의 사원 기부였다.[45]

　　993년, 라자라자 1세는 인도 대륙의 남단에서 35마일(55킬로미터)밖에 떨어지지 않은 불교 국가 스리랑카를 침략해 정복했다.[46] 그리하여 스리랑카의 몇몇 주요 도시를 직접 통치하게 되자 그는 그 도시들에 시바 신전을 세웠다. 하지만 그 도시들에 대한 그의 지배력은 주요 도로들을 이용해 물건을 나르는 상인들에게 거래세를 부과할 정도였을 뿐, 다수의 다른 세금을 부과하는 데는 미치지 못했다. 그러기에는 인력이 부족했다.

정복은 유형의 이익도 가져다주었다. 지배자와 병사 할 것 없이 모두 약탈물을 획득한 것이다. 촐라 왕조의 힌두 군대가 자행한 사찰 약탈은 나중에 불교 승려들이 편찬한 역사 연대기에도 자세히 기록되었다. "촐라 군대는 대현자의 상, 귀중품, 왕이 물려받은 왕관, 왕실의 장신구 일체, 값을 매길 수도 없이 귀중한 다이아몬드 팔찌, 신들의 선물, 부서지지 않는 검과 성인의 찢어진 의복 유물을 강탈해 갔다. (……) 그들은 유물의 방을 부수고 들어가 다수의 값비싼 금상 등을 도둑질해 갔으며, 마치 흡혈 야차(귀신)들처럼 모든 사찰의 여기저기를 난장판으로 만들어 놓고 랑카의 보물들도 싹쓸이해 갔다."[47] 촐라 왕조의 힌두 지배자들은 스리랑카의 불교도들을 적으로 간주했다. 따라서 스리랑카의 절을 공격한 논리도 가즈나 왕조의 마흐무드가 북인도의 힌두 사원을 공격할 때 갖다 붙인 논리와 매우 흡사했다. 자신들과 종교 전통이 다른 사원은 약탈해도 된다는 것이었다.

촐라 왕조는 라자라자 1세의 유능한 통치술 덕에 멀리 떨어진 나라들과도 접촉했다. 1012년에는 그의 아들 라젠드라가 공동 지배자가 되어 1014년에 라자라자 1세가 죽을 때까지 나라를 함께 통치했다. 하지만 그때는 이미 촐라 왕조라는 풍선이 쪼그라들기 시작한 시점이어서 라젠드라가 허풍스럽게 '갠지스강을 정복한 촐라의 도시'로 이름 붙인 수도[2]는 라자라자 1세가 수도로 삼은 장려한 탄자부르를 잇는 도시가 결코 되지 못했다.

지금까지 전해지는 촐라 왕조의 원사료는 거의 없다시피 하다. 석판이나 동판에 새겨진 비문이 유일하고, 야자나무 잎사귀에 기록된 것과 같은 그 밖의 사료는 남인도의 덥고 습한 기후에 썩어 없어졌다. 전해지는 비문도 한 집단 혹은 상인 길드가 지배자의 이름으로 사원에 기부한 선물을 기록해 놓은 짧은 문장이 대부분이다. 그러다 보니 그들이 촐라 왕의 압력으로 선물을 기부한 것인지, 솔선해 기부해 놓고 지배자에게 공을 돌린 것인지도 알 길이 없다.

이렇게 해석이 달라질 여지가 많은 상황은 촐라 왕조의 힘에 관한 학자들의 평가도 분분하게 만들었다. 촐라 왕조를 강력한 국가로 평가하면서 왕을 핵심 행위자로 보는 학자들로,[48] 그리고 선물의 주도권을 쥔 것은 기증자들이었다고 하면서 왕의 역할을 과소평가하는 학자들로 나뉘는 것이다. 학자들의 견해차가 가장 크게 벌어지는 부분은 촐라 왕조를 통틀어 가장 대담한 행위를 했다고 주장하는 비문이다. 즉 1025년에 라자라자 1세의 아들 라젠드라가 함대를 조직해 스리위자야의 수도를 정복했다고 주장하는 비문이다.

라젠드라의 부왕 라자라자 1세가 지은 시바 사원의 서쪽 벽면에 라젠드라가 새긴 그 비문에는 다음과 같은 내용이 적혀 있다. "라젠드라는 파도가 몰아치는 바다 한가운데로 많은 배를 피

---

2   강가이콘다 촐라푸람Gangaikonda Cholapuram이라는 이름이다.

견했다. 그의 군대는 카다람의 왕과 그의 장려한 군대에 포함된 코끼리들을 생포했다. 그 왕이 정당하게 축적한 보물 더미도 빼앗았다. 카다람의 광대한 수도인 스리위자야의 군문軍門에 설치된, 비드야드하라 토라나Vidyadhara torana로 불리는 아치문도 소란스럽게 점령했다."[49] 미사여구를 빼면 이 글의 요점은 간단하다. 라젠드라가 스리위자야의 왕과 그의 코끼리들을 생포했다는 것, 수도에 있는 아치문도 점령했다는 것, 수도도 약탈했다는 것이었다.

그럼 실제로는 어떤 일이 벌어졌을까? 먼저 생각해 볼 수 있는 것은 라젠드라가 먼 곳으로 함대를 파견했지만 그 군대가 수마트라섬에 흔적을 남기지 않았을 가능성이다. 하지만 그보다는 상인 길드가 수마트라섬에 갈 때 상품을 보호하기 위해 용병 부대를 함께 데리고 갔는데 실제로 공격을 받자 용병 부대가 공격 부대를 성공적으로 격퇴했을 가능성이 더 크다.

지배자들은 너나없이 모두 자기 영광을 드높이는 데 비문을 이용했고, 라젠드라도 그 점에서는 다른 군주들과 다를 바 없었다. 버마의 파간 왕조 비문에도 그 왕조의 왕이 촐라 왕조의 왕에게 사절을 보내 힌두교를 버리고 불교로 개종하도록 설득했다고 주장하는 내용이 나온다.[50] (실제로는 그런 일이 벌어지지 않았다.)

중요한 것은 스리위자야로 원정한 사실이 적힌 라젠드라의 비문에 동남아시아의 지명 열세 곳이 언급된 것이었다.(다섯 곳은 말레이반도에, 네 곳은 수마트라에, 한 곳은 벵골만에 있는 니코바르 제도에 있었을 것이고, 세 곳은 아직 확인되지 않았다.) 촐라 왕조가 수마트라와 말레이반도의 지리에 그토록 정통했다는 것은 그 왕조의 지배 영역이 인도양 해로들을 통해 동남아시아와 연결

되어 있었음을 나타내는 것이기 때문이다.[51]

다른 사원에 있는 비문들, 특히 상인 길드의 기부 목록이 적힌 비문들도 길드 회원들이 어떻게 지리에 그처럼 통달하게 되었는지를 이해하는 데 도움이 된다. 상인 길드는 일찍부터 인도에 존재했으며, 촐라 왕조의 치세 때 번영을 구가했다. 게다가 상인 길드는 인도인과 비非인도인 모두를 회원으로 받아들여 구성원이 다양했다. 파는 물건의 종류는 달랐지만, 상인들은 군주의 특혜를 받기 위해 단합함으로써 낮은 세율을 적용받기도 하고 왕을 대리해 세금을 징수하는 일도 했다.

이 상인 길드가 촐라 왕조 팽창의 열쇠였다. 타밀어를 쓰는 상인 집단들이 동남아시아 및 중국과 무역하기 위해 조합을 구성했기 때문이다. 그들은 금, 후추, 동남아시아에서 나는 각종 향료, 날염된 고급 면직물 등 고수익 상품을 전문으로 취급했다. 인도와 동남아시아의 사람들은 더위에는 비단보다 면이 쾌적하다는 이유로 면직물을 더 좋아했다. 그래서 상인들도 목화 재배부터 염색, 직조, 그리고 마지막 단계인 블록 날염에 이르기까지 목면 생산의 전 과정에 길드를 조직했다.

남인도의 동해안에 기반을 둔 '500'[3]이라는 길드도 그런 상인 길드들 가운데 하나였다. 이들이 인도, 말라야, 페르시아를 두루 돌아다니며 코끼리, 말, 사파이어, 진주, 루비, 다이아몬드, 기타 보석, 카다멈cardamom과 정향, 백단향, 장뇌, 사향 등 다수의 물

---

3   좀 더 정확하게는 '아야볼루의 500 귀인Five Hundred Lords of Ayyavolu'이라는 명칭이다.

건을 거래했다고 주장하는 내용은 인도 남부의 마이소르에서 발견된 1050년의 한 비문에도 나온다.[52] 이들이 거래한 물건의 다양성에는 절로 감탄이 나올 지경인데, 이것이 말해 주는 것은 인도양이 주요 해로였고, 교역도 그 무렵에는 무르익은 상태였다는 것이다. 비문에 적힌 물품 목록은 또 다른 이유로도 놀랄 만하다. 현대의 학자들은 종종 말레이반도에서 인도로 이어지는 인도양 해로가 해상 실크로드 변에 놓여 있었다고 주장하지만, 이 비문으로 비단은 그 지역의 주요 거래 품목이 아닌 것으로 드러난 것이다. 주요 거래 품목이기는커녕 주요 거래 직물도 아니었다. 그 지역의 주요 거래 직물은 면이었다.

영어로 번역하면 세 쪽이나 되는, 미문으로 뒤덮인 상인 길드의 비문에는 생뚱맞게 다음과 같이 힌두 상인들을 자랑하는 내용도 나온다. "그들은 코끼리처럼 공격해 죽이고, 소처럼 선 채로도 죽이며, 뱀처럼 독으로도 죽이고, 사자처럼 튀어 올라서도 죽인다."[53] 이 득의양양한 힘이 어디서 나왔을지는 보나마나 뻔하다. 힘의 원천은 바로 이들이 화물을 보호하기 위해 길드 회원들에게서 걷은 회비로 고용한 용병이었다.

라젠드라 이후에는 촐라 왕조에 허약한 왕들이 연이어 등장해 풍선의 공기도 더 많이 빠져나갔다. 촐라 왕조는 1060년대부터는 스리랑카에서도 물러나기 시작하더니, 1070년에는 정식으로 그곳에서 철수했다. 중국의 외교문서 기록에 따르면 그 무렵에 촐라 왕조는 스리위자야 왕조와도 적대 관계에 있었다. 서로 우위를 주장하며 양국이 다툼을 벌이는 사건도 몇 차례 일어났다. 그 일은 결국 중국 외교사절이 촐라 왕조를 스리위자야의 봉신국으로 강등하는 결정을 내림으로써 막을 내렸다.[54] 촐라 왕조는 13세기 내내 지리멸렬하며 혼란을 겪다가 주변국에 점령되었다.

촐라 왕조의 상인 길드들은 늘 듣기 좋은 말로 지배자들의 심기를 다독이는 데 열심이었다. 하지만 결과적으로 그런 립 서비스는 불필요했던 것으로 드러났다. 지배자들 없이도 사업을 잘 꾸려 나갔으니 말이다. 타밀계 상인 길드는 촐라 왕조가 쇠퇴하는 와중에도 버마, 태국, 중국에서 왕성하게 교역 활동을 했다. 타밀어로 쓰인 비문과 힌두 사원에서 나온 유물로도 알 수 있듯이 그들은 중국 취안저우에 거주하는 타밀계 공동체들도 적극적으로 지원했다.

캄보디아의 앙코르 왕조(크메르 제국)도 동시대의 스리위자야나 촐라 왕조와 마찬가지로 사원 국가였다. 앙코르 왕조의 명칭은 도시를 뜻하는 산스크리트어에서 유래되었고, 800년대 말에 수도가 된 도시의 이름 역시 왕조의 이름과 같은 앙코르였다. 오늘날 캄보디아의 시엠레아프주 부근에는 75제곱마일(200제곱킬로미터) 면적의 핵심지에 사원 수백 채가 들어선, 이 왕조가 세운 세계 최대의 건축물 중 하나인 앙코르와트 유적이 있다.

앙코르 왕조는 802년에 창건되어 1400년 이후까지 존속했다. 지배자마다 승승장구하며 제국의 판도를 넓혀 나갔다. 802년에 즉위한 왕조의 창건자 자야바르만 2세Jayavarman II만 해도 적지 않은 영토를 정복하는 데 성공했다. 그의 후계자가 재위할 때 쏘그라들었던 풍선은 강력한 군주들이 등장하면서 다시 부풀어 올랐다. 앙코르 왕조의 마지막 위대한 건설자는 1181년에서 1218년까지 재임한 자야바르만 7세Jayavarman VII였다.

앙코르 사원 국가의 특징들에서도 낯익은 풍경이 여럿 등장한다. 교단에 돈과 선물을 보시하면 공덕이 절로 쌓인다는 차크라바르틴이라는 이상적 시주-군주상을 실현하겠다며 왕들이 힌두교의 시바 신전 및 비슈누 신전뿐만 아니라 불교 사원에 재정적 지원을 한 것만 해도 그랬다. 대다수 군주가 수호신을 하나만 택한 것도 마찬가지였다. 왕의 후원을 받는 사원들 거의 모두가 목조 건물이 아닌 석조 건물인 것도 사원 국가의 특징이었다. 앙코르 사원들에 새겨진 비문이 산스크리트어와 현지의 크메르어라는 두 가지 언어로 되어 있는 것도 익숙한 광경이다. 앙코르 왕조의 사원에 있는 신의 형상 역시 그와 비슷하게 본래의 인도 도상圖像에 수정을 가하는 방식으로 그려졌다. 왕조 전역에 세워진 사당과 사원에 링엄이 안치되어 있어 백성들이 공물을 바친 것도 다른 사원 국가들과 같았다.[55]

많은 사람은 앙코르와트를 유적 전체를 부르는 명칭으로 사용하지만, 기실 앙코르와트는 (앙코르 톰, 반테이 스레이, 타 프롬과 같은) 20여 개의 사원군群과 다수의 다른 소규모 사원군에 속하는 하나의 사원군에 지나지 않는다.(앙코르와트의 '와트'도 본래는 불교 용어인데, 처음에는 힌두교 사원으로 지어졌다가 1400년 이후에야 불교 사원이 되었다.) 이렇게 규모가 크다 보니 한 사원에서 다른 사원으로 걸어가는 거리도 만만치 않다. 동절기인 12월에도 강렬한 햇볕이 사정없이 내리쬐어 걷는 사람들에게는 나을 것이 없다. 하지만 오토바이와 스쿠터를 탈 수도 있고, 택시를 타고 돌아다닐 수도 있으니 관람에는 문제가 없다.

앙코르에 관해 그간 알려진 내용도 라이다lidar('빛 탐지 및 범위 측정Light Detection and Ranging'의 약자)라는 첨단 기술 덕에 바뀌었다.[56] 라이다는 항공기 또는 헬리콥터에 탑재된 펄스레이저를 목표 지점에 발사하고 그곳에서 반사되어 되돌아오는 빛만을 기록하기 때문에 주변의 초목이 배제되어 밀림에 가려져 있던 (벽과 사원의 잔해가 포함된) 유적의 실제 모습과 지면 상황에 관한 정확한 지도를 만들어 낸다.

이 라이다 측량으로 밀림 속을 뚫고 들어가도 발견하기 어려운 앙코르의 운하, 토공, 둑, 연못(모두 관개 시설의 일부다.)의 윤곽이 드러났다. 이 수도水道가 있었기에 백성들은 앙코르 왕조 경제의 토대가 된 벼농사를 지을 수 있었던 것이다.

라이다 측량은 기존의 다른 가설도 바꾸어 놓았다. 초기 연구자들은 앙코르 사원군의 외곽 지대에 지금처럼 사람이 살지 않았을 것으로 생각했다. 하지만 라이다 측량으로 조밀한 거리들에 집들이 빼곡히 들어차 있었던 사실이 드러났다.[57] 고고학자들은 라이다로 스캔한 것에 비문에서 나온 정보를 취합해, 앙코르와트에 거주했을 것으로 추정되는 인구를 75만 명으로 늘려 잡았다.[58]

주민들이 살았던 방식도 사원의 벽화를 통해 알아볼 수 있다. 바이욘 사원의 아름다운 석제 부조에 힌두 서사시와 불교 경전에 나오는 종교적 내용뿐 아니라 일상생활도 엿볼 수 있는 장면이 묘사되어 있기 때문이다. 이 부조에는 심지어 수탉 싸움에서 내기를 하는 크메르인과 (독특한 머리 스타일로 구분되는) 중국인도 묘사되어 있다.

사원의 부조에 그려진 것들은 교역 방향에도 중대한 변화가 있었음을 알게 해 준다. 동남아시아의 지배자와 평민 모두 인도의 신들을 계속 숭배했지만, 1000년 이후에는 남아시아와 직접 접촉하는 일이 줄어들고 중국이 동남아시아의 주요 교역지가 된 것이 부조에도 나타나 있는 것이다. 인도 상인들이 그곳을 빠져나가면서 중국 상인의 수가 늘어난 탓이었다. 동남아시아 사람들이 탐욕스러운 중국 소비자에게 더 많은 물건을 공급해 주면서 화물이 적재된 선박들도 중국을 부지런히 오갔다.

교역지가 중국으로 이동한 것은 동남아시아 지역들에 여러 방면으로 영향을 끼쳤다. 자바와 발리섬만 해도 11세기부터 잔돈으로 쓰기 위해 중국 동전을 수입하기 시작하다가, 13세기에 들어 중국으로부터 공급이 줄어들기 시작하자 중국 동전을 모방한 동전을 자체적으로 만들어 사용했다. 동남아시아 일대의 모든 항구에서도 1270년대에 남중국이 몽골에 정복되어 다수의 중국인이 동남아시아로 이주한 뒤부터는 특히 중국 상인들이 인도 상인들을 수적으로 앞질렀다. 반면에 수마트라섬에는 13세기에 최초의 무슬림 무덤이 조성되면서 이슬람교가 정착했다.[59]

중국이 몽골에 정복된 뒤인 1290년대에는 몽골 황제가 보낸 사신 주달관周達觀이 앙코르를 방문했다. 주달관은 앙코르의 수도에 머물면서 많은 것을 관찰하고 그에 관련된 자세한 기록[4]을 남겼다.[60] 지금껏 전해지는 그 책에는 다른 지역과 더불어 캄보

---

4   『진랍풍토기眞臘風土記』라는 제목의 책으로, 앙코르를 이해하는 데 가장
     중요한 사료로 평가받는다.

디아에도 수출된 다양한 중국 물건이 수록되어 있다. 그것을 보면 캄보디아인들도 동남아시아의 다른 모든 사람처럼 다량의 중국 도자기를 수입한 사실을 알 수 있다. 주달관의 책에 수록된 물건의 목록 속에는 수은, 초석, 백단향 같은 원자재도 포함되어 있지만, 단연 두드러지는 것은 주석 제품, 칠기와 구리 접시, 우산, 철제 냄비, 바구니, 목제 빗, 바늘, 돗자리와 같은 다양한 종류의 제조품들이다. 전기가 없던 시절이었는데도 중국 산업은 수출용 물건을 대량으로 생산할 수 있는 상당 규모의 기업들을 보유하고 있었던 것이다.

주달관의 책에는 캄보디아가 중국에 판 물건도 소개되어 있다. 물총새 날개, 코끼리 엄니, 코뿔소 뿔, 밀랍, 침향, 카다멈, 등황(섬유에 쓰이는 노란색 염료), 대풍자유大風子油(피부병 치료약), 녹색 후추 등이었는데, 보다시피 임산물이 많다. 그러다 보니 혹자는 캄보디아인들이 이런 원자재를 채집하느라 전통적 방식을 유지했을 것이라는 그릇된 인상을 가질 수도 있겠지만, 그렇지 않았다. 이 모든 천연 상품을 준비하는 데는 복잡한 제조 관리와 준산업적 공정이 필요했기 때문이다. 주달관도 사냥을 주업으로 하는 캄보디아의 전문 엽사들에 관해 이야기하면서, 그들은 물총새를 잡을 때 암컷 물총새를 이용해 수컷 물총새를 그물로 유인한다고 하고, 그런 방법으로 일진이 좋으면 세 마리에서 다섯 마리까지도 잡지만, 일진이 나쁘면 단 한 마리도 못 잡을 수 있다고 말했다.

주달관이 앙코르를 방문했을 무렵에 캄보디아의 주적은 중국으로부터 1009년에 독립한 베트남이었다. 통킹만을 따라 뻗어 나간 주요 교역로 변에 위치한 베트남도 북쪽의 중국 소비자들에게 물건을 팔았고,[61] 그중에는 중국에 수출하는 캄보디아 물건과 겹치는 것이 많았다. 반면에 베트남은 치열하게 싸워 독립을 쟁취한 나라였던 만큼 동남아시아의 다른 그 어떤 나라들보다 중국에 대한 적개심이 강해 고유의 과거제까지 두고 있었다.

1100년 이후의 어느 무렵에는 홍강 삼각주의 할롱만 부근 섬들 사이에 위치한 번돈이 북베트남의 가장 중요한 항구로 떠올랐다.[62] 인도양 전역에서 오는 상인들에게 고지의 숲에서 나는 산물을 파는 항구였는데, 이 상인들 중에서는 특히 중국인들이 중요했다. 그들 다수가 번돈에 정착해 현지 주민들에게 영향을 끼침에 따라 현지인들이 중국의 의복과 식품, 차를 받아들였기 때문이다.

1406년에 명나라의 제3대 황제(영락제)는 자신이 지지한 베트남 왕이 왕위 찬탈자인 것을 알고 이전 왕조의 복권을 요구했으나 거절당하자, 베트남을 침공해 정복했다. 이후 명나라는 20년 동안이나 베트남을 일개 성으로 만들어 자국의 지배하에 두려고 했다. 베트남 전역에 상업, 소금, 어업에 세금을 징수하기 위한 감독청도 설치했다.

명나라는 심지어 번돈 부근에 중국에서는 수요가 끊이지 않는 진주 채취소도 차려 놓았다.[63] 동시대의 한 사료에는 그 채취소가 다음과 같이 묘사되어 있다. "명나라는 진주 채취소를 차려 놓고 수천 명에게 매일같이 강제 노동을 시켰다. 당시에 명나라의 요구는 끝이 없었다. 그들은 현지에서 나는 모든 산물을 채집하게 했다. 후추, 향료, 흰 사슴, 흰 코끼리, 아홉 꼬리 거북nine-tailed tortoise, 거꾸로 뒤집혀 매달린 새hanging-down bird, 흰뺨원숭이

white-cheeked monkey, 뱀과 여타 동물 등을 채집하게 해서 중국으로 가져갔다."[64] 이 사료에는 당시의 세계화된 경제 환경 속에서 생산자가 되는 것의 실태가 적나라하게 드러나 있다. 베트남 지역민들은 하루 종일 한데서 일하며 중국으로 실려 갈 동식물을 채집하고 있었던 것이다. 1427년에는 명나라가 철수하고 베트남이 독립을 되찾았다. 하지만 중국 소비자들을 위해 물건을 생산하는 베트남의 경제 체제는 바뀌지 않았다.

동남아시아가 세계화된 경제 체제를 갖추는 데는 500년이 걸렸다. 동남아시아인과 인도인들은 수천 년 동안이나 인도양을 넘나들었으며, 시간이 갈수록 두 지역 간 접촉의 강도는 커져만 갔다. 그 지역 일대의 모든 소비자가, 특히 중국의 항구도시들이 인도산 향료와 동남아시아산 향료, 향내 나는 수지와 향목을 구매했기 때문이다. 통로들에 따라 교통량에 차이가 나기도 하고 시대에 따라 교역량에도 차이가 날 수 있었지만, 동남아시아를 외부 세계와 이어 준 통로의 대다수가 1000년이 되기 전에 인도로 통하게 되었다는 전체적 추이에는 변화가 없었다. 하지만 이렇게 요지부동이던 추세는 1000년을 전후해 동남아시아 일대의 교역이 중국 쪽으로 이동하면서 바뀌었다. 그것이 다음 장의 주제가 된다.

8장

지상에서 가장 세계화된 지역

기원후 1000년, 중국인들은 세계의 다른 그 어떤 민족보다 다른 나라들과 폭넓게 통상했다. 중국은 지구 반대편의 중동, 아프리카, 인도, 동남아시아에 최고급 도자기와 여타 제조품들을 수출하고, 그 나라들로부터 중국 소비자들에게 팔 물건들을 구매했다. 중국의 국제적 교역 범위는 실로 광대해 항구도시들뿐 아니라 심심산골에까지, 사회 각계각층에 그 영향이 미쳤다. 중국인들은 세계화의 준비 단계를 경험하고 있었던 것이 아니라 세계화된 세계 속에 살고 있었다. 그리고 이 세계는 송나라(960년~1276년)가 중국을 지배한 300년 동안에 완성되었다.

중국이 대량으로 구매한 물건들 중에는 낯익은 것들도 있었다.[1] 보석류나 의복의 장식용으로 쓰인 진주와 묘안석이 그런 것들이다. 코끼리 엄니와 코뿔소 뿔도 장인의 손끝에서 아름다운 물건으로 재탄생해 중국 가정의 장식물로 쓰였다. 중국에서는 자라지 않는 코코넛과 잭프루트jackfruit 같은 열대 과일, 음식에 풍미를 더해 주는 검은 후추, 정향, 육두구, 카다멈도 중국이 대량으로 사들인 물건들이었다. 제조품 중에서는 싱가포르에 인접한 말레이시아 남단에서 만들어진 등나무 매트가 중국에 많이 팔렸다.[2]

중국이 가장 흔하게 수입한 동남아시아산 물품은 침향이었다.[3] 침향은 동남아시아 본토 해안가와 섬들에서 자라는 열대 나무 아퀼라리아Aquilaria에서 채취하는 것으로, 각종 병균에 침투당한 나무가 감염에서 스스로 보호하기 위해 분비하는 수지가 오랜 세월 동안 응결되어 만들어진 덩어리를 말하는데, 수지뿐 아니라 수지가 침착된 나무에서도 향이 난다. 중국인들은 이 침향 조각들을 철제 용기에 넣고 서서히 태워 향을 냈다. 게다가 침향은 다른 향들과도 잘 어우러져 많은 향료 처방을 낼 수 있었기 때문에,[4] 중국인들은 처음부터 침향을 대량으로 구매했다.

향료의 소비가 폭발하기 전에는 중국 사회에서 향료를 사용할 수 있는 계층이 최상층뿐이었다. 상류층이 향료를 어떻게 소비했는지는 헤이안 시대에 일본의 수도였던 교토에서 궁중의 여관으로 일했던 무라사키 시키부紫式部가 1000년 무렵에 쓴 소설 『겐지 이야기源氏物語』[5]를 통해 슬쩍 엿볼 수 있다.

970년대 초에 하급 귀족의 딸로 태어난 무라사키는 조금 늦은 나이였던 20대 중반에 그녀보다 훨씬 연상이었던 남자의 후처가 되었다. 하지만 딸 하나를 낳은 뒤 남편이 죽어 그녀는 30대 초반에 과부가 되었고, 이후 10여 년을 더 살다가 세상을 떠났다. 무

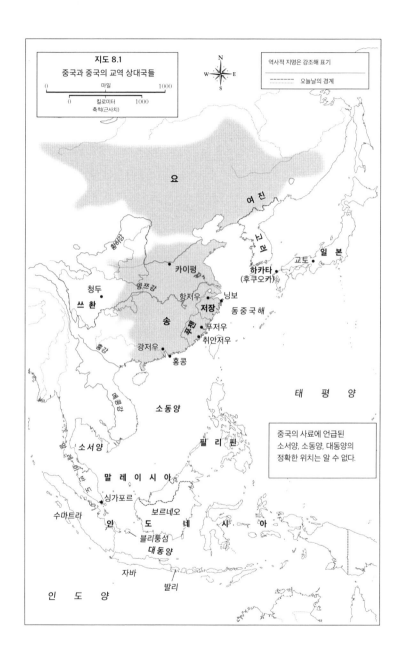

지도 8.1
중국과 중국의 교역 상대국들

역사적 지명은 강조해 표기

-------- 오늘날의 경계

중국의 사료에 언급된
소서양, 소동양, 대동양의
정확한 위치는 알 수 없다.

라사키는 윌리엄 셰익스피어William Shakespeare와 마찬가지로 그녀의 전기에 만약으로 언급된 모든 경우를 뛰어넘는 훌륭한 작가였다. 그녀가 쓴 『겐지 이야기』가 세계 최초의 소설은 아니지만,(그 권리는 몇몇 그리스어 저작물과 라틴어 저작물들이 차지했다.) 여러 인물의 감정을 지극히 섬세하게 그려 냈다는 점에서 세계 최초의 심리 소설인 것은 분명하다.

『겐지 이야기』는 교토의 궁궐과 그 주변 10제곱마일(26제곱킬로미터)밖에 안 되는 협소한 공간에서 지극히 폐쇄적으로 살아가는 귀족들의 세계를 그린 작품이다. 무라사키가 글을 쓰기 100여 년 전이었던 900년대 초를 시대적 배경으로 하고 있으며 우정 이야기와 연애 이야기에 더해 천황의 황자로 태어났으나 계승에서 밀려나 천황이 되지 못한 채 죽는 겐지를 중심으로 이야기가 펼쳐진다.

그러나 이 소설에서 우리의 관심사인 향료의 소비와 가장 관련이 깊은 대목은 주인공들인 황족, 섭정 가족, 상류층 귀족이 향에 열중하다 못해 그들 고유의 향을 만들어 의복에 특이한 향내가 배게도 하고, 향기를 발산시키기도 한다는 내용이다. 주인공들이 사용한 향도 송나라를 통해 당시 바깥세상으로 통하는 일본 유일의 관문이었던 후쿠오카(당시 이름은 하카타) 항구로 들어온, 이슬람권과 동남아시아에서 온 향이었기 때문이다.[6]

그 고상한 세계에서 교양인인지 아닌지는 자기만의 고유한 냄새로 구별되었다. 겐지의 친구와 수많은 연인은 그가 방을 나간 뒤에도 오랫동안 남은 강한 체취로 겐지가 방에 있었다는 사실을 알아챘다. 향을 제조하는 것도 하인들의 일이 아니어서, 겐지도 향의 배합이 완벽해질 때까지 몇 시간이고 향료와 향목의 가루를 내고 혼합하는 일을 직접 했다.

여성들도 의복에 향기를 입혔다. 그들은 사원 축제가 있을 때 이따금 바람 쐬는 일을 제외하면 거의 집과 정원에서만 붙박여 지냈다. 그때나 지금이나 일본 가옥은 간소해 부잣집이라고 해도 집에 탁자나 의자가 없었으므로 누구나 다다미에 앉고 다다미에서 자는 생활을 했다.

어느 순간 겐지는 그의 딸 아카시明石 공주를 위해 멋진 생일잔치를 열어 줄 계획을 세우고, 최고의 향을 가리는 대회를 열기로 결심한다.[7] 그리하여 각 향기에 어울리는 우아한 향을 담을 단지들로 쓰게 될 다수의 상자와 항아리들이 모이자 그도 자기만의 향을 배합하기 시작한다. 중국에서 갓 수입한 향목의 몇몇 시료는 질이 조금 떨어진다고 보고, 그보다 오래된 고품질의 향을 섞는다.(지난날에 대한 동경은 『겐지 이야기』에서 되풀이되는 주제다.) 정향에 침향을 섞는 것이 그의 향 처방이었다. 침향을 향 배합의 완벽한 베이스로 여겼기 때문이다. 향 배합으로 모든 일이 끝나는 것도 아니어서, 겐지는 배합이 끝난 향을 시냇물 근처에 묻었다. 향기를 더 짙게 만들기 위해서였다.

생일잔치에 온 손님들이 대회에 제출한 향은 특정 계절과도 결부되어 있었다. 개중에는 봄을 연상시키는 매화의 향이 나는 향을 제출한 사람도 있었다. 겐지도 가을과 연관된 향을 만들었다. 본인의 체취와 의복에 밴 향의 소산인, 각각의 사람이 내뿜는 개별 향내도 계절에 따라 달라졌다.[8] 한 궁녀는 계절향을 만드는 대신에 100보 밖에서도 알아챌 수 있을 만큼 냄새가 강렬한 향을 배합했다. 겐지의 배다른 형제 호타루노미야螢宮도 그래서인지 결과를 발표할 때가 되자, 우승자를 가리기보다는 개개인의 독특한 향에 찬사를 보냄으로써 궁궐 주변에 사는 사람들이 매일같이 접하는 향에 관한 높은 감식안을 보여 주었다.

『겐지 이야기』에는 일본 황족의 삶에서 향이 차지하는 위치가 고도로 섬세하게 묘사되어 있다. 소설 속 일본의 황족들처럼 중국의 황제와 궁정 귀족들도 그들 고유의 향을 갖고 있었고, 그것으로 서로가 누군지 알아보았다. 다만 중국인과 일본인 모두 액상 형태나 로션 형태의 향은 자주 쓰지 않았다. 향을 함유한 물질 대부분이 나무나 수지이다 보니 액상 형태나 로션 형태로 사용하기보다 때로는 둘의 혼합물을 태워 향을 내기도 하면서 나무나 수지를 자연 상태 그대로 사용하기를 더 좋아했다. 독특한 나무들의 향을 피워 옷에 그 향이 배게도 했고, 옷 속에 향주머니를 넣어 두기도 했으며, 향이 섞인 물에서 목욕도 했다. 향목으로 만든 가구와 저장 용기로 집안을 가득 채우기도 했다.[9]

향은 중국에서 큰 인기를 누렸다. 사람들이 물건의 냄새와 맛에 변화를 주는 일에 골몰했기 때문이다. 사람들은 몸을 자주 씻지 않았고, 비단옷을 세탁하기도 쉽지 않았다. 가난한 사람들은 더더군다나 입을 것이라고는 모시나 삼, 인피靭皮 섬유로 만든 의복 몇 벌이 전부여서 세탁하는 것이 실용적이지 않았다.

향은 오늘날보다는 1000년의 세계에서 훨씬 더 중요했다. 현대에는 향초를 켜거나 분향을 하는 주목적이 주변에 향기를 풍기는 데 있고, 그러다 보니 사용하는 사람도 많지 않다.(불전에 분향하는 동아시아 불교도들이 향의 주요 고객이다.) 하지만 1000년 무렵에는 향을 대량으로 소비하는 주요 고객이 일본과 중국의 황족과 같은 갑부들이었고, 최대의 향 시장도 중국에 있었다.

중국어에는 쓰임새나 종류에 관계없이 모든 향을 포괄적으로 표현해 주는 단어도 있었다. 향香, xiang이 그것이었는데, 향나무의 수액, 향목과 수지, 사향[10]과 용연향 같은 향 보존제 모두가 이 하나의 단어로 표현되었다. 그중 사향노루의 향낭을 건조해 만드는 사향과 향유고래의 장에서 얻어지는 회색빛 도는 용연향 같은 몇몇 향은 향내가 짙어 장시간 냄새를 지속해 주는 한 가지 용도로만 쓰였다. 아라비아반도의 수지에서 얻어지는 유향과 몰약[11]처럼 태우면 강한 향내가 나는 것도 있었다. 그 밖의 향들은 쓰임새가 다양했다. 인도나 자바에서 나는 백단향만 해도 가구나 상자를 만들 때, 향수의 향기를 바꾸고 싶을 때, 음식과 약물에 풍미를 곁들일 때 등 여러 가지 용도로 사용되었다.

중국은 인도양 지역과도 1000년이 되기 훨씬 전부터 폭넓게 교역을 시작했다. 1세기와 2세기에는 그 지역의 물품을 처음으로 수입했는데, 스리랑카산 진주, 코끼리 상아, 하늘색 물총새의 깃털과 같은 화려한 색상의 새 깃털 등 장식품이 주를 이루었다. 당시 중국에서 그런 물건을 가질 수 있는 사람은 황제나 부유한 가신뿐이었다. 500년 이후에는 향목, 수지, 향에 대한 수요가 새롭게 일어났다. 궁중을 중심으로 돌아가던 진귀한 상품 수요가 좀 더 광범위한 소비자층으로 이동한 것을 나타내는 신호였다.

중국에는 빈칭하는 항구도시도 많있다. 하지만 무역의 중심은 홍콩 바로 위쪽 중국 남동해안에 자리한 광저우였다. 배들은 광저우 항구를 출발해 베트남 해안을 따라 남쪽으로 내려가며 믈라카 해협으로 들어가기도 했고, 서쪽으로 방향을 잡아 인도의 서해안에 닿은 뒤 그곳에서 내처 아라비아반도 쪽으로 가기도 했다. 오만을 지나면 바로 나오는 페르시아만의 두 항구도시[12]가, 즉 오늘날 이란의 시라프Siraf 혹은 이라크의 바스라가 배들이 화물을 내려놓는 종착지였다. 이 페르시아만-중국 해로가 형성된 때는 700년대와 800년대였다. 동아프리카로 이어지는 또 다른 해로도 같은 시기에 개통되었다. 그 무렵에는 아라비아반도, 인도, 동남아시아에서 출발하는 배 대부분이 이 해상로를 따라 이동했다.(1000년 이후에는 선박도 중국에서 만든 것이 주된 역할을 했다.)

상선들은 동아프리카에도 중국 도자기를 실어다 주었다. 그리고 새로운 통로가 개척될 때면 늘 있는 일이듯 북동아프리카에 대한 정보도 중국에 일찌감치 도달했다. 863년에 사망한 당나라 때의 시인 단성식段成式도 지부티 동해안에 위치한 베르베라에서 행해진 노예무역에 관한 글을 쓸 정도로 그 지역에 관해 잘 알았다. "그 고장 사람들은 동족을 사로잡아 그들이 본국에서 구매할 때보다 몇 배나 비싼 가격으로 외국 상인들에게 팔아넘긴다."[13] 단성식은 그 지역에서는 코끼리 엄니와 향기 강화제인 용연향을 수출한다는 말도 덧붙였다. 단성식의 글 외에 수영에 능하고 마법도 부릴 줄 아는 검은 피부의 동남아시아 출신 노예 혹은 아프리카 출신 노예들에 관한, 광저우 항구를 배경으로 한 이야기도 몇 개 전해진다.[14]

단성식이 활동하던 무렵 광저우에는 송나라의 전 왕조인 당나라(618년~907년)가 관세를 징수하기 위해 설치한 시박사市舶司라는, 해상무역 관청이 있었다.[15] 하지만 당나라는 시박사만 두었을 뿐 수입품에 대한 국가의 독점 판매권은 보유하지 않았다. 자국 항구에 도착하는 외국 선박들을 검사하고, 종종 환관이 맡기도 했던 조정 무역 담당 관리가 배에 실린 물건들 가운데 황실이 차지할 양을 책정한 다음에,(한 아랍 작가는 배에 실린 짐의 30퍼센트가 황실 몫이었다고 썼다.) 그 나머지만 팔게 하는 것이 당나라 무역 정책의 기조였다.[16]

907년에는 당나라가 멸망하고 중국이 오대십국 시대로 접어들었다. 그 무렵에는 황소 반란군이 무슬림들을 공격해 다수의 외국 상인이 광저우를 떠남에 따라 중국과 동남아시아 간 무역도 정체되었다.

1000년 전에는 이슬람 세계, 동남아시아, 중국 사이를 오간 배 대부분이 다우이거나 밧줄 고정 기법으로 만든 동남아시아 선박이었다. 인도네시아의 인탄Intan 항구 앞바다에서 발굴된 난파선 한 척도 밧줄 고정 기법으로 만든 배였는데,[17] 이 난파선에는 10세기 초에 중국과 동남아시아 간 거래가 회복되기 시작했을 때 행해진 무역에 관한 귀중한 정보가 담겨 있다. 블리퉁섬에서 자바섬 북서 지역으로 향해 간 이 인도네시아 선박에는 다량의 귀금속이 실려 있었다. 금화, 납전 145개,(일부 납전에는 918년의 날짜가 찍혀 있었다.) 말레이반도에서 주조된 주석 화폐, 금속제 불상,(녹여 주화를 만드는 데 사용되었을 것이다.) 주석 덩어리와 청동 덩어리, 400파운드(190킬로그램) 정도의 은 덩어리들이었다.

난파신에서 나온 은의 양은 임청났다. 중국에서 가징 생산성 높은 광산에서 캐낸 은의 거의 1년 치에 해당하는 양이었다. 은괴에는 그것의 쓰임새에 관한 중요한 단서가 될 만한 명각도 새겨져 있었다.[18] 그것으로 볼 때 은괴는 동남아시아산 향을 구매하기 위해 한 지방정부의 조세국이 발행한 것일 가능성이 높았다.

자바섬 북쪽 해안의 항구도시 치르본Cirebon의 앞바다에서도 970년 무렵에 침몰한 또 다른 난파선이 발굴되었다.[19] 선체 길이가 100피트(30미터) 정도 되는 이 밧줄 고정식 선박에는 (거의가 중국산인) 도자기가 자그마치 60만 점이나 실려 있었다. 치르본 난파선은 200톤(225미터톤)에서 270톤 정도(300미터톤)의 화물을 적재할 수 있는 배였다. 이런 배들이 연중 몇 차례씩이나 중국과 인도네시아 사이를 오갔다는 것은 두 지역 간의 거래가 심지어 1000년이 되기 전부터 광범위하게 진행되었음을 말해 준다.

중국과 동남아시아 간 교역이 회복되자 중국의 조선 기술도 발달하기 시작했고, 그에 따라 중국에서 건조된 범선들이 해상무역에서 맡는 역할도 중요해졌다. 중국의 선박 건조 기술이 획기적으로 발전한 것은 1000년 무렵이었다. 중국의 야금공들이 철사를 단련해 자침(나침) 만드는 방법을 터득한 것인데, 이를 토대로 자침을 물에 띄워 놓으면 남북 방향으로 정렬하는 원리를 이용한 항해용 나침반[20]이 발명되어, 중국 선원들이 자북磁北[1]을 알게 된 것이었다. 게다가 나침반은 아랍권에서 사용된 천문 관측의(아스트롤라베astrolabe)와 같은 다른 항법용 계기가 맑은 하늘에서만 사용할 수 있었던 것과 달리, 전천후로 사용할 수 있어 중국 선원들에게는 커다란 이점이 될 수 있었다.

철사는 중국 선박의 나무 판재들을 이어서 고정하는 것에

---

1   나침반의 바늘이 가리키는 북쪽으로, 실제의 북쪽과는 일치하지 않는다.

도 사용되었다.[21] 중국 선박들은 또 선실과 화물칸이 별도로 설치되고 선체 내부에 격벽과 방수 격실들이 세워져 있었기 때문에 부력이 높아져 폭풍에도 잘 견디었다. 배에 물이 새더라도 다우나 밧줄 고정식 배와 달리 배 전체가 아닌 한 구역에만 영향을 미쳤기 때문이다.

모로코 출신의 유명한 세계 여행가 이븐 바투타(사하라 사막을 종단 중이던 노예 여성 600명을 목격한 사람이다.)도 중국 선박이 지닌 장점에 찬사를 보냈다. 그를 비롯한 승객 모두가 갑판에 모여 있어야 했던 다우와 달리 중국 선박에서는 나무로 만든 벽으로 분리된 선실에 머물 수 있었던 것이다. 그는 중국 선박이 제공해 주는 진정한 프라이버시도 좋아했다. 어느 때인가는 함께 여행 중이던 첩들과 같이 지내기 위해 본래의 큰 배를 마다하고 소형 중국 선박으로 옮기겠다고 고집을 부리기도 했다.[22]

송나라가 세워진 960년 무렵에는 중국 선박들이 해상운송에서 더욱 중요한 역할을 했고, 그에 따라 황제가 타국의 조공 사절단을 받아들이는 관행도 계속되었다. 1000년 넘게 이어진 중국의 조공 제도는 주변국이 주로 지역 산물인 예물을 황제에게 보내면 황제도 비단이기 십상인 예물을 답례로 보내는 일종의 교역이었다.

왕조 초기에 송나라는 조공 사절단의 인원을 파악하고 명부를 작성하기 위해 동남아시아 국가들에도 관리들을 파견했다. 관리들은 빈칸뿐이었던 문서를 가져가 지배자 이름, 나라 이름, 중국이 받게 될 선물 목록을 채워 돌아왔다.[23] 중국의 지배 왕조는 조공 제도를 위신 세우는 일에 사용했고, 그러다 보니 조공국이 보내는 예물보다 황제가 하사하는 예물의 가치가 더 높을 때가 많았다. 중국에 도착한 외국 상인들이 가짜 조공 사절 행세를 하는 경우가 많았던 것도 그 때문이었다. 관리들은 법규에 따라 그런 가짜 사절을 찾아내 퇴짜를 놓아야 했지만, 일부 상인들은, 특히 낯선 지역에서 온 상인들은 요령껏 감시망을 피해 가 색출하기가 쉽지 않았다.

970년대에는 법이 제정되어 조공 사절이 수도 카이펑에 와서 황제에게 직접 예물을 바칠 수 있게 되었다. 그러나 그 법에는 일반 무역에 종사하는 상인들은 도착한 항구에 머물러 있어야 한다는 조항도 있었다. 1030년대에는 조공 사절의 송나라 방문이 일시적으로 중단되었다.[24] 그때 이후로 송나라의 조세 정책은 수시로 찾는 조공 사절이라고 할지라도 외국에서 들어오는 물품에는 기본적으로 세금을 매기는 것으로 바뀌었다.

늘어난 해상무역의 규모는 송나라가 이전 왕조들이 시행했던 재정 정책과 결별하고 국제무역에 공격적 과세도 하게 만들었다. 송나라의 새로운 조세제도는 복잡하지만 정교했다. 세제의 기본 틀을 짜는 사람들이 으레 그렇듯 송나라의 세무 관리도 될 수 있는 한 세수가 많아지게 하는데 주안점을 두고 세제를 개편했다.

송나라는 각 항구에 시박사도 설치했다. 항구로 들어오는 외국 상인들을 감독하는 것, 관할지에서 타국으로 출항하는 중국 상인들에게 허가장을 발부하는 것이 시박사의 업무였다. 시박사의 관원은 신설된 세금을 징수해 카이펑의 중앙정부에 보내는 일도 했다. 971년에 송나라 최초의 시박사가 설치된 곳은 교역 활동이 활발했던 항구도시 광저우였다. 당나라 때는 시박사가 한 곳에만 설치되었지만,(역시 광저우에 있었다.) 송나라 때는 향후 2년간에 걸쳐 남부의 항구도시들인 항저우와 닝보에도 설치되었다. 신생 왕조였던 송나라로서는 대외무역에서 얻는 세수가 그 정도로 중요했던 것이다.

송나라는 전에 없던 세 종류의 세금도 신설했다. 그중 하나는 배가 항구에 도착하면 세무 관원이 배에 올라 화물의 전체 가치를 평가하고 그 가운데 일정량(대개는 10퍼센트에서 20퍼센트 정도였다.)을 징발하는 것이었다. 그런 식으로 일단 중앙정부(사실상 황제와 황실)에 필요한 용품을 확보해 놓았다.

두 번째 세금은 진주, 대형 코끼리 상아, 용연향 같은 '고급품' 혹은 '고가품'을 시장가격보다 인위적으로 낮게 책정한 가격으로 구매하는 것이었다. 이는 사실상 국가가 고가품의 전매권을 갖겠다는 것으로, 실제로 제국 전역에는 이 물건들을 팔기 위한 시장이 세워졌다. 물건은 대부분 도매업자에게 넘어갔지만, 개인들도 소량은 구매할 수 있었다.

세 번째는 향목 토막과 같은 '하급품' 혹은 부피가 큰 상품에 매기는 세금이었다. 화물칸에 맨 마지막까지 남아 있던 이 물건들은 세금만 내면 소비자에게 직접 판매할 수도 있었고, 그러다 보니 뱃전에서 판매될 때도 있었다.

누구나 예상할 수 있듯이 세율은 자주 바뀌었다. 직접 징발하는 양이 많아지기도 하고, 고급품에 매기는 가격이 낮아지기도 했다. 그럴 때는 상인들이 이의를 제기했고, 때로는 그들이 정부와 싸워 이기기도 했다. 995년에도 그런 일이 있었다.[25] 송나라 정부가 기존의 결정을 번복하고 물건을 형편없이 낮은 가격에 사거나 높은 가격에 파는 일을 멈춘 것이다. 지금과 마찬가지로 그때도 그런 불공정 무역 관행은 대외무역을 하는 상인들의 의지를 꺾을 수 있었으며, 실제로도 꺾었다. 언젠가 돈이 궁해진 송나라 정부가 10퍼센트 혹은 20퍼센트이던 물건의 직접 징발 비율을 40퍼센트로 터무니없이 올렸을 때는 외국 상인들이 가타부타 말없이 중국 항구로 입항하는 것을 멈추어 버렸다.[26]

1005년에는 송나라가 1004년에 시작된 요나라와의 전쟁을 끝내는 전연의 맹을 체결했고,[27] 조약의 규정대로 국경 지대의 순찰이 삼엄해져 양국 간 거래도 제약을 받았다. 하지만 실제로는 국경 관리에 구멍이 숭숭 뚫려 요나라가 판매를 금지한 말이 송나라에 팔리고,[28] 송나라가 판매를 금지한 소금, 서적, 지도, 무기, 주화도 북쪽의 요나라에 팔렸다.

송나라가 요나라로의 주화 수출을 금지했던 이유는 구리 함량이 높은 동전이 자국의 기본 통화로 쓰이는 상황에서 동전의 양이 감소하면 경제가 타격을 입을 우려가 있어서였다. 중국 주화는 둥글고 납작하며 가운데에 네모진 구멍이 있어 끈으로 꿸 수 있었으므로,(처음에는 동전을 1000개까지 꿴 다발도 있었으나, 나중에는 최고 700개 정도로 줄었다.) 개수를 세기가 편했다. 단점도 있었다. 무거워 원거리 수송이 어려웠고, 구리 공급업자들이 동전의 수요를 매번 따라잡기도 어려웠다.

980년대에는 중국 서쪽에 위치한 쓰촨(사천) 지방의 구리 산출이 줄어 송나라 중앙정부가 급기야 동전보다도 무거운 철전을 발행하는 지경이 되었다. 소금 1파운드를 사려면 철전 1.5파운드가 필요했다. 경제적 어려움으로 촉발된, 993년에서 994년 사이에 벌어진 농민 반란을 겪은 뒤에는 지역 상인들이 철전 대신에 어음을 사용하는 혁신적 방안을 강구했다. 하지만 어음의 남발 가능성이 제기되어 지방관청은 그것을 막기 위한 조치로 신용이 건전한 대상大商 열여섯 곳을 지정해 그들에게만 어음 발행권을 주었다.[2] 그래도 일부 대상들이 체불하자, 1024년부터는 지폐를 발행하기 시작했다.[29] 세계 최초의 지폐였으나, 쓰촨성에서만 유통되어 영향은 제한적이었다.

전연의 맹은 쓰촨성 관리들이 그렇게 수십 년 동안 지폐를 실험하고 있을 때 체결되었다. 따라서 조약의 규정에 따른 국경 통제로 송나라와 북부 지역 간 무역에는 큰 차질이 빚어졌다. 하지만 군대에는 말이 필요했기 때문에,(중국은 아시아 초원 지대의 말처럼 빠르고 힘이 좋은 말을 결코 사육하지 못했다.) 송나라는 북서쪽의 다른 왕국들에서 다수의 말을 구매했다. 말은 송나라가 왕조의 지속 기간 내내 육로를 통해 들여온 중국의 가장 중요한 물품이었다.[30]

남서쪽의 동남아시아, 인도, 중동, 동아프리카에는 교역을 방해하는 적대 세력이 없었기 때문에 중국 상인들은 그 어느 때보다 많은 상선을 그곳들에 파견했다. 상인들은 그 지역들에 고급 직물과 고온으로 구운 도기를 팔아 막대한 수익을 올렸다. 상인들에게는 도기뿐 아니라 금속 물품의 수출도 중요했다. 가공이 안 된 원통형과 덩어리 형태의 금속이든, 무쇠솥, 냄비, 거울과 같

---

2   이 어음 발행권을 교자交子라고 하며, 발행처들이 결성한 조합은 교자포交
子鋪로 불렸다. 교자는 후술하는 대로 어음에서 지폐로 전환되어 세계 최초
의 지폐가 되었다.

은 가공된 제품이든 그들에게는 모든 형태의 금속 수출이 중요했다. 중국의 향 무역에 들어가는 자금은 바로 이런 물품의 수출로 꾸준하게 유입되는 돈으로 충당되었다.

그 무역으로 특히 재미를 본 곳이 푸젠성(복건성)의 취안저우였다. 타이완과 마주한 중국 남동해안의 도시 취안저우는 많은 비非중국계 거류민들의 본거지였다. 980년대에는 남인도인들이 취안저우에 사찰을 지었으며,[31] 1009년 또는 1010년에는 중국 최고最古의 이슬람 사원인 청정사淸淨寺가 세워졌다.[32] 아랍어 비문이 새겨진 200개 이상의 비석도 취안저우에서 출토되었는데, 이는 1500년 이전의 다른 그 어떤 중국 도시에 새겨진 비석보다 많은 양이었다. 취안저우에는 당시로서는 중국의 외국인 공동체들 중 최대 규모였던 아랍어 사용 무슬림 거주지도 있었다.[33]

외지인과 현지인들이 그렇게 사이좋게 살아가는 모습은 중국 도시로서는 이례적이었다.[34] 얼마나 이례적이었는지 관리들도 그에 관해 언급했다. 한 관찰자는 국제무역에 종사하는 상인들이 거주하는 도시 남쪽 동네에 관해 "그곳에는 피부색이 검거나 흰 두 부류의 외국인이 존재한다."[35]라고 하면서 취안저우의 상인 공동체를 구성하는 사람들의 출신지가 다양함을 지적했다.

취안저우가 중국의 주요 국제항이 된 것은 1000년 무렵이었다. 송나라의 법에는 중국으로 들어오는 모든 상품은 시박사의 관원이 동행하는 가운데 항구를 통과하도록 규정되어 있었다. 하지만 취안저우의 번영은 그 법이 완벽하게 작동되지 않는 데서 왔다.(지금처럼 근대 이전 세계에서도 법이 제대로 작동된 적은 없었던 것이다.) 처음에는 취안저우에 시박사가 설치되지 않았던 것인데,

그러다 보니 시박사가 설치되기 전 취안저우에서는 밀수가 횡행했다. "바다로 나가는 상선들은 해마다 각종 상품과 금지된 상품을 산더미처럼 싣고서 스무 척씩 떼 지어 돌아오고는 한다."[36]라고 기록한 작가도 있었다. 1087년에는 취안저우항에도 마침내 첫 시박사가 설치되었다.[37]

이때부터 광저우와 취안저우는 동남아시아와 여타 지역의 배들을 맞아들이는, 중국에서 가장 중요한 두 항구도시가 되었다. 송나라의 세 번째 항구도시 닝보도 고려와 일본으로 향하는 배들이 이용하는 주요 항구였기 때문에 중요성이 증대되었다. 송나라와 일본은 공물을 주고받는 정식 외교 관계를 맺고 있지 않았다. 하지만 배들은 닝보항, 그리고 일본에서 유일하게 외국 상인들에게 개방된 시장이었던 후쿠오카항의 일본 무역부 사이를 수시로 들락거렸다.[38]

광저우 무역 관리의 아들이었던 작가 주욱朱彧이 1117년에 지은 책[3]에는 그때의 항구 실태를 알게 해 주는 다수의 생생한 기록이 담겨 있다.[39] 송나라가 밀수를 방지하고자 항구로 들어오는 배들을 탐지하기 위한 망루들을 200마일(320킬로미터)이나 뻗어나간 광저우 해안선에 세웠다는 내용도 그중 하나다. 책에는 선원들이 항해한 방법도 기록되어 있다. 해안의 윤곽을 알면 밤에는 별들의 움직임을 살피고 낮에는 태양의 그림자를 보고 항로를 결정했다는 것이다. 바닷속 진흙을 긁어내는 데 갈고리가 달린 기

---

3   『평주가담萍洲可談』이라는 책으로, 나침반의 사용이나 고려 상인들이 이용한 항로 등 당시의 다양한 정보를 담고 있다.

다란 끈을 이용했다는 이야기도 나온다. 노련한 선원은 해저에서 파낸 진흙의 냄새와 농도만으로도 배가 있는 위치를 판별할 수 있었기 때문이었다. 시야가 흐릴 때는 나침반을 보고 방향을 결정했다고 했다.

송나라는 밀수범의 진입을 막기 위한 조치로 벌금을 무겁게 부과하는 정책을 폈다. 아무리 소량이라도 밀수하다가 적발되면 배에 실린 물건 전체를 몰수당할 각오를 해야 했다. 송나라 법에는 화물의 10분의 1은 징발하고, 나머지 물건은 고급품과 하급품으로 분류해 매각하게 되어 있었다.

주욱은 중국으로 끌려온 외국인 노예에 관해 언급한 송나라 유일의 작가이기도 했다.[40] 그에 따르면 일부 노예들은 선원으로 생활하다가 해적에게 붙잡힌 사람들이어서 특별한 기술을 지니고 있었다. "외국인 노예들은 수영에 능해 눈을 감지 않고도 물속에 들어가고, 선체의 바깥쪽 틈을 메워 수리하는"[41] 방법으로 배에 물이 새는 것도 고칠 줄 알았다는 것이다.

노예들은 중국식 생활 방식에 적응하는 데는 애를 먹었다. 날음식만 먹어 버릇해 조리된 음식을 먹고 심하게 설사하는가 하면, 그러다가 죽기도 했다. 주욱은 노예들의 외모에 관해서는 "피부색이 먹물처럼 검다. 입술은 붉고 치아는 희며, 머리털은 노란색의 곱슬머리다."[42]라고 썼다. 머리털이 노란색이었다고? 어쩌면 주욱이 쓴 한자는 노화가 진행 중인 모발을 표현한 것일 수 있다. 아니면 노예들이 단백질-열량 부족증인 콰시오커kwashiorkor에 걸려 모발의 색이 변한 것일 수도 있다.[43] 날음식만 섭취하는 사람들 사이에 자주 나타나는 콰시오커는 머리털을 주황빛 도는 갈색으로 변하게도 하기 때문이다.

주욱에 따르면 중국 음식에 적응한 노예들은 중국어 명령도 알아들었다. 하지만 그들 중 중국어를 완벽하게 익힌 사람은 없었다. 주욱이 문화적 적응을 이해하는 태도는 그의 동시대인들이 취한 태도를 꼭 닮아 있다. 요리를 중국 정체성의 결정적 요소로 보고 태어날 때부터 중국 음식에 길들여지지 않은 사람은 언어도 정확하게 배우지 못한다는 것이 동시대 중국인들의 생각이었다.

외국인 노예에 관한 주욱의 상세한 기록은 우리를 당혹스럽게 한다. 중국이 실제로 많은 노예를 수입했다면 누군가 다른 사람도 그에 관해 분명히 언급했을 것이기 때문이다. 어쩌면 주욱의 책에 나오는 노예들은 광저우에 거주하는 이슬람 상인들의 개인 노예들이었을 수도 있다.

중국은 노예를 수입할 필요가 없었다. 중국 자체적으로 노동 공급력을 풍부하게 갖추고 있었기 때문이다. 노동력이 부족했음을 암시하는 사료도 없다. 게다가 송나라 때는 인구가 폭증해 주욱이 책을 쓸 무렵에는 인구 1억 명을 돌파한 상태였다.

주욱의 책은 향의 소비가 급증한 것을 이해하는 데도 도움이 된다. 책에는 중국인들이 식음료를 만드는 데 향을 사용한 내용이 다음과 같이 기록되어 있다. "오늘날의 풍습은 손님이 차를 마시러 와서 탕도 마시는 것이다. 약용 성분이 들어 있고 약간의 단맛과 향내가 가미된 딩은 따뜻하게 하거나 시원하게 힐 수 있다. 향채소의 사용은 제국 전역의 풍습이 되었다."

사회 최상층 사람들이 향을 세련되게 사용하는 관행도 계속되었다. 한 관리는 향 피우기를 유별나게 좋아해 "집무실에 있을 때면 일을 시작하기 전에 자리에서 일어나 향로에 불을 붙이고 그 위에 관복을 쬐는 것이 일상이었다. 집무실을 떠날 때는 소매 끝을 오므리고, 자리에 앉으면 오므렸던 부분을 풀어 놓아 방 안 전체에 향내가 퍼지게 했다."[44] 이런 관습이 중국 관리들 사이에 보편화되어 있었다.

부자들은 다량의 향을 단번에 소비하기도 했다. 1100년에서 1126년까지 재위한, 송나라의 휘종徽宗 때도 그런 일이 있었다. 황실이 그동안 궁궐에서 쓰던 향 없는 초들을 향기 강화제인 용연향 조각과 함께 침향 조각 혹은 장뇌가 함유된 초로 전면 교체를 한 것이었다. "향초들은 한 줄에 수백 개씩 두 줄로 늘어서 방을 환하게 밝히고 짙은 향기를 자욱하게 뿜어냈다. 제국 내에서 그것에 필적할 수 있는 것을 찾아본들 헛수고로 끝날 것이 자명하다." 이 글에서는 왠지 모르게 1126년에 갑자기 끝나 버린, 화려했던 궁정 시절을 그리워하는 작가의 애절한 심경이 느껴진다.

1126년은 바로 요나라의 피지배 민족이던 여진족이 이끄는 북방의 부족 연맹이 송나라를 침략한 해였다. 여진족은 오늘날 북한과 국경을 접한 중국 북동부에 살던 종족인데, 이 집단의 족장 아쿠타(아골타阿骨打)가 900년 무렵에 강력한 부족 연맹을 형성한 거란의 지도자 야율아보기처럼, 1100년에 부족 연맹을 결성하고 1115년에는 금나라를 건국한 것이었다.

송나라와 금나라는 처음에는 동맹 관계였다. 요나라를 무너뜨려 전연의 맹으로 상실했던 영토를 탈환할 속셈을 가졌던 송나라가 요나라를 함께 공격하자고 제안한 것을 금나라가 받아들여 동맹이 성사되었다. 그런데 금나라가 요나라를 물리치기 무섭게 송나라 쪽으로 공격의 화살을 돌린 것이었다. 1127년에는 금나라 군대가 수도 카이펑을 포함한 화이허강(회하) 이북의 모든 영토를 점령하고 태상황 휘종과 황제 흠종마저 포로로 붙잡아 갔다. 이렇게 북송이 멸망하자 금나라는 기세가 등등해져 두 황제를 여진족의 본거지인 머나먼 북쪽으로 끌고 가는 수모를 주었다. 다수의 황후 및 대신들도 황제들과 함께 끌고 갔다. 두 황제는 결국 그곳에서 죽었다.

북송의 멸망으로 중국과 동남아시아 간 교역은 더욱 촉진되었다. 남송에서는 금나라에 붙잡혀 가지 않은 극소수 황자 가운데 한 명인 조구趙構(고종高宗)가 황제의 자리에 올랐다. 즉위한 고종이 새로운 수도를 세운 곳은 그 무렵에 이미 주요 무역항으로 자리 잡은 남쪽의 항저우(임안)였다.(중국 역사가들이 이때의 송나라를 남송으로 부르는 것도 수도가 남쪽에 있었기 때문이다.) 상하이에서 남서쪽으로 100마일(160킬로미터) 떨어진 항저우가 연안항으로서는 유일하게 중국 제국의 수도가 된 것인데, 이로써 송왕조가 해상무역을 얼마나 중시했는지 알 수 있다.

처음에는 고종도 그렇고 남송도 그렇고 살아남을 수 있을지조차 불투명했다. 전시 상황에서 세금을, 특히 전통적으로 중국 역대 왕조들의 주요 세원이던 농업세를 징수하기가 쉽지 않기 때문이다.[45] 고종은 해외무역에 과세하는 것이 예산 부족 문제에 대한 해결책이 될 것임을 깨닫고 있다. 그는 다음과 같이 썼다. "세입 가운데 가장 큰 부분을 차지하는 것이 해외무역으로 얻는 수익이다. 따라서 무역만 잘 관리해도 주화 수백만 개 정도는 쉽게 벌어들일 수 있다. 백성들이 내는 세금보다는 무역으로 얻는 소득이 낫지 않겠는가? 백성들이 진 짐을 다소나마 덜어 주기 위해서라도 앞으로는 해외무역에 좀 더 관심을 기울일 것이다."[46] 중국 황제가 백성들이 진 농업세 부담이 과중하다는 것을 깨달은 것은 주목할 만한 일이다. 그것만 해도 대단한 일인데 해외무역에 과세해 그 부담을 덜어 주려고 했다니 더더욱 놀라운 일이다.

그것은 실제 지표로도 나타났다. 1127년 이후 몇 년간 송나라 정부가 해외무역에 과세해 얻은 세수의 비율이 전체 세수의 20퍼센트까지 치솟은 것이다. 이때는 송나라가 세수에 특히 목말라 있던 시기였다. 따라서 왕조의 기반이 확고해지고 농업의 토대가 안정된 뒤에는 해외무역으로 들어오는 세수가 북송이 멸망하기 전 수준이던 전체 세수의 5퍼센트로 낮아졌다.[47]

1141년에는 고종이 금나라와 평화협정을 체결하면서 양국 관계도 안정되었다. 하지만 협정 내용은 은 25만 냥과 비단 25만 필을 연공으로 주기로 하는 조건이어서 요나라와 맺은 전연의 맹보다 오히려 불리했다. 따라서 평화 유지 조약으로는 전연의 맹보다 하등 나을 것이 없었지만, 두 나라 모두 상대국을 수시로 공격하면서도 북부와 남부의 국경이 움직일 정도로 상황을 나쁘게는 몰아가지 않았다.

남송은 북부 지역을 상실하고 금나라에 높은 연공을 보내는 처지에서도 200년 가까이 유례없는 번영을 누렸다. 당연히 중국인들이 수입하는 동남아시아산 향료의 양도 점점 증가했다.

고종도 스스로 개발한 향을 총애하는 대신들에게 나누어 줄 정도로 나름의 향료 감식안을 갖고 있었다. 고고학자들이 발굴한 정사각형의 향 토막에는 "나라의 번영과 고대의 부활을 기원한다."라는 뜻의 그의 친필 사자성어가 새겨져 있었다. 사각형의 각 변 위쪽에 조그만 구멍이 뚫려 있어 대신들이 관복의 띠에 매달아 사용할 수 있게 만든 향이었다. 그렇다면 황실은 어떤 향 처방을 사용했을까? 물론 『겐지 이야기』에 나오는 겐지처럼 침향을 기본으로 삼아,[48] 꽃잎과 향내 좋은 보르네오산 장뇌 그리고 향기 강화제인 사향을 섞는 것이었다.

수완 좋은 중국 상인들은 향료 판매량을 늘릴 수 있는 새로운 방법도 고안해 냈다. 노점상들만 해도 주전부리의 맛을 높이기 위해 갖가지 향을 더해 보는 실험을 하고, 연근과 침향 맛이 나는 물을 팔았다. 가공하지 않은 사탕수수 줄기를 값비싼 향료인 사향 연기에 쐬어 향을 배게 하는 진취적 노점상도 있었다. 아무리 가난한 사람이라더라도 노점에서 파는 주전부리 정도는 사 먹을 여유가 있었다.[49]

향료 중에서 소비자들 사이에 특히 널리 보급된 것은 유향이었다. 1175년에는 중앙정부의 창고에 수입된 향이 비축되어 있는 것을 알고 있던 관리들이 자기들도 향을 공급할 수 있는 위치에 있다는 사실을 깨닫고, 인위적으로 가격을 올린 뒤 구매자들에게 대량으로 강매하려고 하다가 항거에 직면했다.[50] 오늘날 중국 중부의 후난성과 구이저우성(귀주성) 사이 경계지에서 폭동이 일어난 것이었다.

10세기와 11세기에는 유향이 정향이나 목향 등 다른 수입 향료와 더불어 약 조제에 처음으로 사용되었고, 12세기와 13세기에는 몰약, 붕사, 후추를 조제하는 약제사도 점점 많아졌다.[51] 그들은 환자들이 탕기에 넣고 달일 수 있도록 갖가지 약초와 향료를 곱게 가는 조제법을 사용했다. 1000년 이전에는 약 조제 때 빠지지 않고 등장하는 수입 물품이 한반도에서 나는 인삼뿐이었지만, 이후에는 다수의 다른 수입 물품도 조제에 포함되었다.

향료는 최고의 부자들만 사용하는 사치품이 아니었다. 각 계각층의 사람들도 향료가 든 주전부리를 사 먹고, 약제사를 찾아가 다양한 수입 향료가 들어간 약을 지었다. 1076년에는 중국에 세계 최초의 공공 약국인 매약소가 설립되었다.[52] 처음에는 카이펑에 본점만 있었으나, 나중에는 제국 전역에 지점들이 증설되었다. 송나라 정부의 약제청은 약 조제에 필요한 원료들을 구매한 다음에 그것들을 분류해 담는 부서로, 그리고 약국들을 운영하며 대중에게 약을 직접 판매하는 또 다른 부서로 나뉘어 있었다.

향 제조업자들도 약제사들처럼 수입된 향을 배합하는 일을 했다. 13세기에 출간된 『진씨향보陳氏香譜』[53]에는 무려 300종류의 향 처방법이 나온다. 그중 66퍼센트는 백단향이 들어가고, 61퍼센트는 사향이 들어가며, 47퍼센트는 침향이 들어가고, 43퍼센트는 장뇌가 들어가며, 13퍼센트는 유향이 들어가는 처방이었다. 1300년 무렵에는 막대로 된 향이 최초로 등장했는데, 이 역시 빈곤층이 향을 사용했음을 보여 주는 또 다른 증거가 될 수 있다. 막대로 된 향은 덩어리로 된 향보다 향 함유량이 훨씬 적어 빈곤층도 구매하기에 부담이 없었다.

향 소비가 사회 전반으로 퍼지자 부자들은 자주 그렇게 하듯 자신들의 부를 과시할 수 있는 더 사치스러운 방법을 개발했다. 집에 개별난방이 되는 칸막이 찜질방 혹은 공간들을 만들어 놓은 것이다. 한 부유한 남자는 침향나무 재료만 써서 찜질방 세 개를 짓기도 했다. 그는 찜질방에 놓을 장의자도 특별히 맞췄다. 곳곳에 구멍이 뚫려 있어 밑에서 향을 피우면 방 전체로 향이 퍼져 나가게 만든 의자였다. 그는 같은 기술을 이용해 삼나무 배도 만들었다.[54] 송나라 때의 중국인들은 참으로 편안한 삶을 살았던 것이다.

향 무역이 호황을 누리자 그 장사로 한밑천 잡는 사람도 많이 생겨났다. 취안저우와 광저우에 사는 내외국인 상인들은 물론이고, 고급품과 저급품의 판매를 관리하고 감독하는 관리들까지 향 무역에 뛰어들었다. 재력가들은 향 무역을 하는 상선 전체에 돈을 투자했고, 재력이 변변찮은 사람은 지분을 샀다. 그렇게 해서 향 무역이 성공을 거두면 모두가 큰 재미를 보았다.[55]

향 무역이 그렇게 수지맞는 장사이다 보니 가난한 황족까지도 군침을 흘렸다.[56] 중국의 종실(역대 황제들의 남자 후손과 그 가족)은 1100년 이후의 어느 무렵에 이르면 그 수가 너무 많아져 수도 카이펑에만 거주할 수 없게 되었다. 도시 한 곳의 세수만으로는 종실의 남자 구성원들에게 들어가는 상당액의 연금을 부담할 수 없게 된 것이었다. 결국 종실은 셋으로 분가했고, 카이펑에는 그중 한 가계만 머물렀다.

1127년에 북송이 멸망한 뒤에는 카이펑에 머물러 있던 가계도 황제를 따라 새로운 수도 항저우로 이주했다. 다른 두 가계는 재정적 지원을 받을 수 있는 부유한 도시들의 물색에 나서, 구성원이 200명 정도 되는 서가西家는 푸젠성의 항구도시 푸저우

(복주)에 자리를 잡고, 구성원이 400명 정도 되는 남가南家는 그 아래 남쪽 해안가의 항구도시 취안저우로 이주했다. 이들이 그곳의 향 무역에 깊숙이 관여했다.[57]

그 무렵에 이미 중국의 가장 중요한 항구도시로 발전하고 있던 취안저우는 1200년 무렵의 어느 시기에는 광저우마저 능가했다. 1080년에 100만 명이던 도시 인구가 1240년대에는 125만 명에 도달했다.[58] 이는 바그다드와 같고, 인구가 150만 명씩이던 송나라의 두 수도 카이펑(960년~1126년), 항저우(1127년~1276년)보다는 조금 낮은 수준이었다.

취안저우와 주변의 다른 항구들이 누린 번영의 영향은 푸젠성 전역으로 미쳐, 성 주민들이 생계를 위한 농업마저 그만두고 시장용 상품의 생산자로 돌아설 지경이 되었다. 중국인들에게 팔기 위해 향을 채집하는 동남아시아인들처럼 푸젠성 사람들도 세계화된 경제 체제 속에 살아가는 현실에 순응한 것이었다. 그들은 식량을 재배해 먹던 일도 멈추었다. 리치litchi(상록수인 과일나무), 사탕수수, 찹쌀과 같은 환금작물을 심거나, 모시풀이나 삼 같은 섬유 직물을 기르면 더 많은 돈을 벌 수 있다는 사실을 깨달았기 때문이다. 주민들은 그렇게 번 돈으로 지역 시장에서 식구들에게 먹일 식량을 샀다. 농업을 포기한 사람도 많았다. 그들 중 일부는 광산에서 은, 동, 철, 납을 캤고, 또 다른 일부는 고기잡이를 했다. 염전으로 바닷물을 끌어들여 수분을 날리는 방식으로 소금을 만드는 사람들도 있었다.[59]

노동력을 가장 많이 흡수한 분야는 도기 산업이었다.[60] 기업인들은 경사진 구릉에 300피트(100미터)나 길게 뻗어 나간 오름

가마(등요登窯, dragon kiln)⁴를 지어 놓고 단 한 번 가열해 1만 점 내지 3만 점 정도의 도기를 구워 냈다. 그러니 가마에 종사하는 인력만 해도 수천 명은 아니더라도 수백 명에 달했다. 아프리카, 중동, 인도, 동남아시아의 구매자들이 높이 평가한 윤기 나고 씻기도 편한 도자기가 생산된 곳이 바로 세계에서 가장 높은 온도를 낼 수 있었던 이 등요였다. 이 오름가마를 (나무나 숯을 태워 만든) 증기나 전력을 사용하지 않는다는 이유만으로 산업 시설이 아니라고 생각한다면 오산이다. 이 가마들도 산업혁명 때 처음 등장했던 공장들 못지않게 규모가 크고 복잡한 시설이었기 때문이다. 12세기와 13세기에는 푸젠성 인구 500만 명 중 7.5퍼센트(37만 5000명)가량이 수출용 도자기 생산업에 종사하고 있었다.

송나라의 재정 정책 변화도 국제무역 파트너들에게 극적인 영향을 끼쳤다. 1024년에 세계 최초로 발행된 송나라 지폐는 쓰촨성에서만 사용되어 영향이 제한적이었다. 그런데 1170년에 송나라가 은 태환지폐를 발행하는 영구적 화폐제도를 수립한 것이었다. 졸지에 동전의 쓸모가 없어지자 상인들은 그 기회를 놓치지 않고 다량의 동전을 일본에 수출했다. 그들이 동전을 주고 일본에서 사들인 주요 품목은 목재, 황, 수은, 금과 같은 원료들이었다.

일본 조정은 처음에는 중국 동전의 사용을 금지했다. 그러다가 1226년에 정책을 바꾸어 동전 사용을 허가했고, 1270년 무렵에는 중국 동전이 사실상 일본열도의 통화가 되었다.[61] 중국 동

---

4   용요龍窯라고도 하며, 굴가마 또는 오름가마로 부르기도 한다. 산등성이 비
     탈길처럼 경사진 곳에 굴 모양으로 길게 만든 가마다.

전은 12세기와 13세기에 자바섬에서도 널리 통용되었고, 자바섬 주조국에서는 중국 동전을 모방한 동전도 찍어 냈다. 동아시아와 동남아시아의 경제가 얼마나 깊숙이 통합되어 있었는지는 일본과 자바섬에서 중국 동전이 이렇게 통용된 사실로도 알 수 있다.

중국에서 세계화의 영향을 가장 깊이 받은 곳은 주요 항구들이 다수 산재한 남동해안 지역이었다. 그러나 세계화는 내륙 지역으로도 침투했다. 저장성 북동부의 도시 사오싱(소흥)의 한 연안 시장에서는 "옥, 명주, 진주, 코뿔소 뿔, 유명한 향료와 귀한 약품, 무늬 있는 비단, 옻칠과 등나무로 만든 물건들"을 팔았다. 오늘날의 상하이에서 그리 멀지 않은 항구도시의 노점상들에게서 기대해 봄직한 참으로 다종다양한 물건들을 판 것이었다. 하지만 그곳에서 서쪽으로 1000마일(1600킬로미터) 정도 떨어진 쓰촨성의 깊숙한 내륙 도시 청두(성도)에서도 소비자들은 "수정처럼 빛나는 운모와 유향, 향기 나는 침향과 백단향"[62]을 살 수 있었다. 물론 수입 물품이었던 만큼 오늘날의 대형 매장에서 사듯 손쉽게 구매할 수는 없었다. 시장이 매일 열리지도 않았거니와 대다수 수입 물품은 가격도 비쌌기 때문이다. 하지만 생각보다 접근이 어렵지는 않았다.

1225년에는 종실 사람인 조여괄趙汝适[63]이 취안저우의 시박사 관원으로 일하며 중국의 해외무역에 관해 저술한 『제번지諸蕃志』[64]가 편찬되었다. 역사적 기록과 취안저우에 거주하는 사람들과 나눈 대화를 토대로 쓴 이 작품에서 조여괄은 중국의 오랜 무역 상대국들인 고려, 일본, 베트남뿐 아니라 이 나라들보다 훨씬 멀리 떨어진 시칠리아, 소말리아, 탄자니아와 같은 나라들에 관해

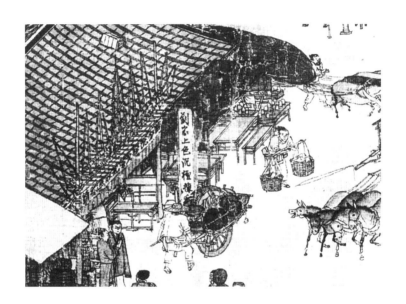

두루마리에 묘사된 중국의 한 도시 모습. 수입 목재를 전문으로 취급하는 가구점이 보이고, 간판 에는 "류씨네의 최상급 침향, 백단향, 유향"이라고 적혀 있다.[65]

서도 시박사 관원으로서 해박한 지식을 선보였다.

취안저우를 찾는 상인들에게 얼마나 자주 만찬을 베풀어야 하는지가 명시된 정부 규정이 있었던 점으로 보아, 시박사에서 일한 관원들은 외국 상인들과 대화도 나누었을 것이 분명하다.[66] 하지만 그들이 그 과정에서 무엇을 알아냈는지는 알 수 없다. 그래도 취안저우 거리를 걷다 보면 시박사의 관원 조여괄이 외국 상인들과 대화를 나누었을 법한 장소를 여럿 만날 수 있다. 취안저우를 가로지르는 다수의 소규모 운하 가운데 하나와 맞닿은 도관(도교 사원)만 해도 남송 때는 시박사 건물이었고,[67] 그곳에서 조금 걸으면 나오는 주 도로도 외국 상인들이 거주한 거리였다.

『제번지』는 총 두 권으로 구성되어 있다. 그중 제1권에는 초기의 지리적 서술을 따라가며 쉰세 곳에 관한 간략한 역사와 그 지역들의 산물이 서술되어 있다. 제2권은 제1권과는 내용이 딴판이다. 다양한 상품들을 하나하나 열거해 놓고 그것들이 생산되는 고장이 어딘지에 관한 설명과 품질의 변동성에 관한 설명이 곁들여져 있다. 제2권에는 동남아시아산 물건들의 수입량이 늘어나면서 본국 상인들이 질 좋은 상품과 질 나쁜 상품을 가려낼 필요성을 알게 되었다는 내용[68]과 상품의 질은 종종 원산지로도 결정된다는 것을 알게 되었다는 내용도 나온다. 이 상인들이 바로 조여괄이 상대한 민원인이었다. 외국 상인들과 장시간 대화를 나눈 뒤 그들의 증언을 취합해, 본국 상인들에게 그들이 원하는 답을 제시하는 것이 시박사 관원으로서 그가 하는 일이었던 것이다.

조여괄은 중국이 무역에서 큰 흑자를 보았다고도 썼다. 그러면서 그 이유를 중국이 수출하는 품목은 세계 최고의 품질을 자랑하는 고가의 직물, 도자기, 금속 제품이었던 반면에, 수입하는 품목은 목재, 수지, 향신료처럼 대부분 동남아시아산이고 일부는 중동산인 물건들로 범위가 한정되어 있었기 때문이라고 설명했다. 그러나 『제번지』는 그가 해상무역에만 초점을 맞추어 쓴 책이라는 점을 염두에 두어야 한다. 다시 말해 조여괄은 군대에 절실히 필요한 말을 송나라가 육로를 통해 북서 지역에서 계속 수입한 것에 관해서는 언급하지 않았다는 이야기다.

조여괄의 책에는 사회의 모든 계층이 향을 소비했기 때문에 향료의 수입도 지극히 중요했다는 내용도 있다. 향은 사람들의 신체와 의복에 향내를 배게 하고 실내에 향기를 발산하는 용도뿐 아니라 음료, 주전부리, 식품의 재료로 쓰였고 약을 조제하는 데도 포함되었기 때문에 많은 사람의 필수품이었다는 것이다.

조여괄의 『제번지』는 상업적 정보 이상의 많은 것을 알게 해준다. 마다가스카르에서 있었던 노예 포획에 관해서도 그는 이렇게 인상적으로 묘사했다. "서쪽 바다에 섬이 하나 있는데, 그곳에는 피부가 옻칠한 것처럼 검고 머리가 곱슬곱슬한 다수의 야생인이 산다. 상인들은 먹을 것을 주겠다고 꼬여 이들을 붙잡아 간다. 그렇게 잡아가서는 아라비아의 나라들에 노예로 비싼 가격에 판다. 노예가 된 야생인들은 그 지역들에서 문지기로 일한다. 그런 그들을 보고 사람들은 가족도 그리워하지 않는다고들 말한다."[69] 중국인들은 가족 간의 유대가 강했던 만큼 이 마지막 문장을 보고 많이 놀랐을 것이다. 조여괄도 십중팔구 그런 일이 실제로 일어났을지에 관해 고개를 갸우뚱했을 것이다.

코끼리 사냥에 관한 조여괄의 묘사는 노예에 관한 글보다 더욱 상세하다. "사람들은 코끼리에 다가갈 엄두도 못 낸다. 사냥꾼들도 강도가 매우 센 활을 사용하고, 독 묻은 화살을 쏘아 코끼리를 잡는다. 코끼리는 화살을 맞고 도망가지만, 얼마 못 가 죽는다. 몸에 독 기운이 퍼졌기 때문이다. 코끼리를 쫓던 사냥꾼들은 죽은 코끼리 몸에서 엄니를 제거하고 시신을 땅에 묻는다."[70] 이렇게 사냥해 엄니 열 개 정도가 모이면 아랍 상인들에게 팔고, 아랍 상인들은 그것들을 스리위자야로 실어 갔다고 조여괄은 설명한다. 그는 아라비아산 코끼리 상아가 붉은빛이 도는 동남아시아산 상아보다 크기도 세 배나 되고 색상도 하얘서 최상급이라고 주장했다. 하지만 이는 조여괄이 아프리카산 상아가 최고라는 사실을 모르고 한 소리였다. 아랍인들이 돈벌이가 잘되는 상아 무역을 독점하고 있다 보니, 고품질의 상아도 그 지역에서 난다고 믿었던 것이다.

송나라가 해외무역을 중시한 사실은 수학 교재에서까지 그 주제를 다루었던 것으로도 알 수 있다. 1247년의 한 수학 교재에 다음과 같은 제시문을 주고, 동남아시아로 무역을 하러 갔다가 돌아온 배에 돈을 투자한 네 사람에게 돌아갈 몫을 산출하라는 서술형 문제가 실린 것이다. "여기 범선 한 척이 있다. 세관에 가서 통관절차를 모두 밟고 나니 그 배에 남은 것은 선주에게 돌아갈 몫을 제외하고 침향 5088냥(400파운드 또는 188킬로그램 이상), 각각 40근(52.5파운드 또는 23.8킬로그램) 무게인 검은 후추 1만 430꾸러미, 상아 엄니 212쌍이다."[71] 침향, 검은 후추, 코끼리 상아를 해외무역의 대표적 상품으로 고른 것은 그것들 모두 중국과 동남아시아 간 무역에서 주요 상품이었다는 점에서 적절한 선택이었다.

수학 문제는 투자자 A, B, C, D가 금액이 각기 다른 채무 관계로 서로 얽혀 있었다는 사실 때문에 더 복잡해졌다. 행렬로만 문제를 풀 수 있기 때문인데, 이는 중국인들이 그 무렵에 이미 선형대수학을 이용하고 있었음을 나타낸다.

투자자가 여럿인 배에 실린 화물의 실제 모습을 알 수 있는 생생한 사례도 있다. 1270년대에 취안저우 앞바다에서 침몰한 배가 현대에 발굴된 것이다.[72] 너비 30피트(9.15미터)에 길이 79.4피트(24.2미터)인 그 배에는 침향과 백단향을 포함한 향목 5300파운드(2400킬로그램), 검은 후추 5쿼트(4.75리터), 소말리아산 용연향, 유향 6.3그램(0.22온스), 수은 8.8파운드(4킬로그램)이 실려 있었다. 이 모두 중국과 동남아시아 간 무역에서 중요한 상품들이었고, 예상대로 향의 비중도 높았다. 배에는 이 물건들 외에 중국 동전도 실려 있었다. 당시로서는 최근이던 1271년에 주조된 것도 있는 것으로 보아 그 배가 침몰한 것은 1271년 혹은 그로부터 오래지 않은 때였을 것이다.

배의 내부에는 나무 격실 열세 개도 세워져 있었으니 중국 선박이 분명했다. 용골의 양쪽 끝 혹은 선체 바닥에 가로로 깔린 메인 빔main beam에 작은 구멍 일곱 개와 큰 구멍 한 개(어쩌면 북두칠성을 묘사한 것일 수도 있다.)도 파여 있었는데, 이것도 중국인들이 전통적으로 신의 가호를 비는 방식이었다. 배에서는 밧줄 고정식 기법으로 수리된 흔적도 발견되었는데,[73] 이는 그 배가 동남아시아에 갔다가 돌아오는 길이었음을 말해 주는 증거다.

배에는 개개인의 이름, 상점명, 지명, 상품명이 적힌 아흔여

발굴된 중국 배의 모습. 다른 지역에서 건조된 배들과 달리 중국 배들에는 방수 격실이 세워져 있었다. 이 획기적인 기술로 배에 누수가 생기더라도 그 영향은 한 구역에만 미쳤다.

섯 개의 나무 물표도 있었다. 이것들은 모두 투자자, 승무원, 선장이 물건의 소유주를 알아볼 수 있도록 다른 상자들에 묶여 있었다. 또한 물표의 4분의 1 정도에는 '남쪽 가문'[74]이라는 낯선 명칭이 적혀 있어 발굴에 참여한 사람 모두가 어리둥절해했으나, 배의 주요 투자자인 종실의 남가를 가리키는 말임을 현지 역사가가 밝혀 냈다.

이 모든 점을 종합해 볼 때 그 배가 취안저우를 떠난 때는 그 도시가 아직 몽골족에 점령되지 않았을 때인 1270년대 초였을 개연성이 가장 컸다. 당시 취안저우의 시박사 관원은 포수경蒲壽庚이라는 아랍계 호족이었다.[75] 1200년 무렵에 광저우에서 취안저우로 이주한 아랍인 후손이었던 포수경이 취안저우의 시박사 관원이 된 것은 1266년의 어느 무렵이었다. 그때는 남송이 몽골족에 망하기 직전이어서 그는 시박사 관원과 군관을 겸직하고 있었다.[76] 군관은 필요하면 지방 호족이 통제하는 민병대 병력을 보충병으로 받아 소규모 군대를 지휘할 수 있는 자리였다.

당시 몽골족은 금나라를 물리치고 북부 지역을 장악한 상태에서 수군 병력으로 남송을 간헐적으로 침략하고 있었다. 그 과정에서 1276년에 남송의 수도 항저우를 점령했다. 이에 나이 어린 마지막 황제 소제少帝가 취안저우로 도주했지만, 몽골 수군의 공격을 받고 최후의 일격을 당함으로써 송나라는 결국 멸망했다.

포수경이 몽골족의 승리를 예감하고 송나라를 배신한 것은 아마도 1277년이었을 것이디.[77] 이헤에 그는 취안지우에 기주 중이던 종실 몇 명을 죽였다.

취안저우 앞바다에 침몰한 그 불운한 배가 모든 화물과 함께 그곳으로 돌아온 것도 같은 시기였을 것이다. 취안저우 근방의 수심 얕은 곳에서 발굴된 그 배는 선체도 손상되지 않았고, 배에 탄 사람이 죽었거나 누수가 발생한 흔적도 없었다. 아마도 누군가가 목재로 팔거나 땔감으로 이용하려고 했던 듯 돛대와 수면 위로 드러난 나무만 모두 제거된 상태였다. 그렇다면 배에 실린 화물 대부분이 귀한 상품이었던 만큼, 그 배는 송나라가 몽골족에 격파될 것임을 알고 선장이 밑바닥을 뚫어 의도적으로 침몰시켰을 수도 있다. 또한 무슨 이유에서인지 그 배를 침몰시킨 사람은 물건을 회수하려고 돌아오지도 않았다. 그러다 보니 동유럽에 묻힌 은화 무더기들처럼 그 배는 고고학자들에게 발굴될 때까지 침몰된 상태 그대로 바닷속에 가라앉아 있었다.

1279년에 몽골족은 나이 어린 마지막 황제까지 죽이고 중국을 정복했다. 송나라를 계승하는 왕조로서의 원나라도 창건했다. 원나라 지배하에서도 중국과 동남아시아 간 무역은 호황을 누렸다. 마르코 폴로Marco Polo도 1280년대 혹은 1290년대에 취안저우를 방문했다고 주장하면서, 그와 관련해 신뢰할 만한 정보가 담긴 책을 저술했다. 그는 취안저우를 아랍어로 '올리브 도시'를 뜻하는 '자이톤Zaiton'으로 부르면서 이렇게 썼다. "이 항구도시로 들어오고 나가는 보물과 여타 상품들의 전체 교역량을 보면 경이롭기 그지없다. (⋯⋯) 기독교권에 팔기 위한 후추를 사려고 알렉산드리아나 다른 항구들에 향료 선박 1척이 들어올 때 자이톤에는 선박 100척이 들어온다고 자신 있게 말할 수 있다. 자이톤은 상품의 유동량이 가장 많은 세계 2대 항구 가운데 하나라는 점을 반드시 알아 둘 필요가 있다."[78] 2대 항구 중 다른 하나는 남송의 수도 항저우였다.

마르코 폴로가 취안저우로 입항하는 배들이 "보석과 진주를 포함한 모든 상품에 10퍼센트의 관세를, 다시 말해 십일조를 냈다."라고 기록한 것도 960년에 왕조를 창건했을 때 송나라가 징수한 10분의 1 관세와 일치한다. "화물용 배를 임대할 때는 자잘한 잡화가 실린 짐에는 총량의 30퍼센트를, 후추에는 44퍼센트를, 침향과 백단향 그리고 부피가 큰 모든 상품에는 총량의 44퍼센트를 요금으로 받았다." 책에 제시된 백분율은 모두 그럴싸해 보인다. 하지만 폴로는 결정적 오류를 범했다. 여기서 백분율은 운임이 아니라 고급품과 저급품에 부과한 세금이었기 때문이다. 또한 원나라는 송나라와 마찬가지로 외국 선박들에 세 종류의 세금도 부과했다. 폴로는 이에 대해서는 상인들은 세금을 내도 "수익을 많이 낼 수 있기 때문에 다른 짐을 싣고 돌아갈 수 있는 것만으로도 만족한다."라고 썼다.

폴로는 다른 실수도 범했다. 오름가마 기술을 이해하지 못하고 "아름답고 저렴한" 도자기의 '광택'은 "30년 혹은 40년 동안" 땅속에 묻어 두는 방법으로 얻는다고 기록한 것이다.[79] 무슬림 여행가 이븐 바투타도 고향 모로코로 돌아가기 전에 취안저우의 무슬림 거류지를 방문했을 때 중국인들은 도자기를 땅속에 묻어 둔다고 이야기했다.[80]

몽골족 지배하에서도 중국과 동남아시아 간 무역이 지속적으로 호황을 누렸던 것은 광저우 관보에 실린 69종의 외국 상품 목록 가운데 40종이 1300년에 동남아시아에서 사들인 물건이었던 것으로도 확인된다.[81] 그중 가장 고가인 상품들은 상아, 코뿔소 뿔, 두루미 머리 깃, 진주, 산호, 녹색 빛이 도는 광석,(옥의 일종이었을 것이다.) 물총새 깃털, 바다거북과 땅거북의 껍질 등 9종이었다. 관보에 실린 상품 목록의 깊이와 범주는 1500년대에 유럽 탐험가들이 도착하기 전에 그 바닷길이 선박의 왕래가 가장 잦았던 해로였다는 점에서 충분히 일리가 있다.

물건들이 이동할 때는 타국들에 관한 정보도 같이 이동했으므로 동남아시아 지리에 관한 중국인들의 지식도 덩달아 높아졌다. 광저우 관보의 저자만 해도 남중국해를 소서양(말레이반도 부근의 남중국해 구역), 소동양(보르네오 동쪽의 술루해), 대동양(자바해)으로 나누고 그 해역들 부근에 위치한 나라들의 내역에 관해서도 소상히 밝혔다.[82]

중국 선원들은 동남아시아, 인도, 아라비아반도, 아프리카의 지리를 알 만큼 알게 되자, 필리핀 동쪽의 태평양으로는 진출하려고 하지 않았다. 세계가 그곳에서 끝난다고 믿었기 때문이다. 조여괄도 1225년에 자기 책에 이렇게 썼다. "(자바섬보다) 더 먼 동쪽은 바닷물이 미려尾閭, Ultimate Drain에서 빠져나가는 곳이다. 그곳 너머에는 사람이 살지 않는다."[83]

'미려'는 모든 대양의 바닷물이 땅속으로 다시 흘러들어 간다고 중국인들이 여긴 구멍을 가리키는 명칭인데, 전국시대의 송나라 철학자 장자莊子가 기원전 3세기에 지은 것으로 알려진『장자莊子』에는 그것이 이렇게 설명되어 있다. "천하의 물은 바다보다 넓은 것이 없다. 온갖 하천의 강물이 바다로 흘러들어 언제 멈추는지는 알 수 없지만, 차서 넘치지 않는 것은 미려에서 빠져나가기 때문이다. 바닷물 빠지는 것이 언제 그칠지는 알 수 없으나 텅 비지는 않는다."[84]

조여괄은 그 전설적인 미려가 있다고 특정 장소가 제시된, 12세기 말의 한 책에 나오는 구절도 그의 저작에 이렇게 인용했다. "남해의 남서 사분면에는 베트남해라는, 세 해류가 만나는 큰 바다가 있는데, 남쪽에서 오는 배들은 반드시 그 세 해류의 합류점과 만나게 된다." 여기 나오는 세 해류의 합류점은 루손섬에서 서쪽으로 약간 치우친 타이완과 필리핀 사이를 흐르는 구로시오 해류가 시작되는 지점일 가능성이 크다.[85]

이렇게 먼 곳까지 항해하는 것은 위험천만한 일이었다. "그곳에서 돌풍을 타면 빠져나올 수 있지만, 바람이 잦아들어 나아가지 못하면 배는 세 해류가 만나는 지점에서 산산조각이 나고 만다. (……) 미려가 구유九幽, Nine Underworlds로 흘러드는 장소가 바로 그곳이다."[86] 이 글에 따르면 미려는 먼 동쪽에 있고, 중국인 독자라면 그 너머에 무엇이 있을지도 알고 있었을 것이 분명하다.

미려에 대한 중국인들의 두려움은 포르투갈인들이 아프리카 서해안을 항해하면서 그릇된 믿음이었다는 사실이 서서히 밝혀진, 열대에 대한 고대 로마인들의 생각과 닮아 있다. 그러나 포르투갈인들이 로마의 지리학자 프톨레마이오스가 인간이 살아남지 못할 정도로 더위가 심하다고 쓴 지역이 없다는 사실을 밝혀낸 반면에, 송나라인들은 미려의 존재와 그 위험성을 계속해서 믿었다. 유럽인 탐험가들이 그 해로를 개척할 때까지 중국인들이 필리핀 너머의 태평양으로는 진출할 엄두를 내지 못했던 것도 어쩌면 그 때문이었을 수 있다.

중국과 동남아시아 사이의 향 무역은 몽골족의 지배가 끝난 뒤에도 지속적으로 증가했다. 1368년에 명나라가 건국된 뒤에는 조공 사절이 단 한 차례 싣고 온 예물의 양이 무려 8톤에 달했을 정도다. 예물은 주로 후추와 소목[5]으로 구성된 열대지방 물건들이었다.

중국의 가장 광범위한 항해는 명나라 제독 정화가 황제의 지원을 받아 일곱 차례나 원정대를 이끌었던 1405년에서 1433년 사이에 일어났다.[87] 선박 317척에 승무원 2만 8000명이 탑승한 정화의 대원정대는 동남아시아와 인도를 넘어 이라크에까지 도달했다.[88] 그가 행한 일곱 차례의 원정 중 어느 때인가는 본대에서 떨어져 나온 분대가 아프리카 동해안에 있는 몸바사에 도달하기도 했다. 지금 우리가 이 사실을 알 수 있는 것은 해외에서 발견된 중국 주화, 중국의 역사 기록, 그리고 (모든 증거물을 통틀어 가장 설득력 있는) 스리랑카와 인도 코지코드(캘리컷)의 석판에 새겨진 중국어 비문 등 정화의 원정과 관련된 고고학 유물과 기록물이 남아 있기 때문이다.[89]

정화의 선단에 속한 배들은 크기가 가장 큰 것은 선체 길이가 200피트(61미터)에 달해, 길이가 100피트(30미터)밖에 되지 않았던 콜럼버스 탐험대의 배들을 왜소하게 만들었다.(놀랍게도 콜럼버스 탐험대의 배들은 폭도 알려져 있지 않다.) 선단의 규모도 정화의 선단은 317척으로 구성되어 있었던 반면에, 크리스토퍼 콜럼버스는 고작 3척으로 탐험했다.

---

5   목재 부분은 붉은 염료로 사용되고 한방의 약재로도 쓰이는 식물이다.

정화가 믈라카 해협을 거쳐 아라비아반도와 인도의 해안을 따라 항해한 뱃길은 8000마일(1만 3000킬로미터)에 달했다.[90] 우회하지 않고 인도양을 똑바로 가로질렀다면 6500마일(1만 500킬로미터)의 거리였다. 따라서 그것만도 놀라운 일인데, 거기에 이라크의 바스라에서 아프리카 동해안에 위치한 모잠비크의 소팔라 항구까지 갔던 거리 4700마일(6500킬로미터)를 보태면 정화가 항해한 바닷길은 더욱 늘어난다. 이것이 특히 주목할 만한 일인 것은 콜럼버스가 1차 탐험 때 항해한 거리가 고작 4400마일(7000킬로미터)였기 때문이다.

간단히 말해 정화의 항해는 콜럼버스의 항해보다 훨씬 광범위하게 진행되었다. 그렇다면 그 항해의 목적은 무엇이었을까? 명나라 제3대 황제의 힘을 과시하기 위해서였다.

1400년대에 중국이 그만한 크기의 선단을 구성한 것과, 왕조가 그 정도의 후원을 한 것은 새로워 보일 수 있다. 그러나 바닷길은 새롭지 않았다. 정화의 원정대가 항해한 뱃길은 페르시아만–중국 해로였던 것이다. 그의 선단은 탐험을 했던 것이 아니라 동남아시아를 돌아 인도양을 넘고 인도와 아라비아, 아프리카로 향한, 중국 선박들이 1000년 이후로 계속 다녔던 익숙한 바닷길을 항해한 것에 지나지 않았다.

명 조정의 후원하에 진행된 항해는 1433년에 끝났다. 그러나 중국 상인들의 항해는 이후로도 계속되어 배들은 몇 세기 동안 그 해로를 분주히 오갔다. 1500년대에 유럽인들이 지리상의 발견을 하는 항해를 하기 전에도 인도양 전역의 경제는 통합되어 있었고, 이후에도 그 상황은 변하지 않았다. 포르투갈인들이 아프리카의 금을 유럽에 수출하는 일에 전념하기 시작한 것은 1400년대 중엽부터였다.[91] 그러다 1520년대에 향료제도를 장악한 뒤부터는 동남아시아의 벌이가 아프리카보다 훨씬 낮다는 것을 깨닫고 그곳으로 방향을 돌렸다. 당연했다. 동남아시아야말로 1000년 이후 중국의 지배자, 상인, 중개상 모두가 그곳에 널린 부의 원천을 개발해 번영을 일군 곳이었으니 말이다.

에필로그

　　이로써 우리의 세계 여행은 끝났다. 기원후 1000년에 처음 개통된 통로들을 따라가며 이후 500년 동안 그 길들이 끼친 영향을 살펴보는 일이 끝난 것이다. 1500년 이후에는 세계 역사의 새로운 장이 열렸다. 유럽의 장이 시작된 것이다. 유럽인들은 400년 넘게 첨단 무기를 앞세워 틈만 나면 기존의 무역로로 진입했고, 길이 없는 곳에는 새 통로를 뚫었다.

　　1497년에는 포르투갈의 탐험가 바스쿠 다 가마가 아프리카 서해안을 따라 남쪽으로 항해하며 희망봉을 돌아가는 항해를 했다. 포르투갈인들은 다 가마가 항해힐 때부터 이미 토착민이 아닌 외국인은 말라리아에 내성이 없어 아프리카 내륙으로 들어가는 것은 생명을 위태롭게 하는 일임을 알고 있었다.[1] 포르투갈인들이 해안에서 내륙으로 들어갈 때마다 엄청난 희생자가 나왔다. 따라서 유럽인들이 휴식을 취할 수 있고 생필품을 비축해 놓을 수도 있으며 필요할 때마다 물건(주로 노예와 금이었다.)을 살 수도 있는 해항들을 건설한 것은 매우 타당했다. 포르투갈이 제국주의의 초기 단계에서 아프리카 해안선에 구슬 목걸이(케이프타운, 몸바사, 모가디슈 등의 항구가 대표적이다.)를 방불케 하는 제국을 형성했던 것도 그래서였다.

　포르투갈이 가나 해안가에 세운 초기 교역 요새인 엘미나가 중요한 시험 사례였던 것은 그 때문이다. 배들이 그곳으로 직접 들어와 원하는 물건을 얻고 본국으로 돌아갈 수 있는, 해안 기지를 거점으로 한 무역의 실행 가능성이 그로써 입증되었기 때문이다. 엘미나가 세워지자 아프리카의 사업가들도 내륙에 있던 기존 무역로를 해안가로 이동시켰다. 대서양 항구들로 금과 노예를 운반할 수 있도록 상인들에게 편의를 봐준 것이다. 아프리카인들이 그들의 무역로를 바꾼 것은 그때가 처음이 아니었다. 1000년 무렵에 시질마사가 주월라를 대신해 북아프리카의 주요 교역지가 되었을 때도 금과 노예를 운송하는 사하라 종단 루트는 서쪽으로 이동했다.

　다 가마는 희망봉을 도는 항해를 한 뒤에는 새 해로를 개척하지 않았다. 동아프리카 항구도시들을 인도양 항구들과 이어 주는, 배들의 이동이 잦은 페르시아만-중국 해로에 그도 합류한 것이다. 그 해로에만 일단 들어서면 그의 함선 네 척이 인도양을 가로질러 향신료로 유명한 인도의 무역항 캘리컷까지 가는 길을 알려 줄 항로 안내인을 구하기가 쉬웠다. 케냐의 도시 말린디에서

다 가마의 선단에 합류한 그 항로 안내인의 이름은 말레무 카나 Malemo Caná(카나카Canaca일 수도 있다.)였고,[2] 그가 언급된 두 사료에는 그가 이탈리아어도 조금 구사할 줄 아는 무어인이었던 것으로 나와 있다.

1492년 이전에는 중국에서 아프리카로 가는 해로가 가장 길고 교통도 가장 혼잡했다. 그리고 이 해로로 운송된 상품 중에서는 향료가 가장 중요했다. 1492년 이후에는 유럽에서 아메리카 대륙으로 가는 대서양 횡단 루트와 아메리카 대륙에서 필리핀으로 가는 태평양 횡단 루트가 페르시아만-중국 해로를 교통량 면에서 앞질렀다. 그래도 일부 교역품은 여전히 페르시아만-중국 해로로 운송되었다.

스페인인들은 아메리카 대륙에 제국을 수립할 때, 아즈텍 제국의 수도 테노치티틀란을 정복하고 그곳에 멕시코시티를 건설해 자신들의 수도로 삼았다. 크리스토퍼 콜럼버스도 1502년에 고품질의 직물, 흑요석 칼, 구리 방울, 목검 등(모두 유카탄반도와 카리브해 해역 사이에 유통되던 것들이다.)의 물건을 싣고 가던 대형 카누와 마주쳤을 때, 기존의 아메리카 교역망이 정교하게 연결되어 있다는 사실을 알아차렸다.

하지만 그 정도에 그쳤을 뿐, 콜럼버스는 마야인들을 북쪽의 아메리카 남서부와 미시시피강 계곡, 남쪽의 파나마와 안데스 지역으로 연결해 준 토착 교역로들에 관해서는 알지 못했다. 이 교역로들을 최대한 활용해 멕시코와 페루에 새로운 제국을 건설한 것은 콜럼버스의 뒤를 이어 아메리카 대륙에 들어온 스페인인들이었다.

에르난 코르테스Hernán Cortés는 1519년에 멕시코에 도착해 마야인들에게 사로잡힌 적이 있는 말린체Malinché라는 여성을 친구로 사귀었다.[3] 마야어와 아즈텍 제국의 공용어였던 나우아틀어를 유창하게 구사할 줄 알았던 그녀는 아즈텍 제국을 무너뜨릴 방법을 모색하던 코르테스가 다양한 부족과 동맹 협상을 벌일 수 있게 도와주었고, 그 덕에 코르테스는 불과 2년 만에 수도 테노치티틀란을 정복할 수 있었다. 남쪽에 있던 잉카 제국도 아즈텍 제국 못지않은 약점이 있었다. 그러나 약점의 종류가 달랐다. 프란시스코 피사로Francisco Pizarro가 파나마에서 해상을 통해 잉카 제국에 도착했을 때 그곳에서는 두 형제간 제위권 다툼이 한창이었던 것이다. 피사로는 그 혼란을 틈타 통치권을 수립했다.

스페인인들은 자신들도 모르는 새에,(물론 콜럼버스도 알지 못했다.) 면역력이 없는 아메리카 원주민들에게 치명적인 병원균을 퍼뜨렸다. 선사시대에 이민자들이 그곳에 처음 도착한 이후 오래도록 고립되어 병균에 매우 취약했던 아메리카 대륙의 토착민들은 천연두와 독감은 물론이고 심지어 흔한 감기와 같은 유럽의 질병에 속수무책으로 당했다.

당시의 인구통계자료가 없다 보니 1492년에 아메리카 대륙의 인구가 어느 정도였는지에 관한 역사가들의 의견도 엇갈려, 적게는 1000만 명에서 많게는 1억 명까지 추정 범위가 매우 넓다. 최초의 믿을 만한 정보는 1568년에 시행한 스페인의 인구조사 통계에서 나왔다. 그에 따르면 유럽인이 퍼뜨린 질병의 대규모 창궐에서 살아남은 아메리카 원주민은 멕시코와 페루의 농경지 주민 약 200만 명이었다.[4](거기에 외딴 지역 주민 100만 명도 추가할 수 있을 것이다.) 유럽인들이 아메리카 대륙을 식민지화하도록 길을 열어 준 것이 바로 원주민들의 떼죽음이었다.

1600년대에는 스페인과 포르투갈을 제치고 영국과 네덜란드, 프랑스가 유럽의 강국으로 부상했고, 그에 따라 북아메리카에는 이들 나라 출신의 유럽인들이 정착했다. 그리고 이 유럽인들에게 다수의 생존 기술을 가르쳐 주어 본국과는 환경이 완전히 다른 곳에 성공적으로 정착할 수 있게 해 준 사람들이 현지인들이었다. 바이킹들이 1000년 무렵에 캐나다 북동부 지역에서 철수하고 1400년 이후에는 그린란드를 떠났던 이유가 가혹한 환경 때문이었음을 고려하면 북아메리카 원주민들이 유럽인들에게 보인 태도는 시사하는 바가 크다.

플리머스에 정착한 필그림(청교도)들이 첫 겨울을 무사히 날 수 있게 해 준 사람도 아메리카 원주민 출신인 스콴토Squanto(정식 이름은 티스콴텀Tisquantum)였다.[5] 잘 알려져 있지는 않지만, 스콴토는 필그림들이 신대륙에 도착하기 전인 1614년에 잉글랜드인 탐험가에게 납치되어 유럽으로 끌려갔고, 그다음에는 스페인에 노예로 팔려 갔다가 고생 끝에 탈출해 매사추세츠주의 코드 곶Cape Cod으로 돌아온 사람이었다. 그래서 필그림들과 만났을 때는 영어도 유창하게 구사할 줄 알았다.

다 가마의 항로 안내인이었던 말레무 카나, 코르테스의 아즈텍 제국 정복을 도와준 말린체, 플리머스의 필그림들을 도와준 스콴토, 이 중재자들은 모두 유럽의 세력 팽창을 다룬 근래의 역사 서술에서 주요 부분을 차지하는 인물들이다. 그런데도 이들의 중요성은 늘 충분한 인정을 받지 못하고 있다. 물론 그들이 아메리카의 토착 사회들을 이해하고 그 사회들을 장악할 수 있도록 유럽인들을 도와준 것은 사실이다. 유럽인이 도착한 시기보다 오래전에 토착민들이 세운 도로들의 체계와 교역망에 접근할 수 있게 해 준 것도 그들이었다. 그들은 유럽인들이 현지의 그런 교역망에 다가갈 수 있게, 그것도 신속히 다가갈 수 있게 해 주었다.

몇몇 지역에는 유럽인들의 발길이 다른 사람들보다 늦게 닿았다. 제임스 쿡 선장이 남태평양에 도착한 것도 1700년대 말이었다. 남태평양에 온 그는 타히티섬의 사제 투파이아가 지닌 지식의 중요성을, 다시 말해 폴리네시아의 전통 항해법과 지리에 관해 그가 갖고 있는 지식의 중요성을 깨달았다. 그렇게 해서 두 사람이 함께 작성한 폴리네시아 유역의 지도는 쿡 선장이 태평양에 산재한 수많은 섬을 발견하는 데 결정적 역할을 했다. 영국인들의 오스트레일리아 및 뉴질랜드 정착도 쿡 선장의 항해와 더불어 시작되었다.

만일 유럽인들이 1490년대에 항해를 하고 그 이후에 다수의 대륙에 정착하지 않았다면 세계는 어떻게 되었을까? 그래도 세계무역의 템포는 계속 빨라졌을 것이다. 시박사 관원인 조여괄이 (모두 중국의 수출품 시장이었던) 지중해, 동아프리카, 인도, 동남아시아에 팔았던 중국 상품 마흔한 가지를 책에 수록해 놓은 때가 이미 1225년이었다.

그로부터 30년 뒤인 1255년에는 페르시아의 시인 사디Sa'di 가 페르시아만에 위치한 이란의 섬 키시Kish에서 한 상인을 만났던 이야기를 책에 기록해 놓았다. 그에 따르면 낙타 150마리 외에 노예와 하인 40명도 거느릴 정도의 재력가였던 그 상인은 여러

나라를 여행하고 그곳에서 사람들과 친분을 나눈 것에 관해 밤새 자랑을 늘어놓더니, 그래도 한 차례 더 출장을 다녀오고 싶다고 하면서 다음과 같이 말하더라는 것이다. 즉 자신의 여행은 이란 의 파르스 지역에서 시작될 터인데, "그곳에서 유황을 구매해 중 국으로 가져갈 겁니다. 중국에서는 유황 가격이 엄청 비싸다고 들 었거든요. 그런 다음에 중국에서 술잔을 구매해 아나톨리아로 가 져가고, 아나톨리아에서는 비단을 사서 인도로 가져가고, 인도에 서는 강철을 사서 알레포로, 알레포에서는 수정을 사서 예멘으로 가져갈 겁니다. 그다음에는 예멘산 검을 사서 파르스로 돌아오는 거죠."[6]

　　그것은 대단한 여정이었다. 이란에서 중국으로 갔다가 중국 에서 지금의 터키에 위치한 아나톨리아로 가고, 아나톨리아에서 시리아로 갔다가 시리아에서 예멘으로, 그리고 다시 이란으로 돌 아오는 일정이었으니 말이다. 그의 계획에는 한 곳에서 물건을 구 매해 다음 지역에서 그것을 팔아 나오는 수익으로 여행 경비를 그 때그때 충당한다는 내용도 포함되어 있었다. 이렇게 계획이 구체 적이다 보니, 실제로 여행하지 않았는데도 그는 그 머나먼 지역들 과 그곳에서 생산되는 물건들에 관한 모든 내용을 알고 있고 그 가 계획한 장거리 여행도 전적으로 실행 가능성이 있는 것처럼 느 껴진다.

　　그 상인이 제시한 통로가 보여 주듯, 중동에 걸쳐진 교역로 들은 아바스 왕조가 붕괴하고 독립 군주들이 왕조의 각 지역을 지배하게 된 뒤에도 계속해서 진화했다. 학자와 시인들도 새로 운 후원자-군주를 찾아 그 교역로로 이동했으며, 마드라사에서 수학하는 남녀 학생들도 그 길을 이용했다. 수백만 명의 아프리카·동유럽·중앙아시아 출신 노예 또한 그 교역로들을 통해 카이로와 바그다드 그리고 다른 주요 도시들의 시장으로 끌려갔다.

그러므로 설령 콜럼버스와 다 가마의 항해가, 그리고 그 뒤에 유럽인들의 정착이 없었더라도 교역의 범위는 더 넓어졌을 것이다. 한 지역에서 더 많은 물건이 만들어지면 다른 곳에는 그것을 찾는 소비자들이 있다는 것을 상인들은 알아냈을 것이기 때문이다. 기존의 아프로-유라시아 교역로와 아메리카 대륙의 교역로가 다시 연결되는 것은 시간문제일 뿐이었다. 바이킹만 해도 1000년 무렵에 북대서양을 잠시 횡단한 적이 있고, 이후에도 목재를 구하기 위해 항해했기 때문에 원하면 언제든 돌아올 수 있었다. 중국인도 마찬가지였다. 해삼에 대한 중국인들의 갈망이 자국 어부들을 남쪽으로 계속 이동하게 만들어 1500년의 어느 무렵에는 오스트레일리아에 도달하게 했듯, 향에 대한 중국인들의 욕구 또한 자국 선원들이 미려에 대한 두려움을 극복하고 필리핀 너머의 태평양으로 나아가게 했을 것이기 때문이다.

그러나 유럽인들의 항해는 실제로 일어났고, 아메리카 대륙과 오스트레일리아에도 정착했다. 역사가들은 전통적으로 전 세계에서 일어난 유럽인의 이주를 1500년 이후에 일어난 첫 번째 물결과 산업혁명에 따른 기술혁신으로 유럽인들이 내륙으로 더 깊숙이 들어가 강력한 지배권을 수립할 수 있었던 두 번째 물결로 구분해서 본다. 증기선만 해도 범선보다 속도도 빠르고 믿을 만한 운송 수단이었으며, 1820년대와 1830년대에는 유럽 최초의 증기선이 대서양을 횡단했다. 그다음에는 증기선의 갑판에 대포를 배치한 포함이 만들어졌고, 영국 해군은 그 포함으로 크림 전쟁과 두 차례의 아편전쟁에서 이겼다. 1857년에는 또 다른 발명품인 전신도 영국군 장교들에게 병력이 가장 필요한 곳이 어딘지를 알려 줌으로써 영국이 인도에서 일어난 세포이 항쟁을 진압할 수 있게 해 주었다.

영국은 1800년대에 일어난 가장 중요한 기술혁신인 철도를 이용해 병력도 수송했다. 유럽 열강이 부설한 철도만 있으면 어느 곳이든 기차로 병력을 이동시킬 수 있었다. 1850년대에는 말라리아 치료제인 퀴닌이 발명되었다. 해안 지대와 더불어 1800년대 말에는 아프리카의 내륙 깊숙한 곳에도 도달한 새로운 식민지화 물결의 토대가 된 것이 그런 기술혁신이었다.

그러나 그렇게 강한 유럽도 세계의 전 지역을 식민지화하지는 못했다. 세계에서 땅덩어리가 가장 큰 지역 중 하나였던 중국도 식민지화를 모면했다. 서구 열강이 허울뿐인 청나라 통치를 존속시킨 상태에서 중국 영토를 유럽 각국의 통제를 받는 경제 영역으로 나누어 관리한 데 따른 결과였다.

역사가들은 산업혁명이 왜 영국에서는 일어나고, 그보다 한층 선진적인 경제를 이루고 있던 중국에서는 일어나지 않았는지에 관해 오랫동안 부심했다. 중국은 증기력이나 전력 없이도 상품을 대량으로 제조할 수 있는 역량을 지니고 있었다. 1000년 무렵에 생겨난 오름가마 같은 몇몇 대규모 시설만 해도 단 한 번 가열해 도자기 수천 점을 구워 낼 수 있있다. 수백 년 동인 중국 경제를 성장시킨 동력이 바로 그런 도자기와 비단에 대한 소비자들의 수요였다.

하지만 두 나라 간에는 중요한 차이가 있었다. 중국에서는 노동력 부족 현상이 일어나지 않은 것이다. 중국은 인구가 넘쳐나 천 한 필을 생산할 때 노동력을 덜 쓰는 기계가 필요했던 것이 아니라 면화를 덜 쓰는 기계가 필요했다.[7] 하지만 그런 기계는 존재하지 않았다.

산업혁명이 일어나기 전만 해도 중국과 영국은 동일한 경제 발전 수준을 보였다. 영국 경제가 중국 경제를 따돌린 것은 산업혁명이 확산된 1800년 이후였다.[8] 산업혁명으로 유럽이 한 세기 넘게 세계경제를 선도할 수 있는 시대가 열린 것이었다.

그럼 유럽 우위의 시대는 언제 끝났을까? 아마도 1945년에 제2차 세계대전이 끝나면서 미국이 영국, 독일, 프랑스를 제치고 세계 최고의 부국으로 부상한 뒤였을 것이다. 아니면 1960년대 초 영국, 프랑스, 독일의 옛 식민지들이 독립을 얻은 뒤부터였을 수도 있다. 혹자는 석유수출국기구OPEC가 1973년에서 1974년 사이에 첫 번째 석유 금수 조치를 취했을 때를 유럽 우위의 시대가 끝난 때로 여길 수도 있을 것이다. 이 중 어느 것이 정답인지는 모른다. 하지만 확실한 것은 유럽 우위의 시대가 끝났다는 것이다.

그렇다면 1000년의 세계는 우리에게 세계화에 관해 무엇을 가르쳐 줄 수 있을까? 물론 1000년의 세계와 비교할 때 지금의 세계는 천양지차로 달라졌다. 차이점 중에서도 가장 두드러지는 것은 지금의 세계가 그때보다 훨씬 혼잡해졌다는 것이다. 1000년에는 인구가 2억 5000만 명밖에 되지 않아 충분한 여유 공간을 누리며 살 수 있었던 반면에, 지금은 80억 명 가까운 인구가 복작거리며 살고 있다.

현대인들이 세계 곳곳의 사람들에 관해 많은 것을 알게 된 것도 1000년의 세계와 다른 점이다. 1000년 당시였다면 처음으로 마주쳤을 먼 지역 사람들에 관해서도 오늘날의 사람들은 많은 것을 알고 있다.

기계화를 거의 모르고 살았던 1000년 무렵의 우리 조상들과 달리 현재의 우리는 온갖 종류의 정교한 기계 속에 파묻혀 사는 것도 다른 점이다. 지난날에는 최첨단 기술을 보유했다고 해도 약간의 우위를 점하는 데 그쳤지만, 오늘날에는 최첨단 기술을 보유한 나라와 그렇지 못한 나라들 간의 격차가 크고, 그 격차는 나날이 커지고 있다.

사람들에게서 겉껍질을 모두 벗겨 내고 나면 본질만 남는다. 그 점을 유념해 우리도 1000년 무렵의 변해 가는 세계에 다양한 방식으로 반응한 우리 조상들처럼 우리 앞에 놓인 미래에 더 잘 대처할 수 있도록 그들이 해낸 일을 탐구할 필요가 있다.

과거에 통했던 전략은 지금도 충분히 통할 수 있다. 학자들이 지구상의 모든 나라를 열심히 연구해 자국민들이 타 지역민들과 처음으로 만날 때 대비할 수 있게 도와준 것도 그래서였다. 발명가가 혁신적 상품을 고안해 내면 상인들이 그 상품을 신흥 시장에 소개하기 위해 새로운 통로를 개척하고 모국의 경제적 번영에 이바지한 것도 그런 전략에서 나온 행위였다.

그렇다고 1000년의 세계화가 이익만 가져다준 것은 아니다. 당시의 세계화는 지금과 마찬가지로 승자와 패자도 나오게 했다. 879년에 일어난 황소의 난도 당대 중국의 최대 항구도시였던 광저우의 외국인 상인들을 겨냥해 일으킨 것이었다. 996년에 카이로 주민들이 일으킨 폭동도 아말피 상인들을 겨냥한 것이었다. 1181년에는 콘스탄티노플에서 이탈리아 상인 수천 명이 학살되는 라틴인 학살 사건이 일어났다. 이 각각의 사건이 일어나게 된 근본 원인은 같았다. 현지인들이 외국인 거류민들이 가진 부에 분개했고, 외지인들이 현지인들을 희생시켜 이익을 보았다고 믿은 것이다.

그러나 이런 저항에도 불구하고 많은 사람은 늘어나는 접촉의 이면에서 새로운 기회를 포착했다. 중국인만 하더라도 자기들이 지닌 탁월한 제조 역량으로 종이와 비단, 도자기를 만들어 유라시아 전역에 팔았다. 중국에 향을 파는 상인들도 가격이 비싼 아라비아반도의 몰약과 유향을 대체할 수 있는 새로운 향을 동남아시아에서 찾아냈다.

무역은 사람들에게 따라 잡고 싶은 유인책을 지속적으로 제공했다. 이슬람권의 도공들이 등요의 고온에서 소성된 중국 도기의 광택에 버금가는 광택을 만들어 내지 못하는 상태에서도 노력을 멈추지 않았던 것도 시장을 잃지 않기 위해서였고, 그리하여 결국에는 진주광택이 나는 도기를 창안해 본고장뿐 아니라 아프리카에서도 소비자들을 찾아내 시장 점유율을 웬만큼 유지할 수 있었다.

그렇다고 첨단 기술을 보유한 사람만이 변화에 성공적으로 적응했던 것은 아니다. 툴레족만 해도 심지어 겨울에도 기각류를 잡을 줄 아는 탁월한 기술 덕에 알래스카에서 동부 캐나다 지역을 거쳐 그린란드까지 이동할 수 있었다. 툴레족이 가혹한 환경에 대한 적응력이 부족했던 노르드인들을 몰아내고 그린란드의 터

줏대감이 될 수 있었던 것도 그 기술 덕이었다.

툴레족은 최첨단 기술을 보유한 부자 나라 사람들만 궁극적으로 성공을 거두는 것은 아니라는 귀중한 교훈을 깨우쳐 주었다. 선진 지역의 사람들이 이점을 지닌 것은 사실이다. 출발이 빠르면 선두를 유지하기도 쉬운 법이니 말이다. 그러나 주변의 환경을 면밀히 주시하면서 적기를 기다릴 줄 아는 능력도 성공을 가져다줄 수 있다.

우리가 선조들에게서 얻을 수 있는 가장 중요한 교훈은 생소함에 어떻게 반응하는 것이 최선인지 배우는 것이다. 우리 선조들 중에는 북아메리카 대륙에서 위험성 여부를 따지지도 않고 카누 아래에서 자던 토착민들을 죽인 바이킹도 있었고, 이방인과 마주치자 시간을 갖고 참을성 있게 서서히 그들과 안면을 터 낯을 익힌 뒤에야 그들이 제시하는 물건과 자신들이 가진 물건을 주고받는 거래를 한 다른 대륙의 토착민들도 있었다. 가장 성공적인 경우는 새로운 언어를 배우고 원거리 무역 관계를 수립한 사람들이었다. 물론 세계화를 경험한 사람 모두가 그 혜택을 입은 것은 아니다. 그러나 생소함에 개방적인 사람들이 새것에는 무조건 손사래를 친 사람들보다 훨씬 좋은 결과를 얻어 낸 것은 분명하다. 그것이 1000년이나 지금이나 변하지 않는 진실이다.

감사의 말

이 책을 써야겠다는 생각이 떠오른 것은 실크로드에 관한 책의 집필이 끝나 갈 무렵으로, 카라한 왕조가 카슈가르를 점령한 것이 요나라와 송나라가 전연의 맹을 체결하고 나서 불과 1년 뒤인 1006년이었다는 사실을 깨달았을 때였다. 노르드인들이 랑스 오 메도즈에 상륙한 것도 1000년 무렵이었으니, 그 세 사건 간에는 모종의 연관이 있지 않을까 하는 생각이 들었고, 그러다 마침내 그 세 사건의 배후에는 당시의 지역 팽창이 숨어 있었다는 사실을 알게 되었다.

직업은 바이킹을 진문 분야로 하는 중세사 교수 앤더스 윈로스Anders Winroth, 마야 문명을 전문 분야로 하는 콜럼버스 이전 예술사 교수 메리 밀러와 나, 이렇게 셋이서 함께 가르치기로 한 "1000년 무렵"이라는 제목의 대학원 과정 세미나를 준비하기 위해 2014년 이른 봄에 만나면서 시작되었다. 뒤이어 밀러가 치첸이트사의 벽화에 묘사된 금발 사람들의 사진을 보여 주면서 앤더스에게 바이킹처럼 생겼는지 묻는 것으로 우리의 협업은 본격적으로 시작되었다. 그때부터 메리와 앤더스는 자신들의 생각과 자료를 나와 아낌없이 공유해 주었고, 세미나에 참석한 학생들도 나의 훌륭한 평가단이 되어 주었다.

밀러는 메소아메리카에 관한 전문가 두 명도 내게 소개해 주었다. 두 사람 모두 시간을 내주고 전공 지식을 제공해 주는 아량을 베풀었다. 게티 연구소Getty Research Institute의 선임 연구원인 앤드루 터너Andrew Turner는 2017년 3월에 멕시코 중부의 도시 툴라, 멕시코시티, 치첸이트사로 "1000년 무렵"의 세미나 여행을 이끌며, 마야인들의 복잡한 도상을 학생들에게 능란하게 소개해 주었다. 예일 대학 인류학과 명예교수였던 마이클 더글러스 코도 그의 집이나 우리 집, 혹은 코네티컷주의 브랜퍼드 항구에 있는 랍스터 롤 식당에서 마야족과 관련된 사항이든 그의 두 번째 사랑이 된 앙코르와트와 관련된 것이든 주제를 가리지 않고 즐겁게 이야기해 주었다. 언젠가 노르드인들이 어떻게 북대서양 환류에 떠밀려 치첸이트사에 닿을 수 있었는지에 관한 이야기를 나누고 있었을 때는, 유카탄반도 해변에 떠밀려 온 아프리카인들에 관한 글을 읽은 것을 기억해 낸 그가 집에 돌아가, 밤 10시에 스페인 사제 알론소 폰세의 저작에 나오는 구절이 포함된 PDF 파일을 내게 보내 주기도 했다. 그는 그 구절을 찾은 것과 나를 돕는다는 행위 모두에서 진정으로 기쁨을 느끼는 듯했다. 코는 마야 연구 분야에서 드물게 왕성하게 활동한 이력에 마침표를 찍고 2019년 9월 향년 90세를 일기로 숨을 거두었다.

그의 사후에도 예일 대학 역사학과는 동료들 간에 계속 높은 수준의 협력 관계를 유지했으며, 동료 교수들도 나의 질문에 신속하고 상세하게 답해 주었다. 그중에서도 특히 폴 부시코비치Paul Bushkovitch, 폴 프리드먼Paul Freedman, 프란체스카 트리벨라토Francesca Trivellato와 종교학과의 필리스 그라노프Phyllis Granoff, 코이치 시노하라Koichi Shinohara에게 사의를 표한다.

내게 아랍어를 가르쳐 준 선생님들도 계시다. 뉴헤이븐의 사라브 알아니Sarab al-Ani와 엘함 알카시미Elham Alkasimi, 그리고 싱가포르의 네빈 미하일Nevine Mikhail이 그들이다. 비범한 아랍 전문가인 마이클 라포포트Michael Rapoport도 내게 1년 반 동안이나 최선을 다해 고전 아랍어를 가르쳐 주었다. 그는 출판된 번역물들과 원문을 대조해 가며 이 책에 사용된 아랍어 사료의 번역을 체크하고 잘못된 부분이 있으면 고쳐 주기도 했다.

운 좋게도 나는 이 책을 집필하는 동안 근무처인 예일 대학을 떠나 다른 곳에서 연구를 진행할 수 있었다. 미라 서Mira Seo와 이매뉴얼 마이어Emanuel Mayer의 초청을 받아 싱가포르의 예일-NUS 대학에 초빙교수로도 갔고, 루시치Lu Xiqi의 소개로 중국의 샤먼 대학에도 갔다. 샤먼 대학에서는 첸진펑Chen Qinfen, 루첸야오Lu Chenyao, 린창장Lin Changzhang, 거샤오치Ge Shaoqi가 우리의 체류를 생산적으로 만들어 주었다. 프란츠 그르네Frantz Grenet가 나를 연사로 초청해 가게 된 콜레주 드 프랑스에서는 에티엔 드 라 배지에르Etienne de la Vaissière와 발레리 킨Valérie Kean

이 이 책과 관련해 소중한 의견을 제시해 줬다. 그르네와 도미니크 바르텔레미Dominique Barthélemy도 프랑스의 트레이예 재단이 1000년과 관련해 개최한 학술회의에 나를 초대해 주었고, 나오미 스탠던Naomi Standen은 버밍엄 대학의 고등 연구소에 나를 불러 주었다.

스탠던과 캐서린 홈스Catherine Holmes는 나중에 《과거와 현재Past & Present》의 부록 no. 13(2018년 11월)으로 발행된 「글로벌 중세The Global Middle Ages」의 편집을 당시에 막 끝마친 참이었다. 그런 시기에 두 사람은 보기 드문 학자적 관대함으로 「글로벌 중세」 필진을 버밍엄으로 초대해 내 책의 초안에 관한 비평을 부탁해 주었다. 그리하여 10여 명가량 되는 동료가 바쁜 학기 초였는데도 하루 동안 집중적이고 생산적인 대화를 나누기 위해 기꺼이 와 주었고, 그 덕에 나는 버밍엄, 옥스퍼드, 셰필드에서 그들과 연속으로 개별 면담을 할 수 있었다.

편집, 교정, 주석 작업을 할 때도 많은 분이 도와주었다. 내가 아는 다른 그 어떤 편집자보다 날카롭고 친절한 메스를 휘둘러 준 얀 피터Jan Fitter도 그중 한 사람이다. 2018년과 2019년의 여름에는 대담하고 지칠 줄 모르는 루크 스타넥Luke Stanek이 원고를 검수하고 주석의 출전을 밝히며 특히 기후 변천사와 관련된 다수의 문제점을 해결하고 문제가 있으면 제기해 주었다. 웨이타이팅Wei Tai Ting도 집필 초기에 연구 조교로서 중요한 일을 해 주었으며, 크리스토퍼 성Christopher Sung은 주석 작업 때 큰 도움을 주었다. 집필이 거의 끝날 무렵에는 매슈 코핀Matthew Coffin, 에밀리 줄레오Emily Giurleo, 낸시 라이언Nancy Ryan이 각 장의 초고에 나타난 미비점을 개선할 수 있도록 중요한 제언을 해 주었다. 알렉산더 로랑Alexander Laurent은 엉성한 사진을 게재할 수 있는 사진으로 손질해 주었으며, 케이트 첸 장Kate Qian Zhang은 대양의 환류에 관해 조언해 주었다. 어밀리아 사전트Amelia Sargent도 어려운 삽화를 그려 주었고, 리처드 스타멀먼Richard Stamelman은 사진을 멋지게 손봐 주었다.

마이클 멍Michael Meng, 하루코 나카무라Haruko Nakamura, 그리고 스털링 도서관의 큐레이터들도 탁월한 실력으로 자료 조사를 해 주었으며, 동아시아 학회의 멤버들(닉 디산티스Nick Disantis, 에이미 그린버그Amy Greenberg, 인중 김Injoong Kim, 스테파니 김Stephanie Kim, 리처드 소사Richard Sosa) 또한 때로는 하루 단위로 모든 종류의 문제점을 해결해 주었다.

나의 편집자 릭 호건Rick Horgan과 나의 대리인 앤드루 스튜어트Andrew Stuart는 내가 첫 전자우편을 보낼 때부터 『1000년』에 대한 신뢰감을 보여 주더니 그때 이후로 그들의 기준과 지원에는 전혀 흔들림이 없었다. 프레드 체이스Fred Chase도 이 책의 원고를 검수해 주었으며, 에밀리 그린월드Emily Greenwald와 베케트 루에다Beckett Rueda는 타이프라이터로 친 문서 형태의 원고를 완성된 책으로 변형시키는 데 결정적 역할을 했다.

짐 스테파넥Jim Stepanek은 이 책의 착상과 집필, 퇴고까지의 과정에 도움을 준 것은 물론 우리가 함께한 모든 여행을 유쾌하고 보람찬 것으로 만들어 주었디.(여행 중에는 자전거도 자주 대어했는데, 앙코르와트에서 보낸 시간이 최고였던 것도 그 때문이다.) 작업이 거의 끝나 갈 즈음의 어느 때인가는 자기가 이 책에 투자한 시간이 1만 2000시간이었다는 조크를 날리기도 했는데, 물론 그것은 그의 전매특허인 낙천성으로 터무니없이 낮게 산정한 시간이었다.

　내 아이들도 언제나처럼 나를 도와주었다. 프롤로그의 내용만 해도 장시간 비행을 하는 동안 송나라 때의 중국 도시에 관해 우리 일행이 대화하는 것을 옆에서 듣고 있던 클레어Claire가 완전히 현대적으로 들린다면서 아이디어를 내준 것이었다. 브렛Bret도 언젠가 1500년 이후에 일어난 일에 관해 묻더니, 에필로그를 통해 독자들에게도 그 내용을 상세히 알려 주는 것이 좋겠다는 의견을 제시했다. 리디아Lydia도 "-로그-logue는 이제 더는 쓰지 말라고 조언해 주는 게 내가 엄마를 도와주는 거야."라는 문자를 보내 놓고도 시간을 내서 사진을 골라 주었다.

　다른 분들도 원고 초안을 읽고 질문에 답해 주고 자료 제안을 해 주었다. 그분들의 이름은 장별로 정리된 이 책 말미의 주석 앞에 명기해 놓았다. 그분들도 그렇고 한정된 지면 때문에 이름을 올리지 못한 다수의 다른 분께 나는 많은 빚을 졌다.

더 알고 싶으세요?

1장　1000년의 세계

　　존 맨John Man의 *Atlas of the 1000*(2001)은 기원후 1000년 무렵 지구상의 다양한 지역들을 두루 알고 싶은 독자들의 길잡이가 될 수 있다. 로버트 이언 무어의 *The First European Revolution, c. 970-1215*(2000)도 최고의 유럽 개론서 자리를 지속적으로 유지하고 있다. 셰이머스 히니Seamus Heaney가 번역한 영웅 서사시 *Beowulf*(『베오울프』)도 많은 사람에게 사랑받는 책이다. 마야족에 관해서는 마이클 더글러스 코와 스티븐 휴스턴Stephen Houston이 지은 *The Maya*, 9th ed.(2015)를 읽어 볼 것을 권한다. 요나라, 금나라, 송나라를 주의 깊게 다룬 책으로는 디터 쿤Dieter Kuhn의 *The Age of Confucian Rule: The Song Transformation of China*(2017)가 있다.

　해류와 그것이 끼친 영향에 관심이 있는 독자라면 지극히 명료한 톰 개리슨Tom Garrison과 로버트 엘리스Robert Ellis의 *Oceanography: An Invitation to Marine Science*, 9th ed.(2016)을 필히 읽어 보아야 한다. 인구통계학과 관련된 최신 정보는 마시모 리비-바치Massimo Livi-Bacci의 *A Concise History of World Polution*(2017)에서 찾아볼 수 있다.

　2018년 11월에 캐서린 홈스와 나오미 스탠던이 공동으로 편집해 *Past & Present*의 Supplement no. 13에 *The Global Middle Ages*라는 제목으로 실은 글에도 번뜩이는 재능을 지닌 학자들의 예리한 관점이 드러나 있다.

2장　가자 서쪽으로, 젊은 바이킹들이여

　2장은 두 편의 빈란드 사가로부터 시작하는 것이 좋다. 특히 마그누스 망누손Magnus Magnusson과 헤르만 팔손Hermann Pálsson이 공역한 *The Vinland Sagas: The Norse Discovery of America*(1965)가 서론의 내용도 훌륭하고 주석에도 정보가 많이 담겨 있으며 용어 풀이도 잘되어 있어 추천하고 싶다. 캐나다 뉴펀들랜드섬의 최북단에 있는 랑스 오 메도즈의 박물관도 책에 버금가는 귀중한 자료의 원천이 될 수 있고, 우리가 했듯 직접 운전해서 가면 멋진 자동차 여행도 즐길 수 있다. 헬게 잉스타드와 안네 스티네 잉스타드 부부가 공동으로 저술한 *The Viking Discovery of America*(2001)에는 그들이 랑스 오 메도즈 유적을 발견한 경위가 실려 있다.

랑스 오 메도즈의 수석 고고학자인 비르기타 린데로트 월리스가 쓴 글은 무엇이든 읽어 볼 가치가 있다. 특히 그녀의 논문 "The Norse in Newfoundland: L'Anse aux Meadows and Vinland," *Newfoundland Studies* 19.1(Spring 2003): 5-43은 읽어 볼 필요가 있다. 윌리엄 와이빌 피츠휴William W. Fitzhugh와 엘리자베스 워드Elizabeth I. Ward가 공동으로 편집한 전시 도록 *Vikings: The North Atlantic Saga*(2000)도 양질의 사진과 글의 내용 두 가지 면 모두에서 고전의 자리를 계속 지키는 수작이다.

3장　1000년의 팬아메리칸 하이웨이

3장도 치첸이트사 방문으로 시작하는 것이 좋다. 가능하면 봄의 춘분(3월 21일) 때와 가을의 추분(9월 21일) 때가 방문하기에 이상적이지만, 수만 명의 인파가 모여드는 시기이므로 혼잡함을 견딜 각오를 해야 한다. 아니면 여름 혹서가 시작되기 전에 가기를 권한다.(더우면 세노테에 몸을 담가 열기를 식힐 수 있다.) 카호키아 둔덕, 차코 캐니언, 메사버드 등의 유적지도 둘러볼 만한 가치가 있고, 시간이 남으면 주변의 새먼Salmon 유적도 찾아보라.

마야인들이 남긴 극소수 원사료 중 하나인 구전 서사시 『포폴 부흐』도 읽어 보기를 권한다. 번역본 중에서는 데니스 테드록

Dennis Tedlock의 작품이 가장 뛰어나고, 유튜브YouTube 버전으로 만들어진 *The Popol Vuh, Mayan Creation Myth*(7회분)에도 유익한 내용이 많이 담겨 있다.

마야족과 메소아메리카를 다룬 책들은 마이클 더글러스 코가 집필한 것이 최고다. 가장 최근에 발간된 *The Maya*나 *Mexico*를 독서의 출발점으로 삼기를 권한다. 카호키아 둔덕에 관한 글을 쓴 수석 고고학자 티머시 포케타가 편찬한, 북아메리카 고고학에 관한 다수의 책도 읽어 보는 것이 좋다. *The Oxford Handbook of North American Archaeology*(2012)는 그중에서도 단연 최고다. 고대 메소포타미아 문명, 미시시피 문명, 와리 문명의 도시들이 주변 지역에 끼친 영향을 고찰한 저스틴 제닝스Justin Jennings의 책 *Globalizations and the Ancient World*(2012)도 독창적이고 매혹적인 작품이다.

4장 유럽의 노예들

바이킹의 동유럽 이동 경로가 자세히 표시된 지도를 찾는 독자는 존 헤이우드John Haywood의 *The Penguin Historical Atlas of the Vikings*(1995)를 찾아 읽어 보기 바란다. 스칸디나비아인들을 다룬 개론서로는 앤더스 윈로스의 *The Age of the Vikings*(2014)와 *The Conversion of Scandinavia: Vikings, Merchants, and Missionaries in the Remaking of Northern Europe*(2012)가 있다.

사이먼 프랭클린Simon Franklin과 조너선 셰퍼드Jonathan Shepard가 공동으로 저술한 *The Emergence of Rus, 750-1200*(1996)도 루스족에 관한 최고의 개론서 자리를 계속 유지하고 있고, *Russian Primary Chronicle*도 그것과 단짝을 이루는 훌륭한 지침서가 될 수 있다. 상트페테르부르크에 있는 예르미타시 미술관의 루스족 전시실 역시 그들의 물질문화를 피부로 느껴 볼 수 있는 장소다.

필립 케네디Philip F. Kennedy와 쇼캇 투와라Shawkat M. Toorawa가 공동으로 편찬한 *Two Arabic Travel Books*에는 제임스 몽고메리James E. Montgomery가 번역한, 이븐 파들란의 *Mission to the Volga*가 실려 있다. 할리우드 영화 *The Thirteenth Warrior*(「13번째 전사」)도 사실과 다른 내용이 많지만, 안토니오 반데라스Antonio Banderas가 900년대 초의 아랍 사절로 분한 드문 영화인 만큼 놓치지 말고 보기 바란다.

폴 킹스노스Paul Kingsnorth의 *The Wake*는 1066년에 일어난 노르만의 잉글랜드 정복 이전과 그 이후를 재현해 놓은 소설인데, 저자가 고대 영어와 현대 영어를 혼합해 만든 언어를 사용해 처음에는 생소할 수 있지만, 읽을수록 매력을 느낄 것이다. 이스라엘 소설가 아브라함 불리 여호수아A. B. Yehoshua가 쓴 *A Journey to the End of the Millennium*도 1000년 무렵의 프랑스와 독일을 배경으로 한 소설이다. 로버트 레이시Robert Lacey와 대니 댄지거Danny Danziger가 공서한 *The Year 1000. What Life was Like at the Trun of the First Millennium: An Englishman's World*(1999) 역시 제목 그대로의 내용을 담은 역사서다.

5장에서는 이 책이 완성될 즈음에 출간된 세 권의 뛰어난 책을 먼저 소개하는 것으로 시작하겠다. 프랑수아그자비에 포빌 아이마르François-Xavier Fauvelle-Aymar의 *Golden Rhinoceros: Histories of the African Middle Ages*, 번역: 트로이 타이스Troy Tice(2018), 마이클 고메즈Michael A. Gomez의 *African Dominion: A New History of Empire in Early and Medieval West Africa*(2018), 캐슬린 빅퍼드 베르조크Kathleen Bickford Berzock 가 편집한 전시 도록 *Caravans of Gold, Fragments in Time: Art, Culture, and Exchange Across Medieval Saharan Africa*(2019) 가 그것들이다.

곧 발간될 *The Cambridge World History of Slavery* 제2권 도 노예 주제에 관한 우리의 기존 인식을 완전히 바꾸어 놓는 책 이 될 것이다. 이 책이 나올 동안에는 이슬람교와 관련된 최고의 학술 논문들이 실린 *Encyclopaedia of Islam*을 참고하기 바란다.

카이로의 중세 지구를 거닐어 보는 것도 흥미로운 체험이 될 것이다. 에나스 살레Enass Saleh와 같은 전문 가이드와 함께 다 니면 중세의 카이로에 있다는 생생한 느낌을 가져 볼 수 있다. 조 너선 블룸Johathan Bloom의 *Arts of the City Victorious*(2008)도 참고하기 바란다. 블룸과 그의 공저자로 자주 이름을 올리는 그 의 아내 셰일라 블레어Sheila Blair는 재능 많은 이슬람 미술의 해 석가들인데, 그에 못지않게 글도 잘 쓴다.

네 권으로 구성되고 해밀턴 알렉산더 로스킨 깁H. A. R. Gibb

이 번역한 *The Travels of the Ibn Battuta*도 흥미진진하고, 로스 던Ross Dunn의 *The Adventures of Ibn Battuta*(2012)는 이븐 바투타에 관한 최고의 입문서다. 이븐 바투타가 갔던 길을 되밟으며 그의 모험담을 하나하나 되짚어 서술한 팀 매킨토시-스미스Tim Mackintosh-Smith의 *Travels with a Tangerine*(2012)도 있다.

6장　둘로 갈라진 중앙아시아

　　6장과 관련된 여러 지역을 답사해 볼 것을 권한다. 우즈베키스탄만 해도 부하라의 이스마일 사마니Ismail Samani 영묘를 포함해 사만 왕조의 다양한 건축물이 세워져 있다. 후허하오터에 있는 내몽골 박물관 역시 요나라 문화 유물로는 세계 최고의 컬렉션을 보유하고 있으며, 다른 지역의 고고학 박물관들도, 특히 랴오닝성에 있는 차오양의 북탑 박물관도 많은 흥미를 불러일으킨다. 교토의 박물관들에도 헤이안 시대의 아름다운 유물과 그림들이 전시되어 있고, 가까이 있는 교토 외곽의 우지에도 『겐지 이야기』에 나오는 여러 장면의 배경이 된 뵤도인 불교 사원이 있다.(미투Me Too 운동의 관점에서 볼 때 데니스 워시번Dennis Washburn이 번역한 『겐지 이야기』는 특히 매혹적이다.) 대한민국의 수도 서울에 있는 국립중앙박물관도 한국의 미술 수집품을 한 번에 둘러볼 수 있는 최고의 장소이고, 해인사도 유네스코 세계유산으로 지정된, 팔만대장경이 보관된 장경판전을 보유한 사찰이다.

　　요나라에 관한 가장 최근의 학문적 성과는 미국의 학술 저널 *The Journal of Song-Yuan Studies* 43 (2013)의 특별호로 발간된 *Perspectives on the Liao*에서 찾아볼 수 있고, 진국공주의 부장품은 2007년에 아시아 소사이어티Asia Society가 개최한 "Gilded Splendor" 전시회 때 제공된 최상의 도록과 공주의 무덤에 관해 충실하게 연구된 가상 투어 웹사이트를 참고할 수 있다.

딕 데이비스Dick Davis가 번역한 피르다우시의 『샤나메』도 쉽게 찾아 읽을 수 있으며, 온라인 백과사전 *Encyclopaedia Iranica*에서는 페르시아어와 이란 문명에 관련된 모든 주제에서 최고 수준의 학문을 접할 수 있다. 오마르 하이얌Omar Khayyam의 일대기를 소설화한 아민 말루프Amin Maalouf의 *Samarkand*에서도 1000년 무렵의 사마르칸트를 생생히 느낄 수 있다. *Rubaiyaat*에 수록된 하이얌의 시들도 1800년대 중엽에 첫 영역본이 나온 이래로 계속 고전의 자리를 유지하고 있다. 블라디미르 미노르스키Vladimir Minorsky가 번역한 책들도 읽어 볼 것을 권한다. 익명의 페르시아인이 집필한 지리책 *Hudud al-'Alam*(영역본 제목은 *The Limits of the World*)과 알마르와지의 작품들이 그것이다.

7장 놀라운 항해

동남아시아 지역 일대에는 난파선 박물관이 많으니 찾아보기 바란다. 블리퉁 난파선에서 나온 가장 감동적인 유물은 싱가포르의 아시아 문명 박물관Asian Civilisations Museum에 전시되어 있고, 싱가포르 시내의 카지노와 호텔들에서도 난파선에서 나온 다른 물건들을 볼 수 있다. 다우에서의 생활이 궁금한 사람은 *National Geographic*의 사진기자 마리온 캐플런Marion Kaplan이 1974년에 오만에서 동아프리카까지 항해했던 경험을 기록한 다큐멘터리 필름 *Sons of Sinbad*를 보면 된다. 폴리네시아의 전통 항해법을 다룬 책으로는 스티브 토머스가 마우 피아일라그와 공동으로 연구해서 쓴 *The Last Navigator*가 아직도 가장 가독성 높은 책으로 남아 있다. 보로부두르 사원과 지척 거리에 있는 사무드라 락사 박물관에는 사원 벽면의 부조에 묘사된 대로 전통 기술을 사용해 복제한 선박이 전시되어 있다.

7장에 언급된 유적지 중에서는 캄보디아의 앙코르와트가 가장 광대하지만, 주요 사원들을 둘러보려면 최소한 닷새가 필요하고 여유 있게 보려면 일주일은 있어야 한다. 앙코르와트에 관련된 입문서로는 본령인 메소아메리카에서 동남아시아로 영역을 넓혀 지칠 줄 모르고 연구에 매진한 마이클 더글러스 코의 *Angkor and the Khmer Civilization*(2018)이 단연 최고다. 라이다 기술 사용을 선도한 데이미언 에번스Damian Evans도 이 책의 공저자로 이름을 올렸다. 지금도 상태가 양호한 자바섬 중앙부의 보로부두르 사원과 탄자부르에 있는 브리하디스와라 사원들에서는 사원 국가의 작동 방식을 엿볼 수 있다.

8장 지상에서 가장 세계화된 지역

중국의 해항들을 통틀어 송나라 때의 건축계획과 도시계획이 많이 보존된 곳은 푸젠성의 취안저우다. 그곳의 거리들을 거닐어 보고 당시의 사원과 모스크를 둘러보는 일은 평생 잊지 못할 경험이 될 것이다. 도시의 해양 박물관도 꼭 가 보아야 할 곳이고, 1270년대의 난파선이 전시된 불교 사원인 개원사開元寺 경내에 있는 박물관도 마찬가지다. 취안저우는 샤먼에 가까이 접해 있으면서도 조금은 한적한 도시인 만큼 중국어 사용자를 대동하지 않으면 낭패를 볼 수 있다. 취안저우에 관한 학술 서적으로는 앤절라 쇼튼해머Angela Schottenhammer가 편찬한 *The Emporium of the World: Maritime Quanzhou, 1000-1400*(2001)에 수록된 논설들이 여전히 최고로 평가받고 있다. 존 샤피John Chaffee, 휴 클라크Hugh Clark, 황춘언Huang Chunyan,(중국어로만 글을 쓰는 학자다.) 빌리 소Billy So도 이 분야의 최고 석학들이다. 중국 역사의 종합 개론서를 찾는 사람은 나의 저서 *Open Empire*(『열린 제국: 중국』), 2nd edition(2015)을 참고하기 바란다.

남송의 수도였던 항저우는 취안저우보다는 훨씬 선진된 도시다. 이곳에서는 등요 유적에 가 볼 수 있고, 이 가마에서 고온으로 소성한 도자기도 볼 수 있다. 1200년대에 조성된 지하 거리들을 걸어 볼 수도 있다. 1186년 이전의 어느 무렵에 북송의 장택단張擇端이 그린 그림으로 길이가 5야드(5미터)가 넘고 중국의 「모나리자*Mona Lisa*」로도 불리는 「청명상하도淸明上河圖」에도 이상적인 중국 도시 풍경이 자세히 묘사되어 있다. 이 그림은 복제화도 많고 유튜브에도 소개되어 있다. 베이징의 자금성 내에 있는 고궁박물원에서도 종종 가을철에 이 그림을 전시한다.

각 장의 주

프롤로그

1) 맨프레드 스테거(Manfred B. Steger)도 시공간 압축을 세계화의 열쇠로
    보고, 대다수 책이 그렇듯 1970년대에 초점을 맞춘 유용한 개론서를 썼다.
    일부 분석가들은 1000년 이전부터 세계화가 진행된 것을 발견하기도 했다.
    저스틴 제닝스도 고대 메소포타미아 문명권, 카호키아 문명권, 와리 문명권
    모두 주변의 농촌 지역에 영향을 미친 도시들을 보유했다고 주장했다. 데이
    비드 노스럽(David Northrup)과 존 맨 같은 초기 학자들도 1000년의 중
    요성에 관해 언급했으며, 재닛 아부-루고드(Janet Abu-Lughod)는 몽골
    족이 중국을 지배한 기간을 더 큰 통합 쪽으로 나아간 주요 단계로 파악했
    다. 크리스토퍼 베일리(C. A. Bayly) 또한 세계화를 사회적 발전의 규모 면
    에서 지방적 수준 또는 지역적 수준에서 세계적 수준으로 점진적 증가를 이
    룬 현상으로 정의했다. Steger, *Globalization: A Very Short Introduction*
    (2009); Jennings, *Globalizations and the Ancient World* (2011);
    Northrup, "Globalization and the Great Convergence: Rethinking

World History in the Long Term," *Journal of World History* 16.3 (2005): 249-67; Man, *Atlas of the Year 1000* (2001); Abu-Lughod, *Before European Hegemony: The World System A.D. 1250-1350* (1989); Bayly, "'Archaic' and 'Modern' Globalization in the Eurasian and Africe Arena, c. 1750-1850," in *Globalization in World History*, ed. A. G. Hopkins (2002)를 참조하라.

2) Magnus Magnusson and Hermann Pálsson (trans.), *The Vinland Sagas: The Norse Discovery of America* (1965): 100.

3) Jon Emont, "Why Are There No New Major Religions?," *The Atlantic* (August 6, 2017).

1장   1000년의 세계

1) James C. Lee and Wang Feng, *One Quarter of Humanity: Malthusian Mythology and Chinese Realities, 1700-2000* (1996): 6(Figure 1.1).

2) Andrew M. Watson, "The Arab Agricultural Revolution and Its Diffusion, 700-1100," *Journal of Economic History* 34.1 (1974): 8-35; Watson, *Agricultural Innovation in the Early Islamic World: The Diffusion of Crops and Farming Techniques*, 700-1100 (1983). 파올로 스콰트리티(Paolo Squatriti)는 그의 "Of Seeds, Seasons, and Seas: Andrew Watson's Medieval Agrarian Revolution Forty Years Later," *Journal of Economic History* 74.4 (2014): 1205-20에서 이슬람권 전역으로 농작물이 확산된 것에 관한 앤드루 왓슨(Andrew M. Watson)의 독창적 논문이 오랜 시간이 지났는데도 여전히 유효하다는 점을 입증해 보였다.

3) Andrew Watson, "A Medieval Green Revolution," in The Islamic Middle East, 700-1900: *Studies in Economic and Social History*, ed. A. L. Udovitch (1981): 29-58, 30; Charles Issawi, "The Area and Population of the Arab Empire: An Essay in Speculation," in the same volume, 375-96, 387.

4) R. I. Moore, *The First European Revolution, c. 970-1215* (2000): 30-39, 30 (인구가 곱절로 불어난 부분), 33 (코르도바 인구 부분), 46-48 (곡물화 부분).

5) H. H. Lamb, "The Early Medieval Warm Epoch and Its Sequel," *Paleogeography, Paleoecology* 1 (1965): 13-37.

6) PAGES 2k Consortium, "Continental-Scale Temperature Variability During the Past Two Millennia," *Nature Geoscience* 6 (2013): 339-46. 우기와 건기뿐 아니라 냉각 및 온난화 추세도 함께 나타난 세계지도는 지질학 박사 제바스티안 뤼닝(Sebastian Lüning)이 이끄는 온라인상의 중세 온난기 지도 제작 프로젝트(Medieval Warm Period mapping project)인 http://tlp.de/mwp를 찾아보라. Quansheng Ge et al. about China, and Christian Rohr et al. about Europe, in the *Palgrave Handbook of Climate History*, ed Sam White et al. (2018)도 참고하라.

7) Alexander F. More, "New Interdisciplinary Evidence on Climate and the Environment from the Last Millennium," unpublished paper delivered at the conference, "Histoires de l'an mil," Fondation des Treilles, France, September. 9-14, 2019.

8) Valerie Hansen, *The Open Empire: A History of China to 1800*, 2nd ed. (2015): 239.

9) Cécile Morrisson, "La place de Byzance dans l'histoire de l'économie médiévale (v. 717-1204): méthodes, acquis, perspectives," in *Richesse et croissance au Moyen Âge. Orient et Occident* (Monographies de Travaux et Mémoires 43), ed. D. Barthélemy and Jean-Marie Martin, (2014): 11-30.

10) Sonja Brentjes, "Al-jabr," *Encyclopaedia of Islam*, 3rd ed. (2007).

11) Uta C. Merzbach, "Calendars and the Reckoning of Time," *Dictionary of the Middle Ages* (1983) 3: 17-30.

12) Robert E. Lerner, "Millennialism, Christian," *Dictionary of the Middle Ages* 8: 384-88; Norman Cohn, *The Pursuit of the Millennium: Revolutionary Messianism in Medieval and Reformation Europe and Its Bearing on Modern Totalitarian Movements*, 3rd ed. (1970).

13) Tom Clynes, "Exclusive: Laser Scans Reveal Maya 'Megalopolis's Below Guatemalan Jungle," *National Geographic* (February 1, 2018). 온라인으로도 이용할 수 있다.

14) Michael D. Coe and Stephen Houston, *The Maya*, 9th ed. (2015): 73,

84 (초기 농업에 관한 부분), 126 (티칼의 인구에 관한 부분), 176 (치첸이트사에 관한 부분).

15) Massimo Livi-Bacci, *A Concise History of World Population* (2017): 25.

16) William W. Clark and John Bell Henneman, Jr., "Paris," William A. Percy, "Population and Demography," in William W. Kibler et al., *Medieval France: An Encyclopedia* (1995): 698-707, 751-52.

17) Conrad Leyser, Naomi Standen, and Stephanie Wynne-Jones, "Settlement, Landscape and Narrative: What Really Happened in History," *The Global Middle Ages*, ed. Catherine Holmes and Naomi Standen, *Past and Present*, Supplement 13 (2018): 232-60.

18) Travis E. Zadeh, *Mapping Frontiers Across Medieval Islam: Geography, Translations and the Abbāsid Empire* (2011).

19) Gavin Menzies, *1421: The Year That China Discovered America* (2008).

20) Ishaan Tharoor, "Muslims Discovered America Before Columbus, Claims Turkey's Erdogan," Washington Post (November 15, 2004); entry for October 29, 1492, Journal of the First Voyage of Christopher Columbus, ed. Julius E. Olson and Edward Gaylord Bourne (1906): 133.

21) Frederick S. Starr, *Lost Enlightenment: Central Asia's Golden Age from the Arab Conquest to Tamerlane* (2014): 375-78.

22) Saiyid Samad Husain Rizi, "A Newly Discovered Book of Al-Biruni: 'Ghurrat-uz-Zijat,' and al-Biruni's Measurements of Earth's Dimensions," in *Al-Biruni Commemorative Volume*, ed. Hakim Mohammed Said (1979): 605-80, 617.

23) Fuat Sezgin (ed.), *The Determination of the Coordinates of Positions for the Correction of Distances Between Cities: A Translation from the Arabic of al-Biruni's Kitab Tahdid Nihayat al-Amakiin Litashih Masafat al-Masakin by Jamil Ali* (1992): 102-10, which translates 136-46 of al-Bīrūnī, *Kitāb Taḥdīd nihāyāt al-amākin li-taṣḥīḥ masāfāt al-masākin*, ed. P. Bulgakov (Frankfurt, 1992).

24) Helmut Nickel, "Games and Pastimes," *Dictionary of the Middle Ages*

(1985): 5: 347-53.

25) 미국 자연사박물관의 박물관 기술자 아니발 로드리게스(Anibal Rodriguez)와 2015년 3월 11일에 나눈 사적 대화에서.

26) John Howland Rowe, *Inca Culture at the Time of the Spanish Conquest* (1946): 231-32.

27) Ross Hassig, *Aztec Warfare: Imperial Expansion and Political Control* (1995): 66.

28) U.S. Department of the Army Techniques Publication, "Foot Marches (FM 21-18)" (April 2017): Section 2-41.

29) Ashleigh N. Deluca, "World's Toughest Horse Race Retraces Genghis Khan's Postal Route," *National Geographic News* (August 7, 2014); H. Desmond Martin, *The Rise of Chingis Khan and His Conquest of North China* (1950): 18.

30) Stephen H. Lekson, "Chaco's Hinterlands," in *The Oxford Handbook of North American Archaeology*, ed. Timothy R. Pauketat (2012): 597-607, 620-3.

31) Anders Winroth, *The Age of the Vikings* (2014): 72.

32) Ben R. Finney, *Hokule'a: The Way to Tahiti* (1979); Ben Finney, *Voyage of Rediscovery: A Cultural Odyssey Through Polynesia* (1994): 127.

33) 마크 하워드-플랜더스(Mark Howard-Flanders)가 2017년 9월 1일에 코네티컷주의 노련한 선원 브랜퍼드(Branford)와 나눈 대화에서.

34) Birgitta Wallace, "The Norse in Newfoundland: L'Anse aux Meadows and Vinland," *Newfoundland Studies* 19.1 (2003): 5-43, 8.

35) Keneva Kunz (trans.), *Vinland Sagas: The Icelandic Sagas About the First Documented Voyages Across the North Atlantic*, ed. Gisli Sigurdsson (2008): 4.

36) http://oceanservice.noaa.gov/. 매우 유용한 웹사이트인 https://earth.nullschool.net도 함께 참고해 보라. 이 사이트에서는 원하는 시기의 바람과 해류를 찾아볼 수 있다

37) Cassandra Take, "Japanese Castaways of 1834: The Three Kichis" (posted July 23, 2009), http://www.historylink.org/File/9065; Frederik L. Schodt, *Native American in the Land of the Shogun:*

Ranald MacDonald and the Opening of Japan (2003).

38)   Tom Garrison and Robert Ellis, *Oceanography: An Invitation to Marine Science*, 9th ed. (2016): 230 (몬순 부분), 232 (삽화 8.19a and b: 몬순의 패턴 부분), 251 (삽화 9.3: 북대서양 환류 부분), 255 (삽화 9.8a and b: 표층 해류 부분).

39)   George F. Hourani, *Arab Seafaring in the Indian Ocean in Ancient and Early Medieval Times*, revised and expanded by John Carswell (1995): 61 (해류를 최대한으로 이용한 내용에 관한 부분), 74 (항해 시기에 관한 부분).

40)   인도네시아에서 활동하는 유명한 수중 사진가 로버트 델프스(Robert Delfs)와 2015년 10월에 나눈 대화 내용에서.

41)   싱가포르 국립대학의 왕궁우(Wang Gungwu) 명예교수가 2015년 10월에 사적으로 나눈 대화에 포함된 내용. C. C. McKnight, *The Voyage to Marege': Macassan Trepangers in Northern Australia* (1976); Derek John Mulvaney, "bêche-demer, Aborigines and Australian History," *Journal of the Royal Society of Victoria* 79.2 (1966): 449-57.

42)   Robert K. G. Temple, *The Genius of China: 3,000 Years of Science, Discovery, and Invention* (1986): 148-57.

43)   Steve Thomas, *The Last Navigator: A Young Man, an Ancient Mariner, and the Secrets of the Sea* (1987).

44)   Mau Piailug obtiruary, *Washington Post* (July 21, 2010).

45)   Seamus Heaney (trans.), *Beowulf: A New Verse Translation* (2001).

46)   Ben Raffield, "Bands of Brothers: A Re-appraisal of the Viking Great Army and Its Implications for the Scandinavian Colonization of England," *Early Medieval Europe* 24.3 (2016): 308-37, 314 (전사단의 규모 부분), 317 (여자 구성원 부분), 325 (전사단의 민족별 구성 부분).

47)   Jonathan Karam Skaff, *Sui-Tang China and Its Truko-Mongol Neighbors: Culture, Power, and Connections, 580-800* (2012): 12-15, 75-104; Timothy Reuter, "Plunder and Tribute in the Caroningian Empire," *Transactions of the Royal Historical Society*, 5th Series, 35 (1985): 75-94; Naomi Standen, "Followers and Leaders in Northeastern Eurasia, ca. Seventh to Tenth Centuries," in *Empires and Exchanges in Eurasian Late Antiquity: Rome, China, Iran, and the*

Steppe, ca. 250-750, ed. Nicola di Cosmo and Michael Maas (2018): 400-18.

48) Gwyn Jones, *A History of the Vikings* (1968): 290.

49) John Man, *Atlas of the Year 1000* (2001).

2장 가자 서쪽으로, 젊은 바이킹들이여

동료인 앤더스 윈로스는 빈란드 사가들의 역사적 가치에 관한 의구심이 가시지 않은 상태에서도 지난 20년간 출간된 주요 문헌들을 내게 알려 주었다. 버밍엄 대학의 크리스 캘로(Chris Callow)와 옥스퍼드의 콘래드 레이저(Conrad Leyser)도 있는 힘껏 회의론자들의 입장을 내게 설명해 주었다.

1) Keneva Kunz (trans.), *The Vinland Sagas: The Icelandic Sagas About the First Documented Voyages Across the North Atlantic*, ed. Gísli Sigurdsson (2008): 5-10 (레이프의 항해 부분), 31-32 (구드리드가 노래하는 부분), 45 (카를세프니와 토착민 집단의 조우 부분).

2) Annette Kolodny, *In Search of First Contact: The Vikings of Vinland, the Peoples of the Dawnland, and the Anglo-American Anxiety of Discovery* (2012): 58 (스크렐링의 뜻 부분), 59 (철제 무기 부분), 60 (와바나키 연합 부분), 272 (웨인 뉴얼 부분), 274 (소음 유발자 부분).

3) Ben Raffield, "Bands of Brothers: A Re-appraisal of the Viking Great Army and Its Implications for the Scandinavian Colonization of England," *Early Medieval Europe* 24.3 (2016): 308-37, 325.

4) Nancy Marie Brown, *The Far Traveler: Voyages of a Viking Woman* (2006).

5) Anders Winroth, *The Conversion of Scandinavia: Vikings, Merchants, and Missionaries in the Remaking of Northern Europe* (2012).

6) Heather Pringle, "New Visions of the Vikings," *National Geographic* 231.3 (March 2017): 30-51, 39.

7) 존 헤이우드는 덴마크의 앙겔른반도에서 출토된 600년대의 룬석에 가로돛 그림이 묘사된 것에 주목한다. 그의 *The Penguin Historical Atlas of the Vikings* (1995): 9-10을 참조하라.

8)   Max Vinner, *Boats of the Viking Ship Museum* (2017): 20-21.

9)   Dieter Ahrens, "Die Buddhastatutte von Helgö," *Pantheon* 22 (1964): 51-52: Scott Ashley, "Global Worlds, Local Worlds, Connections and Transformations in the Viking Age," in *Byzantium and the Viking World*, ed. Fedir Androshchuk et al. (2016): 363-87, 364, 372.

10)   Thorlief Sjøvold, *The Viking Ships in Oslo* (1985): 22.

11)   덴마크의 로스킬레에 있는 바이킹 선박 박물관에는 현재 선박의 뼈대 다섯 종류가 전시되어 있다.

12)   James H. Barrett and David C. Orton (eds.), *Cod and Herring: The Archaeology and History of Medieval Sea Fishing* (2016).

13)   정착 전시장 레이캬비크 871±2 박물관(The Settlement Exhibition Reykjavik 871±2 Museum)은 그린란드의 빙하 코어(ice core)와 대조하는 방법으로 노르드인들이 아이슬란드에 최초로 정착한 시기를 추정해 냈다.

14)   Erik Wahlgren, "Vinland Sagas," *Medieval Scandinavia: An Encyclopedia* (1993): 704-5.

15)   고대 노르드인과 중세 스칸디나비아인에 관한 연구를 전문 분야로 하는 UCLA의 제시 비욕(Jesse Byock)과 2017년 8월 23일에 나눈 대화에서.

16)   Sverrir Jakobsson, "Vinland and Wishful Thinking: Medieval and Modern Fantasies," *Canadian JournalHistory/Annales canadiennes d'histoire* 47 (2012): 493-514; Jerold C. Frakes, "vikings, Vinland and the Discourse of Eurocentrism," *Journal of English and German Philology* 100.1 (April 2001): 157-99.

17)   시어도어 M. 안데르손(Theodore M. Andersson)의 책에는 (전기적 내용을 포함해) 구전된 일화 일곱 종류가 수록되어 있다: *The Growth of the Medieval Icelandic Sagas* (1180-1280) (2006). 더불어 Margaret Cormack, "Fact and Fiction in the Icelandic Sagas," *History Compass* 5.1 (2007): 201-17도 함께 참조하라.

18)   『에이리크의 사가』에는 카를세프니가 빈란드에 도착한 후에 토르발드가 죽은 것으로 나와 있고, 『그린란드 사람들의 사가』에는 카를세프니가 도착하기 전에 그가 죽은 것으로 나타난다.

19)   Robert W. Park, "Contact Between the Norse Vikings and the Dorset Culture in Arctic Canada," *Antiquity* 82 (2008): 189-98.

20) Ralph T. Pastore, "Archaeology, History, and the Beothuks," *Newfoundland Studies* 9.2 (1993): 260-78; Ralph Pastore, "The collapse of the Beothuk World," *Acadiensis: Journal of the History of the Atlantic Region* 19.1 (1989): 52-71.

21) Birgitta Wallace, *Westward Vikings* (2006): 21-23 (연대 추정에 관한 논의 부분), 25, 29-30 (랑스 오 메도즈를 바이킹의 정착지로 보는 것과 관련된 부분), 38-48 (각 건축물에 관한 상세한 기술 부분), 78 (인구 추정과 관련된 부분), 87-88 (랑스 오 메도즈의 베오투크족과 이누족에 관한 부분).

22) "L'anse aux Meadows: Lief Eriksson's Home in the Americas," *Journal of the North Atlantic*, Special Volume 2 (2009): 114-25, 116 (16세기의 교역로 부분), 120 (동물 뼈 증거물 부분), 121 (카르티에와 샬뢰르만 부분).

23) Ramsay Cook, *The Voyages of Jacques Cartier* (1993): 19-21.

24) Henry Rowe Schoolcraft(1793-1864), *Historical and Statistical Information Respecting the History, Condition and Prospects of the Indian Tribes of the United States*, Volume 1 (1851): 85.

25) Adam of Bremen, *History of the Archbishops of Hamburg-Bremen*, trans. Francis J. Tschan, introduction by Timothy Reuter (2002): 218-19.

26) 1121년에서 1400년 사이에 아이슬란드어로 작성된 소수의 다른 필사본에도 빈란드가 언급되어 있다. 1127년에 기록된 Ari Thorgilsson(1067년생), *Book of the Icelanders* (islendingabók)는 그중에서도 가장 중요한 사본 가운데 하나다.

27) W. A Munn, *Wineland Voyages: Location of Helluland, Markland and Vinland* (1946 reprint of 1914 privately printed pamphlet).

28) Anne Stine Ingstad, *The New Land with the Green Meadows* (2013): 169.

29) Helge Ingstad and Anne Stine Ingstad, T*he Viking Discovery of America: The Excavation of a Norse Settlement in L'Anse aux Meadows, Newfoundland* (2001): 105-9 (빈란드의 뜻 부분), 137 (대장간 부분), 157 (바늘 끝을 가늘게 가는 도구와 가락바퀴 부분), 160 (청동 핀 부분).

30) Erik Wahlgren, "Fact and Fancy in the Vinland Sagas," in *Old Norse*

Literature and Mythology: A Symposium, ed. Edgar C. Polomé (1969): 44, 52-53.

31)   Birgitta Wallace, "The Norse in Newfoundland: L'Anse aux Meadows and Vinland," *Newfoundland Studies* 19.1 (2003): 10 (두 빈란드 사가에 관한 부분), 11 (근방에는 농지가 없다는 내용), 18-19 (선박 수리소 부분), 25 (노르드인들이 질서정연하게 떠났다는 내용), 26 (백호두나무에 관한 내용).

32)   Erik Wahlgren, *The Vikings and America* (1986): 11-15 (그린란드 북쪽 지역으로의 탐험 부분), 163-64 (빈란드의 위치 부분). 빈란드였을 개연성이 있는 또 다른 장소들은 "Suggested Locations of Places Mentioned in the Vinland Sagas," in Kunz, *Vinland Sagas*, 66-67에 나오는 도표를 참조하라.

33)   Svein H. Gullbekk, "The Norse Penny Reconsidered: The Goddard Coin — Hoax or Genuine?" *Journal of the North Atlantic* 33 (2017): 1-8; Steven L. Cox, "A Norse Penny from Maine," in *Vikings: The North Atlantic Saga*, ed. William W. Fitzhugh and Elizabeth I. Ward (2000): 206-7; Gareth Williams, British Museum, email, July 11, 2016.

34)   Joel Bergland, "The Farm Beneath the Sand," in Fitzhugh and Ward, *North Atlantic Saga*, 295-393, 300.

35)   Magnusson and Hermann Pálsson (trans.), *The Vinland Sagas: The Norse Discovery of America* (1965): 21 (그린란드 북쪽 지역으로의 탐험 부분), 22 (1379년에 일어난 살해 부분), 23 (1492년의 교황청 문서 부분).

36)   Museum of History, Ottawa, Canada, accession no. KeDq-7: 325.

37)   PAGES 2k Consortium, "Continental-Scale Temperature Variability During the Past Two Millennia," *Nature Geoscience* 6 (2013): 339-46.

38)   Robert W. Park, "Adapting to a Frozen Coastal Environment," in *The Oxford Handbook of North American Archaeology*, ed. Timothy R. Pauketat (2012): 113-23.

39)   Niels Lynnerup, "Life and Death in Norse Greenland," in Fitzhugh and Ward, *North Atlantic Saga*, 285-94.

40)   2016년 7월 12일에 예일 대학 영어과의 로버타 프랭크(Roberta Frank) 교수와 나눈 개인적 대화 내용에서.

41) Biørn Jonsen of Skarsaa, Description of Greenland and the Skálholt Map, Det Kongelige Bibliotek, Skálholt Map #431.6 (1590), www. myoldmaps.com.

3장   1000년의 팬아메리칸 하이웨이

본인들의 전문 지식을 내게 아낌없이 제공해 준 예일 대학 동료 세 사람을 여기 소개한다. 고(故) 마이클 D. 코 인류학과 명예교수, 게티 연구소 소장을 겸직하고 있는 메리 밀러 예술사 교수, 박사과정을 이수한 뒤 예일 대학 미술관의 큐레이터와 게티 연구소 선임 연구원을 겸직하고 있는 앤드루 터너가 그들이다. 워싱턴 대학의 존 E. 켈리(John E. Kelly)도 2015년 4월 11일의 카호키아 방문 때 친절하게도 나를 안내해 주었다. 예일 대학의 미셸 영(Michelle Young)도 안데스 부분에 관해 예리하게 비평해 주었으며, 셰필드 대학의 캐럴라인 도드 페녹(Caroline Dodd Pennock)도 그 부분에 관해 중요한 수정을 제안해 주었다.

1)   Geoffrey E. Braswell, "What We Know, What We Don't Know, and What We Like to Argue About," Yale Brownbag Archaeological lunchtime talk(예일 대학의 식사 토론) (December 8, 2017).

2)   Mary Miller, *The Art of Mesoamerica: From Olmec to Aztec* (2012): 224.

3)   Laura Filloy Nadal, "Rubber and Rubber Balls in Mesoamerica," in *The Sport of Life and Death: The Mesoamerican Ballgame*, ed. E. Michael Whittington (2002): 21-31.

4)   Earl H. Morris, *The Temple of the Warriors: The Adventure of Exploring and Restoring a Masterpiece of Native American Architecture in the Ruined Maya City of Chichén Itzá, Yucatan* (1931): 62.

5)   Michael D. Coe and Stephen Houston, *The Maya*, 9th ed. (2015): 126, 163, 174-98 (말기 고전기 부분), 182, 201 (987년에 일어난 일 부분), 201-5 (치첸이트사에 관한 묘사 부분), 214-19 (마야판 부분), 242 (하안 길 부분).

6)   앤 액스텔 모리스는 전사의 신전 벽화를 수채화로 모사했을 뿐 아니라 아직도 식별할 수 있는 그림들을 흑백으로 스케치하기도 했다. 벽화 속 사라진 인물들 자리에는 다른 곳의 유사한 인물들을 모사해 채워 넣는 세심함도 보

였다. Earl H. Morris, Jean Charlot, and Ann Axtell Morris, *The Temple of the Warriors at Chichen Itza, Yucatan*, Publication N. 406 (1931년 부분): I: 386-95, II: plate 139 (마야의 마을 침입 부분); plate 147c (컬러 도판에 나오는 포로 부분); plate 159 (평화로워진 마야 마을 부분).

7)   과테말라와 접경한 멕시코 치아파스주에 있는 보남팍 유적지의 벽화와 비교해 보라.

8)   아타풀자이트(attapulgite)로도 알려진 이것의 학명은 수산화규산알루민산마그네슘(hydrated magnesium aluminum silicate hydroxide)이다.

9)   Morris et al., *The Temple of the Warriors*, I: 402.

10)   J. Eric S. Thompson, "Representations of Tlalchitonatiuh at Chichén, Itzá, Yucatan, and at Baul, Escuintla," *Notes on Middle American Archaeology and Ethnology* 19 (1943): 117-21. 더불어 Donald E. Wray, "The Historical Significance of the Murals in the Temple of the Warriors, Chichén Itzá," *American Antiquity* 11.1 (1945): 25-27도 함께 참조하라.

11)   Beniamino Volta and Geoffrey E. Braswell, "Alternative Narratives and Missing Data: Regining the Chronology of Chichén Itzá," in *The Maya and Their Central American Neighbors: Settlement Patterns, Architecture, Hieroglyphic Texts, and Ceramics*, ed. Geoffrey E. Braswell (2014): 356-402, 373-74 (표 13.1 비문 부분), 377-83 (시기 부분).

12)   John S. Bolles, *Las Monjas: A Major Pre-Mexican Architectural Complex at Chichén Itzá* (1977): 198 (1934년에 촬영된 방 번호 22번의 배 벽화 부분), 199 (아델라 브레턴(Adela Breton)이 그린 벽화 그림 부분), 202-3 (장 샤를로(Jean Charlot)가 그린 벽화의 수채화 그림 부분).

13)   덴마크 로스킬데의 쇠렌 닐슨(Søren Nielson) 바이킹 선박 박물관장이 2018년 6월 7일에 보낸 이메일 내용에서.

14)   Jeanne E. Arnold, "Credit Where Credit Is Due: The History of the Chumash Oceangoing Plank Canoe," *American Antiquity* 72.2 (2007): 196-209: Brian Fagan, "The Chumash," in *Time Detectives* (1995).

15)   Magnus Magnusson and Hermann Pálsson (trans.), *The Vinland Sagas* (1965): 51.

16)   Ernest Noyes (trans.), "Fray Alonso Ponce in Yucatán" (Tulane),

Middle American Research Series, Publication No. 4 (1934): 344-45.

17) Bruce J. Bourque and Steven L. Cox, "Maine State Museum Investigation of the Goddard Site, 1979)," *Man in the Northest* 22 (1981): 3-27, 18 (불법과 밍크 부분).

18) Keven McAleese, "Ancient Uses of Ramah Chert," 2002, http://www. heritage.nf.ca/articles/environment/landscape-ramah-chert.php.

19) Bruce J. Bourque, "Eastern North America: Evidence for Prehistoric Exchange on the Maritime Peninsula," in *Prehistoric Exchange systems in North America*, ed. Timothy G. Baugh and Jonathan E. Ericson (1994): 34-5.

20) Elizabeth Chilton, "New England Algonquians: Navigating 'Backwaters' and Typological Boundaries," in *The Oxford Handbook of North American Archaeology*, ed. Timothy R. Pauketat (2012): 262-72.

21) Ronald F. Williamson, "What Will Be Has Always been: The Past and Present of Northern Iroquoians," in *The Oxford Handbook of North American Archaeology*, 273-84.

22) Bernard K. Means, "Villagers and Farmers of the Middle and Upper Ohio River Valley, 11th to 17th Centuries AD: The Fort Ancient and Monongahela Traditions," in *The Oxford Handbook of North American Archaeology*, 297-309.

23) Deborah M. Pearsall, "People, Plants, and Culinary Traditions," in *The Oxford Handbook of North American Archaeology*, 73-84.

24) Alice Beck Kehoe, *America Before the European Invasions* (2002): 177 (카호키아인들의 치아 성형 부분), 178 (옥수수, 콩, 스쿼시 부분).

25) Timothy R. Pauketat, *Ancient Cahokia and the Mississippians* (2004): 7-9.

26) Justin Jennings, *Globalizations and the Ancient World* (2011): 83-84 (카호키아의 인구 부분), 87-88 (카호키아의 지역적 영향 부분), 92-95 (스피로 부분).

27) Robert L. Hall, "The Cahokia Site and Its People," in *Hero, Hawk, and Open Hand: American Indian Art of the Ancient Midwest and South*, ed. Richard F. Townshend (2004): 93-103.

28) Timothy R. Pauketat, *Cahokia: Ancient America's Great Cith on the Mississippi* (2009): 31-36 (교역 부분), 36-50 (청키 부분), 69-84 (마운드 72 부분), 92-98 (쌍둥이 영웅 신화 부분).

29) Melvin L. Fowler, "Mound 72 and Early Mississippian at Cahokia," in *New Perspectives on Cahokia: Views from the Periphery*, ed. James B. Stoltman (1991): 1-28.

30) John E. Kelly, "Cahokia as a Gateway Center," in *Cahokia and the Hinterlands: Middle Mississippian Cultures of the Midwest*, ed. Thomas E. Emerson and R. Barry Lewis (1991): 61-80, 75.

31) Townshend, *Hero, Hawk, and Open Hand*, 150, 157.

32) Alex W. Barker et al., "Mesoamerican Origin for an Obsidian Scraper from the Precolumbian Southeastern United States," *American Antiquity* 67.1 (2002): 103-8.

33) Gregory Perino, "Additional Discoveries of Filed Teeth in the Cahokia Area," *American Antiquity* 32.4 (1967): 538-42.

34) Michael Bawaya, "A Chocolate Habit in Ancient North America," *Science* 345.6200 (2014): 991.

35) Dennis Tedlock, *Popol Vuh: The Definitive Edition of the Mayan Book of the Dawn of Life and the Glories of Gods and Kings* (1996).

36) Ruth M. Van Kyke, "Chaco's Sacred Geography," in *In Search of Chaco: New Approaches to an Archaeological Enigma*, ed. David Grant Noble (2004): 79-85.

37) Thomas C. Windes, "This Old House: Construction and Abandonment at Pueblo Bonito," in *Pueblo Bonito*, ed. Jill E. Neitzel (2003): 14-32, 15.

38) David Grant Noble, *Ancient Ruins of the Southwest: An Archaeological Guide* (1991): 27 (차코에서 진행된 메소아메리카인들의 교역 부분), 73, 115 (큰 집들과 도로 부분).

39) Michael A. Schillaci, "The Development of Population Diversity at Chaco Canyon," *Kiva* 68.3 (2003): 221-45.

40) Christy G. Turner II and Jacqueline A. Turner, *Man Corn: Cannibalism and Violence in the Prehistoric American Southwest* (1999): 128-29, 476 (그림 5.7).

41) Stephen Nash, "Heated Politics, Precious Ruins," *New York Times* (July 30, 2017): TR7-9.

42) Exhibit label at the Salmon Ruins Museum and Research Library, Bloomfield, New Mexico, 87413 (2016년 3월 21일에 방문); Tori L. Myers, "Salmon Ruins Trail Guide" (2013): 9. 15.

43) Patricia L. Crown and W. Jeffrey Hurst, "Evidence of Cacao Use in the *Prehispanic American Southwest,*" *Proceding of the National Academy of Sciences of the United States of America* 106.7 (2009): 2110-13; W. Jeffrey Hurst, "The Determination of Cacao in Samples of Archaeological Interest," in *Chocolate in Mesoamerica: A Cultural History of Cacao*, ed. Cameron L. McNeil (2006): 104-13.

44) Zach Zorich, "Ancient Amazonian Chocolatiers," *Archaeology* (January/February 2019): 12.

45) Sophie D. Coe and Michael D. Coe, *The True History of Chocolate*, 3rd ed. (2013): 21-24.

46) Douglas J. Kennett et al., "Development and Disintegration of Maya Political Systems in Response to Climate Change," *Science* (2012): 788-91.

47) Richard W. Bulliet, The Wheel: Inventions and Reinventions (2016): 36-41.

48) Joel W. Palka, *Maya Pilgrimage to Ritual Landscapes: Insights from Archaeology, History, and Ethnography* (2014): 81; Angela H. Keller, "A Road by Any Other Name: Trails, Paths, and Roads in Maya Language and Thought," in *Landscapes of Movement: Trails, Paths, and Roads in Anthropological Perspective*, ed. James E. Snead et al. (2009): 133-57, 145.

49) C. W. Ceram, *Gods, Graves, and Scholars: The Story of Archaeology*, trans. E. B. Garside (1953): 379, 385.

50) https://arstechnica.com/science/2016/09/confirmed-mysterious-ancient-maya-book-grolier-codex-is-genine/을 참조하리.

51) Friar Diego de Landa, *Yucatan: Before and After the Conquest*, trans. William Gates (1978): 17 (마야의 호상 부분), 90 (신성한 세노테 부분).

52) Clemency Chase Coggins and Orrin C. Shane III (eds.), *Cenote of*

Sacrifce: Maya Treasures from the Sacred Well at Chichén Itzá (1984): 24-25.

53) Simon Martin, "The Dark Lord of Maya Trade," in *Fiery Pool: The Maya and the Mythic Sea*, ed. Daniel Finamore and Stephen D. Houston (2010): 160-62.

54) Dorothy Hosler, "Metal Production," in *The Postclassic Mesoamerican World*, ed. Michael E. Smith and Frances F. Berdan (2003): 159-71, 163; Warwich Bray, "Maya Metalwork and Its External Connections," in *Social Process in Maya Prehistory: Studies in Honour of Sir Eric Thompson*, ed. Norman Hammond (1977): 366-403.

55) Joanne Pillsbury et al., *Golden Kingdoms: Luxury Arts in the Ancient Americas* (2017), in particular the contributions by Joanne Pillsbury (1-13), John W. Hoopes (54-65), Stephen Houston (78-89), James A. Doyle (84).

56) B. Cockrell et al., "For Whom the Bells Fall: Metals from the Cenote Sagrado, Chichén Itzá," *Archaeometry* 57.6 (2015): 977-95.

57) Izumi Shimada, "The Late Prehispanic Coastal States," in *The Inca World: The Development of Pre-Columbian Peru, A.D. 1000-1534*, ed. Laura Laurencich Minelli (2000): 49-64, 55-56 (지배자들의 금속 사용 부분), 57-59 (원거리 교역 부분).

58) Heather Lechtman, *The Central Andes, Metallurgy Without Iron* (1980).

59) Ana Maria Falchetti de Sáenz, "The Darién Gold Pendants of Ancient Colombia and the Isthumus," *Metropolitan Museum of Art Journal* 43 (2008): 39-73, 55-56.

60) Heather Lechtman, "Arsenic Bronze: Dirty Copper or Chosen Alloy? A View from the Americas," *Journal of Field Archaeology* 23.4 (1996): 477-514.

61) M. Harper, "Possible Toxic Metal Exposure of Prehistoric Bronze Workers," *British Journal of Industrial Medicine* 44 (1987): 652-56.

62) John Topic, "Exchange on the Equatorial Frontier: A Comparison of Ecuador and Northern Peru," in *Merchants, Market, and Exchange*

in the Pre-Columbian World, ed. Kenneth G. Hirth and Joanne
Pillsbury (2013): 335-60; Dorothy Hosler, "Ancient West Mexican
Metallurgy: South and Central American Origins and West Mexican
Transformations," *American Anthropologist*, New Series, 90.4
(1988): 832-55; Christopher Beekman, Anthropology Department,
University of Colorado, Denver, email, May 6, 2019.

63) Susan E. Bergh (ed.), *Wari: Lords of the Ancient Andes* (2012).

64) Michelle Young, Yale University, email, June 27, 2018.

65) Richard T. Callaghan, "Prehistoric Trade Between Ecuador and
West Mexico: A Computer Simulation of Coastal Voyages," *Antiquity*
77 (2003): 796-804.

66) Finamore and Houston, *Fiery Pool*, Catalog No. 57, 175.

67) Kennett et al., "Development and Disintegration," 788-91.

68) Fernando Colón, *The Life of the Admiral Christopher Columbus by
His Son Ferdinand*, trans. Benjamin Keen (1959); Edward Wilson-
Lee, *The Catalogue of Shipwrecked Books: Young Columbus and the
Quest for a Universal Library* (2019): 87-88.

69) Fernando Colón, *Historie Del S. D. Fernando Colombo; Nelle quali
s'ha particolare, & vera relatione della vita, & de' fatti dell'Ammiraglio
D. Christoforo Colombo, sup padre: Et delo scoprimento, ch'egli
fece dell'Indie Occidentali, dette Mondo Nuovo, hora possedute dal
Sereniss. Re Catolico* (1571): 200 (recto); John Florio, *Dictionarie of
the Italian and English Tongues* (1611): 297.

4장   유럽의 노예들

4장에서는 작업을 시작할 때부터 예일 대학의 두 동료에게 도움을 받았다.
폴 부시코비치(Paul Bushkovitch)와 현재 프린스턴 고등연구소(The Institute
for Advanced Study)에도 몸담고 있는 프란체스카 트리발레토(Francesca
Trivellato)가 그들이다. 2015년 3월에 스톡홀름의 스웨덴 국립박물관에서는 옥
스퍼드 대학에 재직 중인 캐서린 홈스, 마레크 얀코비아크(Marek Jankowiak), 조
너선 셰퍼드, 이리나 싱기레이(Irina Shingiray), 구닐라 라르손(Gunilla Larson)

이 나를 만나 중요한 내용 변경을 제안해 주었으며, 2017년 8월에는 엘리사베트 발겐바크(Elizabeth Walgenbach)가 아이슬란드의 국립박물관을 구경하게 해 주고『그린란드 사람들의 사가』의 정본을 보여 주는 친절을 베풀었다.

1) John Fennell, *A History of the Russian Church to 1448* (1995): 4.

2) Andreas Kaplony, "The Conversion of the Truks of Central Asia to Islam as Seen by Arabic and Persian Geography: A Comparative Perspective," in *Islamisation de l'Asie Centrale: Processus locaux d'acculturation du VIIe au XIe siècle, ed. Étienne de la Vaissière* (2008): 319-38.

3) *De administrando imperio*, trans. R. J. H. Jenkins (1967): 9, 59 (루스인들이 스칸디나비어를 사용한 부분).

4) Simon Franklin and Jonathan Shepard, *The Emergence of Rus, 750-1200* (1996): 12-13 (스트라야라도가에서 발견된 도구 부분), 16 (빗 부분), 47 (18세기의 아메리카와 비교하는 부분), 114-19 (911년과 945년에 체결한 평화조약 부분), 135 (올가가 콘스탄티노스 황제에게 답장을 보낸 부분), 139 (노브고로드의 성채 부분), 145-46 (스뱌토슬라프 부분), 155 (루스인들이 믿은 모든 신 부분), 230 (1000년 무렵의 제한된 결혼 부분).

5) Anders Winroth, *Conversion of Scandinavia: Vikings, Merchants, and Missionaries in the Remaking of Northern Europe* (2012): 3, 30-31 (크누트 대왕 부분), 47-51 (선물을 주는 내용), 48 (그림 5의 사진 캡션: 991년에 묻힌 주화 무더기 부분), 95-97, 97 (그림 18: 룬석에 화레즘이 언급된 부분), 146 (일신교로 얻을 수 있는 정치적 이득 부분), 160, 168 (개종이 주는 혜택).

6) Jonathan Shepard, "Review Article: Back in Old Rus and the USSR: Archaeology, History and Politics," *English Historical Review* 131.549 (2016): 384-405, 393-94 (흰 호수 부분), 398 (루스인의 각 집단 부분).

7) Adam of Bremen, *History of the Archbishops of Hamburg-Bremen*, trans. Francis J. Tschan (2002): 190 (노예 부분), 198-99 (모피에 탐을 내는 부분).

8) Janet Martin, *Treasure of the Land of Darkness: The Fur Trade and Its Significance for Medieval Russia* (1986): 1 (아라비아의 모피 외투 부분).

9) Bernard Lewis, *Race and Slavery in the Middle East: An Historical*

    Enquiry (1990): 11; Michael McCormick, *Origins of the European Economy: Communications and Commerce, AD 300-900* (2001): 733-77.

10)   Paul Lunde and Caroline Stone, *Ibn Fadlān and the Land of Darkness: Arab Travellers in the Far North* (2012): 126-27; 마이클 라포포트가 Ibn Rusta, *Kitāb al-Aclāq al-nafîsca*, ed. M. J. de Goeje (1891): 145-46 과 대조해 본 뒤 번역에 약간의 수정을 가했다.

11)   Marek Jankowiak, "From 'Slave' to 'Slave': Tracing a Semantic Shift" (근간 예정).

12)   Jonathan Shepard, "Photios' Sermons on the Rus Attack of 860: The Question of His Origins and of the Route of the Rus," in *Prosopon Rhomaikon: erg?nzende Studien zur Prosopographie der mittelbyzantinischen Zeit*, ed. Alexander Beihammer et al. (2017): 111-28, 118.

13)   Porphyrogenitos, *De administrando imperio*, 9: 57-63. (노예와 모피 부분).

14)   Peter Golden, "al-Ṣaḳāliba," *Encyclopaedia of Islam*, 2nd ed. (2012).

15)   Lunde and Stone, *Ibn Fadlān and the Land of Darkness*, 112 (Ibn Khurradadhbih on the routes of the Rādhānīya and the Rūs c. 830); 라포포트가 Ibn Khuradadhbih, *Kitāb al'masālik wa'l-mamālik*, ed. M. J. de Goeje (1889): 149와 대조해 본 뒤 번역에 약간의 수정을 가했다.

16)   Scott Ashley, "Global Worlds, Local Worlds, Connections and Transformations in the Viking Age," in *Byzantium and the Viking World*, ed. Fedir Androshchuk et al. (2016): 363-87, 376-78.

17)   Brian Gilmore and Robert Hoyland, "Bîrûnî on Iron," in *Medieval Islamic Swords and Swordmaking: Kindi's Treatise* "On Swords and Their Kinds" (2006): 148-74; James Allan and Brian Gilmour, Persian Steel: *The Tanavoli Collection* (2000): 52 (그림 4A 달걀 형 잉곳 부분), 60-63, 75 (알비루니가 금속 세공을 언급한 부분).

18)   Alan Williams, *The Sword and the Crucible: A History of the Metallurgy of European Swords up to the 16th Century* (2012): 24 30 (아랍어 사료 부분), 117-22 (진짜 검과 가짜 검 부분).

19)   Thomas s. Noonan, "European Russia, c. 500-c. 1050," in *The New Cambridge Medieval History*, Volume 3: c. 900-c. 1204, ed Timothy

Reuter (1999): 487-513, 490-91 (케르소네소스 부분), 494-5 (동슬라브인 정착 부분), 506-9 (900년 이후의 루스인 교역 부분).

20) Lunde and Stone, *Ibn Fadlān and the Land of Darkness*, 112; Jonathan Shepard, "Byzantine Emissions, not Missions, to Rus', and the Problems of 'False' Christians," in *Rus' in the 9th-12th Centuries: Society, State, Culture*, ed. N. A. Makarov and A. E. Leontiev (2014): 234-42.

21) Jens Peter Schjødt, "Ibn Fadlan's Account of a Rus Funeral: To What Degree Does It Reflect Nordic Myths," in *Reflections on Old Norse Myths*, ed. Pernille Hermann et al. (2007): 133-48.

22) Anne Stalsberg, "Scandinavian Viking-Age Boat Graves in Old Rus," *Russian History* 29.1-4 (2001): 359-401.

23) Aḥmad Ibn Faḍlān, *Mission to the Volga*, trans. James E. Montgomery, in *Two Arabic Travel Books*, ed. Philip F. Kennedy and Shawkat M. Toorawa (2004): 165-266, 243-46 (상인의 간청 부분), 246-47 (죽음의 천사 부분), 250-51 (노예 여성과의 성교 및 그녀의 죽음 부분).

24) Thomas S. Noonan, "Fluctuations in Islamic Trade with Eastern Europe During the Viking Age," *Harvard Ukrainian Studies* 16 (1992): 237-59, 239-40.

25) Gunnar Andersson, *Go Beyond the Legend: The Vikings Exhibition* (2016): 37.

26) Marek Jankowiak, "Dirham Flows into Northern and Eastern Europe and the Rhythms of the Slave Trade with the Islamic World," in *Viking-Age Trade: Silver, Slaves and Gotland*, ed. J. Gruszczynski, M. Jankowiak, and J. Shepard (2020년 출간 예정): Chapter 6.

27) 40만 개라는 수는 얀코비아크가 제시했다: 100만 개는 셰퍼드가 2018년 10월 26일에 나눈 대화 때 '온건한 수치'로 제안한 것이다.

28) 얀코비아크가 '노예를 사들이는 데 들어간 디르함 은화'의 추정 수치를 계속 늘린 것을 설명해 준 것은 2018년 10월 25일이었다. "Investigating the Slavic Slave Trade in the Tenth Century," February 27, 2012; available at academia. edu.

29) F. Donald Logan, *The Vikings in History*, 3rd ed. (2005): 122 (북부 지역 부분), 153-60 (980년에서 1035년까지 바이킹의 잉글랜드 침입 부분).

30) Ann Christys, *Vikings in the South: Voyages to Iberia and the Mediterranean* (2015): 7-8.

31) James M. Powell, "Sicily, Kingdom of," *Dictionary of the Middle Ages*: 11: 263-76.

32) Krijnie N. Ciggaar, *Western Travellers to Constantinople, The West and Byzantium*, 962-1204: *Cultural and Political Relations* (196): 126-27; Sigfús Blöndal, *The Varangians of Byzantium*, trans. Benedikt S. Benedikz (1978): 233.

33) Hermann Palsson and Paul Edwards (trans.), *Vikings in Russia: Yngvar's Saga and Eymund's Saga* (1989): 44068, 59; Gunilla Larson, "Early Contacts Between Scandinavia and the Orient," *The Silk Road* 9 (2011): 122-42.

34) Anders Winroth, *The Age of the Vikings* (2014): 82 (잉그바르 부분), 128 (대구 뼈의 양이 점점 늘어나는 내용 부분).

35) 1113년에 완성된 이 연대기에는 신화와 역사가 뒤섞여 있다. Samuel Hazzard Cross and Olgered P. Sherbowitz-Wetzor (trans.), *The Russian Primary Chronicle: Laurentian Text* (1953): 3-50, 21 (연대기의 저자가 한 사람이라는 내용), 59 (류리크 형제들이 동유럽의 스칸디나비아인들에게서 초청을 받은 내용), 65-69 (911년에 체결한 조약 부분), 82 (콘스탄티노스의 청혼 부분), 93-94 (기독교 이전의 신들에 관한 내용), 110 (블라디미르가 개종에 관한 결정을 미룬 내용), 111 (사절의 보고서 부분), 245n92 (교황 사절단이 키예프에 간 내용)을 참조하라.

36) Paolo Squatriti (trans.), *The Complete Works of Liudprand of Cremona* (2007): 180 (그리스의 불 부분), 197-98 (궁전의 기계장치 부분).

37) Jonathan Shepard, "The Coming of Christianity to Rus," in *Conversion to Christianity: From Late Antiquity to the Modern Age: Considering the Process in Europe, Asia, and the Americas*, ed. Calvin B. Kendall et al. (2009): 195-96.

38) Shepard, "Back in Old Rus and the USSR," 384-405, 400.

39) Shepard, "Byzantine Emissions," 234-42, 236.

40) Shepard, "The Coming of Christianity to Rus," 185-222, 194 (키예프의 매장 부분), 195 (944년에 체결한 평화조약 부분).

41)   Janet Martin, *Medieval Russia*, 980-1584 (1995): 1-11.

42)   Peter Golden, "The Conversion of the Khazars to Judaism," in *The World of the Khazars: New Perspectives: Selected Papers from the Jerusalem 1999 International Khazar Colloquium Hosted by the Ben Zvi Institute*, ed. Peter Golden et al. (2007): 123-62, 152n145, 153 (유대교로 개종한 것에 관한 부분), 156 (개종 시기 부분).

43)   Michael Toch, *The Economic History of the European Jews: Late Antiquity and Early Middle Ages* (2013): 193-204.

44)   R. K. Kovalev, "Creating Khazar Identity Through Coins: The Special Issue Dirham of 837/8," in *East Central and Eastern Europe in the Middle Ages*, ed. F. Curta (2005): 220-53, 240-42.

45)   Golden, "The Conversion of the Khazars to Judaism," 142; Ibn al-Faqih, *Kitāb al-Buldān*, ed. M. J. de Goeje (1885): 298.

46)   E. E. Kravchenko and A. V. Shamrai, "O gruppe kompleksov s Tsarina gorodishcha v srednem techenii Severskogo Donsta," in *Problemi zberezhennia I vikoristannia kul'turnoi spadshchini v Ukraini*, ed. P. V. Dobrov and O. V. Kolesnik (2014): 183-92, 185 (부적 부분): 옥스퍼드 대학의 싱기레이와 2018년 10월 28일에 사적으로 나눈 대화 내용에서.

47)   Moshe Gil, *A History of Palestine, 634-1099*, trans. Ethel Briodo (1992): 51-56 (630년대의 이슬람 정복 부분), 364-66 (파티마 왕조 부분), 409-14 (셀주크튀르크족 부분), 839-61 (610년에서 1153년 사이에 일어난 사건의 연대기 부분).

48)   Andrew Rippin, "Hourî," *Encyclopaedia of Islam*, 3rd ed. (2016); Maher Jarrar, "Houris," *Encyclopaedia of the Qu'ran* (2002): 2: 456-57.

49)   Andrzej Poppe, "Two Concepts of the Conversion of Rus in Kievan Writings," *Christian Russia in the Making* (2007): 488-504, 492-93n16 (『러시아 원초 연대기』의 작성 시기), 495-96(동방정교회와 로마가톨릭 간에 보인 단식의 차이 부분).

50)   Fennell, *History of the Russian Church*, 36-37; 부시코비치와 2016년 7월 20일에 나눈 사적 대화 때 나온 내용에서.

51)   Vladimir Minorsky (trans.), *Sharaf al-Zaman tahir Marvazi on China, the Turks, and India: Arabic Text with an English Translation and*

Commentary (1942): 36.

52) Alexander Pereswetoff-Morath, *Grin Without a Cat* (2002): 53-57.

53) Christian Raffensperger, *Reimagining Europe: Kievan Rus' in the Medieval World* (2012): 164-66.

54) C. Edmund Bosworth, "The Origins of the Seljuqs," in *The Seljugs: Politics, Society and Culture*, ed. Christian Lange and Songül Mecit (2011): 13-21.

55) Richard W. Bulliet, *Cotton, Climate, and Camels in Early Islamic Iran: A Moment in World History* (2009): 79-81.

56) Omid Safi, *The Politics of Knowledge in Premodern Islam: Negotiating Ideology and Religious Inquiry* (2006): 16; Ernest Wallis Budge, *The Chronography of Bar Hebraeus* (1932): 1: 195.

57) 블라디미르가 세례를 받은 장소와 시기는 사료상의 문제 때문에 정확히 알 수 없다.

58) Janet Martin, *Treasure in the Land of Darkness: The Fur Trade and Its Significance for Medieval Russia* (1986): 9.

59) Andrzej Poppe, "The Christianization and Ecclesiastical Structure of Kievan Rus' to 1300," *Harvard Ukrainian Studies* 12-13 (1997): 311-92, 341 (주교구 부분), 344-45 (사후 세례 부분).

60) Angeliki E. Laiou, "Exchange and Trade, Seventh-Twelfth Centuries," in *The Economic History of Byzantium: From the Seventh Through the Fifteenth Centure*, ed. Angeliki E Laiou and Charalampos Bouras (2001): 697-770.

61) Alfred J. Butler, *The Arab Conquest of Egypt and the Last Thirty Years of Roman Dominion* (1978): xxxviii; "Antioch," *The Oxford Dictionary of Byzantium* (1991): 1: 115-16.

62) Joseph H. Lynch and Philip C. Adamo, *The Medieval Church: A Brief History* (2014): 184-85.

63) R. W. Southern, *Western Society and the Church in the Middle Ages* (1970): 67-73.

64) Joseph H. Erickson, "Schisms, Eastern-Western Church," *Dictionary of the Middle Ages*: 11: 44-47.

65) 트리발레토와 2017년 8월 9일에 나눈 사적 대화에서; David Abulafia *The*

Great Sea: A Human History of the Mediterranean (2011): 276 (코뮌 부분), 278 (11세기 지중해 해역에서 벌어진 전투 부분), 293 (12세기 부분).

66) 이 일이 일어난 때가 1082년인지 1092년인지는 아직도 학자들의 의견이 일치되지 않았다. Alain Ducellier, "The Death Throes of Byzantium: 1080-1261," in *The Cambridge Illustrated History of the Middle Ages*, Volume 2: 950-1250, ed. Robert Fossier (1997): 505 (1082년에 일어난 일 부분), 507-8 (베네치아인들에게 특권을 다시 부여해 준 내용).

67) Donald M. Nicol, *Byzantium and venice: A Study in Diplomatic and Cultural Relations* (1988): 87 (가짜 대관식 부분), 90 (외국인 *서류시* 부분), 106-9 (라틴인 학살 부분), 113 (제3차 십자군 부분).

68) Thomas F. Madden, *Venice: A New History* (2012): 85-87.

69) Peter Frankopan, *The First Crusade: The Call from the East* (2012): 13-16 (교황과 대립 교황 부분), 19-22 (우르바노 2세 부분), 116 (제1차 십자군의 참가자 수 부분), 202 (우르바노의 입지 강화 부분).

70) Thomas F. Madden, *A Concise History of the Crusades*, 3rd ed. (2014): 11 (제1차 십자군 참가자들 부분), 17-21 (교황의 부름에 응해 소집된 십자군 부분), 98-109 (제4차 십자군 부분); Barbara H. Rosenwein, *A Short History of the Middle Ages*, 4th ed. (2014): 170-172 (제1차 십자군 부분), 200-201 (제4차 십자군 부분).

5장   세계 최고의 부자

2017년 10월의 "History 101: Circa 1000" 강좌 때 지적 충만함이 가득한 강의를 두 차례나 해 준 예일 대학 인류학과의 로더릭 매킨토시(Roderick McIntosh)에게 감사드린다. 5장에 관해 자상한 의견을 피력해 준 요크 대학의 스테파니 윈-존스(Stephanie Wynne-Jones), 이븐 부틀란의 책을 읽어 보라고 권해 준 마이애미 대학의 매슈 고든(Matthew Gordon)에게도 감사의 말씀을 드린다. 서아프리카 고고학과 관련해 대영박물관의 샘 닉슨(Sam Nixon)과 30분간 가진 면담도 매우 유용했다.

1) 이 부분은 라포포트가 원본과 대조해 본 뒤 번역에 수정을 가했다. Paolo Fernando de Moraes Farias, "Arabic and Tifinagh Inscriptions," in

Essouk-Tadmekka: An Early Islamic Trans-Saharan Market Town, ed. Sam Nixon (2017): 41-50 (기술과 묘사 부분), 48 (사헬 지대에서 나온 쿠픽체(Kufic script)의 비문 부분), 299-303 (필사 부분). De Moraes Farias, "Tadmakkat and the Image of Mecca: Epigraphic Records of the Work of the Imagination in 11th Century West Africa," in *Case Studies in Archaeology and World Religion: The Proceedings of the Cambridge Conference*, ed. Timothy Insoll (1999): 105-15도 함께 참고하라.

2) E. W. Bovill, The Golden Trade of the Moors (1968). 대영박물관의 닉슨도 현재 그 교역의 폭넓은 역사에 관해 연구를 진행하는 중이다. François-Xavier Fauvelle-Aymar, *Golden Rhinoceros: Histories of the African Middle Ages*, trans. Troy Tice (2018)도 참조하라.

3) Andrew M. Watson, "Back to Gold — and Silver," *The Economic History Review* 20.1 (1967): 1-34, 30n1; Bálint Hóman, *Geschichte des ungarischen Mitelalters* (1940): 353.

4) 부주르그에게 전통적으로 부여한 속성은 오류일 수 있다. Jean-Charles ducène, "Une nouvelle source arabe sur l'océan Indien au Xe siècle," Afriques (2015), online at: http://journals.openedition.org/afriques/1746을 참조하라.

5) Ralph A. Austen, "The Trans-Saharan Slave Trade: A Tentative Census," in *The Uncommon Market: Essays in the Economic History of the Atlantic Slave Trade*, ed. Henry A. Germery and Jan S. Hogendorn (1979): 23-73, 31 (누비아에서 노예를 공물로 지급한 내용), 44-45 (이슬람권의 노예 노동 부분), 45 (잔즈족의 반란 부분), 52-55 (군인 노예 부분), 70 (노예 가격에 관한 자료 부분).

6) David Brion Davis, *The Problem of Slavery in Western Culture* (1967): 484-93.

7) "Buzurg Ibn Shahriyar of Ramhormuz: A Tenth-Century Slaving Adventure," in *The East African Coast: Select Documents from the First to the Earlier Nineteenth Century*, ed. G. S. P. Freeman-Grenville (1962): 9-13; al-Rāmhurmuzī, *Kitāb Ajā'ib al-Hind*, bilingual French and Arabic edition, 1883-1886. 이 부분은 라포포트가 아랍어 정본과 대조해 본 뒤 번역에 수정을 가했다. 그레빌 스튜어트 파

커 프리먼-그렌빌(Greville Stewart Parker Freeman-Grenville)의 작품이 아랍어 정본이 아닌 프랑스어 번역본을 번역한 것이다 보니 오류가 많았기 때문이다.

8) Adam Mez, *The Renaissance of Islam*, trans. Salahuddin Khuda Bakhsh and D. S. Margoliouth (1937): 160; al-Ya'qūbī, *Kitāb al-Buldān*, ed. M. J. de Goeje (1892): 260. Matthew S. Gordon, "Abbasid Courtesans and the Question of Social Mobility," in *Concubines and Courtesans: Women and Slavery in Islamic History*, ed. Gordon and Kathryn A. Hain (2017): 27-51, 32도 참조하라.

9) Shadreck Chirikure et al., *Mapungubwe Reconsidered: A Living Legacy, Exploring Beyond the Rise and Decline of the Mapungubwe State* (2016); Fauvelle-Aymar, Golden Rhinoceros, 136-42.

10) Ari Nave, "Gold Trade," *Encyclopedia of Africa* (2010): 1: 525-26.

11) Peter garlake, *Great Zimbabwe* (1973): 109 (중국산 도자기 부분), 132-33 (구슬 부분); Bing Zhao, "Chinese-style Ceramics in East Africa from the 9th to 16th Century: A Case of Changing Value and Symbols in the Multi-Partner Global Trade," *L'Afrique orientale et l'océan Indien: Connexions, réseaux d'échanges et globalisation* (june 2015). 온라인으로도 접근할 수 있다.

12) Benjamin Reilly, *Slavery, Agriculture, and Malaria in the Arabian Peninsula* (2015): 130.

13) Alexandre Popovic, *The Revolt of African Slaves in Iraq* in the 3rd/9th Century, trans. Léon King (1998): 136, 141n10.

14) Gabriele Techiato, "Janj," *The Oxford Encyclopedia of the Islamic World*, Oxford Islamic Studies Online (2009); E. Savage, "Berbers and Blacks: Ibāḍī Slave Traffic in Eighth-Century North Africe," *Journal of African History* 33.3 (1992): 351-68.

15) Gwyn Campbell, "East Africa in the Early Indian Ocean World: The Janj Revolt Reconsidered," in *Early Exchange Between Africe and the Wider Indian Ocean World*, ed. Gwyn Campbell (2016): 275-96, 279 (잔즈의 뜻 부분), 281 (잔즈 반란의 지도자 부분), 282 (반란군 5만 명 부분), 291, 296 (동아프리카 노예 수에 관한 의혹 부분).

16) Floréal Sanagustin, *Médecine et société en Islam médiéval: Ibn Buṭlān*

ou la connaissance médicale au service de la communauté: le cas de l'esclavage (2010): 233 (잔즈족의 율동 부분), 234-35 (부가위 지역 노예 부분). 378 (결론 부분).

17) Joseph Schacht and Max Meyerhof, *The Medico-Philosophical Controversy Between Ibn Butlan of Baghdad and Ibn Ridwan of Cairo* (1937): 18.

18) Rudolph T. Ware, "Slavery in Islamic Africa, 1400-1800," in *The Cambridge World History of Slavery, Volume 3: 1420-1804*, ed. David Eltis and Stanley L. Engerman (2011): 47-80.

19) R. Brunschvig, "Abd," *Encyclopaedia of Islam*, 2nd ed. (2012).

20) Maurice Lombard, *The Golden Age of Islam, trans. Joan Spencer* (1975): 2: 194-203, 197 (슬라브인 노예 지도 부분), 199 (튀르크인 노예 지도 부분), 202 (아프리카인 노예 지도 부분).

21) Richard W. Bulliet, *The Camel and the Wheel* (1975).

22) H. A. R. Gibb (trans.), *The Travels of Ibn Battuta, A.D. 1325-1354* (1994): 4: 975.

23) Paul Lovejoy, *Transformations in Slavery* (2012): 35.

24) Austen, "The Trans-Saharan Slave Trade," 37 (표 2.3 1450-1600 전 세계적으로 진행된 대서양 노예무역의 추정치 부분), 67-68.

25) 이슬람권의 노예무역과 그 규모에 이의를 제기하는 것에 관한 최근의 논의 사항을 알고 싶은 사람은 Ann Haour, "The Early Medieval Slave Trade of the Central Sahel: Archaeological and Historical Considerations," in *Slavery in Africa: Archaeology and Memory*, ed. Paul J. Lane and Kevin C. MacDonald (2011): 61-78; Roundtable Discussion, "Locating Slavery in Middle Eastern and Islamic History," *International Journal of Middle Eastern Studies* 49. 1 (2017): 133-72를 참조하라.

26) "Al-Bakrī," in *Corpus of Early Arabic Sources for West African History*, ed. N. Levtzion and J. F. P. Hopkins (1981): 62-87, 64 (노예들에게는 붉은 천 부분), 65-66 (시질미시 부분), 68 69 (이 우디고스트, 시기, 나타 군단 부분). 79-81 (가나 부분), 81 (기야루 금광 부분), 82 (야리스나 부분), 82-83 (말랄 부분), 83-84 (석면 부분), 85 (민디나르 부분); 다음은 라포포트가 정본과 대조해 본 뒤 내용에 수정을 가한 것이다. al-Bakrī, *Kitāb*

al-Masālik wa-l-mamālik, eds. van Leeuwen and Ferré (1992): 658 passage 1099 (노예들에게는 붉은 천 부분); 835-38, passages 1393-99, 840, 1404 (시질마사 부분), 849-50, passages 1417-20 (아우다고스트, 시기, 낙타 군단 부분), 871-74, passages 1455-61 (가나 부분), 874, passage 1460 (기야루 금광 부분), 875, passage 1463 (야리스나 부분), 875-76, passage 1464 (말랄 부분), 878, passage 1469 (석면 부분), 880, passage 1472 (민디나르 부분).

27) Travis Zadeh, *Mapping Frontiers Across Medieval Islam: Geography, Translation, and the Abbāsid Empire* (2011): 17 (전기 부분), 23 (이븐 후르다드베의 서문 부분); original Arabic preface in Ibn Khurradādhbih, *al-Masālik wa-l-mamālik*, ed. M. J. de Goeje (1889): 3.

28) Marina A. Tolmacheva, "Geography," *Medieval Islamic Civilization: An Encyclopedia*, ed. Josef W. Meri (2006): 1: 284-88.

29) André Miquel, *La Géographie humaine du monde Musulman jusqu'au milieu de XIe Siècle*, Volumes 1-4 (1967-1988): 1: 267-85.

30) Dmitri Gutas, *Greek Thought, Arab Culture: The Graeco-Arabic Translation Movement in Baghdad and Early Adbasid Society (2nd-4th/8th-10th centuries)* (1998).

31) Jonathan Bloom, *Paper Before Print: The History and Impact of Paper in the Islamic World* (2001).

32) Hugh Kennedy, *Caliphate: The History of an Idea* (2016): 1-31.

33) Fred M. Donner, *Muhammad and the Believers at the Origins of Islam* (2012): 163-70.

34) Richard W. Bulliet, "Conversion to Islam and the Emergence of a Muslim Society in Iran," in *Conversion to Islam*, ed. Nehemia Levtzion (1979): 30-51; Elton L. Daniel, "Conversion ii: Of Iranians to Islam," *Encyclopaedia Iranica* (2011).

35) Michael Boner, "The Waning of Empire, 861-945," in *The New Cambridge History of Islam*, Volume 1: *The Formation of the Islamic World, Sixth to Eleventh Centuries*, ed. Chase F. Robinson (2010): 305-59.

36) Thierry Banquis, "Autonomous Egypt from Ibn Tûlûn to Kāfûr, 868-969," in *The Cambridge History of Egypt, Volume 1: Islamic Egypt,*

640-1517, ed. Carl F. Petry (1998): 86-119, 91-92 (이븐 툴룬의 배경 부분), 98 (그 군대의 구성 성분 부분), 103 (반기독교 폭동 부분).

37)   Michael Brett, "Egypt," in Robinson, ed., *The New Cambridge History of Islam*, Volume 1: 541-80, 558-59.

38)   Hugh Kennedy, "The late Abbāsid Pattern, 945-1050," in Robinson, *The New Cambridge History of Islam*, Volume 1: 360-93, 361 (전통을 공유한 내용 부분), 361-62 (조로아스터교의 부활 실패 부분), 365 (945년에 일어난 일 부분), 387 (무슬림 연방 부분), 387-93 (이슬람교가 수니파와 시아파로 갈린 것에 관한 부분).

39)   Jonathan M. Bloom, *Arts of the City Victorious: Islamic Art and Architecture in Fatimid North Africa and Egypt* (2007): 54-59.

40)   Matthieu Tiller, "Droit et messianisme chez les Fatimides de l'an 1000," unpublished conference paper delivered at the conference Histoires de l'an mil, Foundation des Treilles, France, September 9-14, 2019; Jonathan Bloom, "Nāṣir Khusraw's Description of Jerusalem," in *No Tapping Around Philology: A Festschrift in Honor of Wheeler McIntosh Thackston Jr.'s 70th Birthday*, ed. Alireza Korangy and Daniel J. Sheffield (2014): 395-406; Paul E. Walker, *The Caliph of Cairo: Al-Hakim bi-Amr Allah, 996-1021* (2009): 200-204, 260-61.

41)   S. D. Goitein, "Slaves and Slavegirls in the Cairo Geniza Records," *Arabica* 9.1 (1962): 1-20.

42)   Jonathan P. Berkey, "Culture and Society During the Late Middle Ages," in Petry, *The Cambridge History of Egypt*, Volume 1: 379-80.

43)   Sarah M. Guérin, "The Tusk," in *The Salerno Ivories: Objects, Histories, Contexts*, ed. Frances dell'Aqua (2016): 21-28.

44)   Yaacov Y. Lev, "The Fatimid State and Egypt's Mediterranean Trade, 10th-12th Centuries," in *East and West: Essays on Byzantine and Arab Worlds in the Middle Ages*, ed. Juan Pedro Monferrer-Sala et. al (2009): 121 25, 123; S. D. Goitein, *A Mediterranean Society: The Jewish Communities of the Arab World as Portrayed in the Documents of the Cairo Geniza*, Volume 1 (1967): 46, 49; Claude Cahen, "Un text peu connu relative au commerce oriental d'Amalfi au Xe siècle,"

Archivio Storico per le Province Napoletane, n.s. 34 (1953-1954): 3-8.

45) 또 다른 사료에는 불이 5월 16일에 일어나 다섯 척의 배를 전소시켰다고 나와 있다. 따라서 둘 중 하나는 틀린 정보가 분명하지만, 어느 것이 틀린 정보인지는 알 수 없다.

46) 12킬로미터는 알바크리가 6 아랍 밀(mīl)을 제시한 데서 나온 수치다. 밀은 약 2킬로미터에 해당하는 단위다. 또한 Muhammad Ismail Marcinkowski, *Measures and Weights in the Islamic World: An English translation of Walther Hintz' Handbook Islamische Masse und Gewichte* (2002): 92도 참조하라.

47) Conrad Leyser, Naomi Standen, and Stephanie Wynne-Jones, "Settlement, Landscape and Narrative: What Really Happened in History," in *The Global Middle Ages*, ed. Cathering Holmes and Naomi Standen, *Past and Present*, Supplement 13 (2018): 232-60, 237. R. A. Mauny, "The Question of Ghana," *Africa: Journal of the International African Institute* 24.3 (1954): 200-13, 205-7도 참조하라.

48) Nehemia Levtzion, *Ancient Ghana and Mali* (1973): 26 (나이저강의 매장 부분), 43-47 (가나의 쇠퇴 부분), 132 (금 무역의 절정기 부분), 155 (금광의 위치 부분).

49) Nehemia Levtzion and Jay Spaulding (eds.), *Medieval West Africa: Views from Arab Scholars and Merchants* (2003): xi.

50) Levtzion and Hopkins, ed., *Corpus of Early Arabic Sources for West African History*, 387n53.

51) Thurston Shaw, *Unearthing Igbo-Ukwu: Archaeological Discoveries in Eastern Nigeria* (1977): 42-43 (창고에 보관된 물건들 부분), 58-59 (무덤에 묻힌 물건들 부분); Thurston Shaw, Igbo-Ukwu: An Account of Archaeological Discoveries in Eastern Nigeria, Volumes 1-2 (1970): 1: 237-39.

52) Frank Willett, "Who Taught the Smiths of Igbo Ukwe?," *New Scientist* (April 14, 1983): 65-68; Paul T. Craddock et al., "Metal Sources and the Bronzes from Igbo-Ukwo," *Journal of Field Archaeology* 24.4 (1997): 405-29.

53) Roderick McIntosh, "Jenne-Jeno, Year 1000: Yale's Explorations Along the Niger," lecture in History 101: Circa 1000, Yale University,

October 9, 2017.

54) Paul Freedman, *Out of the East: Spices and the Medieval Imagination* (2008): 12-13.

55) Levtzion and Hopkins, ed., *Corpus of Early Arabic Sources for West African History*, 62-63.

56) E. Ann McDougall, "The View from Awda-ghust: War, Trade and Social Change in the Southwestern Sahara, from the Eighth to the Fifteenth Century," *Journal of African History* 26.1 (1985): 1-31, 17.

57) Ousmane Oumar Kane, *Beyond Timbuktu: An Intellectual History of Muslim West Africa* (2016): 46.

58) Ronald A. Messier and James A. Miller, *The Last Civilized Place: Sijilmasa and Its Saharan Destiny* (2015): 110 (삼각무역 부분), 110 (매년 3톤에서 4톤의 금이 알모라비드 왕조와 살라딘의 왕조로 유입된 내용), 111-15 (알모라비드 왕조의 주화 부분); Jean Devisse, "Or d'Afrique," *Arabica* 43 (1996): 234-43.

59) Sam Nixon and Thilo Rehren, "Gold Processing Remains," in Sam Nixon, ed., *Essouk-Tadmekka*, 174-87, 176 (그림 15.2: 주화 주형 부분), 185-87 (알바크리 부분).

60) T. Monod, "Le 《Ma'aden Ijāfen》: une épave caravanière ancienne dans la Majâbat al-Koubrâ," *Actes du 1er Colloque International d'Archéologie Africaine* (1967): 286-320.

61) A. C. Christie and Anne Haour, "The 'Lost Caravan' of the Ma'den Ijafen Revisited: Re-appraising Its Cargo of Cowries, a Medieval Global Commodity," *Journal of African Archaeology* 16.2 (2018): 125-44.

62) James E. Alleman and Brooke T. Mossman, "Abestos Revisited," *Scientific American* 277.1 (1997): 70-75.

63) Timothy F. Garrard, "Myth and Metrology: The Early Trans-Saharan Gold Trade," *Journal of African History* 23.4 (1982): 443-61.

64) Herodotus, *The Histories*, trans. Aubrey de Sélincourt (1996): 4: 277.

65) al-Mas'ūdī in Levtzion and Hopkins, ed., *Corpus of Early Arabic Sources for West African History*, 32; al-Mas'ūdī, *Murūj al-dhahhab*, Volume 2, ed. 'Abd al-Ḥamīd (1958): 261.

66) P. F. de Moraes Farias, "Silent Trade: Myth and Historical Evidence," *History in Africa* 1 (1974): 9-24.

67) Yāqūt, in Levtzion and Hopkins, ed., *Corpus of Early Arabic Sources for West African History*, 11.

68) Sebastian Lüning et al., "Hydroclimate in Africa During the Medieval Climate Anomaly," *Palaeogeography, Palaeoclimatology, Palaeoecology* 495 (2018): 309-22; george E. Brooks, "A Provisional Historical Schema for Western Africa Based on Seven Climate Periods (ca. 9000 B.C. to the 19th century)," *Cahiers d'Études Africaines* 101.2 (1986): 43-62.

69) Roderick J. McIntosh, *Ancient Middle Niger: Urbanism and the Self-Organizing Landscape* (2005): 177.

70) Ari Nave, "Gold Trade," *Encyclopedia of Africa* (2010): 1: 525-26.

71) Al-'Umarī, in Levtzion and Hopkins, ed., *Corpus of Early Arabic Sources for West African History*, 262 (금광에 대한 알두칼리의 말 부분), 269 (낙타 100마리 카라반 부분), 271 (금 가격의 폭락 부분), 272 (금 채굴 부분). 이 부분의 번역은 라포포트가 아랍어 정본인 al-'Umarī, *Mamlakat Mālī*, ed. Ṣalāḥ al-Dīn al-Munajjid (1963), 45-67과 대조해 본 뒤 새롭게 수정했다.

72) 이는 만사 무사가 낙타 80마리에서 100마리 사이의 카라반에 마리당 336 파운드(152.4킬로그램)에 해당하는 금을 싣고 다녔다고 한 기록을 근거로 해서 뽑은 수치다. 노예 500명이 별도로 운반한 금 1중톤(English ton: 0.9미터톤)은 거기에 포함되지도 않았다. Michael Gomez, *African Dominion: A New History of Empire in Early and Medieval West Africa* (2018): 106.

73) Peter Russell, *Prince Henry the Navigator* (2001): 109-34 (보자도르곶 부분), 256 (1444년의 노예 전시 행렬 부분), 258 (1460년까지 포르투갈로 실어 온 아프리카 노예의 수 부분).

74) Ivor Wilks, *Forests of Gold: Essays on the Akan and the Kingdom of Assante* (1993); Peter L. Bernstein, *The Power of Gold: The History of an Obsession* (2012): 118.

75) Pierre Vilar, *A History of Gold and Money, 1450-1920*, trans. Judith White (1976): 19 (8세제곱미터 정육면체 부분), 56 (1500년에서 1520년

까지 유럽으로 수출된 금의 양 부분).

76) Ivor Wilks, "Wangara, Akan and Portuguese in the Fifteenth and Sixteenth Centuries," *Journal of African History* 23.3 (1982): 333-49; 앞의 작품은 아이버 윌크스(Ivor Wilks)가 정본인 P. de Canival and Th. Monod, *Description de la Côte d'Afrique de Ceuta au Sénégal par Valentim Fernandes (1506-1507)* (1938): 84-87을 번역한 것이다.

77) Lovejoy, *Transformation in Slavery*, 36-37 (표 2.3 대서양 노예무역의 추정 수치 부분).

6장   둘로 갈라진 중앙아시아

6장의 집필에 도움을 준 아레주 아자드(Arezou Azad: 버밍엄 대학), 조지 E. 말라가리스(George E. Malagaris: 옥스퍼드 대학), 랜스 퍼시(Lance Pursey: 버밍엄 대학), 이리나 싱기레이(옥스퍼드 대학), 나오미 스탠던(버밍엄 대학)에게 감사드린다.

1) Hugh Kennedy, Mongols, *Huns, and Vikings: Nomads at War* (2002): 208-11.

2) John Masson Smith, Jr., "From Pasture to Manger: The Evolution of Mongol Cavalry Logistics in Yuand China and Its Consequences," in *Pferde in Asien: Geschichte, Handel und Kulture*, ed. Bert G. Fragner et al. (2009): 63-73; "Ayn Jālût," *Harvard Journal of Asiatic Studies* 44.2 (1984): 307-45, 335 (이동 속도 부분), 336 (말에게 풀을 뜯어먹게 하는 부분); Martón Ver, postdoctoral scholar at the Turfanforschung, Berlin-Brandenburg Academy of Sciences and Humanities, email, September 21, 2018. Ashleigh N. Deluca, "World's Toughest Horse Race Retraces Genghis Khan's Postal Route," *National Geographic News* (August 7, 2014)도 참조하라.

3) Peter B. Golden, "The Karakhanids and Early Islam," in *The Cambridge History of Early Inner Asia* (1990): 347; Ibn Khurradādhbih, *Kitab al-Masalik wa-l-mamālik*, ed. M. J. de Goeje (1889): 37, 39.

4) Peter B. Golden, *Central Asia in World History* (2011): 66.

5) "The Waning of Empire, 861-945," in *The New Cambridge History of Islam*, Volume 1: *The Formation of the Islamic World, Sixth to Eleventh Centuries*, ed. Chase F. Robinson (2010): 305-59, 344 (사만 왕조의 노예 양성 부분).

6) V. Minorsky, Ḥudūd al-'Ālam, "The Regions of the World," *A Persian Geography*, 372 A.H. — 982 A.D. (1937): 3-44.

7) David Durand-guédy, "Une 'mutation de l'An mil' en Iran?," unpublished conference paper delivered at the conference Histoires de l'an mil, Fondation des Treilles, France, September 9 14, 2019.

8) C. Edmund Bosworth, "Bīrūnī, Abū Rayḥān I. Life," *Encyclopaedia Iranica* (1989).

9) David Pingree, "Āt̲ār al-bāqīa," *Encyclopaedia Iranica* (2011).

10) 알비루니의 『고대 국가들의 연대기』는 1879년에 발간된 것이 가장 최근의 완역본인데, 여기에는 정본의 복잡한 문제가 잘 포착되어 있다. Al-Biruni, *The Chronology of Ancient Nations*, trans. and ed. C. Edward Sachau (1879): 5 (하루의 길이 부분), 13 (히브리력 부분), 312 (시리아 정교회 신자들 부분).

11) Reza Abdollahy, "Calendars, ii. in the Islamic Period," *Encyclopaedia Iranica* (1990).

12) Marshall G. S. Hodgson, *The Venture of Islam: Conscience and History in a World Civilization*, Volume 2, *The Expansion of Islam in the Middle Periods* (1974): 3-61, 255-92.

13) J. Pederson et al., "Madrasa," *Encyclopaedia of Islam*, 2nd. (2012).

14) Ruth Roded, *Women in the Islamic Biographical Collections: From Ibn Sad to Who's Who* (1994): 3 (표 1 부분), 12.

15) Elton L. Daniel, "The Islamic East," in Robinson, ed., *The New Cambridge History of Islam*, 1: 448-505, 503-4.

16) C. E. Bosworth, *The Ghaznavids: Their Empire in Afghanistan and Eastern Iran*, 994-1040 (1963): 46 (칼리파가 마흐무드에게 수여한 칭호 부분).

17) Finbarr B. Flood, *Objects of Translation: Material Culture and Medieval "Hindu-Muslim" Encounter* (2009): 76-77.

18) H. Amedroz and D. S. Margoliouth, *The Eclipse of the Abbasid*

Caliphate (1920-1921): II: 328-29; Hugh Kennedy "The Late Abbāsid Pattern," in Robinson, ed., *The New Cambridge History of Islam*, 1: 390.

19)   Viola Allegranzi, *Aux sources de la poésie ghaznévide. Les inscriptions persanes de Ghazni* (2 vols.) (2019): 1: 207-18.

20)   C. Edmund Bosworth, "Asfī jāb," *Encyclopaedia Iranica* (2011).

21)   David Morgan, *Medieval Persia, 1040-1797* (1988): 22.

22)   Kennedy, "The Late 'Abbāsid Pattern," 360-93, 370-73 (가즈나 왕조가 수니파 이슬람교를 신봉한 것에 관한 내용), 376-77 (솜나트 부분).

23)   Flood, *Objects of Translation*, 4 (마흐무드 군대의 힌두인들 부분), 78-79 (가즈나 왕국의 힌두인 지역), 79-86 (힌두계 왕국들과의 동맹 부분).

24)   Abū-l-Faḍl Bayhaqī, *The History of Beyhaqi (The History of Sultan Mas'ud of Ghazna, 1030-1040)*, trans. C. E. Bosworth (2011): I: 8-9.

25)   André Wink, *Al-Hind: The Making of the Indo-Islamic World*, Volume 2: *The Slave Kings and the Islamic Conquest, 11th-13th Centuries* (1997): 294-333, 294 (마흐무드의 통치 영역 이외의 개종 부분), 327-28.

26)   Romila Thapar, *Somanatha, The Many Voices of a History* (2004).

27)   Al-Bīrūnī, *Alberuni's India*, trans. Edward Sachau (1887): 2: 104-4.

28)   Finbarr Barry Flood, "Painting, Monumental and Frescoes," in *Medieval Islamic Civilization: An Encyclopedia*, ed. Joseph W. Meri (2006): 586-89; Daniel Schlumberger, *Lashkari Bazar: une résidence royale ghaznévide et ghoride (Mémoires de la Délégation archéologique française en Afghanistan*, Volume 18, Part 1) (1983); Martina Rugiadi, "The Ghaznavid Marble Architectural Decoration: An Overview," available at web.mit.edu.

29)   카라한 왕조의 명칭은 현존하는 사료에 그들이 '검은 지도자들'을 뜻하는 '카라한(Kara khans)'으로 기록된 것에 기인한다. "The Origins of the Karakhanids," in *The Cambridge History of Early Inner Asia*, ed. Denis Sinor (1990): 354 (카라한 왕조의 명칭 부분), 363 (마흐무드의 화레즘 정복 부분).

30)   Michael Biran, "The Qarakhanids' Eastern Exchange: Preliminary Notes on the Silk Roads in the Eleventh and Twelfth Centuries," in

Complexity of Interaction Along the Eurasian Steppe Zone in the First Millennium CE, ed. Jan Bemmann (2015): 575-96, 578.

31) Valerie Hansen, *The Silk Road: A New History with Documents* (2016): 368-71; William Samolin, *East Trukistan to the Twelfth Century: A Brief Political Survey* (1964): 81.

32) Maḥmūd al-kāshgarī *Compendium of the Turkic Dialects*, ed. and trans. Robert Dankoff and James Kelly, Volume 1 (1982): 270.

33) Abolqasem Ferdowsi, *Shahnameh: The Persian Book of Kings*, trans. Dick Davis (2016).

34) C. E. Bosworth, "Barbarian Invasions: The Coming of the Turks into the Islamic World," in *Islamic Civilisation, 950-1150*, ed. D. S. Richards (1973): 1-16.

35) Djalal Khaleghi-Motlagh, "Ferdowsi, Abu'l-Qāsem, I. Life" *Encyclopaedia Iranica* (2012).

36) William E. Gohlman, *The Life of Ibn Sina: A Critical Edition and Annotated Translation* (1974): 41.

37) Valerie Hansen, "International Gifting and the Kitan World, 907-1125," *Journal of Song-Yuan Studies* 43 (2013): 273-302, 288-89.

38) Lothar Ledderose, "Changing the Audience: A Pivotal Period in the Great Sutra Carving Project at Cloud Dwelling Monastery Near Beijing," in *Religion and Chinese Society,* ed. John Lagerwey, Volume 1 (2004): 385-409.

39) Denis Twitchett, "The Liao's Changing Perceptions of Its T'ang Heritage," in *The Historian, His Readers, and the Passage of Time: The Fu Ssu-nien Memorial Lectures, 1996* (1997): 31-54.

40) Joseph fletcher, "The Mongols: Ecological and Social Perspectives," *Harvard Journal of Asiatic Studies* 46.1 (1988): 11-50, 17.

41) Pamela Crossley, "Outside In: Power, Identity, and the Han Lineage of Jizhou," *Journal of Song-Yuan Studies* 43 (2013): 51-89.

42) Daniel Kane, "Introduction, Part 2: An Update on Deciphering the Kitan Language and Scripts," *Journal of Song-Yuan Studies* 43 (2013): 11-25.

43) Nap-Yin Lau, "Waging War for Peace? The Peace Accord Between

the Song and the Liao in AD 1005," in *Warfare in Chinese History*, ed. Hans van de Ven (2000): 183-221, 213.

44) Hsueh-man Shen (ed.), *Gilded Splendor: Treasurers of China's Liao Empire (907-1125)* (2006): 363; Brian Thomas Vivier, "Chinese Foreign Trade, 960-1276," PhD thesis, Yale University (2008): Figure 1.2.

45) 냥은 중국의 무게 단위인데, 1온스(28그램)에 1온스의 3분의 1(9.3그램)을 더한 37.3그램이 1냥이다. 1042년에는 지불금이 은 20만 냥과 비단 30만 필로 늘어났다.

46) Richard von Glahn, "The Ningbo-Hakata Merchant Network and the Reorientation of East Asian Maritime Trade, 1150-1350," *Harvard Journal of Asiatic Studies* 74.2 (2014): 249-79; Bruce L. Batten, *Gateway to Japan: Hakata in War and Peace, 500-1300* (2006): 40; Yiwen Li, email, December 18, 2018.

47) Hansen, "International Gifting and the Kitan World, 907-1125," 273-302.

48) 저우퉁(Zou Tong)과 2009년 5월 9일에 샹징 박물관에서 나눈 사적 대화 내용에서.

49) Jenny F. So, "Scented Trails: Amber as Aromatic in Medieval China," *Journal of the Royal Asiatic Society, 3rd Series*, 23.1 (2013): 85-101, 94-95.

50) Vladimir Minorsky (trans.), *Sharah al-Zaman Tahir: Marvazi on China, the Truks, and India: Arabic Text with an English Translation and Commentary* (1942): 16-17 (중국으로 들어온 수입품 부분), 19-21 (편지의 번역 부분), 78 (외교 언어로서의 튀르크어 부분).

51) Curt W. Beck and Edith C. Stout, "Amber from Liaoning Province and Liao Amber Artifacts," in *Adornment for the Body and Soul: Ancient Chinese Ornaments from the Mengdiexuan Collection*, ed. E. C. Bunker et al. (1999): 167-72; Xu Xiaodong, *Zhongguo gudai hupo yishu* (2011).

52) Sem Vermeersch, *A Chinese Traveler in Medieval Korea: Xu Jing's Illustrated Account of the Xuanhe Embassy to Koryo* (2016): 14-39.

53) Biran, "The Qarakhanids' Eastrn Exchange," 578.

54) 당시에 위구르족의 왕국은 두 곳이 있었다. 아프가니스탄에 사절을 보낸 쪽은 아마 투르판을 근거지로 한 위구르 왕국이었을 것이다.(간저우를 근거지로 한 또 다른 위구르 왕국은 1028년에 서하의 침략을 받고 멸망했다.) Minorsky, *Marvazi*, 77-78을 참조하라.

55) Anya King, "Early Islamic Sources on the Kitan Liao: The Role of Trade," *Journal of Song-Yuan Studies* 43 (2013): 253-71, 262-63.

56) 이 번역문은 아랍어 정본에 기초한 블라디미르 미노르스키(Vladimir Minorsky)의 번역본을 라포포트가 새롭게 고친 것이다.

57) Anya H. King, *Scent from the Garden of Paradise: Musk and the Medieval Islamic World* (2017); James Cave, "You Don't Even Want to Know Where Musk Comes From," *HuffPost*, February 24, 2016.

58) Andreas Kaplony, "The Conversion of the Turks of Central Asia to islam as Seen by Arabic and Persian Geography: A Comparative Perspective," in *Étienne de la Vaissière, Islamisation de l'Asie Centrale: processus locaux d'acculturation du VIIe au XIe siècle* (2008): 319-38: Michael Biran, *The Empire of the Qara Khitai in Eurasian History: Between China and the Islamic World* (2005): 196-201.

59) 미미 잉프루크사완이 번역한 이 문장 중에 특정 시기를 지칭하는 불교 용어는 내가 영어 이름으로 바꾸어 썼다. Mimi Yiengpruksawan, "Countdown to 1051," in *Texts and Transformations: Essays in Honor of the 75th Birthday of Victor Mair*, ed. Haun Saussay (2018): 369-434, 376 (교토에 나타난 흉사 부분), 379-80 (베이징의 팡산구에 있는 사찰 부분), 380 (북탑 비문의 해석 부분), 386-94 (서로 다른 역법의 계산법 부분), 394 (고려 궁정의 요나라 사절 부분), 402-4 (일본과 요나라의 관계 부분), 406 (식 부분).

60) D. Max Moerman, "The Archaeology of Anxiety: An Underground History of Heian Religion," in *Heian Japan, Centers and Peripheries*, ed. Mikael Adolphson et al. (2007): 245-71.

61) Liaoning sheng wenwu kaogu yanjiu suo and Chaoyand shi beita bowuguan (eds.), *Chaoyang Beita: Kaogu faiue yu weixiu gongcheng baogao* (2007): plate 48.

62) William H. McCullough, "The Heian Court, 795-1070," in *The*

Cambridge History of Japan, Volume 2: *Heian Japan*, ed. William H. McCullough and Donald H. Shively (1999): 20-96, 67-80.

63)   Yiwen Li, "Networks of Profit and Faith: Spanning the Sea of Japan and the East China Sea, 838-1403," Phd thesis, Yale University (2017): 80, 85-86 (후지와라노 미치나가 부분), 112-13 (요나라의 불교 경전 보관소 부분).

64)   Yiwen Li, "Chinese Objects Recovered from Sutra Mounds in Japan, 1000-1300," in *Visual and Material Cultures in Middle Period China*, ed. Patricia Buckley Ebrey and Shih-shan Susan Huang (2017): 284-318.

65)   Yannick Bruneton, "Astrologues et devins du Koryo (918-1392): une analyse de l'histoire officielle," *Extrême-Orient Extrême-Occident*, no. 35 (2013): 45-81.

66)   Mimi Yiengpruksawan, "A Pavilion for the Amitabha," in *Buddhist Transformations and Interactions*, ed. Victor H. Mair (2017): 401-516, 447-52.

67)   Igor de Rachewiltz, *The Secret History of the Mongols: A Mongolian Epic Chronicle of the Thirteenth Century* (2004).

68)   Janet Abu-Lughod, *Before European Hegemony: The World System A.D. 1250-1350* (1989).

69)   James Belich, "The Black Death and the Spread of Europe," in *The Prospect of Global History*, ed. James Belich et al. (2016).

7장   놀라운 항해

노스웨스턴 대학 역사학과의 헤이던 체리(Haydon Cherry) 교수, 헐 대학 동남아시아학 연구소의 얀 비세만 크리스티(Jan Wisseman Christie) 명예교수, 뉴욕 대학 역사학과의 데이비드 러든(David Ludden) 교수, 뉴캐슬 대학 역사학과의 루버트 이언 무어 명예교수, 옥스퍼드 힌두학 연구소이 히만슈 프라바 레이(Himanshu Prabha Ray) 교수, AcademicEditorial.com의 찰스 휠러(Charles Wheeler)와 같은 학자들은 내게 자료를 제공하고 질의 사항에 관해 토론해 주고 원고 초안에 관해 비평해 주었다.

1)   Himanshu Prabha Ray, "Seafaring in the Bay of Bengal in the Early Centuries AD," *Studies in History* 6.1 (1990): 1-14.

2)   Sunil S. Amrith, *Crossing the Bay of Bengal: The Furies of Nature and the Fortunes of Migrants* (2013): 10-13.

3)   Gwyn Campbell, "Africa and the Early Indian Ocean World Exchange Sysstem in the Context of Human-Environment Interaction," in *Early Exchange Between Africa and the Wider Indian Ocean World*, ed. Gwyn Campbell (2016): 3. 아프리카와 인도의 접촉에 관한 수닐 굽타(Sunil Gupta)의 글도 참고하라.

4)   Claude Allibert, "Austronesian Migration and the Establishment of the Malagasy Civilization," *Diogenes* 55.2 (2008): 7-16; Ann Kuman, "'The Single Most Astonishing Fact of Human Geography': Indonesia's Far West Colony," *Indonesia* 92 (2011): 59-96.

5)   Peter Bellwood, *First Islanders: Prehistory and Human Migration in Island Southeast Asia* (2017): 231; Peter Bellwood, "The Austronesians in History: Common Origins and Diverse Transformations," in *The Austronesians: Historical and Comparative Perspectives*, ed. Peter Bellwood, James J. Fox, and Darrell Tryon (1995): 1-16.

6)   Alison Crowther et al., "Ancient Crops Provide First Archaeological Signature of the Westward Austronesian Expansion," *Proceedings of the National Academy of the Sciences* 113.24 (June 14, 2016): 6635-40.

7)   Nicole Biovin et al., "East Africa and Madagascar in the Indian Ocean World," *Journal of World Prehistory* 26.3 (2013): 213-81.

8)   Anne Salmond, *The Trial of the Cannibal Dog: Captain Cook in the South Seas* (2003): 38, 110.

9)   "Austronesian Shipping in the Indian Ocean: From Outrigger Boats to Trading Ships," in Campbell, ed., Early Exchange, 51-76, 59-60 (치르본 난파선 부분), 62 (밧줄 고정 기법 부분), 65 (발굴된 배들의 위치 부분).

10)   Lisa Niziolek et al., "Revisiting the Date of the Java Sea Shipwreck from Indonesia," *Journal of Archaeological Science: Reports* 19 (May

2018): 781-90; Horst Hubertus Liebner, "The Siren of Cirebon: A Tenth-Century Trading Vessel Lost in the Java Sea," PhD thesis, University of Leeds (2014).

11) Janet M. Wilmshurst et al., "High-Precision Radiocarbon Dating Shows Recent and Rapid Initial Human Colonization of East Polynesia," *Proceedings of the National Academy of Sciences* 108.5 (February 1, 2011): 1815-20.

12) Ben Finney, *Voyage of Rediscovery: A Cultural Odyssey Through Polynesia* (1994).

13) Steve Thomas, *The Last Navigator: A Young Man, an Ancient Mariner, the Secrets of the Sea* (1997).

14) Anthony Reid, "Low Population Growth and Its Causes in Pre-Colonial Southest Asia," in *Death and Disease in Southeast Asia: Explorations in Social, Medical and Demographic History*, ed. Norman G. Owen (1987): 33-47, 36.

15) M. C. Ricklefs (ed.), A New History of Southeast Asia (2010): 8-10 (동남아시아의 초기 사회구조 부분), 21 (인도어로 된 비문 부분), 30, 61-64 (스리위자야 부분), 40-42 (앙코르와트 부분), 43 (사원 국가의 양식 부분).

16) John E. Cort, *Open Boundaries: Jain Communities and Cultures in Indian History* (1998): 98.

17) 풍선 국가는 버턴 스타인(Burton Stein)의 *History of India* (1998): 20에 나오는 분절 국가(segmentary state)와 올리버 윌리엄 볼터르스(O. W. Wolters)의 *History, Culture and Region in Southeast Asian Perspectives* (1999): 27-28에 나오는 만다라 국가(mandala state)의 개념을 참고해 만들어 낸 것이다.

18) Jan Wisseman Christie, "The Medieval Tamil-Language Inscriptions in Southeast Asia and China," in *Southeast Asian Archaeology*, 1994, ed. Pierre-Yves Manguin (1998): 241 (촐라 왕조의 흥기 부분), 244 (883년의 비문 부분), 244-45 (화물 운송지의 변경 부분), 246 (상인 사회의 구성 성분에 나타난 변화 부분), 254 (촐라 왕조의 동남아시아 침략 부분).

19) Andrea Acri, "Introduction: Esoteric Buddhist Networks Along the Maritime Silk Routes, 7th-13th Century AD," in *Esoteric Buddhism*

in *Mediaeval Maritime Asia*, ed. Andrea Acri (2016): 1-25, 4 (밀교의 특징 부분), 7 (당나라 승려 의정 부분), 16 (지도 1.1: 승려들이 이동한 경로 부분); Koichi Shinohara, *Spells, Images, and Mandalas: Tracing the Evolution of Esoteric Buddhist Rituals* (2014): 194-204.

20) *Songshi* 489: 14088.

21) Zhu Yu, *Pingzhou ketan*, Song Yuan biji congshu series (1989): 1: 2.

22) O. W. Wolters, "Studying śrīvijaya," in *Early Southeast Asia: Selected Essays*, ed. Craig J. Reynolds (2008): 77-108, 92-94; "Restudying Some Chinese Writings on Sriwijaya," 109-47, in the same volume.

23) Hyunhee Park, *Mapping the Chinese and Islamic Worlds: Cross-Cultural Exchange in Pre-modern Asia* (2013): 30-31 (다우 부분), 69-70, 219n58 (황소의 난 부분).

24) John Guy, "The Phanom Surin Shipwreck, a Pahlavi Inscription, and Their Significance for the History of Early Lower Central Thailand," *Journal of the Siam Society* 105 (2017): 179-96.

25) Michael Flecker, "The Ethics, Politics, and Realities of Maritime Archaeology in Southeast Asia," *International Journal of Nautical Archaeology* 31.1 (2002): 12-24; Michael Flecker, "A Ninth-Century AD Arab or Indian Shipwreck in Indonesia: First Evidence for Direct Trade with China," *World Archaeology* 32.3 (2001): 335-54.

26) Regina Krahl (ed.), *Shipwrecked: Tang Treasures and Monsoon Winds* (2011): 36; 온라인으로도 이용할 수 있다.

27) John W. Chaffee, *The Muslim Merchants of Premodern China: The History of an Asian Maritime Trade Diaspora*, 750-1400 (2018): 29.

28) Arthur Lane, *Early Islamic Pottery: Mesopotamia, Egypt,and Persia* (1947): 31.

29) Robert B. J. Mason, *Shine Like the Sun: Lustre-Painted and Associated Pottery from the Medieval Middle East* (2004): 2 (진주광택이 나는 도기 만드는 법 부분); 31 (750년에 중국 도기를 모방해 최초로 바스라 도기가 만들어진 때 부분); 158 (800년 이후에 만들어진 바스라 진주광택 도기가 동아프리카 연안과 아프리카 끝에서 출토된 내용).

30) François Louis, "Metal Objects on the Belitung Shipwreck," in Krahl, ed., *Shipwrecked*, 85-91.

31)	John N. Miksic, *Borobudur: Majestic, Mysterious, Magnificent* (2010).

32)	Kenneth R. Hall, *History of Early Southeast Asia: Maritime Trade and Societal Development, 100-1500* (2011): 125-26.

33)	Jan Wisseman Christie, "Revisiting Early Mataram," in *Fruits of Inspiration: Studies in Honour of Prof. J. G. de Casparis*, ed. M. J. Klokke and K. R. van Kooij (2001): 25-56, 47.

34)	August Johan Bernet Kempers, *Ageless Borobudur: Buddhist Mystery in Stone, Decay and Restoration, Mendut and Pawon, Folklife in Ancient Java* (1976): 109-19, plates 32, 79, 201 (배들에 대한 묘사 부분); 히만슈 레이와 2018년 10월 24일에 나눈 사적 대화 내용에서.

35)	Jan Wisseman Christie, "Javanese Markets and the Asian Sea Trade Boom of the Tenth to Thirteenth Centuries A.D.," *Journal of the Economic and Social History of the Orient*, 41.3 (198): 344-81, 348 (상인 길드 부분), 350 (시장 담당 관리 부분), 352-53 (후추와 홍화 부분), 356 (도공 부분), 360 (여자 상인 부분), 360 (중국 동전의 수입과 모방 동전 부분).

36)	Jan Wisseman Christie, email, December 10, 2018. 얀 비세만 크리스티의 "Preliminary Notes on Debt and Credit in Early Island Southeast Asia," in *Credit and Debt in Indonesia, 860-1930: From Peonage to Pawnshop, From Kongsi to Cooperative*, ed. D. Henley and P. Boomgaard (2009): 41-60, 178-190도 참고하라.

37)	Anthony Reid, 2018년 3월 30일에 나눈 사적 대화에서.

38)	G. F. Hourani, *Arab Seafaring in the Indian Ocean in Ancient and Early Medieval Times* (1951, 1995): 89-105.

39)	Dato Dr Nik Hassan Shuhaimi Nik Abdul Rahman (ed.), *The Encyclopedia of Malaysia: Early History*, Volume 4 (1998): 76.

40)	Geoff Wade, "An Early Age of Commerce in Southeast Asia, 900-1300 CE," *Journal of Southeast Asian Studies* 40.2 (2009): 221-65.

41)	존 윌리엄 채피(John W. Chaffee)는 *Muslim Merchants of Premodern China*, 18에서 그 수치에 강한 외문을 제기한다. Howard Levy, *Biography of Huang Ch'ao*, Chinese Dynastic History Translations 5 (1961): 109-21 (아랍 측 자료 부분); Valerie Hansen, *The Silk Road: A New History with Documents* (2016): 266-67도 함께 참조하라.

42) Chaffee, *The Muslim Merchants of Premodern China*, 52.

43) O. W. Wolters, "Tambralinga," *Bulletin of the School of Oriental and African Studies* 21.3 (1958): 587-607, 605; *Song Huiyao*, Fanyi 7: 20b (Shanghai guji chubanshe edition, 2014), Volume 16: 9948.

44) David Ludden, *Peasant History in South India* (1985).

45) Gokul Seshadri, "New Perspectives on Nagappttinam," in *Nagapattinam to Suvanadwipa: Reflections on the Chola Naval Expeditions to Southeast Asia*, ed. Hermann Kulke et al. (2009): 121-28; Peter Schalk (ed.), *Buddhism Among Tamils in Pre-Colonial Tamilakam and Ilam*, Volume 2 (2002): 513-670, 596.

46) George W. Spencer, *The Politics of Expansion: The Chola Conquest of Sri Lanka and Srivijaya* (1983): 5-6 (정복으로 일어난 결과 부분), 34 (라자라자 1세의 정복 부분), 44 (라젠드라의 갠지스강 정복 부분), 60 (거래세 부과 부분), 64 (스리랑카로부터의 철수 부분), 144-45 (다른 나라들과의 유대 부분).

47) Spencer, *The Politics of Expansion*, 54-56, 이 구절은 스리랑카의 역사 연대기 *Cūlavanṃsa* 55.16-22에 나오는 구절을 번역한 것이다.

48) Hermann Kulke, "The Naval Expeditions of the Cholas in the Context of Asian History," in Kulke et al, ed., *Nagapattinam to Suvarnadwipa*, and the essays by Noboru Karashima and Tansen Sen.

49) Spencer, *Politics of Expansion*, 138-39, 이 인용문은 K. A. Nilakanta Sastri, *Sri Vijiya*, 80에 나오는 구절을 번역한 것이다.

50) Kulke et al., ed., *Nagapatinam to Suvanadwipa*, 12.

51) A. Meenakshisundararajan, "Rajendra Chola's Naval Expedition and the Chola Trade with Southeast Asia," in Kulke et al., ed., *Nagapattinam to Suvanadwipa*, 168-77, 170. 책의 면지에 나오는 지도도 함께 살펴보라.

52) Burton Stein, "Coromandel Trade in Medieval India," in *Merchants & Scholars: Essays in the History of Exploration and Trade Collected in Memory of James Ford Bell*, ed. John Parker (1965): 49-62; N. A. Nilakanta Sastri, "A Tamil Merchant-guild in Sumatra," *Tijdscrift voor Indische taal-, en volkenkunde* 72 (1932): 314-27, 322-24.

53) John Guy, "Tamil Merchant Guilds and the Quanzhou Trade," in *The Emporium of the World: Maritime Quanzhou, 1000-1400, ed. Angela Schottenhammer* (2001): 283-308, 291 (동남아시아에 새겨진 초기 타밀어 비문 부분), 293 (수마트라섬의 상인 길드 바로스(Baros)에 관한 내용), 294 (용병을 고용한 내용), 295-96 (취안저우에서 나온 타밀어 비문 부분), 296-302 (사원 유물 부분).

54) Tansen Sen, *Buddhism, Diplomacy, and Trade: The Realignment of Sino-Indian Relation, 600-1400* (2003): 224.

55) Michael D. Coe and Damian Evans, *Angkor and the Khmer Civilization* (2003, 2018): 11 (유적의 규모 부분), 116 (앙코르 문명 부분), 163 (앙코르와트의 세 번째 갤러리 규모 부분), 188 (주달관의 책에 기록된 수출입품 부분), 189 (물총새 사냥 부분), 209 (중국산 도자기 부분), 212-14 (직물과 의복 부분), 239 (후기 고전기적 특징 부분).

56) Julia Wallace, "Cambodia's Hidden Cities: Aerial Laser Imaging," *New York Times* (September 20, 2016): D1, D5.

57) Roland Fletcher et al., "Angkor Wat: An Introduction," *Antiquity* 89.348 (2015): 1388-1401, 1396.

58) Damian Evans and Roland Fletcher, "The Landscape of Angkor Wat Redefined," *Antiquity* 89.348 (2015): 1402-19, 1410-11.

59) M. C. Ricklefs, *Mystic Synthesis in Java: A History of Islamicization from the Fourteenth to the Early Nineteenth Centuries* (2006): 12-21.

60) *Zhenla Fengtu ji jiaozhu* (Zhoughua shuju edition, 2000): 141-42 (현지에서 나는 물품 부분), 148 (중국 물품 부분); Zhou Daguan, *The Customs of Cambodia*, trans. Michael Smithies (2001): 59-60 (현지에서 나는 물품 부분), 63 (중국 물품 부분).

61) Li Tana, "A View from the Sea: Perspectives on the Northern and Central Vietnamese Coast," *Journal of Southeast Asian Studies* 37.1 (2006): 83-102, 95-96; Momoki Shiro, "Dai Viet and the South China Sea Trade: From the 10th to the 15th Century," *Crossroads* 12.1 (1998): 1-34, 20.

62) John K. Whitmore, "Vân-Đôn, the 'Mạc Gap,' and the End of the Jiaozhi Ocean System," in *The Tongking Gulf Through History*, ed. Nola Cooke et al. (2011): 101-16.

63) John K. Whitmore, *Vietnam, Hô Quý Ly, and the Ming (1371-1421)* (1985): 112.

64) Tatsuro Yamamoto, "Van-don: A Trade Port in Vietnam," *Memoirs of the Research Department of the Toyo Bunko* 39 (1981): 1-32, 5 (중국 의복과 식음료 부분), 10 (진주 채취소 부분). 이 글은 *Tōhō Gakuhō* 9 (1939): 277-309에 일본어로 실린 논문을 번역한 것이다; 이 문장의 원문은 Chen Weiwen (ed.) *Qinding Yueshi tongjian gangmu* (Taipei Central Library edition, 1969): 13: 1549-50에서 찾아볼 수 있다.

8장 지상에서 가장 세계화된 지역

2018년 프린스턴 대학에서 당송 교체기를 주제로 한 학회가 열렸을 때 이 8장의 초안을 제출할 기회를 제공해 준 애나 실즈(Anna Shields: 프린스턴 대학) 교수와 로버트 하임스(Robert Hymes: 컬럼비아 대학) 교수에게 감사드린다. *Journal of Song-Yuan Studies*의 편집자인 어리 러빈(Ari Levine)도 익명의 두 비평가에게 기사 초안을 보내 주어 유용한 제안을 받을 수 있게 해 주었으며, 위안 줄리언 첸(Yuan Julian Chen: 예일 대학), 이원 리(Yiwen Li: 홍콩 성시 대학), 헬렌 왕(Helen Wang: 대영박물관)도 똑같은 수고를 해 주었다.

1) Angela Schottenhammer, "China's Emergence as a Maritime Power," in *The Cambridge History of China*, Volume 5, Part: *Sung China, 960-1279*, ed. John W. Chaffee and Denis Twitchett (2015): 437-525, 512-18.

2) Dato Dr Nik Hassan Shuhaimi Nik Abdul Rahman (ed.), *The Encyclopedia of Malaysia*, Volume 4: Early History (1998): 87.

3) Paul Wheatley, "Geographical Notes on Some Commodities Involved in Sung Maritime Trade," *Journal of the Malayan Branch of the Royal Asiatic Society* 32.2 (1959): 3-139, 22-23 (고급품과 저급품에 대한 세율을 달리한 내용), 25-26 (시박사 설치 부분), 69-72 (침향 부분).

4) Yang Zhishui, "L'Encens sous les Song (960-1279) and les Yuan (1279-1368)," in *Parfums de Chine: la culture de l'encens au temps des empereurs*, ed. Éric Lefebvre (2018): 68-75.

5) Ivan Morris, *The World of the Shining Prince: Court Life in Ancient Japan* (1964); Dennis Washburn (trans.), Murasaki Shikibu, The tale of Genji (2017): 407 (은은하게 남은 향내 부분), 608-13 (향 가리기 대회 부분).

6) Tanaka Fumio, *Kokusai Kōeki to kodai Nihon* (2012): 180.

7) Melissa McCormick, *The Tale of Genji: A Visual Companion* (2018): 149-51.

8) Dennis Washburn, professor of Asian Societies, Cultures, and Literatures, Dartmouth College, email, October 2, 2019.

9) Joseph Needham, "Constituents of Incense, and Other Aromatics," in *Science and Civilisation in China, Volume 5: Chemistry and Chemical Technology, Part II, Spagyrical Discovery and Invention: Magisteries of Gold and Immortality* (1974): 137 (Table 94); Olivia Milburn, "Aromas, Scents, and Spices: Olfactory Culture in China Before the Arrival of Buddhism," *Journal of the American Oriental Society* 136. 3 (2016): 441-64; Frédéric Obringer, "Dans L'empire de fous de parfums. Une introduction au monde des senteurs en Chine impériale," in Lefebvre (ed.), *Parfums de Chine*, 10-24.

10) Anya H. King, *Scent from the Garden of Paradise: Musk and the Medieval Islamic World* (2017); Paul Freedman, *Out of the East: Spices and the Medieval Imagination* (2008): 15-16.

11) Jenny F. So, "Scented Trails: Amber as Aromatic in Medieval China," *Journal of the Royal Asiatic Society*, 3rd Series, 23.1 (2013): 85-101, 90; Edward Schafer, *Golden Peaches of Samarkand* (1963): 155.

12) John Chaffee, *The Muslim Merchants of Premodern China: The History of a Maritime Asian Trade Diaspora*, 750-1400 (2018): 27-28.

13) Duan Chengshi, Youyang Zazu 4: 25, Sibu congkan edition, accessed through the Zhongguo jiben gujiku database; Carrie E. Reed, "Motivation and Meaning of a 'Hodge-podge': Duan Chengshi's 'Youyang zazu,'" *Journal of the American Oriental Society* 123.1 (2003): 121-45.

14) Julie Wilensky, "The Magical Kunlun and 'Devil Slaves': Chinese Perceptions of Dark-Skinned People and Africa Before 1500," *Sino-*

Platonic Papers 122 (2002): 1-51.

15)   Wang Gungwu, "The Nanhai Trade: A Study of the Early History of Chinese Trade in the South China Sea," *Journal of the Malayan Branch of the Royal Asiatic Society* 31.2 (1958): 1-135; Hugh R. Clark, *Community, Trade, and Networks: Southern Fujian Province from the Third to the Thirteenth Century* (1991): 49.

16)   Huang Chunyan, *Songdai haiwai maoyi* (2003), 129-32; Abû Zayd al-Sîrâfî, *Accounts of China and India*, trans. Tim McIntosh-Smith (2017): 17.

17)   Michael Flecker, *The Archaeological Excavation of the Tenth Century Intan Shipwreck, Java Sea, Indonesia*, BAR International Series S1047 (2002); Michael Flecker, "Treasure from the Java Sea: The Tenth-Century Intan Shipwreck," *Heritage Asia Magazine* 2.2 (2004-2005), 온라인으로도 이용할 수 있다.

18)   Denis Twitchett and Janice Stargardt, "Chinese Silver Bullion in a Tenth-Century Indonesian Wreck," *Asia Major* 15.1 (2002): 23-72, 25 (은의 가치 부분), 41 (지불의 성격 부분).

19)   Horst Hubertus Liebner, "The Siren of Cirebon: A Tenth-Century Trading Vessel Lost in the Java Sea," PhD thesis, University of Leeds (2014): 85 (선박의 용적 톤수 부분), 304 (난파선들에 실린 도자기의 양 부분).

20)   Robert K. G. Temple, *The Genius of China: 3,000 Years of Science, Discovery, and Invention* (1986): 148-57.

21)   Chaffee, *Muslim Merchants*, 81-83.

22)   H. A. R. Gibb (trans.), *The Travels of Ibn Battuta, A.D. 1325-1354* (1994): 4: 813-14.

23)   *Song Huiyao*, Zhiguan 44: 2 (Shanghai guji chubanshe edition, 2014), Volume 7: 4204; Derek Heng, *Sino-Malay Trade and Diplomacy from the Tenth Through the Fourteenth Century* (2009): 73.

24)   Chaffee, *Muslim Merchants*, 65-75.

25)   *Song Huiyao*, Zhiguan 44: 3 (Shanghai guji chubanshe edition, 2014), Volume 7: 4204.

26) 1141년과 관련된 내용은 *Song Huiyao*, Zhiguan 44: 25 (Shanghai guji chubanshe edition, 2014), Volume 7: 4216을 참조하라.

27) Nap-Yin Lau, "Waging War for Peace? The Peace Accord Between the Song and the Liao in AD 1005," in *Warfare in Chinese History*, ed. Hans van de ven (2000): 183-221, 213.

28) Shiba Yoshinobu, "Sung Foreign Trade: Its Scope and Organization," in *China Among Equals: The Middle Kingdom and Its Neighbors, 10th-14th Centuries*, ed. Morris Rossabi (1983): 89-115, 98; Brian Thomas Vivier, "Chinese Foreign Trade, 960-1276," PhD thesis, Yale University (2008).

29) Richard von Glahn, "The Origins of Paper Money in China," in *The Origins of Value: The Financial Innovations That Created Modern Capital Markets*, ed. William N. Goetzmann and K. Geert Rouwenhorst (2005): 65-89.

30) Paul J. Smith, *Taxing Heaven's Storehouse: Horses, Bureaucrats, and the Destruction of the Sichuan Tea Industry, 1074-1224* (1991).

31) Friedrich Hirth and W. W. Rockhill (trans.), *Chau Ju-kua, His Work on the Chinese and Arab Trade in the Twelfth and Thirteenth Centuries, Entitled Chu-fan-chi* (1911): 111; Zhao Rukuo, *Zhufan zhi jiaoshi* (1996): 86; Wu Wenliang and We Youxiong, *Quanzhou zongjiao shike* (2005).

32) Nancy Shatzman Steinhardt, *China's Early Mosque* (2015): 38-52.

33) Chaffee, *Muslim Merchants*, 80-81 (사치품에서 부피 큰 상품 교역으로 이동한 것에 대한 헝(Heng)의 요약 부분), 141-42 (취안저우에서 출토된 아랍어 비문 부분).

34) Clark, *Community, Trade, and Networks*, 32-37 (취안저우 교역의 기원에 관한 부분), 129 (이례적으로 높았던 외국인 거류민 수 부분).

35) *Fangyu shenglan*, preface dated 1239, 12: 6a, Siku quanshu edition, accessed through the Zhongguo jiben Gujiku database.

36) Chao Buzhi (1953-1110), *Jileji* 70: 370, Sibu congkan edition, accessed though the Zhongguo jiben gujiku database: Huang, *Songdai Haiwai maoyi*, 185n1.

37) Huang, *Songdai haiwai maoyi*, 101-3 (중국인들이 선박에 돈을 투자하

는 내용), 103 (중국의 여성 투자자에 관한 내용), 120-21 (외국 상인들이
거주한 주요 도로 부분), 147, 162-63 (도매업자와 화물의 직접 구매에 관
한 내용), 186 (취안저우의 시박사 부분), 223-24 (취안저우가 광저우를 능
가하게 된 부분).

38) Yiwen Li, "Networks of Profit and Faith: Spanning the Sea of Japan
and the East China Sea, 838-1403," PhD thesis, Yale University
(2017).

39) Don J. Wyatt, *The Blacks of Premodern China*, 43 (Guangzhou), 48-
60 (주욱 부분).

40) 이 책은 (주욱이 지금의 후베이성 황간에 있는 평주(핑저우)로 은퇴했다
고 해서) 『평주가담(*Pingzhou ketan*)』이라는 제목이 붙었다. Song Yuan
bijii congshu edition (1989): 2: 25 (배들의 도착, 음료의 대중화 부분), 2:
26 (나침반 부분)을 참조하라. 아울러 Derek Heng, "Shipping, Customs
Procedures, and the Coreign Community: The 'Pingzhou Ketan' on
Aspects of China's Maritime Economy in the Late Eleventh Century,"
Journal of Song-Yuan Studies 38 (2008): 1-38도 함께 살펴보라.

41) Zhu, *Pingzhou ketan*, 2: 26.

42) Zhu, Pingzhou ketan, 2: 28, 56.

43) 이에 대한 내용은 healthline.com을 참조하라. 좋은 정보를 알려 준 존 사
우스워스(John Southworth)에게 감사드린다.

44) Ouyang Xiu, *Guitian lu* 2: 10b. Baihai edition, Ming imprint accessed
through the Zhongguo jiben gujiku database.

45) William Guanglin Liu, "The Making of a Fiscal State in Song China,
960-1279," *Economic History Review* 68.1 (2014): 48-78.

46) *Song Huiyao*, Zhiguan 44: 20 (Shanghai guji chubanshe edition,
2014), Volume 7: 4213-14; John Chaffee, "The Song Dynasty and
the Multi-State and Commercial World of East Asia," *Crossroads:
Studies on the History of Exchange Relations in the East Asian World* 1
(2010), 온라인으로도 이용할 수 있다.

47) Jung-Pang Lo, "The Emergence of China as a Sea Power During the
Late Sung and Early Yuan Periods," *Far Eastern Quarterly* 14.4 (1955):
489-503, especially 499n37; Li Xinchuan, *Jianyan yilai chaoye zaji*,
Part 1, juan 15, p. 211; Yuhai 1883 edition 186: 11.

48) Lefebvre (ed.), *Parfums de Chine*, 72-73, illustration 4 (대신들에게 선물로 나누어 주는 내용), 75 (최초의 막대 향 등장 부분).

49) Huang, *Songdai Haiwai maoyi*, 210, citing *Dongjing menghua lu* and *Mengliang lu*.

50) Robert Hartwell, "Foreign Trade, Monetary Policy and Chinese 'mercantilism,'" in *Liu Tu-chien hakushi shoshū kinen Sōshi kenkyū*, ed. Kinugawa Tsuyoshi (1988): 456에서는 이 폭동을 '유향 폭동'으로 부르지만, 다른 사료(Zhu Xi's *xingzhuang* briography in *Hui'an xiangsheng Zhu Wengong wenji*, 97.4a; Songshi 185: 4358)에는 그에 관한 구체적 언급이 없다.

51) Hartwell, "Foreign Trade," 477-80 (부록의 표 IV, "Medical Use of Foreign Commodities for Specific Syndromes of Symptoms, Tang, N. Song, S. song" 부분)

52) Asaf Goldschmidt, *The Evolution of Chinese Medicine: Song Dynasty, 960-1200* (2009): 123-36.

53) Hartwell, "Foreign Trade," 480 (부록 표 V, "Number and Percentage of Foreign Commodities Contained in a Sample of 300 Recipes for Incense" 부분); Chen Jing, *Chenshi xiangpu*, Siku quanshu zhenben edition.

54) Zhou Mi, *Guixin Zashi* (1988): xuji, Part 2, 197.

55) Fu Zongwen, "Houzhu guchuan: Song ji nanwai zongshi haiwai jingshang de Wuzheng," *Haiwai jiaotong yanjiu* 2 (1989): 77-83.

56) 황족에는 "애도를 표하는 친족이든 아니든 상관없이 역대 송나라 황제의 부계 후손 모두가 포함되었다." 이에 관해서는 John Chaffee, *Branches of Heaven: A History of the Imperial Clan of Sung China* (1999): 11-12를 참조하라.

57) Ma Duanlin, *Wenxian tongkao* (2011): 259: 7066; Clark, *Community, Trade, and Networks*, 140.

58) 1080년에 20만 1406개였던 취안저우 행정구의 가구 수가 1241년에는 25만 5758개로 늘어났다. Clark, *Community, Trade, and Networks*, 77. 바그다드에 관한 부분은 Maya Shatzmiller, *Labour in the Medieval Islamic World* (1994): 62를, 카이펑과 항저우에 관한 부분은 Bao Weimin, *Songdai Chengshi Yanjiu* (2014): 304-5를 참조하라.

59) Clark, *Community, Trade, and Networks*, 158-63 (농작물 재배에 관여한 사람들 부분), 163-67 (비농업 분야에 종사한 사람들 부분).

60) So, Kee Long, "The Trade Ceramics Industry in Southern Fukien During the Sung," *Journal of Song-Yuand Studies* 24 (1994): 1-19, 13 (한 번 가열로 만들어지는 도기의 양 부분), 14 (도기 무역에 종사한 인구 비율 부분). 기롱 소(Kee Long So) 교수는 당시의 푸젠성 인구를 300만 명으로 추산했으나, 그것은 너무 낮은 수치다. 반면에 우한 대학 역사학과의 루시치 교수는 *Yuanshi* 26: 1504에서 푸젠성 인구가 1283년에서 1285년 사이에 621만 4195명이었다는 것을 근거로, 당시의 푸젠성 인구가 500만 명 가까이 되었을 것으로 보았다.(2019년 4월 21일의 이메일 내용에서.)

61) Richard von Glahn, "Cycles of Silver in Chinese Monetary History," in *The Economy of Lower Yangzi Delta in Late Imperial China: Connecting Money, Markets, and Institution*, ed. Billy K. L. So (2013): 18-25; "The Ningbo-Hakata Merchant Network and the Reorientation of East Asian Maritime Trade, 1150-1350," *Harvard Journal of Asiatic Studies* 74.2 (2014): 249-79, 252 (중국의 지폐 정책 부분), 258 (일본의 중국 동전 사용 부분).

62) Shiba Yoshinobu, *Commerce and Society in Sung China*, trans. Mark Elvin, Michigan Abstracts of Chinese and Japanese Works on Chinese History (1970): 160 (*Jiatai Kuaiji zhi* 7: 9b의 사오싱 시장에 관련된 내용의 번역 부분), 162-63 (*Xingshang tanggao*, juan 1의 청두에 관련된 내용의 번역 부분).

63) 조여괄의 비문에 관한 내용은 *Kaogu* 19 (1987): 956-57; German translation, Agnela Schottenhammer, *Grabinschriften in her Song-Dynastie* (1995): 172-74를 참조하라.

64) Friedrich Hirth and W. W. Rockhill (trans.), *Chau Ju-kua, His Work on the Chinese and Arab Trade in the Twelfth and Thirteenth Centuries, Entitled Chu-fan-chi* (1911): 111; Zhao Rukuo, *Zhufan zhi jiaoshi* (1996).

65) Yang Zhishui, *Gushiwen mingwu xinzheng* (2004): 1: 115-16; Valerie Hansen, "The Beijing Qingming Scroll and Its Significance for the Study of Chinese History," *Journal of Song-Yuan Studies* (1996): Section 25.

66) Huang, *Songdai Haiwai maoyi*, 115-16.

67) 도교의 신 현천상제(玄天上帝)는 수선존왕(水仙尊王)으로 불린다.

68) Heng, *Sino-Malay Trade*, 136.

69) Hirth and Rockhill, *Chau Ju-kua*, 232; Zhao, *Zhufanzhi jiaoshi*, 127.

70) Hirth and Rockhill, *Chau Ju-kua*, 232; Zhao, *Zhufanzhi jiaoshi*, 207.

71) Qin Jiushao, *Shushu jiuzhang* 17: 119-20; Shiba, *Commerce and Society*, 32; Ulrich Libbrecht, *Chinese Mathematics in the Thirteenth Century* (1973): 152-62.

72) Jeremy Green, "The Song Dynasty Shipwreck at Quanzhou, Fujian Province, People's Republic of China," *International Journal of Nautical Archaeology and Underwater Exploration* 12. 3 (1983): 253-61. 이 난파선에 관한 내용은 중국어판으로 첫 출간된 *Wenwe* (1975): 1-34에서도 찾아볼 수 있고, 이후 중국어를 영어로 번역해 새롭게 출간된 다음 책에서도 찾아볼 수 있다: Fujian Sheng Quanzhou haiwai jiaotong shi bowuguan (ed.), *Quanzhou wan Songdai haichuan faiue yu yangiu* (2017): 16-18, 99-100 (용골의 장식 부분), 26-31, 105-6 (배에 실린 향 부분), 106-7 (나무 물표 부분), 83-87, 148-52 (배의 침몰 경위 부분). 취안저우의 카이위안에 있는 난파선 박물관에는 2016년 가을에 나도 여러 차례 방문했다.

73) Janice Stargardt, "Behind the Shadows: Archaeological Data on Two-Way Sea-Trade Between Quanzhou and Satingpra, South Thailand, 10th-14th Century," in *The Emporium of the World: Maritime Quanzhou, 1000-1400, ed.* Angela Schottenhammer (2001): 309-93, 373 (수리된 것을 말해 주는 증거 부분), 375 (밑바닥에 구멍을 뚫어 배를 침몰시켰을 개연성에 관한 추측 부분).

74) Fu Zongwen, "Houzhu guchuan: Song ji nanwai zongshi haiwai jingshang de wuzheng," *Haiwai jiaotong yanjiu* 2 (1989): 77-83.

75) John W. Chaffee, "Pu Shougeng Reconsidered: Pu, His Family, and Their Role in the Maritime Trade of Quanzhou," in *Beyond the Silk Roads: New Discourses on China's Role in East Asian Maritime History*, ed. Robert J. Antony and Angela Schottenhammer (2017): 63-75; Kuwabara Jitsuzō, "On P'u Shou-keng," *Memoirs of the Research Department of the Tōyō Bunko* 2 (1928): 1-79; 7 (1935):

1-104, 57-59.

76) Billy K. L. So, *Prosperity, Region, and Institutions in Maritime China: The South Fukien Pattern, 946-1368* (2000): 107-14, 302-5.

77) John Chaffee, "The Impact of the Song Imperial Clan on the Overseas Trade of Quanzhou," in Schottenhammer, ed., *The Emporium of the World*, 34-35.

78) Ronald Latham (trans.), *The Travels of Marco Polo* (1958): 237.

79) Latham, *The Travels of Marco Polo*, 237-38.

80) H. A. R. Gibb (trans.), *The Travels of Ibn Battuta, A.D. 1325-1354* (1994): 4: 813-14.

81) *Dade nanhaizhi* 7: 17b, Song Yuan difangzhi congshu xubian edition, p. 1412; Shiba, "Sung Foreign Trade," 105.

82) Heng, *Sino-Malay Trade*, 136 (상품에 관한 등급 제도 부분), 138 (광저우 관보 부분); *Dade nanhai zhi*. Song Yuan difangzhi congkan xubian edition (1990): 7: 19a-20b.

83) Hirth and Rockhill, *Chau Ju-kua*, 75, 79n2; Zhao, *Zhufan zhi*, 54-55.

84) *Burton Watson, Chuang Tzu: Basic Writings* (1964): 97.

85) Huang Chunyan, *Zao chuanye shiye xia de Songdai shehui* (2017): 216-17; Joseph Needham, *Science and Civilisation in China, Volume 4: Physics and Physical Technology, Part III: Civil Engineering and Nautics* (1971): 549.

86) ZhouQufei, *Lingwai daida jiaozhu* (1999): 36-37; Matthew Torck, "The Unimaginable and Immeasurable? China's Visions of the Pacific — Needham's Views Re-examined," in *The Perception of Maritime Space in Traditional Chinese Sources*, ed. Angela Schottenhammer and Roderich Ptak (2006): 141-52, 146.

87) Roderich Ptak, "Ming Maritime Trade to Southeast Asia," in *From the Mediterranean to the China Sea: Miscellaneous Notes*, ed. Claude Guillot et al. (1998): 157-91, 164; *Ming Shilu*, 201: 3008; Geoff Wade, *The Ming Shi — lu*, 2: 133.

88) G. F. Hourani, *Arab Seafaring in the Indian Ocean in Ancient and Early Medieval Times* (1951): 61.

89) J. V. G. Mills, *Ying yai sheng lan: "The Overall Survey of the Ocean's*

Shores," [1433] (1970): 6, 11, 12, 49, 59, 138.

90) 이는 루크 스타넥이 구글 어스 프로(Google Earth Pro) 소프트웨어로 계산해 뽑은 수치다.

91) Pierre Vilar, *A History of Gold and Money, 1450-1920*, trans. Judith White (1976): 57.

에필로그

1) Daniel Headrick, *The Tools of Empire: Technology and European Imperialism in the Nineteenth Century* (1981): 58-79.

2) 한 사료에는 그의 이름이 카나로 나와 있고, 또 다른 사료에는 카나카로 나와 있다. Sanjay Subrahmanyam, *The Career and Legend of Vasco da Gama* (1997): 119-28.

3) Stuart B. Schwartz and Tatiana Seijas, *Victors and Vanquished: Spanish and Nahua Views of the Fall of the Mexica Empire*, 2nd ed. (2018): 38.

4) Noble David Cook, *Demographic Collapse: Indian Peru, 1520-1620* (1981): 94; Michael E. Smith, *The Aztecs* (1996): 62.

5) Neal Salisbury, "Squanto: Last of the Patuxets," in *Struggle and Survival in Early America*, ed. David G. Smith and Gary B. Nash (1982): 228-46.

6) Shaykh Mushrifuddin Sa'di of Shiraz, *The Gulistan (Rose Garden) of Sa'di*, trans. Wheler M. Thackston (2008): 85; Benedikt Koehler, *Early Islam and the Brith of Capitalism* (2014): 185.

7) Mark Elvin, "The High-Level Equilibrium Trap," in *Another History: Essays on China from a European Perspective*, ed. Mark Elvin (1996): 38.

8) Kenneth Pomeranz, *The Great Divergence: China, Europe, and the Making of the World Economy* (2000).

삽화와 사진의 출처

447

전사의 신전에 나오는 전형적인 전투 장면(마야인들의 전투 장면): Ann Axtell Morris's watercolor in Earl Halstead Morris, *The Temple of the Warriors at Chichén Itzá, Yucatan* (*Carnegie Institution of Washington*, 1931): volume II, plate 139.

전사의 신전에 묘사된 인물(포로로 잡힌 바이킹): watercolor in Earl Halstead Morris, *The Temple of the Warriors at Chichén Itzá, Yucatan* (1931): volume II, plates 147b and 147c.

바이킹 배인 곡스타드호: Creative Commons License: CC BY-SA 4.0. © Museum of Cultural History, University of Oslo, Norway.

라스 몽하스 건물에 그려진 마야 벽화: "Seige of the City," watercolor of fresco at Chichén Itzá (detail). Digital file no. 60743049, 60743050. Harvard University Peabody ID no. 11-20/25208a. © 2019 The Jean Charlot Estate LLC/Member, Artists Rights Society (ARS), NY. With permission.

치첸이트사의 차크물 조각상: National Museum of Anthropology, Mexico City, Mexico. Alamy Stock Photo Image ID EIFP24.

차코 캐니언에서 나온 저장용 도기 항아리들(초콜릿 저장 용기): Image 《3521, AMNH Library, "Anasazi (Ancestral Pueblo) pottery dating from 1100 A. D., Pueblo Bonito, Chaco Canyon, New Mexico." American Museum of Natural History, Anthropology, Catalog No. H/3239.

와리 제국의 지배자들이 사용한 매듭글자(키푸), "Middle Horizon Kipu": American Museum of Natural History, Anthropology, Catalog No. 41.2/6740.

은화 무더기: Alamy Stock Photo Image ID BHG3BF.

블라디미르 대공(1세)의 동상: Natalia Kolesnikova/AFP/Getty Images.

타드메카에서 발견된 1011년의 아랍어 비문: Gian Pagnoni.

마푼구베에서 발견된 황금 코뿔소상: Heritage Images/Hulton Archive/Getty Images.

카탈루냐 지도에 묘사된 만사 무사의 모습: Alamy Stock Photo Image ID PWCGDH.

보스트에 있는 가즈나 왕조의 겨울 궁전: Alamy Stock Photo Image ID A47C10.

가즈나 왕조의 군주 마흐무드: Mahmud b. Sebüktigin receiving a robe from caliph al-Qadir from the album Jami al-tawarikh, University of

Edinburgh Library.

호박 손잡이: Inner Mongolian Institute of Cultural Relics and Archaeology and Zhelimu League Museum, Tomb of the Princess of State Chen (Beijing: 1993). Color Plate 30: no. 1. Cultural Relics Publishing House.

중앙아시아 기마 전사의 모습: *Stag Hunt*. Attributed to Huang Zongdao. Edward Elliott Family Collection, Purchase, The Dillon Fund Gift, 1982. Acession number: 1982.3.1. Metropolitan Museum of Art.

보로부두르 사원의 불상: Alamy Stock Photo Image ID EDKXHN.

보로부두르 사원의 저부조 작품에 묘사된 선박: Alamy Stock Image ID C95YNM.

폴리네시아인들이 만든 쌍동선 카누: *A canoe of the Sandwich Islands, the rowers masked, Series*. Rex Nan Kivell Collection (NK124/15), *Pictures Collection of the National Library of Australia. ID no*. 1789062.

페르시아의 같은 도시에서 출토된 두 도기 용기: The Louvre, accession nos. Mao S 2488 and 524. © RMN-Grand Palais/Art Resource NY.

『겐지 이야기』에 나오는 한 장면: *The Plum Tree Branch (Umegae), Illustration to Chapter 32* of The Tale of Genji (*Genji monogatari*) by Tosa Mitsunobu, datable to 1509-10. Rendition Number: 75054A; Accession Number: 1985.352.32.A. Harvard Art Museums/Arthur M. Sackler Museum, Bequest of the Hofer Collection of the Arts of Asia.

27. 해인사의 팔만대장경: Our Place World Heritage Collection.

28. 뵤도인 불교 사원: Alamy Image ID: A4ATPR.

본문 속의 삽화

91쪽, 이누이트의 조각상: Drawing by Amelia Sargent.

95쪽, 아이슬란드인의 지도: Royal Danish Library, GKS 2881 kvart, The Skálholt Map.

176쪽, 블루투스 로고: Drawing by Amelia Sargent.

347쪽, 「청명상하도」의 가구점: Qingming scroll furniture store: Zhang Zeduan, *Qingming shanghetu*, Beijing Palace Museum copy, section 25 of 26 photographs, near the end of the painting. Cultural Relics Press, China.

352쪽, 취안저우의 난파선: The Maritime Museum of Quanzhou, Fujian (Fujian sheng Quanzhou haiwai jiaotongshi bowuguan) (ed.), *Quanzhouwan Songdai haichuan faiue yu yanjiu* (1987): 191, photo no. 7.

찾아보기

ㅂ

1000년

1000년

ㅊ

옮긴이 이순호

홍익대학교 영어교육과를 졸업했으며, 미국 뉴욕 주립 대학에서 서양사를 공부하고 석사 학위를 받았다. 『타타르로 가는 길』, 『살라딘』, 『문신, 금지된 패션의 역사』, 『1453 콘스탄티노플 최후의 날』, 『미국에 대해 알아야 할 모든 것, 미국사』, 『가상역사 21세기』, 『살라미스 해전』, 『발칸의 역사』, 『인류의 미래사』, 『페르시아 전쟁』, 『제국의 최전선』, 『불로만 밝혀지는 세상』, 『로마제국 최후의 100년』, 『지중해 5,000년의 문명사』, 『바다의 제국들』, 『인류의 역사』, 『비잔티움』, 『로마제국과 유럽의 탄생』, 『완전한 승리, 바다의 지배자』, 『위대한 바다』, 『발칸의 역사』, 『현대 중동의 탄생』, 『이슬람제국의 탄생』, 『지리의 복수』, 『스페인 내전, 우리가 그곳에 있었다』, 『하버드-C.H.베크 세계사 1870~1945』(공역), 『코드걸스』 등을 번역했다.

1000년

세계가 처음 연결되었을 때

1판 1쇄 펴냄	2022년 4월 1일
1판 3쇄 펴냄	2022년 10월 11일

지은이	발레리 한센
옮긴이	이순호
발행인	박근섭, 박상준
펴낸곳	㈜민음사

출판등록 1966. 5. 19. (제16-490호)
주소 서울특별시 강남구 도산대로1길 62 강남출판문화센터 5층 (06027)
대표전화 02-515-2000 팩시밀리 02-515-2007

www.minumsa.com